ZHONGGUO
LÜSE JINGJI YU
KECHIXU FAZHAN

中国：绿色经济与可持续发展

李晓西 胡必亮等◎著

人民出版社

序

加快转变经济发展方式是中国"十二五"发展的主线,可持续发展是转变经济发展方式的目的,绿色经济是实现可持续发展的主要途径。摆在各位面前的《中国:绿色经济与可持续发展》,是我院连续第三年推出的"中国经济与资源管理研究报告"成果。2010年报告题为《国际金融危机下的中国经济发展》,2011年报告题为《中国经济新转型》,2012年的报告则聚焦于绿色经济与可持续发展。

本报告是在2011~2012年度研究生课程《走向可持续发展的中国经济》基础上形成的。我院15位老师从自己的专业研究领域,剖析中国经济社会的可持续发展,堂上讲演,课后研改,形成本研究报告的各章。

绿色经济与可持续发展到底是什么关系呢?老师们从半世纪以来的思想演进中寻找答案,缅怀先贤,探求真知;资源、环境、生态、能源均是可持续发展理论中最重要、最直接的部分,老师们从多学科结合的角度,梳理现状,建言献策;提升产业是实现可持续发展的基础,老师们从评价、技术、战略等多角度论证了工农业如何实现可持续的绿色增长;社会民生与可持续发展为各方关注,老师们从人口变动与政策、可持续的扶贫、提升教育的安排、社区基层医疗服务的可持续发展等方面提供了思路;区域协调与可持续发展是所有大国都面临的重要议题,老师们分类区域,提出对策,并从人口迁移、承载均衡等角度分析了城镇化的前景;政府作为对绿色经济与可持续发展有至关重要的意义,因此,老师们重点分析了政策的效应,探讨了实现可持续发展的体制保障。参与写作的还有2010级的研究生,这是我院多年来以研究促教学传统的再次体现。人民出版社支持我院成果出版,这进一步加强了双方的信任和友谊。

本书出版之际,以"可持续发展和消除贫穷背景下的绿色经济"为主题之一的 2012 年联合国可持续发展大会刚刚结束,这更加深了我们对此项研究现实意义与国际化程度的认识。我们有决心在各方的支持下,推进《中国经济与资源管理研究报告》的可持续发展,为国家建设作出应有的贡献!

2012 年 4 月 22 日于北师大励耘楼

目　录

专栏目录

表 目 录

图 目 录

第一章　绿色经济与可持续发展

李晓西　宋　涛　荣婷婷　朱　磊

可持续发展是人类为了克服一系列环境、经济和社会问题,特别是全球性的环境污染和广泛的生态破坏,以及它们之间关系失衡所作出的理性选择。可持续发展关系人类的前途命运,是一个世界性课题,也是科学发展观的重要内容。实现可持续发展,需要对可持续发展问题进行深入研究和积极探索。

第一节　可持续发展理念是人类最富智慧的理性结晶

半个世纪以前,美国海洋生物学家蕾切尔·卡逊(Rachel Carson)在《寂静的春天》中,为我们描绘了一幅可怕的场景:"春天来了,唱歌的鸟儿却不见了踪影,路边的不知名的野花野草无精打采,家养的鸡有的不再生蛋,生出的蛋也孵不出小鸡,猪变得病快快的,小猪生病后几天就死去。本来应该是生机勃勃的春天变得异常的寂静,找不到生命萌动的气息。"[①]卡逊在书中说道:"现在我们正站在两条道路的交叉口上。我们长期以来一直行驶的这条使人容易错认为是一条舒适的、平坦的超级公路,实际上,在这条路的终点却有灾难等待着;另一条路,很少有人走过,但为我们提供了最后的机会——请保住我们的地球。"[②]卡逊在这里呼吁,要认真审视和反思工业化进程,要从大量施用农药、化肥的后果中想想人类生存和发展的前景。

一、可持续发展理念的探索

在中国,可持续发展的理念可以说起源已久。从西周开始,中国古代的哲

---

① Rachel Carson:*Silent Spring*,科学出版社 2010 年版,第 11 页。
② Rachel Carson:*Silent Spring*,科学出版社 2010 年版,第 267 页。

人志士就已经萌生了可持续发展的思想。为了避免生态资源发生代际供求矛盾,孔子提出"钓而不纲,弋不射宿";荀子提出"草木繁华滋硕之时,则斧斤不入山林,不夭其生,不绝其长也";《礼记·月令》中说:孟春,草木萌动之时,牺牲毋用牝(母兽),禁止伐木,毋覆巢,毋杀孩虫;管仲指出:春政不禁则百长不生,夏政不禁则五谷不成;《淮南子》一书中说:是故人君者,上因天时,下尽地财……故先王之法,……不涸泽而渔,不焚林而猎;北齐贾思勰指出:丰林之下,必有仓廪之坻;宋代朱熹提出"天人一理,天地万物一体"之说,确定了人与自然关系的基本内涵与原则,他指出,对自然资源的索取要"取之有时,用之有节"。①

中国古代的可持续性发展理念中蕴涵着朴素的伦理道德观。儒家生态智慧的本质是"主客合一",主张以仁爱之心对待自然,讲究天道人伦化和人伦天道化,体现了以人为本的价值取向和人文精神。道家的生态智慧则是一种自然主义的空灵智慧。道家提出"道法自然",强调人要以尊重自然规律为最高准则,以崇尚自然效法天地作为人生行为的基本皈依,强调人必须顺应自然,达到"天地与我并生,而万物与我为一"的境界。佛家从善待万物的立场出发,把"勿杀生"奉为"五戒"之首,这种在人与自然的关系上表现出的慈悲为怀的生态伦理精神。在《周易》中"自强不息"和"厚德载物"来表述中华文明精神,这与生态文明的内涵一致。可以看到,可持续性伦理道德观的核心就是尊重自然,把人类真正融入自然之中,把享受自然和生活的权力平等地分给当代人与后代人。②

西方国家对于可持续发展的研究远远迟于中国,不过相对形成体系。自从18世纪工业革命在西方发轫以来,一系列充满死亡气息的公害事件促发人类大反思:1930年比利时马斯河谷烟雾事件、1948年美国宾州多诺拉烟雾事件、1955年开始的日本富士山县骨痛病事件、1984年印度博帕尔农药泄漏……这些动辄令人大面积患病甚至死亡的环境事件,成为"自然界的报

---

① 刘方健:《中国历史上的绿色经济》,载李晓西等著:《2010中国绿色发展指数报告——省际比较》,北京师范大学出版社2010年版,第315页。

② 刘方健:《中国历史上的绿色经济》,载李晓西等著:《2010中国绿色发展指数报告——省际比较》,北京师范大学出版社2010年版,第320页。

复",冲击着一味掠夺自然进而破坏环境的片面发展模式。① 历史把人类推到了必须从工业文明走向现代新文明的发展阶段。可持续发展思想在环境与发展理念的不断更新中逐步形成。

(一)可持续发展思想萌芽时期

20 世纪 50 年代以来,在世界经济飞速发展的同时,人口剧增、资源消耗过度、环境恶化、生态破坏、贫富悬殊等问题凸显和加剧,迫使一些敏锐的思想家、理论家开始积极反思和总结传统经济发展模式不可克服的弊端,从而催生了可持续发展观。1962 年,一本振聋发聩的作品——《寂静的春天》登上美国畅销书的排行榜。在这本书中,美国生物学家蕾切尔·卡逊(Rachel Carson) 论述了杀虫剂、特别是滴滴涕对鸟类和生态环境造成的毁灭性危害,提出了"可持续性"概念。②

1968 年,"罗马俱乐部"成立。1972 年,这个组织发表了震动世界的研究报告《增长的极限》。报告根据数学模型预言:在未来一个世纪中,人口和经济需求的增长,将导致地球资源耗竭、生态破坏和环境污染;除非人类自觉限制人口增长和工业发展,否则这一悲剧将无法避免。③

在这一时期,由于资源环境的压力尚未完全凸显,由个人或民间组织倡导的可持续发展的思想并未引起世界的广泛关注,人们对"可持续"的理念尚未熟悉,而可持续发展的先驱者也饱受社会各种声音的质疑。尽管如此,"可持续发展"的理念已经萌芽,发展必须顾及环境问题的思维开始逐渐进入全球政治、经济的议程。

(二)可持续发展思想初步形成时期

随着环境的日益恶化和资源的加速枯竭,各国逐渐开始意识到保护资源环境和持续发展的重要性,在经过了"有机增长"、"全面发展"、"同步发展"、"协调发展"等一系列概念观念的演变之后,④联合国最终从民间机构手中接

---

① 《半个世纪人类发展观大反省》,2012 年 3 月 5 日,见 http://www.cnr.cn/zhuanti1/ kxfz/jxkxfzg/200707/t20070727_504525484.html。

② Rachel Carson:*Silent Spring*,科学出版社 2010 年版,第 37 页。

③ 德内拉·米多斯:《增长的极限》,机械工业出版社 2008 年版,第 7 页。

④ 《罗马俱乐部与〈增长的极限〉出版》,2005 年 1 月 21 日,见 http://news.sohu.com/ 20050121/n224051975.shtml。

过了"可持续发展"的大旗。

1972 年,联合国人类环境会议召开,第一次将环境问题纳入世界各国政府和国际政治的事务议程。大会通过了《人类环境宣言》。这次大会唤起了各国政府对环境问题,特别是对环境污染问题的关注。

1987 年,世界环境与发展委员会(UNCED)向联合国大会提交了《我们共同的未来》的研究报告。报告指出,过去我们关心的是经济发展对生态环境带来的影响,而现在我们正迫切地感到生态的压力对经济发展所带来的重大影响。报告在探讨了人类面临的一系列重大经济、社会和环境问题的基础上,提出了"可持续发展"的概念:"既满足当代人的需求,又不对后代人满足其自身的需求能力构成危害的发展。"[1]

至此,"可持续发展"思想正式形成。世界各国政府、各个领域的团体组织及有识之士开始展开大量的研究和分析,探讨可持续发展的思路和方法。但是,这一时期的"可持续发展"理念还停留在理论研究的层面,尚未对世界各国产生实质性的约束力。

(三)可持续发展思想的发展和成熟时期

"可持续发展"理念进入 20 世纪 90 年代之后,以惊人的速度为全世界的人们所熟知,并逐渐成为世界性大会最主要也是最重要的议题之一,"可持续发展"理念逐渐成为世界各国最广泛和最高级别的政治承诺。

1992 年,联合国环境与发展大会召开,会议通过了《里约环境与发展宣言》和《21 世纪议程》。前者是开展全球环境与发展领域合作的框架性文件,是为了保护地球永恒的活力和整体性,建立一种新的、公平的伙伴关系的基本准则的宣言。后者是全球范围内可持续发展的行动计划,它旨在建立 21 世纪世界各国在人类活动对环境产生影响的各个方面的行为规则,为保障人类共同的未来提供一个全球性措施的战略框架。[2]

2002 年可持续发展世界首脑会议在约翰内斯堡召开,通过了《约翰内斯堡可持续发展承诺》和《执行计划》。在《约翰内斯堡可持续发展承诺》中,各国承诺将不遗余力地执行可持续发展的战略,把世界建成一个以人为本,人类

---

① 世界环境与发展委员会:《我们共同的未来》,吉林人民出版社 1989 年版,第 12 页。

② 《二十一世纪议程》,2004 年 4 月 8 日,见 http://www. un. org/chinese/events/wssd/agen-da21. htm。

与自然协调发展的美好社会。①

2012 年 1 月 30 日,全球可持续发展高级别小组向潘基文秘书长提交了题为《人与地球的可持续发展:值得选择的未来》的报告,就如何落实促进可持续发展并尽快将其纳入经济政策提出 56 条建议。报告指出,不平等现象的日益增长,环境的持续恶化以及经济的不稳定意味着人类需要以一种新的方式进行发展。当前,世界领导人应当把重点放在促进人类与地球的可持续发展上,这一点比以往任何时候都重要。②

为便于读者把握"可持续发展"理念的步步深化,特列下面简表:

表 1-1 可持续发展理念的探索过程

时间	倡导者	主要报告、文件、著作	主要观点和历史意义
1962	蕾切尔·卡逊	《寂静的春天》	引起人们对野生动物的关注,唤起了人们的环境意识,引发了公众对环境问题的注意。
1966	鲍尔丁	《即将到来的宇宙飞船世界的经济学》	我们的地球只是茫茫太空中一艘小小的宇宙飞船,人口和经济的无序增长迟早会使船内有限的资源耗尽,而生产和消费过程中排出的废料将使飞船污染,毒害船内的乘客,此时飞船会坠落,社会随之崩溃③
1972	芭芭拉·沃德、勒内·杜博斯	《只有一个地球》	从整个地球的发展前景出发,从社会、经济和政治的不同角度,评述经济发展和环境污染对不同国家产生的影响,呼吁各国人民重视维护人类赖以生存的地球④。
1972	罗马俱乐部	《增长的极限》	在未来一个世纪中,人口和经济需求的增长将导致地球资源耗竭、生态破坏和环境污染,除非人类自觉限制人口增长和工业发展,这一悲剧将无法避免。

---

① 《地球首脑会议在承诺中闭幕 会议通过<执行计划>和<约翰内斯堡可持续发展承诺>》,《中国水利报》2002 年 9 月 6 日。

② 《可持续发展:值得选择的未来》,2012 年 3 月 16 日,见 http://www.unmultimedia.org/radio/chinese/archives/164219。

③ 张志强、孙成权、程国栋、牛文元:《可持续发展研究:进展与趋向》,《地球科学进展》1999 年第 6 期。

④ 芭芭拉·沃德、勒内·杜博斯:《只有一个地球:对一个小小行星的关怀和维护》,吉林人民出版社 1997 年版,第 12 页。

续表

时间	倡导者	主要报告、文件、著作	主要观点和历史意义
1972	联合国人类环境会议	《人类环境宣言》	阐明了七点共同看法和二十六项原则,以鼓舞和指导世界各国人民保护和改善人类环境①。
1976	卡恩	《今后二百年——美国和世界的一幅远景》	从长远来看,现存的一切重大问题在原则上都可解决②。
1981	朱利安·林肯·西蒙	《没有极限的增长》	认为人类能力的发展是无限的。依靠技术进步可以解决一切问题③。
1984	朱利安 L. 西蒙、凯恩	《资源丰富的地球》	地球上资源是丰富的,只要政治、制度、管理和市场等多种机制较好地发挥作用,从长期看,人口的增长有利于经济发展和技术进步④。
1987	戈德史密斯	《生存的蓝图》	作者提出了悲观论点,即在高度工业化社会的末日在半个多世纪内将不可避免地会出现,主张对现存社会发展方向作战略转变。⑤
1987	世界环境与发展委员会(UNCED)	《我们共同的未来》	报告在探讨了人类面临的一系列重大经济、社会和环境问题的基础上,提出了"可持续发展"的概念:"既满足当代人的需求,又不对后代人满足其自身的需求能力构成危害的发展"。
1992	联合国环境与发展大会	《21世纪议程》	把发展与环境密切联系在一起,提出了可持续发展的战略,并将之付诸为全球的行动。
2002	世界可持续发展首脑会议	《约翰内斯堡宣言》	各国在《约翰内斯堡宣言》中进一步表明了实施可持续发展的政治意愿,并协议通过了有具体目标和时间表的《执行计划》⑥。

---

① 《人类环境宣言》,2003 年 4 月 24 日,见 http://www.china.com.cn/chinese/huanjing/320178.htm。

② 赫尔曼·卡恩、威廉·布朗,利昂·马特尔:《今后二百年——美国和世界的一幅远景》,上海译文出版社 2009 年版,第 9 页。

③ 朱利安·林肯·西蒙:《没有极限的增长》,四川人民出版社 1985 年版,第 27 页。

④ 朱利安·西蒙、哈尔曼·卡恩:《资源丰富的地球——驳〈公元 2000 年的地球〉》,科学技术文献出版社 1988 年版,第 81 页。

⑤ E. 戈德史密斯:《生存的蓝图》,中国环境科学出版社 1987 年版,第 15 页。

⑥ 《"联系非洲"会议发表<约翰内斯堡宣言>》,2003 年 5 月 4 日,见 http://www.people.com.cn/GB/historic/0504/1459.html。

续表

时间	倡导者	主要报告、文件、著作	主要观点和历史意义
2011	基础四国	《公平获取可持续发展》	强调发展中国家需要获得公平的谈预算额度,公平地享有减缓成果,为提高基础四国人民生活质量摆脱贫困争取发展时间。①
2012	全球可持续发展高级别小组	《人与地球的可持续发展:值得选择的未来》	报告就如何落实促进可持续发展、并尽快将其纳入经济政策提出 56 条建议。

现在可以说,"可持续发展"已经成为世界各国经济社会发展的内在要求和各国经济发展方式的准则,"可持续发展"理念已经深入人心。

二、可持续发展理念形成中呈现出四大特点

从人类对可持续发展的探索历程可以看到,这个过程呈现出了以下四个特点:

(一)从个人的呐喊成为全人类的共识

可持续发展理念在形成过程中,从最初表现为个别学者对环境保护的呐喊。早期,很多学者关于可持续发展的论断和思想并没有被大多数人所认可和接受。《寂静的春天》1962 年在美国问世时,成为一本很有争议的书,作者卡逊也遭到了各方的诋毁和攻击。但学者们对资源合理使用、环境保护的呐喊,逐渐唤起了公众和政府机构对资源环境问题的关注,各种环境保护组织纷纷成立,环境保护问题提到了各国政府面前。自 1987 年世界环境与发展委员会提出可持续发展理论以来,实现可持续发展模式已成为全人类的共识,推进可持续发展逐渐成为全人类共同责任。

在国际上,可持续发展作为未来人类共同发展的基础战略得到了普遍认同。国际间为解决资源与环境问题的各种交流与合作也在日益加深。可持续发展日渐成为国际法的一项基本原则,并逐渐具有约束力。从 20 世纪末以来,美、德、英等发达国家与中国、巴西等后发国家,都先后提出了自己的 21 世

---

① 《公平获取可持续发展》,2011 年 12 月 5 日,见 http://news.163.com/11/1205/06/7KG61IV600014AED.html。

纪议程或行动纲领,不约而同地强调要在经济、社会与环境等方面协同共进。①

(二)从单纯道德出发到辩证双重认识

可持续发展观点的提出,最初多数是从单纯道德出发。一些环保主义者尖锐地指出,随着工业化的突飞猛进,人们的生活条件遭到了极大的破坏,不仅如此,掠夺性地开发现有的资源也是对后代人的不公平。目前的趋势继续发展,未来世界将更为拥挤,污染更加严重,贫富差距更大,人口增长将超过地球的承受能力。

在可持续发展理念的探索过程中,逐渐形成了乐观派和悲观派两个主要流派,他们对社会、经济与人口发展可持续都表达了高度关注,悲观主义者在提出经济增长是有限的同时,忽视了人类的主观能动性。而乐观主义者却过度沉浸在人类"征服"自然的喜悦之中,而忽视了与自然和谐共处的必要性。

随着可持续发展理念的不断探索,人们逐渐意识到要辩证地看待人类社会的发展,坚持经济增长过程中无限与有限的统一。既要从悲观主义者的论断中看到人类发展面临的危险和挑战,也要从乐观主义者的论述中体会到信心;既要看到经济发展会对环境带来严重污染,也要看到经济发展对人类社会的重大作用;既要看到工业化过程中的贫富差距有扩大的趋势,也要看到工业化在提升整个人民水平;既要看到资源在一定的科技条件下是有限的,也要看到科技条件的改善所可能带来的巨大的替代资源;既要看到人口过渡发展使得地球资源加速消耗,也要看到人类本身的生存权利也是需要保证的。②

(三)从人们知之甚少到大家耳熟能详

在可持续发展理念提出之初,公众对可持续发展知之甚少。由于可持续发展知识的欠缺和可持续发展知识系统宣传的缺失,公众的可持续发展意识薄弱,而且由于各种利益驱使,公众的可持续参与度不高,③由此带来的资源浪费和破坏环境问题层出不穷。并且,人们对于环境危害往往是从自己直观

---

① 钱子文:《文明史中的可持续发展——以法理学为观察视角》,2011 年 9 月 3 日,见 http://www.chinareform.org.cn/Explore/explore/201109/t20110904_120740.htm。

② 李晓西:《我国的战略性资源问题》,《中国石油》2001 年第 4 期。

③ 《调查发现多数法国人对可持续发展认识模糊》,2011 年 12 月 22 日,见 http://www.dayoo.com/http://www.dayoo.com/2011-12-22。

感觉出发的,对于环境问题只了解表象,但对于其深层次的原因往往知之甚少。比如,在20世纪早期,人们虽然注意到了极端气候的逐渐增多,注意到了气候的变暖,但人类并不清楚这些问题的产生源自何方,这些问题又会对世界产生多大的影响。

伴随着可持续理念的不断深入发展和可持续知识的普及,尤其是部分环保人士的大力宣传,公众逐渐具备了可持续发展意识,人们逐渐认识到环境污染、资源耗竭的可能性和危险性。近年来,可持续发展已经成为大家耳熟能详的名词,了解这一概念的人数在增加,人们可持续发展的意识在不断增强,可持续的参与度也逐渐提高,关于可持续发展的科普读物如雨后春笋般涌现并广受欢迎。① 目前,越来越多的人认识到,人类社会必须树立可持续发展观,必须保护生态环境和合理利用资源,必须把促进当前的经济、社会发展和保障未来的持续发展统一起来,推动整个社会走上生产发展、生活富裕、生态良好的文明发展道路。

(四)从单学科解读到多学科综合攻关

在可持续发展理念形成发展之初,学者多是从单一学科的角度来研究可持续发展问题。可持续发展概念最早来源于生态学,生态学家在研究可再生资源最优存量的过程中提出了可持续产量的概念,随后可持续发展的概念不断深入和扩大。生态学家研究可持续发展,主要是以生态环境资源可持续发展为研究对象,以实现生态平衡作为基本研究内容,其着力点是将生态环境保护与经济发展是否平衡作为衡量可持续发展的重要指标和基本手段;经济学家研究可持续发展,重点则强调以经济可持续发展为研究对象,以区域开发、生产力布局、经济结构优化、资源供需平衡等区域可持续发展中的经济学问题作为基本研究内容,其着力点是将"科技进步贡献率抵消和克服投资的边际效益递减率"作为衡量可持续发展的重要指标和基本手段;社会学家研究可持续发展,重点以社会可持续发展为研究对象,以人口增长与人口控制、消除贫困、社会发展、社会分配、利益均衡和科技进步等可持续发展中的社会问题

---

① 姜玉玲:《让可持续发展思想深入人心——〈可持续发展知多少〉评价》,《中国图书评论》2001年第8期。

作为基本研究内容,其着力点是追求经济效益与社会公正取得合理的平衡。①
随着对可持续发展研究的不断深入,学者们逐渐发现可持续发展的系统性和
复杂性绝非任何一个学科可以独立解决,需要多学科的合作,需要生态学、资
源学、环境学、社会学、经济学等多学科的结合,才能全面理解可持续发展涉及
的各个方面。

第二节　发展绿色经济是现阶段促进
可持续发展的重要途径

在气候变化和自然资源日益稀缺的背景下,现行的经济发展模式遭到了
质疑,发展绿色经济逐渐成为各国解决多重挑战的共识方案,并成为现阶段促
进可持续发展的重要途径。2012 年联合国可持续发展大会将"可持续发展和
消除贫穷背景下的绿色经济"确定为会议主题之一。这对于达成对绿色经济
发展的共识,推进全球可持续发展进程,具有重要意义。那么绿色经济与可持
续发展到底有什么联系呢? 二者是一回事还是不尽相同呢? 下面,我们想论
述一个理念:发展绿色经济是现阶段促进可持续发展的重要途径,必须在可持
续发展框架下发展绿色经济。

一、绿色经济与可持续发展的三大联系

进入 21 世纪以来,尤其是金融危机爆发后,联合国环境规划署适时提出
了发展"绿色经济"的倡议,这一概念进入人们关注的视野。发达国家绿色发
展中强调减少碳排放,发展中国家强调提高资源利用效率和解决环境污染,但
都认同"绿色经济是可促成提高人类福祉和社会公平,同时显著降低环境风
险与生态稀缺的经济"。② 绿色经济并不能替代可持续发展,它与可持续发展
在加强环境保护、坚持以人为本以及促进生态与经济的协调发展方面是一脉
相承的。

---

① 张二勋、秦耀辰:《可持续发展研究的多学科比较》,《广东经济管理学院学报》2004 年第
1 期。
② 联合国环境规划署(UNEP):《迈向绿色经济:通向可持续发展和消除贫困的各种途
径》,UNEP2011 年版,第 5 ~ 7 页。

（一）可持续发展指导绿色规划的制定

发展绿色经济不可能一蹴而就，要结合国家的国情，有步骤、有次序地推进绿色经济发展，构建经济政策体系。实施绿色经济是一个社会系统工程，涉及国家的产业、经济、税收、金融、贸易以及投资体制改革等各个方面。为了保护未来长期持续发展所需的资源和环境基础，国家应尽快在可持续发展框架下制定绿色发展战略，设计绿色经济推进路线图。

应当将可持续发展的思想纳入国家重大发展规划政策中。国家重大发展规划是经济社会发展的指南针。将绿色经济发展纳入到国家重大发展规划中使其真正成为引领经济社会向可持续发展方向发展。当前，发达国家已经纷纷采取相应措施，如美国实施"气候友好型能源"，欧盟尝试将低碳经济作为"新的工业革命"，日本公布并实施了"绿色经济与社会变革"政策草案等。同时，一些新兴市场和发展中国家，如印度尼西亚、南非等国家也制定了相关绿色经济规划。就中国而言，今后我国也应当将气候变化等纳入国家重大发展规划中，采取鼓励措施重点发展再生资源回收利用和环保产业；鼓励企业实现规模经营，以最有效的方式利用资源，实现低投入、高产出；根据产业发展的目标，经济和科学技术的发展水平，制定有利于绿色经济发展的技术政策，鼓励绿色技术创新。与此同时，我国更加应当将可持续发展的思想贯彻到经济政策中。经济政策的实施是具体实现绿色经济的重要环节。当前，发展绿色经济，必须要建立合理的价格体系，实施有效的财政税收政策，建立绿色投资的优惠机制，减少与可持续发展目标不相符的经济政策，使资源和商品的价格反映其真实价值。①

（二）可持续发展理念推进绿色产业的发展

简单回顾一下，联合国教科文组织（UNESCO）提出"绿色（Green）"就意味着自然的、无污染的状态。而各国"绿色计划"的实施促进了"绿色理念"的形成与发展，进而直接促进了"绿色产业"在发达国家的兴起。发达国家20世纪80年代以来的技术进步与90年代以来的产业结构调整，正说明了绿色产业的重要作用。

所谓绿色产业是以可持续发展为宗旨，坚持环境、经济和社会协调发展，

---

① 吴玉萍、董锁成、徐民英：《面向21世纪可持续发展的世界经济动向——绿色经济》，《中国生态农业学报》2002年第2期。

生产少污染甚至无污染的,有益于人类健康的清洁产品,达到生态和经济两个系统的良性循环和经济效益、生态效益、社会效益相统一的产业模式。绿色产业关键要以绿色技术为保障,以实现整个产业链的绿色化为基础,才能真正实现绿色产业,促进绿色经济和可持续发展。

实现绿色发展,推进绿色产业发展的本质是对传统发展模式的变革与创新,其中绿色技术创新是绿色产业发展的核心与关键。可持续发展理念讲究持续发展,有效率的发展,而绿色技术创新可以提高资源利用效率,是解决经济与环境问题的关键。英国、美国等发达国家在碳捕获、清洁煤、智能电网、低碳汽车等绿色技术上一直保持领先优势,促进了绿色产业发展,也促进了发达国家经济的腾飞。近年来,我国的环保技术已经得到迅速应用,在防治污染、回收资源、节约能源等方面形成了新兴市场,极大地推动了绿色产业的发展,成为了促进绿色经济发展的新动力。

发展绿色产业关键还在于产业链的整体绿色化。绿色产业是一条完整的产业链,包括产品的设计的观念、生产开发的过程、产品的绿色包装、产品的绿色分销和树立产品的绿色品牌等,因此要想实现绿色产业的发展,这一整个产业链都应该绿色化。具体而言,在绿色产业的开发过程中,企业应转变传统的设计观念,以生态需要为导向,掌握绿色产品的技术、安全、卫生、环境标准及生产经营管理方面的规定及变化,实现绿色生产,大力开发绿色产品;在绿色生产方面,应尽量避免使用有害原料,减少生产过程中的材料和能源浪费,提高资源的利用率,减少废弃物排放量,并加强废弃物处理工作等,只有这样才能树立起企业及产品的绿色形象,扩大知名度,创造绿色品牌,推进绿色产业的发展,实现可持续发展。

(三)可持续发展理念促进绿色消费意识

正如诺贝尔获得者约瑟夫·斯蒂格利茨(Joseph Stiglitz)2008年在伊斯坦布尔的国际经济学学会上所指出的那样,向绿色经济转变以实现可持续发展将要求一种新的经济模式,这种新的经济模式就是改变了的消费模式和创新,即绿色消费。① 绿色消费是指提供服务以及相关的产品以满足人类的基本需

---

① 中国科学院可持续发展战略研究组:《2012中国可持续发展战略报告:全球视野下的中国可持续发展》,科学出版社2012年版,第237~238页。

求,提高生活质量,同时使自然资源和有毒材料的使用量减少,使服务或产品的生命周期中所产生的废物和污染物最少,从而不危及后代的需求。① 绿色消费是带有环境意识的消费活动,它可以有效遏制过度消费行为的滋生蔓延,对保护环境、实现资源的有效利用起着不可替代的"源头削减"作用,是可持续发展在消费领域的实现形式和内在动力。②

从绿色消费的理念中,我们认为绿色消费体现了人与自然相互协调。倡导绿色消费,培育绿色消费模式是世界各国发展的必然趋势。绿色消费模式是相对于消费社会模式而言的一种可持续发展模式。首先,绿色消费理论改变了人类中心论,重新确立人对自然的道德准则,是一种人与自然相互协调的消费观,不仅要满足我们这一代人的消费需求和安全、健康的原则,还要满足子孙万代的消费需求和安全、健康,促进整个地球的生态系统的平衡,进而达到生态环境与经济社会的可持续发展。其次,从本质上来讲,绿色消费倡导的是适度消费和生态消费,体现了可持续发展中的人与自然和谐共处的原则,使得人们的消费行为与社会经济和生产力发展状况相适应,顺应了社会经济与自然环境协调发展这一趋势,使人类在享受高品质物质生活的同时,发展了道德与审美,符合人的全面发展的需要。

从另外一个角度看,绿色消费是以循环经济为思想基础。循环经济是可持续发展框架中重要的内容之一。循环经济是一种与环境和谐的经济发展模式,其特征是低开采、高利用、低排放。所有的物质和能源要能在这个不断进行的经济循环中得到合理和持久的利用,以把经济活动对自然环境的影响降低到尽可能小的程度。绿色消费是低排放的重要表现,消费作为再生产过程的终点,引导着生产的方向。因此,这一理念要求人们的消费活动是带有环境意识的消费活动,体现了人类崭新的道德观、价值观和人生观,体现了循环经济和可持续发展的思想基础。在这种理念引导下,人们将不再以大量消耗资源、能源求得生活上的舒适为目标,而是将生活简单化,自觉选择"绿色产品",最大限度地节约资源,这正是可持续发展所要求的。由此可见,绿色消

---

① 董淑芬:《培育我国绿色消费模式的对策与建议》,《生态经济》(学术版)2009 年第 1 期。

② 程洁:《绿色消费——循环经济在消费领域的内在动力》,《科技情报开发与经济》2011 年第 7 期。

费是可持续发展在消费领域的内在要求,是可持续发展的重要内容。

第三节 中国发展绿色经济是全人类 可持续发展重要组成部分

在全球资源环境挑战日益激化的新形势下,绿色经济逐渐成为世界各国促进可持续发展的新举措。2009 年,胡锦涛主席在联合国气候变化峰会上指出中国要"大力发展绿色经济,积极发展低碳经济和循环经济,研发和推广气候友好技术"。[①] 作为世界上最大的发展中国家,早在 1996 年中国政府就实行可持续发展战略。经过近 20 年的艰辛探索,通过实施经济结构战略调整、走新型工业化道路、构建资源节约环境友好型社会等战略举措,中国在可持续发展道路上取得了显著成就。未来,中国将继续推进绿色经济发展,提升绿色技术研发和利用水平,以更加开放的态度,加强国际交流合作,共同致力于全人类的可持续发展。

一、中国的整体实力对世界可持续发展具有重大影响

伴随着经济的快速发展,目前中国已成为世界第二大经济体和最大的能源消耗国之一,并且经济规模和能源消耗仍将持续增长,对资源的需求和环境的压力也将随之加大。以人为本是可持续发展的最基本内容,在人口众多的中国坚持不懈地发展绿色经济是对全世界可持续发展的重要贡献。

(一)人口众多对实现可持续发展具有双重意义

中国是一个拥有 13 亿人口的大国,占世界人口的五分之一。因此,中国的经济发展、能源需求都对世界产生重要的影响。从总量来看,2010 年,我国能源消耗总量(发电煤耗计算法)为 32 亿吨标准煤,[②]就人均而言,2010 年中

---

① 《胡锦涛在联合国气候变化峰会开幕式上的讲话》,2009 年 9 月 23 日,见 http://www.chinanews.com/gn/news/2009/09-23/1880368.shtml。

② 国家统计局能源统计司:《中国能源统计年鉴 2011》,中国统计出版社 2011 年版,第 5 页。

国人均能源消费量为 2400 千克标准煤,[①]仅约为美国人均能源消费量的五分之一(2010 年美国人均能源消费量为 317 million BTU)。[②] 可见,我国存在着人均消耗少,总量消耗大的特点。基于这样的国情,人口众多对促进可持续发展的影响将会是双重的。一方面,如果不能控制人口的规模,或者控制每个人消耗的能源额度,那么加总起来将是一个庞大的数字,不利于可持续发展的实现;另一方面,如果能在满足人口对资源能源和环境基本需求的基础上,实现消耗总量的下降,将有利于全人类资源和环境的可持续发展。因此,中国应当肩负起这个重责,为实现全人类可持续发展作出自己的贡献。

(二)经济规模巨大对实现可持续发展具有重要意义

改革开放 30 多年来,中国经济保持了长期快速增长,目前国内生产总值已经超过日本,2010 年国内生产总值占世界比重已经达到 9.5% ,[③]随着经济规模的不断扩大,中国对生产所需的资源、能源和环境因素的需求持续上升,因此,改变长期以来的粗放型增长方式对节约资源、实现可持续发展具有重要意义。当前,中国政府、行业组织和企业都已深刻认识到必须大力发展绿色经济,在加大对绿色产业的投入和支持力度,在资源和环境承载的范围内进行生产活动,提高资源和能源利用效率。可以预见,作为经济规模巨大的国家,中国实现经济增长方式转变、推进绿色经济发展,将对全世界可持续发展产生直接推动作用。

(三)强有力的政府对实现可持续发展具有关键意义

强有力的政府调控和监管,是市场经济秩序得以不断完善的保障。发展绿色经济,必然要求在体制机制方面进行深入变革,就更需要高效的政府监管和调控。显然,中国政府在发展绿色经济上的态度对促进可持续发展具有关键意义。我们看到,在发展绿色经济和促进可持续发展问题上,中国政府在各种场合积极表态。2011 年,胡锦涛主席在首届亚太经合组织林业部长级会议上的致辞中提出"中国将继续加快林业发展,力争到 2020 年森林面积比 2005

---

① 国家统计局能源统计司:《中国能源统计年鉴 2011》,中国统计出版社 2011 年版,第 8 页。

② U. S. Energy Information Adminitration:Annual Energy Review2010,p. 13.

③ 刘铮:《中国 GDP 占世界比重已达9.5%》,2011 年 3 月 24 日,见 http://news. xinhuanet. com/fortune/2011-03/24/c_121228758. htm? fin。

年增加 4000 万公顷、森林蓄积量比 2005 年增加 13 亿立方米,为绿色增长和可持续发展作出新的贡献"。① 2012 年 6 月,温家宝总理在世界未来能源峰会提到:"到 2015 年,中国非化石能源占一次能源比例,将从 2010 年的 8.3% 提高到11.4% ;能耗强度比 2010 年降低 16% ,二氧化碳排放强度下降 17% 。实现这些目标,面临的困难很多,付出的代价很大,但我们毫不动摇。"②此外,中国政府将环境保护和节能减排等任务纳入五年规划,承诺到 2020 年,能耗强度将在 2005 年的水平上降低 40% ~ 45% 。③ 中国政府高度关注绿色经济发展,这不仅将在 13 亿人口的发展中大国实现可持续发展具有重要意义,也对全球保护生态环境、促进人类经济可持续发展具有重大意义。

二、中国的绿色消费将助力全人类可持续发展

国内消费需求对保持经济稳定增长具有重要意义,绿色消费理念的普及化,绿色消费实践的全面实行,将对中国甚至全人类的可持续发展形成巨大拉力。

(一)中国绿色消费理念广泛传播有助于全世界资源节约

绿色消费作为一种全新的消费理念,正在中国迅速掀起。为减少资源浪费和环境压力,中国政府出台了一系列绿色消费政策,如:2011 年年底结束的家电以旧换新政策,淘汰了大量高能耗的家电设备;"限塑令"通过对一次性塑料袋实行收费,大量减少了白色污染;另外,社会公益组织大力宣传绿色消费理念,通过各种广告宣传方式,号召不食用野生动物,提倡使用多次性餐具;绿色行业协会积极推广绿色食品标识,绿色能效表示等。就普通大众而言,已经对绿色消费的认识越来越广泛,垃圾分类处理的做法被越来越多家庭采用,夏天空调温度不低于 26℃的倡议被广泛采纳,"地球熄灯一小时"活动越来越受到关注。从 2010 年数据来看,中国最终消费支出额高达 186905.3 亿元,约

---

① 胡锦涛:《在首届亚太经合组织林业部长级会议上的致辞》,2011 年 9 月 6 日,见 ht-tp://cpc. people. com. cn/GB/64093/64094/15602672. html。

② 温家宝:《中国坚定走绿色和可持续发展道路——在世界未来能源峰会上的讲话》,2012 年 1 月 17 日,见 http://cpc. people. com. cn/GB/64093/64094/16892872. html。

③ 中国科学院可持续发展战略组:《2012 中国可持续发展战略报告:全球视野下的中国可持续发展》,科学出版社 2012 年版,第 245 页。

占国内生产总值的一半,按照中国国内生产总值占世界 9.5% 的比重,中国的消费量大约是世界总 GDP 的 4% 左右。① 总之,在消费支出巨大的中国提倡绿色消费,会大大减少资源和能源利用,将大大节约世界资源的消耗。

(二)中国扩大绿色内需有利于促进全世界可持续发展

可持续发展的实现要求我国经济结构的调整和变革。而扩大国内消费需求有助于经济结构的深度变革。李克强副总理在"2012 博鳌亚洲论坛"开幕式上表示,扩大内需是经济结构调整的首要任务,政府多个部门正在专题研究新的消费促进政策,通过鼓励绿色消费,建立废旧物品回收体系,出台新的促进环保、低碳消费的财政补贴政策。② 中国绿色消费将促进资源循环高效利用,从而引起国内产业向绿色可持续发展方向转变,产生新的经济增长点。同时,国内需求的扩大还将对国外商品进口形成拉动作用,进而影响国际生产领域的绿色化。因此,中国绿色内需的扩大不仅可以成为拉动国内经济持续增长的主要动力,还将成为促进全人类绿色可持续发展的重要力量。

三、中国绿色产业可望成为人类可持续发展的领军者

中国一直坚持"科技兴国"战略,坚持以科技推动调整产业结构优化升级。当前,我国大力发展新能源、高技术产业,取得了跨越式发展,在多个领域进入了全球领先地位。随着中国绿色经济的进一步发展,将会有更多的绿色产业有望成为引领全人类可持续发展的重要角色。

(一)中国绿色产业加快发展,对国外形成辐射作用

进入 21 世纪以来,全球环境与气候变化问题日益成为各种组织和机构关注的焦点,中国顺应形势,通过对传统产业进行改造,加快发展绿色农业和生态庄园;通过废物循环利用,采用清洁生产手段,培育新兴产业,构建绿色工业体系;重点发展现代物流业、金融服务业,全力做大绿色服务业;以节能减排、促进资源高效利用为重点,加大节能环保监管力度,构建了一批绿色产业体系,形成了一批有规模的自主品牌绿色企业。科技创新是绿色产业发展的重要支撑,中国积极推进绿色科技创新并取得了显著成果,通过企业"走出去"

---

① 国家统计局:《中国统计年鉴 2011》,中国统计出版社 2011 年版,第 61 页。

② 《中国将出台新政鼓励绿色循环消费》,2011 年 12 月 21 日,见 http://finance.ce.cn/rolling/201112/21/t20111221_16693101.shtml。

战略,绿色产业逐渐向发展中国家及整个国外市场扩散。这将对全球尤其是广大发展中国家形成有效的科技创新辐射。

(二)中国人力资本雄厚,绿色就业潜力巨大

在人口众多的中国普及教育的直接效果,就是雄厚的人力资源积累。2010 年我国中等教育在校生数为 1 亿多人,毕业生数为 3 千多万人;普通本专科在校生 2 千多万人,毕业生 5 百多万人,研究生在校生和毕业生数分别为150 万人和近 40 万人,①人力资源的规模大,而且呈逐年增加的趋势,一方面对中国的就业产生巨大压力,另一方面也意味着我国有着巨大的创业潜力。人在为人创造就业机会,众多的人为更为众多的人创造就业机会。进一步我们看到,绿色就业将是就业机会中的一个新营盘。根据国际环保组织绿色和平与欧洲可再生能源理事会共同发布的《拯救气候:创造绿色就业机会》(EN-ERGY SECTOR JOBS TO2030:A GLOBAL ANALYSIS)报告指出,如果哥本哈根气候大会能达成切实有效的协议,并大力投资绿色能源产业,到 2030 年,可再生能源行业将提供 690 万个就业岗位,节能行业则提供另外 110 万个就业岗位。② 可以预见,我国大力发展绿色产业,通过实施节能减排政策及太阳能、生物燃料、风电、水电等清洁能源的发展政策,将调整就业结构,带来大量的就业机会,实现失业人口的转移,缓解因人口增长带来的就业压力问题。

(三)新能源产业将成为中国引领世界经济可持续发展的前沿

新能源产业领域是未来世界各国竞相争夺的战略要地,西方发达国家不断加大对新能源技术的投入,从政策和资金方面向绿色清洁能源领域倾斜,推动国内技术和标准向国外转移。在社会各界高度重视下,中国在新能源技术领取也取得了长足发展。根据《2011 年全球可再生能源发展报告》(Renew-ables2011 global status report)的数据显示,2010 年中国可再生能源在中国总装机电力容量中占大约 26% ,占发电量的 18% ,占最终能源供应的 9% 以

---

① 国家统计局:《中国统计年鉴 2011》,中国统计出版社 2011 年版,第 741 页,文中用的是简化数。

② Institute for Sustainable Futures,*UTS:ENERGY SECTOR JOBS TO2030:A GLOBAL ANALY-SIS.* 2009. p. 88.

上,①中国已经成为世界上最大的水电生产国,在安装风力涡轮机和太阳能光热系统方面处于全球领先地位。② 风电设备生产和风电场开发发展强劲势头,2010 年中国新增风电装机 18.9GW,占全球新增市场的48%,累计风电装机容量达到44.73GW,超过美国跃居世界第一的位置,③同时中国还是世界上最大的光伏发电组件制造国。此外,中国政府和企业,不断通过对外投资与合作,推动新能源技术"走出去",使中国自身调整经济结构、转变发展方式的重大成果分享于全世界,既是国内实现可持续发展的战略举措,也是对全球发展绿色经济、应对气候变化的积极贡献。

专栏1-1　OECD 对中国绿色经济增长的评价

绿色增长战略可以对中国的可持续增长作出积极贡献,不仅可以为中国经济增长提供新的来源,还可以防止由经济增长和资源环境冲突造成的破坏影响,为实现可持续生产与消费模式提供机会。

第一,绿色经济可能通过下列方式开启新的增长来源。

· 对自然资产的更好管理能改善资源利用,并通过节约资源的方式(例如杜绝浪费)来提高生产率。

· 完善针对环境问题的政策与框架性条件,也能刺激创新、促进增长。

· 明确的战略能提高政府处理重大环境问题的确定性。这可能会刺激公众投资绿色科技、商品与服务的信心,鼓励环保消费并开创出新的"绿色市场"。

· 针对污染征收的税收,可用于资助能够支持长期增长的商品与服务。

第二,绿色增长战略能防止增长轨迹因经济活动与环境之间的紧张冲突关系而下降。

· 如果不实施绿色增长战略,自然资本价值会被经济活动所侵蚀,其程

---

① Renewable Energy Policy Network for the21st Century, *Renewables2011 global status report*, Paris. 2011. p. 11.

② Renewable Energy Policy Network for the21st Century. , *Renewables 2011 global status report. Paris*. 2011. p. 18.

③ 李俊峰等编著:《风光无限:中国风电发展报告 2011》,中国环境科学出版社 2011 年版,第4 页。

度会超过该等侵蚀活动所产生的价值,破坏未来可持续增长的能力。具体而言,人们需要找到高昂的替代性生产要素才能补充日渐缺失的自然资本。以中国为例,由于水资源日益稀少,对灌溉与饮用水供给的投资成本日益高昂已属必然。缺乏绿色增长战略,可能造成阻碍增长的瓶颈,或导致无法充分评估自然资本的效益,例如在人类健康方面的效益。

· 绿色增长战略还能将风险降至最低,防止环境进一步恶化,防止因跨越危机临界点而对增长造成负面影响。环境系统的改变并不一定遵循着平稳、可预见的轨道。情势可能急转直下并酿成灾祸(正如已经发生在某些鱼群身上的一些案例,以及气候变化或生物多样性破坏可能出现的局面),导致增长面临极高的破坏风险,并引发不可逆转的效应。

第三,绿色增长将为中国跨跃式实现可持续生产与消费模式提供机会。

中国同许多发展中国家一样仍处于开发自身基础建设的阶段,因此有机会从一开始便对更环保、更智能的解决方案进行整合,例如在能源系统(通过智能电网)与运输系统中整合信息通信技术,或是建造绿色城市。通过建立适当的融资渠道与产能,建立基础设施与网络,从而降低成本、提高生产力,避免发达国家出现的路径依赖问题,同时缓解环境压力,进而跨越式迈入更环保的经济形态。

然而,在中国要解决迫在眉睫的环境风险,并同时确保在人口快速增长的背景下人民的生活水平持续改善,这将是对中国可持续发展最首要的挑战。

资料来源:根据 OECD(2012):《聚焦中国:经验与挑战》,OECD,巴黎,第 34 ~ 36 页内容整理。

四、中国国际化程度提升有利于促进全人类可持续发展

中国积极参与国际谈判和合作,努力推动绿色、低碳经济成为全球实现可持续发展的重点议题,并完善国内政策,加强与国际绿色发展规则的协调。

(一)中国积极参与国际规则制定,加强政策协调

面对气候变化的严峻挑战,中国政府积极参与国际气候规则制定的谈判,主张在"巴厘路线图"授权下,加强《气候公约》及《京都议定书》的有效实施。中国将严格按照"巴厘路线图"的要求,从中国实际和战略目标出发,稳步推进绿色经济发展,分阶段稳步推进绿色发展能力建设和承担国际义务。作为

WTO 成员国,中国主张,应在世贸组织框架下通过多边双边磋商机制,有效减少绿色贸易壁垒,解除对绿色技术的封锁,确保绿色经济的成果被全人类共享。

(二)中国向发展中国家提供绿色投资和援助,有利于实现全面可持续发展

近年来,对发展中国家的绿色投资和援助已成为中国对外援助的一个新领域。中国政府在互相尊重主权和领土完整、互不侵犯、互不干涉内政、平等互利、和平共处等原则下,根据受援国的差别化需求,重点在生态农业、新能源、清洁能源和技术合作等领域提供大量援助,积极通过对发展中国家的新能源技术转移和人才培养,增长广大发展中国家提升自身可持续发展能力,为实现全人类的可持续发展提供力所能及的帮助。此外,通过对发展中国家技能环保产业、新能源技术、基础设施等投资,开展南南合作,大大加强了发展中国家的沟通和交流,在国际环境气候问题上达成了广泛共识,为发展中国家在国际规则制定谈判中争取有利地位付出了艰辛努力,为公平、公正、有效的国际规则制定作出了重要贡献。

(三)中国积极引进外资和技术有助于拉动全球范围的绿色经济

随着全球经济一体化的深入发展及中国国际化程度的不断加强,对外资的需求和开放程度也在不断加大。据商务部统计数据显示,2010 年我国实际使用外资金额为 1057.4 亿美元,首次突破 1000 亿美元大关。① 现阶段,我国利用外资不仅表现为规模越来越大,国外资金的投入方向也更多地向绿色环保产业偏移,国外环保跨国公司不断涌入中国。大量利用国外资金不仅可以弥补国内绿色发展对资金需求的不足,更重要的是引进国外先进成熟技术,破解绿色发展中的技术难题,加大对西方发达国家先进技术的承接,内化西方国家成功经验,促进国内绿色经济又好又快发展。我国在新能源、清洁技术、低碳交通、污水处理、脱硫脱硝以及防风固沙等领域引进了一批国际先进经验。并且中国将以更加积极主动的开放政策,坚持引进国外资金和绿色技术,拉动全球范围内的绿色经济。

---

① 李飞等:《浅析我国目前利用外资的特点及对策》,《山东社会科学》2011 年 12 月,第 32～34 页。

参考文献

陈勇鸣:《绿色经济与可持续发展》,《上海企业》2001 年第 9 期。

程洁:《绿色消费——循环经济在消费领域的内在动力》,《科技情报开发与经济》2011 年第 7 期。

德内拉·米多斯:《增长的极限》,机械工业出版社 2008 年版,吉林人民出版社 1997 年版。

董淑芬:《培育我国绿色消费模式的对策与建议》,《生态经济》(学术版)2009 年第 1 期。

戈德·史密斯:《生存的蓝图》,中国环境科学出版社 1987 年版。

国家统计局:《中国统计年鉴 2011》,中国统计出版社 2011 年版。

国家统计局能源统计司:《中国能源统计年鉴 2011》,中国统计出版社 2011 年版。

赫尔曼·卡恩,威廉·布朗、利昂·马特尔:《今后二百年——美国和世界的一幅远景》,上海译文出版社 2009 年版。

胡锦涛:《在联合国气候变化峰会开幕式上的讲话》,2009 年 9 月 23 日,见 http://www.chinanews.com/gn/news/2009/09-23/1880368.shtml。

胡锦涛:《在首届亚太经合组织林业部长级会议上的致辞》,2011 年 9 月 6 日,见 http://cpc.people.com.cn/GB/64093/64094/15602672.html。

姜玉玲:《让可持续发展思想深入人心——〈可持续发展知多少〉评价》,《中国图书评论》,2001 年第 8 期。

李晓西等:《2010 中国绿色发展指数年度报告——省际比较》,北京师范大学出版社 2010 年版。

李晓西等:《2011 中国绿色发展指数报告——区域比较》,北京师范大学出版社 2011 年版。

李晓西等:《中国经济新转型》,中国大百科全书出版社 2011 年版。

李晓西:《我国的战略性资源问题》,《中国石油》2001 年第 4 期。

联合国环境规划署(UNEP):《迈向绿色经济:通向可持续发展和消除贫困的各种途径》,2011 年。

联合国开发计划署驻华代表处和中国人民大学共同撰写:《2009/10 中国人类发展报告——迈向低碳经济和社会的可持未来》,中国出版集团公司、中国对外翻译出版公司 2010 年版。

刘仁忠,罗军:《可持续发展理论的多重内涵》,《自然辩证法研究》2009 年第 4 期。

马瑞婧:《中国城市消费者绿色消费行为的影响因素研究》,中国社会科学出版社 2011 年版。

尚卫平:《可持续发展观的形成与发展》,《东南学术》2004 年第 4 期。

盛国军:《对可持续发展观的辩证思考》,《学术交流》2007 年第 5 期。

世界环境与发展委员会:《我们共同的未来》,吉林人民出版社 1989 年版。

温家宝:《发展绿色经济 促进持续增长》,2009 年 12 月 1 日,见 http://cpc.people.com.cn/GB/64093/64094/10481644.html。

温家宝:《中国坚定走绿色和可持续发展道路——在世界未来能源峰会上的讲话》,2012 年 1 月 17 日,见 http://cpc.people.com.cn/GB/64093/64094/16892872.html。

吴玉萍、董锁成、徐民英:《面向 21 世纪可持续发展的世界经济动向——绿色经济》,《中国生态农业学报》2002 年第 2 期。

许文:《可持续发展思想形成综述》,《现代农业科技》2005 年第 2 期。

薛进军:《中国低碳经济发展报告》,社会科学文献出版社 2011 年版。

约瑟夫·斯蒂格利茨:《2008 年 6 月在伊斯坦布尔的国际经济学学会上的讲话》。

张二勋、秦耀辰:《可持续发展研究的多学科比较》,《广东经济管理学院学报》2004 年第 1 期。

张志强、孙成权、程国栋、牛文元:《可持续发展研究:进展与趋向》,《地球科学进展》1999 年第 6 期。

刘铮:《中国 GDP 占世界比重已达 9.5%》,2011 年 3 月 24 日,见 http://news.xinhuanet.com/fortune/2011-03/24/c_121228758.htm?fin。

中国科学院可持续发展战略组:《2012 中国可持续发展战略报告——全球视野下的中国可持续发展》,科学出版社 2012 年版。

朱利安·西蒙、哈尔曼·卡恩:《资源丰富的地球——驳〈公元 2000 年的地球〉》,科学技术文献出版社 1988 年版。

朱利安·林肯：《没有极限的增长》,四川人民出版社 1985 年版。

OECD(2012)：《聚焦中国：经验与挑战》,OECD,巴黎,2012 年。

Institute for Sustainable Futures, UTS: *ENERGY SECTOR JOBS TO*2030: *A GLOBAL ANALYSIS.* 2009.

Rachel Carson: *Silent Spring*,科学出版社 2010 年版。

Ren21 steering committee: Renewable Energy Policy Network for the21st Century. Renewables2011 global status report. 2011.

第二章　自然资源与可持续发展

自然资源是在一定的时间和地点条件下,能够产生经济价值,提高人类当前和未来福利的自然环境因素和条件。自然资源与人类社会有着密切联系,既是人类赖以生存的物质基础,又是社会生产的原料、燃料和生产布局的必要条件与场所,是人类社会可持续发展的基础。然而,随着经济快速增长,对各种资源的需求量不断增加,自然资源的稀缺性进一步显现出来,成为可持续发展所面临的挑战。这就需要大力发展循环经济,实现经济、社会、人口的全面可持续发展。

第一节　自然资源:可持续发展的基础

自然资源具有有限性、区域性和整体性三个特点。自然资源按属性可以划分为有形的自然资源和无形的自然资源,也可以分为有限资源和无限资源,其中有限资源又可以分为可更新资源和不可更新资源。研究中,通常所讲的自然资源包括土地资源、水资源、矿产资源和生物资源等。

一、自然资源与经济增长的关系

从经济学发展的早期开始,自然资源就被看做国家繁荣富强的基础,一直是经济学家研究的重要领域。从威廉·配第,到亚当·斯密、李嘉图、马歇尔等都从自由市场稀缺的层面研究经济与自然资源的关系,认为是物质资本积累推动了经济增长。丰富的自然资源,往往被视为一个国家或地区财富的象征,是当地人们可以引为骄傲的资本。如能源的利用是推动工业革命发展的主要因素,而森林、渔场和农业用地是食物供应的重要基础。

　　从经济增长的经典理论模型演变来看,古典模型与凯恩斯增长理论的混合物的哈罗德—多马模型,将资源要素排除在外,强调资本对经济增长的作用。新古典经济学的索罗—斯旺模型强调技术进步在经济增长中的作用,依然没有将自然资源作为经济增长的一种要素进行考虑。这主要基于以下三点:一是在逻辑上,主流经济学假定自然资源是现实存在的和非枯竭的;二是在认识上,主流经济学把不同生产要素同质化,忽略自然资源要素的特性;三是在论证上,主流经济学家把具体资源抽象为简单的生产成本问题,认为技术进步等要素可以抵消由于资源递减和约束而引起的生产成本上升。总体来看,主流经济学认为自然资源是可以被其他要素所替代的外生变量,即使存在资源约束的情况下,经济也可以得到持续增长。20 世纪 80 年代,以罗默和卢卡斯为代表的内生技术变化新经济增长理论提供了一个新的分析框架,为将自然资源纳入生产函数的研究成为可能。通过对只考虑技术、资本和劳动的生产函数进行修正,得出考虑自然资源的生产函数为 $Y = f(A, K, L, R)$。在大量的实证研究中,学者们多采用考虑自然资源的柯布—道格拉斯生产函数 $Y = AK^{\alpha} L^{\beta} R^{\gamma}$ 来分析自然资源与经济增长的关系。在现实世界中,我们也可以发现,在其他条件大致相同的情况下,一些具有得天独厚的资源优势的国家和地区往往要比资源相对贫瘠的国家和地区要富裕一些,经济发展速度相对快一些。

二、土地资源的基础性作用

　　土地资源是指在目前社会经济技术条件下,可供农、林、牧业或其他各业利用的土地,是一个由地形、气候、土壤、植被、岩石和水文等因素组成的自然综合体。土地是不可再生资源,是农业生产的基本生产资料和社会生产的劳动资料,是一切生产和一切存在的源泉。土地资源具有有限性和空间分布不均等特征,其在经济生产中的作用主要表现在三个方面:一是为人类生存和发展提供客观的、基础的物质条件。生存是人类最基本的需求,而满足生存需求的粮食离不开农业生产,土地资源又是农业生产的劳动对象和生产资料。在其他条件一定的情况下,土地的数量、质量和分布对地区人口负载量和人民生活质量有决定性影响。二是为人类生活和生产活动的开展提供了空间。在非农产业当中,土地是人类活动的必要场所。工业、建筑业、交通运输业等都需要将土地进行改良作为地基,而铁路、公路等基础设施建设和住宅建设更是离不开土地;在采矿、发电等行业中,土地不仅具有地基的作用,同时也是生产的必要原料。随着国家经济的发展和城市化进程的推进,非农产业对土地的需求显得更为迫切。三是决定了社会生产关系的核心。土地是社会生产必需的生产资料,一个社会的土地所有制是最基本的社会资料所有制,是生产关系的最主要部分,对生产过程中人与人之间的关系和社会产品的分配都有决定性影响。

土地资源通常按用途进行划分,包含耕地、林地、草地等。全球陆地面积约 14950 万平方公里(包括南极洲),占地球表面积的 29.2%。各国国土面积总计 13459 万平方公里,内陆面积 13003 万平方公里,内陆水域面积 456 万平方公里。全球耕地面积 1381.2 万平方公里,占各国陆地面积总和的 10.62%。

中国国土面积 960 万平方公里,其中陆地面积 932.75 万平方公里、内陆水域面积 27.25 万平方公里。据联合国粮农组织统计,2009 年年底,中国耕地面积 110 万平方公里,占国土面积的 11.46%;森林面积 204.1 万平方公里,森林覆盖率 21.88%,活立木蓄积量 149.13 亿立方米;草原和草甸面积约 400 万平方公里,占 41.66%;其他类型土地面积 204.33 万平方公里,占 21.28%。(见表 2-1)

表 2-1　全球主要国家土地资源概况(2009 年)(单位:万平方公里)

国别	国土面积	内陆水域	陆地	农用地	耕地	森林	草甸	其他
中国	960.00	27.25	932.75	524.32	110.00	204.10	400.00	204.33
印度	328.73	31.41	297.32	179.96	157.92	68.29	10.34	49.07
俄罗斯	1709.82	72.14	1637.69	215.56	121.75	809.03	92.02	613.10
美国	983.15	68.41	914.74	403.45	162.75	303.64	238.00	207.65
世界	13459.12	455.66	13003.47	4889.05	1381.20	4038.72	3355.69	4088.05

数据来源:联合国粮农组织(FAO),http://www.fao.org/。

从土地产出来看,以农业生产为例,中国政府高度重视农业发展,确保粮食生产安全。2010 年,中国粮食总产量达到 64648 万吨,比 2009 年增产 1566 万吨,增长 2.9%,从 2004 年起连续七年增产。中国用全球 7% 的耕地,养活了全球 20% 的人口。这意味着,中国粮食生产顶住了耕地、水资源约束日益加剧的压力,顶住了环境污染带来的挑战,更顶住了国际粮食市场波动的冲击,在世界粮食生产史上写下了辉煌的篇章。这主要得益于国家粮食生产管理政策的完善、农业科技水平的提高,以及农业防灾减灾体系的健全等,充分发挥了土地资源的基础性作用,为经济建设和人民生活水平的提高作出贡献。

三、水资源的基础性作用

水是自然资源的重要组成部分,是所有生物的结构组成和生命活动的物质基础。它既是生物的生命线,又是农业生产的必备生产资料、工业生产的冷却剂和清洁剂,缺水会严重制约社会经济的可持续发展和粮食安全。除了有限性以外,水资源还具有空间分布不均和可循环利用的特征,水是链接所有生态系统的纽带,自然生态系统既能控制水的流动,又能不断促使水的净化和循环。广义的水资源是指能够直接或间接使用的各种水和水中物质,而狭义的水资源是指在一定经济技术条件下,人类可以直接利用的淡水。广义的水资源,包括海洋、海岸滩涂等咸水资源和内陆湖泊、河流等淡水资源。

水资源是世界上分布最广、数量最多的资源。储存于地球的总储水量约13860亿立方米,其中海洋水为13380亿立方米,约占全球总水量的96.5%。在余下的水量中地表水占1.78%,地下水占1.69%。人类主要利用的淡水约350亿立方米,在全球总储水量中只占2.53%。它们少部分分布在湖泊、河流、土壤和地表以下浅层地下水中,大部分则以冰川、永久积雪和多年冻土的形式储存。其中冰川储水量约240亿立方米,约占世界淡水总量的69%,大都储存在南极和格陵兰地区。

中国水资源总量丰富,2010年年底确权海域面积472.7万平方公里,大陆架渔场面积280万平方公里;浅海可养殖面积260万公顷,其中浅海162.26万公顷、滩涂79.7万公顷、港湾18.06万公顷。内陆水域面积1747.1万公顷,湖泊、河流水域面积分别为752.4万、527.8万公顷;其中可养殖面积674.9万公顷,已养殖面积466.9万公顷。2010年全国总供水量6022.0亿立方米,占当年水资源总量的19.5%,其中生活用水、工业用水、农业用水和生态用水量分别为765.8亿立方米、1447.3亿立方米、3689.1亿立方米和119亿立方米,占比分别为12.7%、24.0%、61.3%、2.0%。[1]

---

[1]　中华人民共和国水利部:《中国水资源公报2010》,中国水利水电出版社2011年版。

2005～2010年期间,全国人口从13.14亿增加到了13.35亿,增长了1.6%,GDP从21.63万亿元增加到了39.8万亿元,用水量从5633亿立方米增加到了6022亿立方米,用水总量增长明显放缓。综合用水效率不断提高,2010年全国万元GDP用水量比2005年下降50.3%,年均达到10%以上。(见表2-2)

表2-2　中国水资源利用效率

年份 \ 项目	GDP（亿元）	用水总量（亿立方米）	万元GDP用水量（立方米）	工业增加值（万元）	工业用水量（亿立方米）	万元工业增加值用水量（立方米）
2005	184937.4	5633	304.6	77230.78	1285.2	166.4
2006	216314.4	5795	267.9	91310.94	1343.8	147.2
2007	265810.3	5818.7	218.9	110534.9	1403.0	126.9
2008	314045.4	5910	188.2	130260.2	1397.1	107.3
2009	340506.9	5965.2	175.2	135239.9	1390.9	102.8
2010	397983	6022	151.3	160867.0	1447.3	89.9

资料来源:根据《中国统计年鉴2011》计算整理。

四、矿产资源的基础性作用

矿产资源是指在地球演化过程中经地质作用形成的,暴露于地表或储存于地壳当中,具有利用价值的呈固态、液态、气态的自然资源,是一种不可再生资源。矿产资源是社会生产发展的重要物质基础,现代社会人们生产和生活的主要原料。矿产资源是国家经济发展的基础,是现代工业产业的主要原料,矿产资源获取能力是国家综合实力的体现。同时,矿产资源也是国防安全的基础,现代化武器所需原料和能量几乎全部来自矿产资源,矿产资源丰裕是国家安全的保障。

矿产资源按用途可分为能源矿产、金属矿产、非金属矿产和水气矿产。其中能源矿产包括石油、天然气、煤、核能、地热等9种;金属矿产包括黑色金属、有色金属、贵金属、稀有金属和稀土金属5类71种矿产,具体包括铁、锰等黑色金属22种,铜、铅等有色金属13种,金、银等贵金属8种,锂、镐等稀有金属8种,硒、镉等稀土金属矿产20种;非金属矿产包括硫、磷、钾、盐、硼等25种化工原料非金属和金刚石、石墨、石棉、云母等100多种建材原料非金属;水气矿产包括矿泉水、二氧化碳气等6种资源。

中国地域辽阔、断层发育完全,境内矿产资源丰富,是世界上矿产资源种类多、资源储量大的少数几个矿产资源大国之一。矿产资源具有总量丰富但人均相对不足,品种齐全配套但资源丰度不一、贫矿多富矿少、中小型矿床多超大型矿床少、伴生矿多单矿种矿床少等特点。截至2010年年底,我国已发现矿产171种,探明储量矿产156种,其中能源矿产8种、金属矿产54种、非金属矿产91种、水气矿产3种;已查明矿产总量居世界第二位,其中钨储量占世界的60%、锑储量占世界的38%、稀土储量占世界的36%。中国石油基础储量31.74亿吨,天然气基础储量37.79万亿立方米,煤炭查明储量1.34万亿吨、基础储量2794亿吨,铁矿查明储量727亿吨、基础储量222亿吨,铜矿查明储量8041万吨、基础储量2871万吨,铝土矿查明储量37.5亿吨、基础储量8.97亿吨。中国占优势的钨、锑基础储量分别为220.8万吨、71万吨;2009年全国稀土矿基础储量1859.1万吨。(见表2-3)

表2-3 中国主要矿产基础储量(2010年)

矿种	单位	基础储量	矿种	单位	基础储量
石油	万吨	317435.30	镍矿	万吨	312.10
天然气	亿立方米	37793.20	钨矿	万吨	220.80
煤炭	亿吨	2793.90	锡矿	万吨	138.20
铁矿	亿吨	222.00	钼矿	万吨	463.00
硫铁矿	万吨	159152.10	铅矿	万吨	1272.00
原生钛铁矿	万吨	23042.96	金矿	吨	1863.40
铜矿	万吨	2870.70	银矿	吨	36363.70
铝土矿	万吨	89732.70	稀土矿	万吨	1859.10
铬矿	万吨	442.10	磷矿	亿吨	29.60
锑矿	万吨	71.00	盐矿	亿吨	1750.70
锌矿	万吨	3251.40	石墨	万吨	5412.30

数据来源:《中国统计年鉴2011》,中国统计出版社2011年版,万得数据库(WIND);稀土为2009年数据。

以能源资源为例,石油、天然气、煤炭资源为经济发展提供了重要的支撑。2005~2010年期间,中国石油的产量保持基本稳定,2010年为2.03亿吨,是世界第四大产油国。一批千万吨级炼油、百万吨乙烯基地迅速崛起,原油加工能力已跃居世界第二位。油气管道建设以规模大、速度快、亮点多创造了世界油气管道建设史上的奇迹。同时,中国也是世界上最大的石油消费国之一,其中一半的石油消费来自海外。(见表2-4)

表2-4 中国石油的生产总量及进出口情况

年份	生产量(亿吨)	同比增速(%)	消费量(亿吨)	出口量(万吨)	进口量(万吨)
2005	1.81	3.10	3.25	806.7	12681.7
2006	1.84	1.66	3.49	633.7	14517.0
2007	1.87	1.63	3.67	389.0	16317.0
2008	1.90	1.60	3.73	423.8	17888.5
2009	1.89	-0.53	3.84	507.3	20365.3
2010	2.03	7.40	4.29	304.2	23930.9

资料来源:《中国统计年鉴2011》,中国统计出版社2011年版;《中国能源发展报告2011》,经济科学出版社2011年版。

2010年,中国天然气产量达到968亿立方米,同比增长13.48%;消费量1090亿立方米,同比增长26.89%;天然气消费量及其增速都高于生产量及其增速。但与世界水平相比,人均水平只是世界的1/16,人均天然气消费量很低;天然气消费量约占一次能源的3.6%,远低于世界平均水平。当前中国天然气产量还比较低,天然气利用主要是临近天然气产地的城镇和工业区受益,处于"以产定用"阶段。

在市场的强劲拉动和国家政策的支持下,中国煤炭开发建设的步伐加快,产业结构不断优化,煤炭产量稳步增长。2010年,原煤产量完成32.4亿吨,同比增长9%。产煤大的省份有山西省、内蒙古自治区,紧随其后的是陕西省、河南省、山东省。

专栏2-1 新疆克拉玛依:资源型城市建设及其转型

克拉玛依:位于准噶尔盆地西北边缘,加依尔山东麓。作为全国重要的石油基地,油气资源在全市经济结构中发挥基础性作用,是典型的油气资源型城市,又是水资源短缺的生态环境脆弱区。克拉玛依市遵循"稳定油气,强化加工、产业集聚、多元并存、生态为先、和谐发展"的24字工作方针,采取一系列积极有效措施,加快国家级石油石化基地和国家生态城市建设,努力实现经济、资源、环境、社会的可持续发展,探索了一条资源型城市建设及其转型的可持续发展道路。

近年来,克拉玛依以资源型城市向区域中心城市的转型为基点,以优化资源利用方式和提高资源利用效率为核心,以技术创新和制度创新为动力,注重以优先发展项目为主导,充分利用油气资源,通过实施优势资源转换战略,最大限度地延长石油石化产业链,发展循环经济,加快主导产业石油石化发展,培育新的经济增长点,促进经济转型,建设新型城市。

通过引水、节水、污水再利用三大措施,在保障人民生活用水和工业用水的前提下,适当发展种植业,限制发展耗水高的产业,同时提高生活用水和工业用水循环利用率。实施生态保护、生态恢复、生态建设三大工程,加强生态环境建设与保护,从国土生态保护、城市绿化环境建设、城郊生态环境建设三个层次全面改善克拉玛依生态环境,有效保护国家重点公益林和荒漠灌木林资源,实现生态环境良性发展,建设生态型城市。

2009年1月,克拉玛依被批准为国家可持续发展实验区,成为全疆首个开展可持续发展实验区建设的地(州)市。克拉玛依是国家可持续发展实验区在典型的油气资源型城市探索和建立政府指导与公众参与相结合,科学技术与社会管理相结合,促进科学技术转化为现实生产力的机制与模式,有效缓解较为严重的生态环境挑战,探索经济与生态协调发展的有效机制和模式。

资料来源:何革华、刘学敏主编:《国家可持续发展实验区建设管理与改革创新》,社会科学文献出版社2012年版,第179页。

五、生物资源的基础性作用

生物资源是指生物圈中对人类有一定经济价值的动物、植物、微生物有机体以及由它们所组成的生物群落,包括遗传基因、物种及生态系统三个层次,是地球上生物多样性的物质体现。生物资源具有可再生性、可解体性、分布区域性、用途多样性和获取的时间性等特征。其重要性主要表现在四个方面:一是为人类提供食物、纤维、木材、药材和多种工业原料;二是在保持土壤肥力、保证水质以及调节气候等方面发挥了重要作用;三是具有调节大气层成分、平衡地球表面温度、维持地表沉积层氧化还原电位和 PH 值等功能;四是生物多样性的维持有益于一些珍稀濒危物种的保存。

自然界生物种类繁多、形态各异、结构千差万别,分布极其广泛。目前已经鉴定的生物物种约有 200 万种,据估计,自然界中生活的生物物种约有 2000~5000 万种。中国是地球上生物多样性最丰富的国家之一,主要体现在五个方面:一是物种丰富,拥有高等植物 3 万余种,其中裸子植物 10 科、约 250 种,是世界上裸子植物最多的国家;拥有脊椎动物 6347 种,约占世界种数的 14%。二是特有种、属繁多,我国特有高等植物约 17300 种,约占高等植物总种数的 57%;特有脊椎动物 667 种,占总种数的 10.5%,其中特有陆生脊椎动物 467 种,如大熊猫、金丝猴、麋鹿、矮岩羊等。三是区系起源古老,各地都不同程度上保存着白垩纪、第三纪的古老残遗成分,如水杉、扬子鳄、大鲵等古老孑遗物种。四是生物遗传多样,我国家养动物品种和类群 1900 多个,经济树种 1000 余种,水稻和大豆品种分别达 5 万和 2 万余个,药用植物 11000 多种、牧草 4200 多种、观赏花卉 2200 多种,其他野生原型和近缘种无以数计。五是生态系统丰富多样,我国地球陆生生态系统完整,其中拥有森林 212 类、竹林 36 类、灌丛 113 类、草甸 77 类、沼泽 37 类、草原 55 类、荒漠 52 类,高山冻原、垫状和流石滩植被 17 类;此外,我国海洋和淡水生态系统也很健全。完整的生物资源为人的生存和发展提供了物质资源和生存环境。

第二节 自然资源短缺:可持续发展面临的挑战

改革开放以来,我国经济持续保持快速增长,境内丰富的自然资源为其奠定了坚实的物质基础。随着工业化、城市化进程加快,对各种资源的需求量不断增加,人类活动对自然资源破坏严重、资源分配和利用效率不高等问题也使得自然资源的存量不断减少。在这些因素的共同作用下,资源短缺的现象十分明显,并对经济的可持续发展带来了极大的挑战。

一、不可再生资源面临瓶颈

不可再生资源是指人类开发利用后,在相当长的时间内,不可能再生的自然资源,主要包括各种矿产资源和煤、石油、天然气等化石燃料。随着我国人口总数膨胀、经济的飞速发展和城市不断扩张,不可再生资源稀缺性更加严重,成为制约经济发展的瓶颈。

一是总量大、人均少,相对稀缺问题突出。虽然我国自然资源多样、总量丰富,能够跻身世界资源的大国的行列,但是由于人口众多,人均资源数量显著低于世界平均水平。同时,作为全球最大的新兴经济体,我国资源消费量巨大,2010 年消费石油 4.29 亿吨,占世界总量的 10.6%;消费煤炭 17.14 亿吨标准油,占世界的 48.2%;消费铁矿石约 11.5 亿吨,消费比例和储量比例不协调使资源相对稀缺问题十分突出。有学者对我国自然资源稀缺性进行测算,结果显示:2007 年,除白银、锑、铀、磷、钒、钨、钼等元素外,相对于世界平均水平而言,其他资源全面稀缺,其中钴、镍、铝、石油、锰、铜等资源极度匮乏,石油的相对稀缺性指数竟不足 0.2;2003~2007 年间,绝大多数资源的相对稀缺性指数大幅下降,而原本相对丰裕的锡、镁、白银、稀土、锑、钼等资源消耗严重,锡、镁等甚至出现短缺(见图 2-1)。

二是资源分布不均、地区差异较大。从主要矿产能源分布表可以看出,我国自然资源分布地区差异较大:70% 以上的石油分布在黑龙江、新疆、山东、河北、陕西和沿海海域;新疆、内蒙古、四川、陕西的天然气占全国的 74.5%;山西、内蒙古两省煤炭资源占全国的 57%;60% 以上的铁矿分布在辽宁、河北、四川;铜、铅、锌等有色金属主要富集在江西、内蒙古和云南三地。而北京、天津、上海、江苏、浙江、福建、海南、安徽、宁夏、吉林 10 个省市各类资源都极度匮乏。(见表 2-5)

表 2-5　中国自然资源分布主要地区(2010 年)　　　(单位:%)

指标	石油	天然气	煤炭	铁矿	铜矿	铅矿	锌矿	铝土矿
河北	8.75	0.95	2.17	16.86	0.53	1.47	4.76	0.44
黑龙江	17.17	3.85	2.44	0.19	4.17	0.42	0.66	0.00
江西	—	—	0.24	0.86	24.33	4.58	2.64	0.00
辽宁	5.92	0.55	1.67	33.94	0.56	1.07	1.23	0.00
内蒙古	2.41	18.92	27.55	5.45	12.75	23.67	18.11	0.00
山东	10.81	0.97	2.78	4.64	1.03	0.56	0.08	0.46
山西	—	—	30.21	5.46	7.51	0.04	0.01	15.15

指标	石油	天然气	煤炭	铁矿	铜矿	铅矿	锌矿	铝土矿
陕西	7.86	14.89	4.29	1.82	0.56	1.17	2.61	0.81
四川	0.16	17.90	1.95	12.92	2.63	6.52	6.84	0.02
新疆	16.12	22.80	5.31	1.61	2.50	2.75	2.78	0.00
云南	0.00	0.01	2.24	1.72	9.55	15.02	20.98	1.73
海域	13.87	7.13	——	——	0.00	0.00	0.00	0.00

资料来源:《中国统计年鉴2011》,中国统计出版社2011年版。

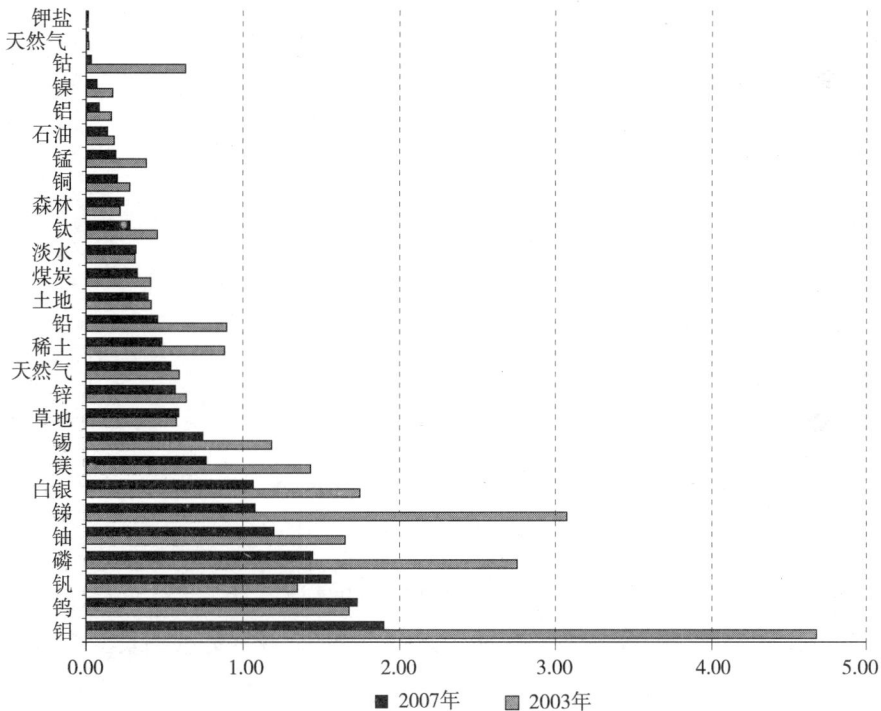

图 2-1 2003 年和 2007 年中国自然资源的相对稀缺性情况

资料来源:庄立、刘洋、梁进社:《论中国资源资源的稀缺性和渗透性》,《地理研究》2011 年第 7 期。

三是供需矛盾突出、资源价格飞涨。在经济发展,特别是房地产开发及基础设施建设等活动的带动下,我国的资源消费量不断增长。2010 年全国能源消费总量 32.5 亿吨标准煤,比 2005 年增加了 9 亿吨,增幅为 37.7%,年均增长6.6%;铁矿石消费量11亿吨,其中,进口铁矿石6.18亿吨。在需求增长和信贷膨胀等因素的作用下,土地和主要能源、矿产的价格飞涨:与2005年相比,2010年城镇土地价格上涨87.08%、石油价格上涨106.34%、山西优混煤价格上涨84.49%、LME铜上涨214.45%、铅上涨175.59%、锌上涨88.44%,小金属锡和钨的价格上涨幅度更是高达235.42%和251.69%。(见图2-2)

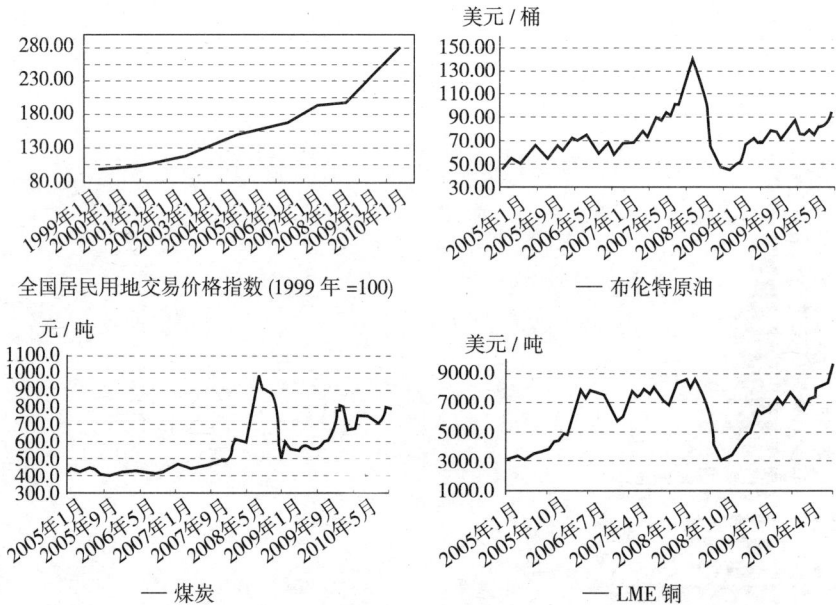

图2-2　中国资源价格增长情况(2005～2010年)

数据来源:国家统计局,www.stats.gov.cn;万得数据库(WIND)。

　　四是部分资源自给能力下降、对外依赖程度加深。在经济快速发展和资源利用效率无显著提高的情况下,我国对资源的需求保持较快增长的势头,并导致石油、铁矿等资源自给能力下降,进口逐年增加、对外依存度明显上升。2006～2010年,中国石油进口由1.82亿吨增加至2.76亿吨,年均增长11.0%;铁矿石由3.25亿吨增加至6.18亿吨,年均增长17.4%。2010年,中国石油、铁矿石、铜、铝、钾等大宗矿产对外依存度分别为54.8%、62.5%、71.0%、52.9%和52.4%。就连我国储量和产量均居世界前列的煤炭,也在2009年首次成为净进口国,2010年全年净进口1.46亿吨,继续保持高增长势头。(见图2-3)

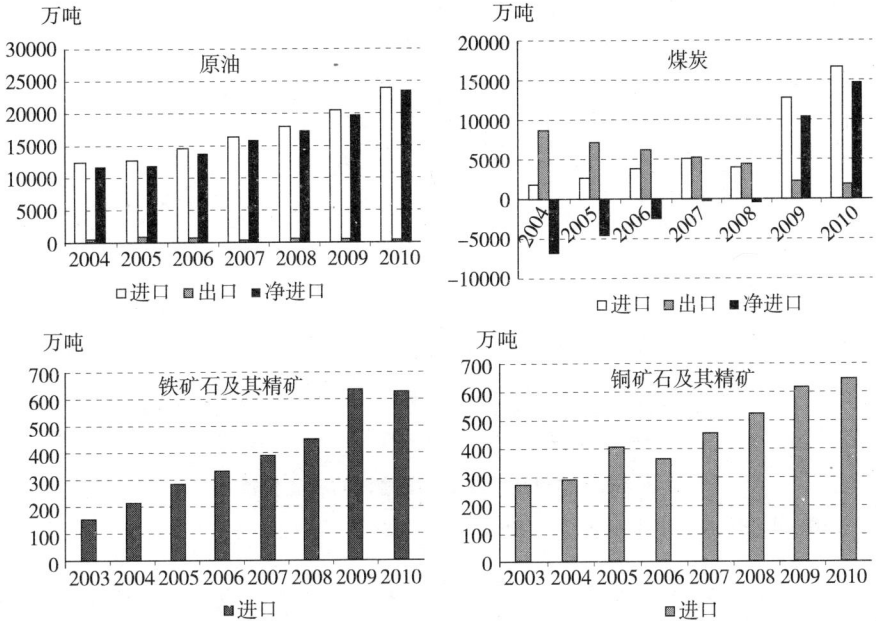

图 2-3　中国主要能源矿产进出口情况(2003~2010 年)

数据来源:国土资源部 www.mlr.gov.cn;中国海关总署 www.customs.gov.cn;万得数据库(WIND)。

二、可再生资源的利用问题

可再生资源是可通过不同加工途径而使其重新获得使用价值的各种资源总称,如可在短时间内更新的土地资源、森林资源,还有能循环利用的水资源,但是这些资源也有不可再生的一面,即利用不当,也可变为不可再生资源。因此,可再生资源必须强调其利用问题。

目前我国可再生资源利用面临的问题主要有:一是土地沙化、荒漠化比例依然较大,耕地面积持续减少。截至 2009 年年底,我国荒漠化土地面积262.37 万平方公里,占国土面积的 26.33%;沙化土地面积 173.11 万平方公里,占国土面积的 18.03%;具有明显沙化趋势的土地面积 31.1 万平方公里,占国土面积的 3.24%。与 2004 年相比,5 年间情况略有缓减,荒漠化土地的面积净减少 12454 平方公里,年均减少 2491 平方公里。沙化土地面积净减少8587 平方公里,年均减少 1717 平方公里。但是,在城市扩张占用和退耕还林还草等影响下,我国耕地面积持续减少。2008 年全国耕地面积 12171.6 万公

顷,比2000年减少652.7万公顷,减少幅度5.1%。(见图2-4)

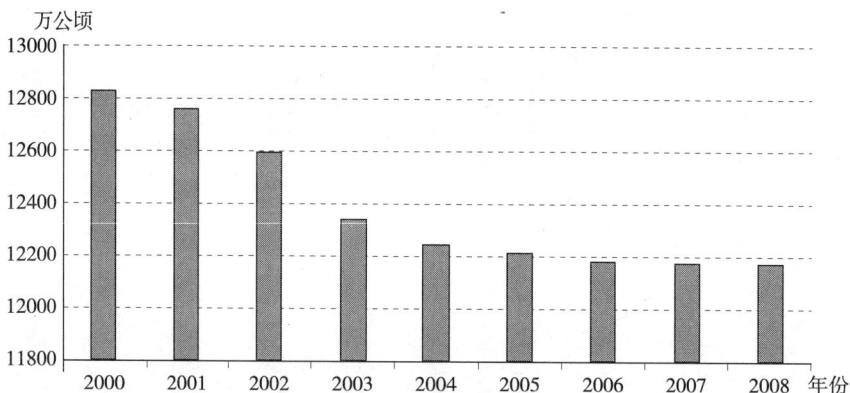

图2-4

万公顷

图 2-4　2000～2008 中国耕地面积变化情况

数据来源:《中国环境统计年鉴2011》,中国统计出版社2011年版。

　　二是淡水资源匮乏、水体污染严重。我国水资源空间分布不均,长江以南地区占82%,耕地只占36.3%;而黄、淮、海地区耕地占全国的40%,但水资源仅占全国的6.1%,这种分布不平衡导致我国北方缺水严重。近年来经济迅速发展和人口增长导致工农业用水需求增加,长年超采地下水导致地下水位下降,漏斗面积扩大,进一步加剧了北方水资源匮乏的程度:1997～2010年间,我国北方平原地下水储量除1998、2003两年有所增加外,其他年份均持续下降。与1980年相比,2010年河北、北京、黑龙江、河南、山东的平原区浅层地下水储量分别减少714亿立方米、91亿立方米、51亿立方米、48亿立方米和40亿立方米;石家庄、邯郸、济南、唐山、保定、天津等城市地下水深埋已超过40米。此外,多年来对工农业生产和生活污水排放治理不力对我国水体水质造成了极大的污染。2010年,全国河流一类水质河长仅占4.8%、劣五类占17.7%,其中天津、宁夏、山西、山东、河北、辽宁、甘肃、河南、上海境内河流污染较重,劣五类河长占比分别为76.4%、74.1%、65.1%、38.7%、38%、37.7%、35.5%、34.6%、34.2%。全国99个湖泊一类水质面积仅有1%、劣五类占比为13.2%,其中太湖、滇池、巢湖污染十分严重,总磷、总氮参加评价的水质均为劣五类。全国437座水库全年水质为劣五类的37座,占8.5%。省界水断面水质监测显示,海河、黄河、淮河水质最差,严重污染的劣五类水质断面占比分别为 51%、30% 和 20%。①

三是生态破坏严重、濒危物种增多。改革开放以来,我国经济快速发展过程中对原材料的需求膨胀,城市扩张、矿产开发、林木采伐和乱污染、乱排放等对既有的生态环境造成了极大的破坏。虽然自天然林保护工程和退耕还林还草政策实施以来,森林覆盖率提高、林木蓄积量有所增加,但森林生态脆弱状况没有根本扭转。《第七次全国森林资源清查报告》显示,我国森林资源中,乔木林每公顷蓄积量 85.88 立方米,只有世界平均水平的 78%,平均胸径仅13.3 厘米;人工乔木林每公顷蓄积量仅 49.01 立方米,龄组结构不尽合理、中幼林比例较大。全国乔木林生态功能指数 0.54,生态功能好的仅占 11.31%。林地转为非林地现象并未完全杜绝,造林难度越来越大。草原生态方面,虽然近年来不断强化草原保护、大力推进草原重大生态工程建设,集中治理生态脆弱和严重退化草原并取得了一定的成效,但是草原生态状况仍不容乐观。全国退牧还草、京津风沙源治理、西南岩溶地区草地治理工程覆盖面较低,70%以上草原没有得到有效保护。与 20 世纪 80 年代相比,草原沙化、盐渍化、石漠化依然严重,2010 年全国重点天然草原的牲畜超载率为 30%,264 个牧区半牧区县(旗)天然草原的牲畜超载率为 44%。全国草原产草量较 20 世纪 60年代初下降了 1/3~2/3,恶化的生态成为制约牧区可持续发展的突出瓶颈。②草原生态呈现"点上好转、面上退化、局部改善、总体恶化"的态势。近年来由于湿地围垦、生物资源过渡利用、湿地环境污染、大江大河流域水利工程建设、泥沙淤积、海岸侵蚀、城市建设与旅游盲目发展等影响,我国湿地生态系统破坏严重,主要表现为水质下降、水资源减少甚至枯竭、生物多样性降低、湿地功能退化等。2010 年,全国湿地面积 3848.55 万公顷,占国土面积的比重为4.01%,低于世界平均 6% 的水平。由于环境污染、对生物资源过度开发、外来物种引进和气候变化等原因,我国生物物种资源丧失和流失情况严重。2000~2010 年,濒危动物增加,虫草、天山雪莲等名贵植物数量锐减。

四是循环经济发展滞后,新材料、新能源利用率不高。首先,我国循环经济发展的时间不长,对经济资源的利用还没从整体上建立"资源—产品—再

---

① 中华人民共和国水利部:《中国水资源公报 2010》,中国水利水电出版社 2011 年版。

② 高云才、赵永平、陈仁泽:《保护草原生态刻不容缓——来自草原牧区的报告之二》,《人民日报》2011 年 9 月 29 日。

生资源"的循环经济体系。目前我国工业水重复利用率55%左右,低于发达国家80%的水平;①矿产回收利用率约30%,而发达国家已达到50%以上。2010年我国再生铜产量176.2万吨,占精铜总产量的比重只有38.5%;尽管世界70%以上的电子垃圾都运往中国进行处理,但是国内企业并不具备相应的技术水平,对处理过程中产生的有毒物质缺乏防治措施。其次,新材料利用方面,我国近年来已经取得了很大的进步,但总体水平与发达国家仍有很大差距,主要表现在自主知识产权专利成果不多、高性能高附加值产品相对较少、新材料工程应用开发落后等几个方面。以2009~2010年发展较快的环保材料碳纤维为例,我国2010年消费量约5000吨,占世界的15.6%,但近90%依然依赖世界进口;而美国、欧洲的消费量占世界的比重达到了35%、30%,日本和美国的产能全球占比则达75%和14%。而且与国际先进水平相比,国产碳纤维产品强度低、均匀性和稳定性较差,产业企业规模小、缺乏核心竞争力、新技术基本被国际专利覆盖。② 再次,我国新能源利用率不高。近年来,我国新能源产业出现了飞速发展,2010年年末风电装机容量4.47万兆瓦,居全球第一;光伏发电装机容量189兆瓦,占全球光伏产业的比重已从1996年的0.2%上升到2.2%。但是,新能源利用与世界水平还存在较大差距,2010年我国非化石能源消费量19190万吨标准油,占能源消费总量的8.6%,比世界平均水平低4.4个百分点。其中,风能、太阳能、地热、生物质能等可再生能源消费量1210万吨标准油,约占0.5%,世界平均水平为1.32%,德国则高达5.82%。

三、资源的分配和利用问题

大量研究表明,有效的资源管理体制对资源的保护与高效利用有积极的作用,但是我国目前处于工业化和城市化高速发展阶段,所面临的问题仍然很多。

一是产权制度不完善,产权转让市场有待健全。资源产权制度是社会经济制度的基础,决定着资源配置的效率与公平。20世纪90年代以来,我国逐

---

① 彭敏:《我国水资源存在的问题及对策》,《中国西部科技》2011年第15期。
② 余黎明:《我国碳纤维行业现状和发展趋势分析》,《新材料产业》2011年第6期。

步强化了矿产资源的所有权、确立有偿开采制度、明确了地方政府维护矿业秩序的责任,使资源产权制度进一步完善;同时初步建立了矿业权交易制度,矿业权二级市场形成雏形。但是,随着市场经济的深入发展和资源管理体制改革的不断深化,我国现有矿产资源产权制度已经很难满足资源行业市场化、维护国家利益和社会公共利益的需要,并由此导致了很多问题。目前,矿产资源所有权方面的问题主要表现在:(1)国有产权虚置、产权关系不明晰,致使国有资产流失严重、矿业秩序混乱。(2)《矿产资源法》规定资源所有权由国务院代表国家行使,国务院委托各级政府和部门代为管理、审批,导致了公权主导形式下的委托代理问题,并给相关部门带来了巨大的寻租空间。(3)矿产资源有偿取得制度不完善,大部分矿产资源仍通过行政审批直接划拨或无偿授予企业,资源廉价甚至无偿使用导致掠夺式、破坏式开采严重。(4)产权高度集中导致利益分配不公现象普遍,地方和矿区居民利益受到损害,不利于区域经济和矿产开发的可持续发展。(5)矿业权出让、转让程序有待进一步规范,市场机制仍不健全。

二是资源优势没有得到发挥,定价议价能力不强。尽管我国资源消费量在全球消费总量中的比重很高,但是在资源定价能力并不强,被动接受的态势非常明显。首先,缺乏成熟的国际化商品交易市场,能源及各种金属价格由伦敦、芝加哥、纽约等期货交易所主导,国内市场只能被动跟随波动。其次,国际矿业巨头垄断市场,攫取高额利润。必和必拓、力拓和淡水河谷三家公司占有全球70%以上的铁矿石海运贸易量,在全球实行垄断定价、屡次调高价格,使得占世界65%以上铁矿石进口量的中国资源成本居高不下。再次,国内原油、铁矿石等储备不足、缺乏缓冲空间,进口企业合作程度不深、需求方优势难以发挥,在铁矿石等进口谈判中处于弱势地位。最后,我国储量和产量均占优势的钨、稀土等资源,由于资源产权不清、开采管理不严和产业集中度低等因素的影响,资源无序开采、市场恶性竞争现象突出,导致重要战略资源价格长期处于极低水平。

三是资源利用效率低下,增长方式粗放。长期以来,由于我国经济增长主要有投资和出口拉动,加之技术相对落后,增长方式粗放,资源利用效率不高。2010年,我国国民生产总值5.923万亿美元,占世界的9.39%,但却消耗了世界全年10.6%的石油、48.2%的煤炭、43.3%的钢铁、38.8%的精铜、34.8%

的原铝和43.4%的锌锭。2009年我国单位GDP能耗3.66美元/千克油当量,能源利用效率仅相当于美国的62%、日本的46%、德国的44%,低于世界平均水平和最不发达国家水平,在金砖国家中仅高于俄罗斯和南非。

四是节能环保意识不强,环境污染破坏严重。由于我国环境保护方面法制仍不健全、企业保护意识不强,在资源开采和利用过程当中对环境的污染和破坏严重。首先,多年的煤炭开采和矿业开采带来了严重的水资源破坏、地表塌陷、煤矸石堆积、水土流失和植被破坏等。据统计,山西采煤形成的采空区达2万平方公里,相当于山西面积的1/8,全省因采矿活动引发的崩塌、滑坡754处,地面塌陷2976处,2010年全省因矿山开发导致的地面塌陷和矿场破坏土地20.6万亩,其中耕地12.99万亩。①　其次,金属冶炼企业、化工企业废水废渣违规排放行为等对水资源和植被造成的污染严重。近年来,先后发生了云南阳宗海砷浓度超标事件(2008)、江苏盐城水污染事件(2009)、紫金矿业酮酸水渗漏(2010)、云南铬污染事件(2011)等各类大型污染事故数十起,给当地居民的生产生活带来了极大的危害。根据《2010中国环境状况公报》,2010年我国地表水污染依然较重,七大水系总体为轻度污染,湖泊、水库富营养化问题突出,近岸海域水质轻度污染。

四、市场机制分配资源的缺陷

理论上讲,完全竞争的市场经济在满足一系列理想化假定条件下,可以使整个经济达到一般均衡,导致资源配置达到帕累托最优状态,从而实现资源的优化配置。但是在现实的资源生产、分配和消费当中,完全竞争、规模报酬不变和拍卖人假定三个条件并不能得到满足,从而导致资源配置失灵,主要表现为垄断、外部性、公地悲剧和市场泡沫几个方面。

1.垄断、寡头现象普遍存在。首先,自然资源分布具有明显的地域性和稀缺性,水资源、能源矿产行业规模效应明显、技术壁垒较高,很容易出现自然垄断或寡头格局。其次,能源矿产是国家经济发展的重要原料,具有重要的战略意义,直接能源、矿产巨头在全球范围内掌握更多资源的行为受到国家鼓励,拥有资源优势的国家也注重资源整合以争取定价权,攫取垄断利润。再次,由

---

① 《矿区复垦已起步路漫长》,《山西晚报》2011年8月2日第7版。

于土地资源的特殊性和我国土地所有制的独特性,土地资源利用和开发方面也很容易出现局部垄断行为。目前,全球能源、矿产行业垄断程度较高,中东地区石油储量约占世界的60%,APEC在全区石油市场上拥有绝对的垄断权力;而全球铁矿石海运贸易的70%被必和必拓、力拓和淡水河谷垄断。2010年,我国石油行业集中度CR4约为50%,煤炭行业经过整合以后,2009年CR10已达到31.4%。在巨大垄断利润的驱使下,寻租行为时有发生,而全球范围内对资源控制权的争夺也引发一系列的国际争端。

2. 外部性问题突出。在自然资源产权没有得到明确界定的条件下,资源的生产和消费过程中很容易导致负的外部性。一是在生产方面,外来企业对资源进行掠夺性开采,破坏当地生态环境,造成森林退化、水土污染和空洞,对当地居民的生活环境造成极大破坏、甚至出现地面裂隙和房屋塌陷。二是采选和冶炼企业排放废水废物废气对水土造成严重污染,严重威胁居民的生活安全,砷、汞、铬等中毒事件频繁发生。由于有关负外部性的补偿问题没有得到妥善解决,利益受损的居民与矿业企业和化工企业之间产生纠纷,常常引发一系列社会问题。

3. 公地悲剧难以杜绝。某种程度上,自然资源具有公共物品的特征,而水、空气等资源又无法进行产权界定,因此在没有政府干预的条件下会导致"公地悲剧"的发生。主要表现在如下几个方面:一是对海洋和内陆渔业资源过度捕捞,导致渔业资源枯竭;二是肆意捕杀野生动物、滥挖名贵植物,致使部分珍稀物种灭绝、生物多样性缺失;三是草原牧业超载、林木砍伐过量,导致草原退化、森林生态破坏严重;四是景区、遗迹承载量过大,自然景观遭到严重破坏;五是废水废气废物排放毫无节制,造成水土、空气重度污染。上述这些现象都将导致可利用资源数量锐减,不利于自然资源代际配置优化,不具有可持续性。

4. 市场非理性波动时有发生。全球范围内石油、天然气、铜、铝等能源矿产的期货市场建设已经十分成熟,使得这些生产原料具有了商品和金融两种属性。理论上讲,期货市场具有价格发现、风险规避和套期保值的功能,商品的需求量与价格呈反比关系。但是投资品的需求量取决于投资者的预期,这种预期又与其价格存在正反馈的关系,因此在非理性行为和羊群效应的作用下,市场很容易出现合成谬误,导致偏离实际供求的投机泡沫或极度恐慌。以布伦特原油为例,2007 年 7 月收盘价 76.89 美元,仅用一年的时间即涨到 147.35 美元/桶的高位,随后在次贷危机中仅 5 个月便暴跌至 36.2 美元,再次反弹到 70 美元以上也仅用了半年时间。市场价格的巨大波动给资源生产企业经营带来了极大的风险,对资源消费企业也造成巨大困扰,并没有发挥优化资源配置的作用。

第三节　发展循环经济:可持续发展的必然选择

通过分析可以看出,以资源耗费和环境破坏为代价的经济增长已经很难持续,迫切要求我们转变经济增长方式,发展以资源高效利用和循环利用为核心,以减量化、再利用、再循环为原则,以低投入、低消耗、低排放、高效益为特征的资源节约型、环境友好型经济。这就需要坚持以"宇宙飞船经济"为理论支撑,加快发展循环经济,加强制度建设以保证循环经济政策的顺利执行。

一、"宇宙飞船经济理论"与"3R 原则"

1966 年,美国学者布尔丁在《即将到来的宇宙飞船经济学》中提出了"宇宙飞船经济"的概念。他将地球比喻为一艘在太空飞行的宇宙飞船,要靠不断消耗自身有限的资源而生存,如果不合理开发、忽视环境保护,就会像宇宙飞船那样因资源耗尽和环境污染而走向毁灭。因此,宇宙飞船经济理论要求人类转变经济增长方式,按照生态学原理建造一个自给自足的、不产生污染的生态型、闭环式经济体系,内部物质循环和更新的性能得以完善,从而实现循环发展。

发展循环经济,需要遵循减量化、再利用和再循环的"3R 原则"。减量化(Reduction)原则针对"输入端",强调资源的节约和污染的减少,其目标是用较少的资源,特别是无害于环境的资源投入来达到既定的生产目标和消费目标,追求水、土地、能源、矿产等资源生产效率的提高。在生产中,要求企业采用先进的科学技术优化改良制造工艺流程,减少资源的投入并最终实现废物排放的减少;在消费中推崇绿色消费,不追求没有效用的豪华包装,在保证相同生活质量水平的条件下尽可能减少消费。再利用(Reuse)原则针对"中间过程",强调在生产和消费中尽可能以多种方式对资源进行多次利用,追求资源重复利用率以提高资源生产率、降低单位产值或产品的污染排放率。在生产中,要求企业使用便于回收的零部件、包装容器等生产材料,尽量延长材料使用周期,充分挖掘资源使用潜能;在消费中,抵制一次性用品的泛滥使用,倡导消费品重复使用,引导绿色消费观念和消费行为。再循环(Recycle)原则针对"输出端",强调产品完成其使用功能后重新变成可利用资源的能力,该原则追求废物回用率,减轻资源压力和环境压力。要求生产出来的物品在完成其使用功能后重新变成再利用的资源,而不是不可恢复的垃圾。现阶段再循环的方式主要有两种:一是原级再循环,即将各阶段的废弃物循环利用,生产与原产品类型相同的新产品;二是次级再循环,即将各阶段的废弃物循环再利用,生产不同类型的新产品或新原料。与次级再循环相比,原级再循环能以更高的效率减少原材料的消耗,是循环经济追求的理想境界。

专栏2-2　安徽省铜陵市:全国首个循环经济"双试点"城市

铜陵市位于安徽省南部,长江下游南岸,是重要的沿江工业港口城市。1956年建市,现辖三区一县,总面积1113平方公里,总人口73.89万人。铜陵因铜得名,是中国青铜文化的发祥地之一,素有"中国古铜都"之称。

铜陵工业基础较为雄厚,是全国重要的有色金属基地、硫磷化工基地、电子材料产业基地、水泥生产基地,拥有6家上市公司,形成了颇具特色的"铜陵板块"。随之而来的是严峻的环境问题,为了实现环境保护与经济建设的双赢,铜陵开始探索循环经济发展模式,经历了从"自然"到"自觉"再到"战略"的二次跨越,主要做了五个方面的探索。一是企业层面开展"三废治理"。如:利用铜冶炼烟气制酸,硫的利用率从不到50%提高到95%以上。二是开展跨行业固废综合利用。如:全市水泥行业每年利用的化工行业固废就达80万吨以上。三是开展企业区域组团的资源综合利用。如:铜化有机化工公司、安钠达钛白粉公司、铜官山化工公司、华兴化工公司通过物流、能流、废水的梯级利用和循环利用形成了一个典型的循环经济工业组团。四是培育发展一批以"三废"为资源的静脉产业。如:有色设计院试验工厂利用铜冶炼的烟灰,提炼铅锌铋金属;绿阳公司利用磷石膏生产水泥缓凝剂;法拉第公司利用磷石膏生产纸面石膏板等。五是开展矿山复垦和生态恢复。

在从"自觉"到"战略"跨越中,铜陵市把市循环经济工业试验园、横港循环经济工业示范区和农业循环经济试验区作为铜陵发展循环经济的重要载体和平台,力推园区层面的"中循环"。其中市循环经济工业试验园总体规划面积 100 平方公里,一期规划面积 28 平方公里,主要是引导具有循环经济概念的项目集中建设,促进企业生产的纵向横向耦合,实现能量互补和资源合理高效利用,形成有机的产业链接和能源循环,使资源得到最大化利用。根据《铜陵市循环经济试点实施方案》,在深入调研和专家论证的基础上,铜陵市建立了拥有 59 个项目、总投资达 160 亿元的循环经济项目库,并着力推进这些项目的建设。全市有 8 个项目被正式列入国家资源节约和环境保护国债项目计划,获国债资金支持 6000 多万元。

经过多年努力,铜陵先后获得了全国科技进步先进市、质量兴市先进市、创建文明城市工作先进市、双拥模范城。2005 年 10 月,铜陵市被批准为全国首个循环经济"双试点"城市。

资料来源:何革华、刘学敏主编:《国家可持续发展实验区建设管理与改革创新》,社会科学文献出版社 2012 年版,第 105 页。

二、循环经济的微观设计

发展循环经济,需要坚实的微观基础,保证市场经济能够有效运行,尽力避免市场失灵现象的发生,从而进一步优化资源配置,提高资源的使用效率。循环经济的微观机制主要着眼于政府、企业和居民之间的关系,需要重点解决如何在宏观领域实现资源的有效配置和微观主体如何最大可能实现资源的有效替代问题。

一是要明确资源产权。科斯定理认为,只要产权明确,而且交易成本为零或很小,则无论在开始时将产权赋予谁,市场的最终结果都是有效率的。因此,明确的产权能够消除生产和消费中的外部性问题。我国的土地由国家和集体所有,需要进一步明确产权主体的身份,提高公民或集体小组人员对所有权的表达能力;同时应该更加强调居民使用权的重要性,防止非法征地和强拆等事件的发生。我国《宪法》、《矿产资源法》均规定,"矿产资源为国家所有,由国务院行使国家对矿产资源的所有权"。在这样的条件下需要加强对所有权行使机关的监管,有效防止委托代理问题,同时需要优化使用权、开采权和收益权的分配,有效防止掠夺式开采行为。

二是要建立健全资源市场,充分发挥市场机制的调节作用。资源交易市场可以分为现货市场和期货市场,交易的标的可以分为所有权、使用权、污染权等。首先,应该进一步扩大现货市场的规模、规范管理,扩大市场调剂的范围。一方面要在原材料使用地打造原材料集散中心,减小信息搜寻成本和运输成本;另一方面也应该在主要资源产出地建立规范的细分矿产大宗交易市场,为国内、国际相关企业提供价格风向标。其次,应该增加商品期货交易的种类、扩大交易的规模。目前我国能源矿产期货市场仅有燃油、焦炭、黄金、铜、铝、铅、锌7种,交易品种需要进一步丰富,尤其应该开展钨、钼、锑、稀土等优势资源标准合约交易,争取全球范围的定价权;同时也应该进一步完善市场准入机制,扩大期货市场交易规模,打造国际性的商品期货市场。再次,应该进一步完善土地使用权、碳排放、污染排放等权益交易市场。土地交易所和土地股份合作社等能够实现土地资源的集中使用、提高生产效率,而碳排放和其他污染权的交易能够对企业清洁生产起到激励作用,从而减少资源生产和消费对自然生态的破坏。

三是要深化财税体制改革,充分发挥税收在资源调节中的作用。我国资源税起于1984年,1994年改革以后开始对矿产实行从量定额征收的办法,实行"普遍征收、极差调节"的新资源税制。十几年来,这种税收制度没有发生改变,已经不再适应经济发展的要求。一方面,在资源价格已经大幅上升的情况下原油税制的调节功能已被严重削弱,所征税额也不能满足地方政府治理被破坏的生态环境的需要;另一方面,原有七个税目虽然覆盖了大部分已知矿产资源,但仍有许多自然资源如水、黄金、地热、森林等并未被包括在内,这在一定程度上导致了水资源、森林资源的浪费。因此,资源税费改革既需要将从量计征改为从价计征,也需要增加税目、扩大资源税的覆盖范围。另外,还应该研究以多种方式开征环境保护税,限制含碳、磷、氮、硫等污染物质的排放,促进减排目标的实现。

三、循环经济的宏观设计

除了完善微观机制设计、保证市场机制顺利运行之外,循环经济的发展也需要相应的宏观设计,把握正确的发展方向。

一是要转变经济增长方式,增强发展循环经济的意识。中国长期以来粗放的生产方式和既有的消费观念是导致自然资源短缺的主要原因,所以在面临资源瓶颈的阶段我国需要切实转变经济增长方式、提倡循环经济的理念。现阶段,以下几个方面非常重要:第一,制定符合循环经济的产业政策,鼓励资源节约、环境保护和资源重复利用,提高生产效率。第二,鼓励和支持开展循环经济的科学研究,并将研究结果用于指导实践生产,优化资源配置。第三,大力开展循环经济的宣传、教育和科学知识普及,增强公民节约资源和保护经济的意识,鼓励和引导公民使用节能、节水、节材和有利于保护环境的产品和再生产品,减少废物产生量和排放量。2008年8月《中华人民共和国循环经济促进法》的颁布,为我国开展循环经济建设提供了强有力的法律支撑。

二是要鼓励技术创新,支持新能源、新材料行业发展。高新技术是降低企业能耗、促进资源节约、提高污染治理水平的最有效途径,因此应该制定相应的财政补贴政策和税收优惠政策,鼓励技术创新。新能源和新材料是传统能源、矿产的替代品,扩大新能源新材料的使用范围能够减少化石能源和大宗原材料的消耗,进而减少对生态环境的破坏、降低空气污染程度。传统名贵中药材合成技术的推广和使用,有利于减少野生动植物药材的使用,从而保护生态系统的多样性。如2008年金融危机以来,我国在太阳能、风能产业发展极为迅速,在新能源汽车、节能环保材料生产等领域也取得了突出的成就。2010年创业板的设立,又为新能源、新材料等行业提供了新的融资渠道,对循环经济的发展起到了极其重要的作用。

三是要构建生态园、打造产业集群,提高资源使用效率。生态工业园的重点在于打造生态产业链,以上下游企业之间的合作为微观基础和保障,以追求生态效益为目标。这种目标更有利于上下游企业间在废物利用中的合作,与合作协同绩效相互强化,进而产生良性的扩散效应和累积效应,形成企业间废物利用的内生激励机制。产业集群是弱小的个体以群聚的方式生存并形成强大的生存能力,有利于信息共享和技术交流、减少搜寻成本,同时也能够在资源产品采购、加工和污染物处理等方面产生规模效应,提高生产效率和竞争力。目前我国产业集群主要分布在浙江、广东、福建、江苏、河北、河南、江西等地,其中以浙江和广东最为集中,形成了众多的细分行业生产基地,如五金之都浙江永康、中国绸都吴江盛泽等。

四、制度建设促进循环经济发展

循环经济建设需要经济主体的主动参与,而经济主体的行为取决于不同的制度安排。因此,要实现从传统经济到循环经济的转变,就必须在制度方面进行改革和创新。

首先,要建立健全循环经济法律法规体系。法律法规有其特有的强制性和约束性,从而成为发展循环经济强有力的基本保障。我国现在已经建立起比较完善的环境污染防护和环境保护的法律体系,可以在此基础上研究制定专门的循环经济法律法规,为循环经济的建设提供完备的法律依据。法律法规体系可以分成三个层面:一是基础层,构建促进建立循环社会,发展循环经济的基本法;二是综合性法律,如固体废弃物管理和公共清洁管理、促进资源有效利用、环境保护等方面;三是根据各种产品的性质制定相应的法律法规,制定绿色消费、绿色采购和法律法规,如容器与包装、家用电器、建筑材料、食品等分类回收法规,建立健全废物回收制度。

其次,要确立灵活有效的循环经济激励政策。运用优惠的财政、金融、税收政策,大力扶持循环利用项目。鼓励企业购买再生资源及污染控制型设备、在税收上优惠废塑料制品类再生处理设备的使用、推动清洁生产技术的开发和应用、对采用革新性的清洁生产或污染控制技术的企业给予特别退税及财政资金补贴等。通过在资源使用中对其产品或产生的废弃物,使用征收环境税或排污费、可归还的保证金制度等手段间接形成资源的完全价格。通过征收环境税费,限制厂商和消费的消极环境行为,将企业污染的外部成本内部化。按照"污染者付费、利用者补偿、开发者保护、破坏者恢复"的原则,大力推进生态环境的有偿使用制度。让市场成为配置自然资源和环境资源的主体,并通过间接和直接手段建立完全价格体系。

再次,充分发挥非政府中介组织和社会公众对发展循环经济的积极作用。强制性的法律手段和激励性的政策手段固然有效,但循环经济制度建设也离不开非政府中介组织和社会公众的参与和支持。发达国家的经验表明,非政府组织由于具有信息的优势,它对企业的监督成本远远小于政府管制。政府只要规范和激励非政府组织,就可在一定程度上起到事半功倍的作用。然而,我国非政府中介组织在推进循环经济发展中作用还没有得到充分的重视,专门的此类组织还比较少。长期以来,我国的经济运行往往过多地依赖于政府,由公众自发参与而形成的自主治理制度严重不足。如何引导公众的消费行为符合循环经济的要求，调动公众监督生产者的积极性，培育中国式的非政府组织，是我国当前循环经济制度创新中的重要课题。

最后，建立健全绿色国民经济核算制度。国内生产总值是国民经济核算体系中衡量一个国家经济增长、经济福利增加、居民生活水平提高的主要标志。但传统的 GDP 只能反映经济产出总量情况，没有考虑环境和生态因素，不能全面反映经济增长造成的生态破坏和环境污染的代价。因此，要发展循环经济，就应该建立健全符合循环经济要求的绿色 GDP 统计制度，以综合全面反映经济发展数量和质量的指标作为考核标准，引导资源的配置方向，不仅要确立绿色国民经济核算的标准和原则，还要科学估价自然资源和环境，采用科学的方法核算环境质量损害与自然资源服务的价值，编制货币资产账户，核算自然资源的耗减。2010 年以来，北京师范大学、西南财经大学和中国经济景气监测中心发布的《2010 中国绿色指数年度报告——省际比较》，通过构建55 个基础指标全面反映各省绿色发展状况并进行比较，是我国在建立绿色国民经济统计制度方面进行一次积极探索。

综上分析，我国丰富的自然资源为经济发展发挥了基础性作用，但进入新世纪以来，自然资源，特别是能源矿产资源稀缺性进一步显现，瓶颈问题突出，由于资源利用不合理而引发的环境问题不断出现，这些问题如果不及时纠正，将会给经济增长和社会发展带来很大障碍。中国必须大力发展循环经济，坚持减量化、再利用和再循环原则，通过宏观、微观设计和相关制度建设，实现自然资源的高效利用，实现经济、社会、人口全面可持续发展。

参考文献

［美］阿兰·V.尼斯等：《自然资源与能源经济学手册》第 1 卷，李晓西、史培军等译，经济科学出版社 2007 年版。

［美］阿兰·V.尼斯等：《自然资源与能源经济学手册》第 2 卷，李晓西、史培军等译，经济科学出版社 2009 年版。

［美］阿兰·V.尼斯等：《自然资源与能源经济学手册》第 3 卷，李晓西、史培军等译，经济科学出版社 2010 年版。

［英］朱迪·丽丝：《自然资源：分配、经济学与政策》，蔡运龙等译，商务印书馆 2005 年版。

北京师范大学科学发展观与经济可持续发展研究基地等：《2011 中国绿色发展指数报告——区域比较》，北京师范大学出版社 2011 年版。

曹海霞：《我国矿产资源产权的制度变迁与发展》，《产经评论》2011 年第 3 期。

成金华、吴巧生：《中国自然资源经济学研究综述》，《中国地质大学学报》（社会科学版）2004 年第 6 期。

高明杰：《关于中国循环经济发展现状的思考》，《北京邮电大学学报》（社会科学版）2011 年第 8 期。

高云才、赵永平、陈仁泽：《保护草原生态刻不容缓——来自草原牧区的报告之二》，《人民日报》2011 年 9 月 29 日。

黄海燕：《当前完善资源性产品定价机制需要解决好几方面问题》，《中国经贸导刊》2010 年第 3 期。

霍丽娜：《世界各国电子垃圾的回收处理概况》，《世界有色金属》2011 年第 11 期。

解振华：《关于循环经济理论与政策的几点思考》，《环境保护》2004 年第 1 期。

雷涯邻：《我国矿产资源安全现状与对策》，《中国矿业报》2006 年 10 月 26 日。

刘学敏、金建君、李咏涛：《资源经济学》，高等教育出版社 2008 年版。

罗杰·珀曼等：《自然资源与环境经济学》，张涛等译，中国经济出版社 2002

年版。

彭敏:《我国水资源存在的问题及对策》,《中国西部科技》2011 年第 15 期。

唐海峰:《试论循环经济下的微观基础》,《发展改革》2007 年第 11 期。

王安建:《世界资源格局与展望》,《地球学报》2010 年第 5 期。

余黎明:《我国碳纤维行业现状和发展趋势分析》,《新材料产业》2011 年第 6 期。

张国宝:《政府将大力促进新材料产业化》,《新材料产业》2007 年第 5 期。

张磊:《矿区复垦已起步路漫长》,《山西晚报》2011 年 8 月 2 日第 7 版。

郑骥:《2010 年中国再生铜产业发展回顾与展望》,《新材料产业》2011 年第 7 期。

中华人民共和国水利部:《中国水资源公报 2010》. 中国水利水电出版社 2011 年版。

仲素梅、武博:《自然资源与经济增长的研究述评》,《统计与决策》2010 年第 3 期。

第三章　能源与可持续发展

林卫斌

中国过去30多年特别是21世纪以来10余年的快速发展在很大程度上是建立在消耗大量能源资源的基础上的,并由此引发了严重的生态破坏和环境污染问题。面临日趋严峻的资源支撑力瓶颈和环境承载力约束,能源问题已经成为制约中国经济社会可持续发展的最重要因素之一,要求提高能源利用效率,转变经济发展方式。现有的高耗能、高污染的增长方式是由多种因素共同决定的,其中,能源定价机制和能源价格体系具有决定性的作用,当前的能源价格体系不能如实地反映能源资源的稀缺程度和市场供求关系和环境污染的外部成本。转变经济发展方式,实现可持续发展从根本上要求改革现有的能源定价机制,改变现有的扭曲的能源环境价格体系。

第一节　能源环境问题是制约可持续发展的重要因素

改革开放30多年来中国经济年均增长率高达9.9%,中国经济以其长期持续的高速增长令全球瞩目,被誉为"中国的奇迹"。但与此同时,中国经济发展的质量却日益受到质疑,并由此引发了大量关于"转变经济发展方式"的讨论。20世纪90年代和本世纪初人们讨论的焦点主要集中在"粗放型"与"集约型"的增长方式,认为中国经济增长主要是依靠劳动和资本等生产要素的投入,是"要素积累型"、"粗放型"的增长方式。从而,转变经济增长方式就是要从更多地依靠技术进步和要素生产效率的提高,走"TFP增进型"、"集约型"的增长道路。近年来,有两个方面的发展质量问题引起了人们的广泛关注。一方面,在经济高速增长的同时,劳动收入占比和居民收入占比却双双下降,居民收入水平的增幅远远低于GDP的增幅。从这一层面看,转变经济发展方式在于实现"包容性增长"(inclusive growth),公平合理地分享经济增长的成果。另一方面,长期以来中国经济增长呈现出"高投入、高耗能、高污染和低效率"的粗放型特征,特别是新世纪以来,重化工业加速发展,消耗了大量的能源资源并导致严重的环境污染与生态破坏,资源的支撑力和环境的承载力受到极大的威胁与挑战。从这一层面看,转变经济发展方式在于构建资源节约与环境友好的生产方式,实现经济的"绿色发展"和可持续发展。本章将侧重探讨这一层面的问题和对策,基于能源视角探讨可持续发展问题。

面对日趋严峻的资源与环境约束,在政策层面上已经把建设资源节约、环境友好型社会作为加快转变经济发展方式的重要着力点。围绕"绿色发展"这一主题,学界也展开了广泛的讨论,并产生了丰富的成果。张卓元(2005,2007)指出中国经济增长的硬约束在于能源环境,应通过节能减排促进经济增长方式转变,提高经济增长的质量和效益。而经济增长方式面临的资源瓶颈根源在于中国现行的财政、价格等体制刺激外延式经济扩张,鼓励资源的低效利用和浪费;解决方式在于财税改革和价格改革,并推进其他方面改革形成促进经济增长方式转变的合力。王小鲁(2000)、吴敬琏(2005)、贾戮(2006)和王一鸣(2007)等也都认为传统的经济发展方式的根源在于现行经济体制,转变经济发展方式的根本在于企业产权、生产要素产权制度以及环境资源产权制度创新和变革。刘国光等(2001)指出产业结构升级能够推动经济增长方式从粗放型向集约型转变。林毅夫和苏剑(2007)从企业微观行为选择的角度提出要进行要素价格体系和其他方面的改革,使资源配置最优化。

总体上看,已有的研究已经就如下几个方面取得了共识:第一,现有的经济发展方式是一种高耗能、高污染的粗放型发展方式,是不可为继的,要求加快转变经济增长方式,实现"绿色发展";第二,现有的发展方式与中国特殊的发展阶段、产业结构、技术水平和制度效率等密切相关,而根本原因在于体制,特别是要素定价机制和价格体系;第三,实现绿色发展要求从根本上进行体制改革与创新,调整产业结构,提高技术水平和制度效率,最终建立资源节约与环境友好的生产方式。当然,对于"绿色发展",现有文献更多地停留在定性分析,本章将在此基础上进行深入分析,重点探讨三个方面的问题:(1)从能源视角看,当前中国经济发展方式的特征是什么?运用数据包络法测度能源环境综合效率以定量地描述中国现有的发展方式。(2)为什么会有这样的经济增长方式？具体考察中国现有的能源环境定价机制与价格体系，分析其如何阻碍绿色发展与可持续发展的实现。（3）如何实现经济发展方式的转变和可持续发展？提炼出几点可操作的政策建议。

第二节　高耗能发展方式不可持续

2002 年以来，中国经济进入新一轮的增长周期。区别于此前的经济增长，此轮经济增长的一个主要特征是重化工业快速发展带动整个国民经济高速增长。由此，在经济高速增长的同时，消耗了大量的能源资源。近 10 年来中国能源消费一直呈现上升趋势，尤其是自 2002 年来增长明显加快（如图 3-1 所示）。自 2002～2008 年间能源消费增长率一直保持在 8% 以上，最高达到了 16%，一度超过 GDP 增长率。直至 2008 年以后受全球金融危机的影响能源消费速度才有所下降。金融危机后，随着经济的复苏，2010 年和 2011 年能源消费量增速出现一定程度的反弹。过去十年，能源消费总量从 2001 年的 15 亿吨标煤增加到 2011 年的近 35 亿吨标煤，增长 130%，年均增幅 8.7%。

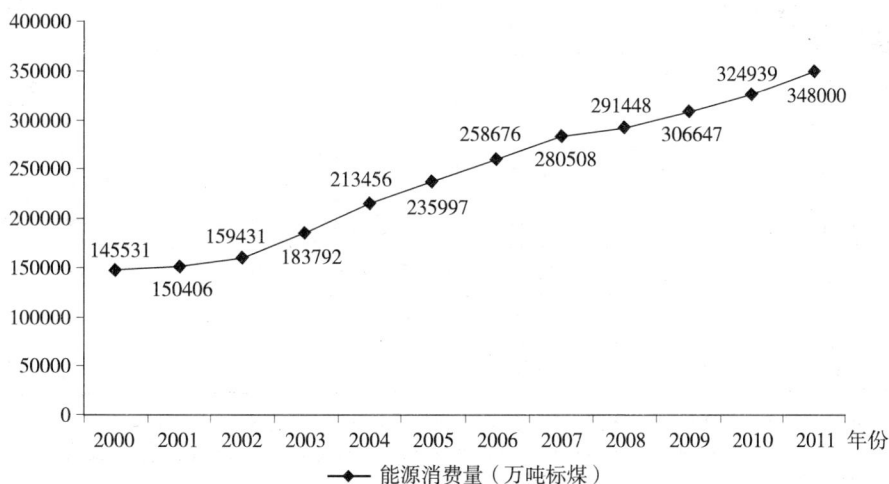

图 3-1　中国能源消费量

数据来源：2000～2010 年能源消费量数据来源于《中国能源统计年鉴 2011》，2011 年能源消费量数据来自国家能源局。

伴随大量的能源消费,相应而生的排放物和废弃物也对环境造成了巨大的压力,对生态环境造成严重威胁,二氧化硫、氮氧化物等主要环境污染物的排放已经严重影响人民生活质量和社会的可持续发展。不仅如此,日趋成为国际社会关注和争端的碳排放问题与能源密切相关。中国以煤炭为主的能源消费结构对环境的影响尤其大。根据国际能源署提供的数据,中国因化石能源燃烧而排放的二氧化碳从 2000 年的 30 亿吨增加到 2008 年的 65 亿吨。当前,中国已经成为世界第一的碳排放大国。

大量的能源消耗和环境污染物排放反映了生产领域能源环境效率的低下。2009 年中国每千美元 GDP 的能源消量为 0.77 吨标油,是 2010 年美国能耗强度的 4 倍,德国的 4 倍多,日本的 8 倍,是世界平均水平的 2.5 倍(如表 3-1 所示)。碳强度方面,2008 年中国每美元 GDP 的二氧化碳排放量为 2.5 千克,是美国的 5 倍,德国的 6.5 倍,日本的 11 倍,是世界平均水平的 3.4 倍(如表 3-2 所示)。

表 3-1　主要国家能源强度　　　　　　(吨标油/千美元)

国家/地区	2000 年	2010 年	国家/地区	2000 年	2010 年
世界	0.31	0.31	加拿大	0.35	0.29
OECD 国家	0.20	0.18	韩国	0.35	0.31
中国	0.91	0.77	巴西	0.29	0.28
美国	0.23	0.19	伊朗	1.28	1.37
印度	0.99	0.77	英国	0.15	0.12
俄罗斯	2.39	1.63	印度尼西亚	0.94	0.78
日本	0.11	0.10	意大利	0.16	0.15
德国	0.18	0.16	墨西哥	0.23	0.22
法国	0.19	0.18			

注:按 2000 年美元不变价计算,中国、印度、俄罗斯、巴西、伊朗、印度尼西亚为 2009 年数据。

数据来源:IEA,Energy Balances of OECD Countries2011,Energy Balances of non-OECD Countries2011。

表 3-2　主要国家二氧化碳排放强度　　　　　　（千克/美元）

国家/地区	2000 年	2008 年	国家/地区	2000 年	2008 年
世界	0.74	0.73	加拿大	0.73	0.63
欧盟	0.45	0.39	韩国	0.84	0.67
中国	2.53	2.50	伊朗	3.01	3.15
美国	0.58	0.48	墨西哥	0.61	0.53
俄罗斯	5.83	3.71	意大利	0.39	0.37
日本	0.26	0.22	澳大利亚	0.85	0.77
印度	2.12	1.73	法国	0.28	0.24
德国	0.44	0.38	沙特阿拉伯	1.33	1.54
英国	0.36	0.29			

注:GDP 为 2000 年按汇率计算不变价格。

数据来源:IEA,CO2 Emissions from Fuel Combustion2010。

较高的能耗强度与排放强度说明了中国在创造 GDP 的过程中对能源的依赖程度和对环境的污染程度较高,是一种"非绿色"的增长方式。为了量化衡量中国经济增长的绿色程度,可以把能源消费量和污染物的排放量作为投入,把 GDP 作为产出,运用数据包络方法(DEA)构建一个"GDP 绿色指数"。综合衡量了一个地区的能源、环境效率或者能耗强度与环境污染物的排放强度。具体地,采用国际能源署(IEA)提供的 2007 年的世界发展指标中 GDP、能源消费量和二氧化碳排放量的数据,去除一些数据不全的国家,选择 130 个国家作为决策单元来估计绿色前沿并测算各国经济增长的绿色指数(见表3-3)。

表 3-3　世界各国 GDP 绿色指数(2007 年)

国家	绿色指数	国家	绿色指数	国家	绿色指数	国家	绿色指数
爱尔兰	1	土耳其	0.374	立陶宛	0.250	沙特阿拉伯	0.151
瑞士	1	赞比亚	0.371	危地马拉	0.244	马其顿(前南斯拉夫)	0.150
丹麦	0.919	克罗地亚	0.369	坦桑尼亚	0.244	约旦	0.142

续表

国家	绿色指数	国家	绿色指数	国家	绿色指数	国家	绿色指数
香港特区,中国	0.836	拉脱维亚	0.364	塞内加尔	0.236	泰国	0.138
挪威	0.835	黎巴嫩	0.362	厄瓜多尔	0.234	玻利维亚	0.134
瑞典	0.822	刚果民主共和国	0.359	突尼斯	0.234	印度尼西亚	0.133
英国	0.775	博茨瓦纳	0.358	利比亚	0.233	贝宁	0.125
冰岛	0.764	苏丹	0.353	阿拉伯联合酋长国	0.233	巴林	0.123
卢森堡	0.706	美国	0.350	斯里兰卡	0.230	南非	0.123
意大利	0.687	古巴	0.347	捷克共和国	0.221	保加利亚	0.122
奥地利	0.657	巴西	0.343	爱沙尼亚	0.220	印度	0.121
法国	0.611	墨西哥	0.338	加纳	0.220	阿拉伯叙利亚共和国	0.119
希腊	0.592	纳米比亚	0.336	海地	0.218	俄罗斯联邦	0.113
德国	0.583	安哥拉	0.322	阿尔及利亚	0.213	阿拉伯埃及共和国	0.112
西班牙	0.583	智利	0.313	肯尼亚	0.212	尼加拉瓜	0.107
荷兰	0.568	哥斯达黎加	0.312	菲律宾	0.212	中国	0.103
葡萄牙	0.538	加拿大	0.307	厄立特里亚	0.208	伊拉克	0.101
新加坡	0.523	匈牙利	0.304	委内瑞拉,包	0.207	巴基斯坦	0.100
塞浦路斯	0.517	摩洛哥	0.303	阿根廷	0.206	白俄罗斯	0.094
马耳他	0.502	多米尼加共和国	0.300	卡塔尔	0.198	哈萨克斯坦	0.091
加蓬	0.498	阿尔巴尼亚	0.294	亚美尼亚	0.191	伊朗伊斯兰共和国	0.086
日本	0.495	喀麦隆	0.294	格鲁吉亚	0.180	塔吉克斯坦	0.083
新西兰	0.487	斯洛伐克共和国	0.277	也门共和国	0.173	摩尔多瓦	0.082

续表

国家	绿色指数	国家	绿色指数	国家	绿色指数	国家	绿色指数
比利时	0.474	韩国	0.276	柬埔寨	0.170	越南	0.074
刚果共和国	0.460	科特迪瓦	0.271	阿曼	0.166	吉尔吉斯共和国	0.073
以色列	0.445	莫桑比克	0.270	多哥	0.166	蒙古	0.073
乌拉圭	0.444	萨尔瓦多	0.266	阿塞拜疆	0.159	特里尼达和多巴哥	0.065
秘鲁	0.441	科威特	0.263	波斯尼亚和黑塞哥维那	0.157	乌克兰	0.061
哥伦比亚	0.412	尼泊尔	0.263	马来西亚	0.156	津巴布韦	0.046
巴拿马	0.407	巴拉圭	0.259	洪都拉斯	0.154	土库曼斯坦	0.040
澳大利亚	0.398	埃塞俄比亚	0.258	孟加拉国	0.153	乌兹别克斯坦	0.027
芬兰	0.396	波兰	0.253	尼日利亚	0.152		
斯洛文尼亚	0.379	罗马尼亚	0.251	牙买加	0.151	平均	0.306

　　如表3-3所示,2007年经济增长绿色指数最高的是爱尔兰和瑞士,处于绿色前沿。中国GDP绿色指数为0.103,在130个国家中排在第115位,是世界平均水平的三分之一。

专栏3-1　绿色指数的测度方法介绍

　　通常地,人们在测度绿色指数时都采用构建指标体系、并赋予各指标一定的权重进行综合评分的方法。这种测度方法的最大问题在于具有较强的主观性,为避免这种主观性,可以引入非参数线性规划方法,借鉴经济学家和运筹学家在测度生产效率中发展起来的数据包络分析来测度GDP的绿色指数。

　　Farrell(1957)的开创性工作首次提出衡量多种投入品的生产效率的问题。以两种投入品 x_1 和 x_2 生产单一产品 y 为例,如下图所示的单位等产量曲线SS'代表最有效率企业的生产技术,即生产的技术效率前沿(efficient frontier)。如果一家企业生产单位产出的投入品组合在SS'线的右侧,比如说C

点,则该企业的生产技术是缺乏效率的,无效率部分为 BC,因为与效率前沿相比,同样生产一单位产出企业 C 的所有投入品从 B 点同比例增加到 C 点。因此,BC/OC 就代表了企业通过提高技术效率,在不减少产出的情况下能够节约的投入品的比例,相应地 1-BC/OC 即 OB/OC 则衡量了一个企业的技术效率(technical efficiency,TE)。TE 的取值范围在 0 和 1 之间,TE 值为 1 表示企业具有完全的技术效率,而 TE 值越小就表示企业的技术效率越低。

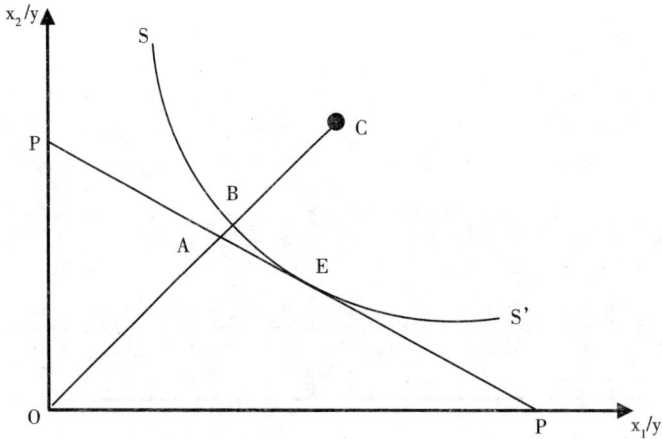

图 Farrell 技术效率

Farrell 技术效率的测度方法不仅适用于企业,还适用于国家或者地区的生产技术效率的测度。比如,如果把一个国家或者地区的生产总值作为产出,把资本和劳动等生产要素作为投入品,则上述方法可以测度各地区的全要素生产率。不过,在测算各地区投入产出效率时,通常只考虑资本、劳动等可货币化的生产要素作为投入品。实际上,如果把地区生产总值作为产出,除了资本和劳动等生产要素外,自然资源与环境也是必不可少的投入品,只是生产过程中所使用的自然资源的部分成本和排放出来的污染物对环境污染所造成的成本作为外部成本由全社会承担。我们可以借鉴 Farrell 测度技术效率的方法,把地区生产总值作为产出,把生产过程中所消耗的各种资源和所产生的各种污染物的排放作为投入品。如果说把可以货币化的各种生产要素作为投入测度的是技术效率,那么,把难以完全货币化的各种资源消耗和污染物排放作为投入,测度的则是经济增长的绿色指数。因为它衡量的是生产单位 GDP 所消耗的自然资源和所造成的环境污染的程度。令 x_1 和 x_2 代表资源的消耗量和环境污染物的排放量,y 代表地区生产总值,则图中 SS'曲线代表生产单位地区生产总值所需资源和污染物排放的最少量的组合,类似于技术效率前沿,我们可以将其定义为"绿色前沿"(green frontier)。如果一个地区生产单位GDP 所消耗的自然资源和所产生的环境污染物排放量组合在绿色前沿 SS'曲线右侧,比如说 C 点,则说明该地区经济增长的绿色程度较低,因为与绿色前沿相比,该地区生产单位 GDP 所需要消耗的自然资源和所产生的环境污染物从 B 点增加到 C 点。这样,OB/OC 的值就可以衡量一个地区经济增长的绿色程度,我们将其定义为"绿色指数"(green index,GI)。GI 的取值范围在 0 和 1之间,如果一个地区的生产处于绿色前沿,则该地区经济增长的绿色指数为1;而一个地区的生产离绿色前沿越远,则该地区经济增长的绿色指数就越低。

资源来源:林卫斌、陈彬:《经济增长绿色指数的构建与分析》,《财经研究》2011 年第 4 期。

　　大量的资源消耗与环境污染使得中国经济社会发展过程中的资源支撑力与环境承载力受到日趋严峻的挑战。在资源方面,仍以能源为例。根据BP2010 年的统计数据,中国经济可开采的煤炭储量为 1145 亿吨,石油 21 亿吨,天然气 24600 亿立方米。而 2010 年国内能源生产快速发展,能源产量创下新高:原煤产量 32.4 亿吨,同比增长 9%;原油产量 2.03 亿吨,首次突破 2亿吨大关,增幅 7.1% 为近年来最高增速;天然气产量达 967.6 亿立方米,同比增长 13.5%。据此测算,中国煤炭、石油和天然气的储采比分别只有 35、10和 25,分别只有世界平均水平的 29%、24% 和 42%(见表 3-4)。资源约束给中国经济社会的可持续发展提出了巨大的挑战。特别是石油,如果储量不变,即使保持现有开采规模,也只够再开采 10 年,能源瓶颈已近在眼前。

表 3-4　中国与世界能源储采比

能源种类	储量	产量	储采比	世界储采比
原煤	1145 亿吨	32.4 亿吨	35	122
原油	21 亿吨	2.03 亿吨	10	42
天然气	24600 亿立方米	967.6 亿立方米	25	60

在环境方面，过去三十多年里快速的经济社会发展也给环境造成了巨大的压力，大量有害气体、废水、废弃物的排放导致中国空气、水质、土壤的严重污染，生态问题突出，人民的生存环境颇为恶劣。从环保部公布的数据可知，中国空气质量不甚理想，尤其是重化工业集中及人口密集的城市。水质下降直接影响了人民群众的安全用水，全国达到一类标准的流域仅占全部河长的4.6%，而劣Ⅴ类水质占到总河长的近20%。中国1/4的居民没有清洁的饮用水，1/3的城市居民不得不呼吸污浊的空气，大量人口暴露在低质量的大气、水体和土壤环境中。不仅如此，当今世界，全球气候变化和碳排放问题已经成为全球性问题，作为世界上第一大能源消费国和碳排放国，中国的能源消费和碳排放问题已经日趋成为国际社会关注和限制的焦点，面临的国际压力日趋严峻。在这一层面上，传统的经济发展方式也是不可为继、不可持续的。

第三节　高耗能发展方式根源于价格体系扭曲

前面的分析表明，中国高速的经济发展在很大程度上是以大量消耗能源资源和严重污染环境为代价的。那么，是什么原因导致这种"不绿色的"发展方式？如何才能从根本上转变经济发展方式，实现经济的"绿色发展"？

一个国家或者地区采用什么样的生产方式直接取决于该经济体的要素价格体系。一个劳动力价格相对便宜而资本价格昂贵的地区通常会采用劳动密集型、资本节约型的生产方式；一个资本价格相对便宜而劳动力价格昂贵的地区通常会采用资本密集型、劳动节约型的生产方式。同样地，如果一个国家或地区资源使用和环境污染的成本较低，则其经济增长方式通常都会体现出高耗能、高污染的特征，即能源环境的综合效率较低。中国为快速推进工业化、现代化，长期实行廉价能源环境政策。在计划经济时代，实行多年不变的单一价格形式，价格不受供求关系影响。改革开放以来，能源、环境定价方式改革严重滞后，使得能源环境价格严重偏离真实值，无法有效反映能源稀缺性和环境污染的社会成本，直接导致对能源、环境的过度消费和低效利用，造成了严重的资源环境问题。

中国的发展方式主要是由中国的要素价格体系决定的，高耗能的发展方式和扭曲的能源定价机制和价格体系以及环境定价机制和价格体系密切相关。

一、能源定价机制与价格体系

改革开放以来,国家对传统计划经济体制下的单一价格进行了多次调整与改革,但总体上能源价格改革仍相对滞后,能源价格主要仍由政府制定,存在不同程度的扭曲,无法如实地反映资源的稀缺程度和市场供求关系的变化。煤炭方面,1993 年国家在煤炭领域进行市场化改革,放开煤炭价格,但与此同时保留了电煤的计划价格,形成"市场煤"与电煤的价格双轨制。近年来,政府曾试图放开电煤价格,但由于煤炭价格在强劲需求的带动下不断上涨,为了维持电价的稳定,电煤的合同价格实际上仍由政府主管部门最终确定。当前,电煤价格比市场价格平均低 200 元/吨左右,不仅引发了一系列市场秩序混乱,还容易导致煤炭资源的过度消耗。石油方面,由于中国的石油对外依存度较高,原油价格在很大程度上取决于国际市场价格。在成品油的定价方面,以布伦特、迪拜和米纳斯三地原油价格为基准平均值,再加上炼油成本和适当的利润空间以及国内关税、成品油流通费等,共同形成国内成品油零售基准价。国际市场原油连续 22 个工作日移动平均价格变化超过 4% 时,可相应调整国内成品油价格。这一成品油定价机制有助于根据市场供求关系的变化调整价格,不过,在实际的执行过程中,这一机制并没有得到完全的执行。另外,国际上通常都是根据原油价格的变化及时地调整成品油的市场价格,而中国 22 个工作日的滞后期导致周期性的价格扭曲和供需缺口,"油荒"石油发生。天然气方面,国产气的出厂价格、管道运输价格和终端销售价格都由政府部门制定,从当前的价格水平看,中国陆上天然气出厂价在 1.17 元/立方米左右,仅为同热值燃料油价格的 30% ~ 40%。而中国进口天然气价格较高,即使在 2010 年 6 月 1 日国产气出厂价调整后,现在不论进口管道气还是进口 LNG,气价仍然比国产气价格高 1 ~ 2 倍。天然气价格受政府控制,使得价格既无法及时反映出国际天然气市场供需变化,又没有与可替代能源的市场价格挂钩,更不能体现出天然气的热值、环保、便利等社会经济优势。电力方面的价格扭曲是最为严重的。近年来煤炭价格不断上涨,但电价调整却严重滞后,政府试图通过控制电煤价格来稳定电价,但在实际操作上存在较大的困难,电厂的燃料成本大幅度上涨,而煤电价格联动机制并没有得到很好的实施。低电价政策加快了电力消费的增长速度,电力供需缺口长期存在,甚至演化为 2011 年的"淡季电荒"。

表 3-5　主要能源品种的定价机制

能源品种	定价机制
煤炭	1.重点电厂的电煤执行年度合同价格,主要由政府确定。 2.重点合同电煤之外的煤炭价格由市场决定。
石油	1.原油价格由企业参照国际市场价格自主确定。 2.成品油批发价格由政府参照国际原油价格变化和炼油成本设定价格上限。 3.成品油零售价格由政府参照批发价格和流通费等设定价格上限。
天然气	1.国产气出厂价即管道运输价格均由政府根据成本加成原则制定。 2.天然气配售价格由省级价格主管部门制定。 3.进口天然气价格由市场决定,政府补贴。
电力	1.上网电价由政府主管部门根据成本加成的原则制定。 2.销售价格由政府制定,销售价格与上网电价的差额构成输配价格。

二、环境定价机制与价格体系

环境问题主要涉及外部性,环境污染的成本由全社会一起承担,构成社会成本,而收益则由污染者独享,这会导致过度污染,即污染的边际收益小于边际成本。解决环境过度污染问题要求把外部成本内部化,使人们拥有保护环境、减少污染的内在激励,实现最优的环境污染水平。理论上,解决社会成本问题主要包括两种方式,一是对排污者征收"庇古税",用税收来弥补排污者生产的私人成本和社会成本之间的差距,使两者相等;二是由新制度经济学家科斯所提出的排污权交易,即以污染物总量控制为前提,界定并分配排污权,排污权在交易市场可以自由买卖,企业自主决定污染治理程度。从具体实践看,西方发达国家利用税收政策来加强环境保护始于 20 世纪 70 年代,直接环境税税种主要根据环境污染物的排放种类来确定。实践表明利用税收手段治理环境已经取得了明显的效果,环境污染得到有效控制。在排污权交易制度方面,美国国家环保局(EPA)首先运用排污权交易来控制二氧化硫和氮氧化物的排放总量,以治理酸雨和烟雾问题,取得良好效果。德国、英国、澳大利亚等国家相继实行了排污权交易的实践[10]。

表3-6　直接环境税体系

税种	具体征收情况
废弃和大气污染税	1.美国、德国、日本、挪威、荷兰、瑞典、法国等国征收二氧化硫税； 2.芬兰于1990年率先开征碳税。
废水和水污染税	1.德国1981年开征水污染税； 2.荷兰按每人每年排入水域的污染物数量征收水污染排放费。
固定废物税	1.固定废物税包括一次性餐具税、饮料容器税、旧轮胎税、润滑油税等； 2.意大利1984年对全民开征废物垃圾处置税作为地方政府处置废物垃圾的资金来源。
噪音污染和噪音税	噪音税有两种：一是对服务的终端用户征收，如美国规定对使用洛杉矶等机场的每位旅客和每吨货物征收1美元的治理噪音税；二是根据噪音排放量对排放单位征收，如日本、荷兰的机场噪音税就是按飞机着陆次数对航空公司征收。

专栏3-2　发达国家环境税收政策概要

在西方发达国家，征收环境税也不过是近40年才有的事。最早的先驱是法国，其于1964年开始实施水污染收费（在国外，广义的环境税概念包括收费）。但近些年来，环境税却是环境经济手段中发展最快的一种。发达国家征收的环境税主要有以下几种：

1.环境（污染）税。污染物主要是废气、废水、固体废弃物、噪声四类，环境（污染）税也相应地分为以下四类：

（1）废气和大气污染税。对废气征税较常见的有对二氧化硫排放征收的二氧化硫税、对二氧化碳排放征收的碳税。美国已在20世纪70年代就开征了二氧化硫税。根据其《二氧化硫税法案》的规定，二氧化硫的浓度达到一级标准的地区，每排放一磅硫征税15美分；达到二级标准地区按每磅硫10美分征税；二级以上地区则免征。德国、日本、挪威、荷兰、瑞典、法国等国也征收了二氧化硫税。

（2）废水和水污染税。废水包括工业废水、农业废水和生活废水。许多国家都对废水排放征收水污染税。如德国从1981年开征此税，以废水的"污染单位"（相当于一个居民一年的污染负荷）为基准，实行全国统一税率。又如荷兰按"人口当量"（相当于每人每年排入水域的污染物数量）征收的水污染排放费也属水污税性质。

（3）固定废物税。固定废物按来源可分为工业废弃物、商业废弃物、农业废弃物、生活废弃物。各国开征的固定废物税包括一次性餐具税、饮料容器税、旧轮胎税、润滑油税等。意大利 1984 年开征废物垃圾处置税，对所有的人都征收，作为地方政府处置废物垃圾的资金来源。

（4）噪音污染和噪音税。噪音污染是指排放的音量超过人和动物的承受能力，从而妨碍人或动物的正常生活的一种现象。噪音税有两种：一是固定征收，如美国规定，对使用洛杉矶等机场的每位旅客和每吨货物征收 1 美元的治理噪音税，税款用于支付机场周围居民区的隔离费用；二是根据噪音排放量对排放单位征收，如日本、荷兰的机场噪音税就是按飞机着陆次数对航空公司征收。

2. 生态（破坏）税。主要包括森林砍伐税等。法国在 1969 年开征此税，其规定为，城市规划或工业建设目的而砍伐森林的，每公顷交 6000 法郎的税；其他情况每公顷交 3000 法郎的税。比利时 1993 年通过的"生态税法"中规定了一系列生态税，适用于饮料包装、可处理的剃刀和照相机、农药、纸张及电池等产品。

3. 其他税收环保政策。

（1）鼓励对环保技术的研究、开发、引进和使用。这主要通过研究开发费用的税前列支、技术转让费的税收减免、对引进高新环保技术的税收优惠等措施来调节实施。

（2）鼓励对环保的投资。主要通过对环保投资退税、允许环保设施加速折旧等税收措施来调节实施。

（3）鼓励环保产品的生产、使用，促进环保产业的发展。许多国家都在征税时通过适用低税率对环保产品予以照顾，对废物回收利用也往往予以免税优待。

（4）鼓励环保行为。如美国为鼓励私人造林，规定在税收方面予以优惠：私人造林只征收土地税，而不征收青山林木税；私人造林的耗费可以抵缴所得税。

（5）对污染产品和不利于环境保护的行为征收重税，这包括消费税、能源税中有利于环保条款等。

资料来源：金三林：《环境税收的国际经验和中国环境税的基本构想》，《经济研究参考》，2007 年。

在中国,控制污染物排放的主要经济手段是"排污费制度",①根据"污染者付费"的原则,直接向环境排放污染物的单位和个体工商户缴纳排污费。种类有污水排污费、废气排污费、固体废物及危险废物排污费、噪声超标排污费、放射性污染五大类 113 种;其征收依据是排污者排放的污染物种类、数量。排污费的征收在本质上就是一种庇古税,对于减少各种污染物排放量具有积极的作用。但是由于征收标准低且征收基数存在测量上的困难,当前的排污费制度无法有效治理中国的环境问题,不利于环境友好型社会的构建。以二氧化硫减排为例,"十一五"期间中国二氧化硫排放总量减少 14%,主要是因为 80% 的燃煤电厂安装了烟气脱硫设备和关停 7000 多万小火电机组等措施。但是,这些都不是企业为了节约排污费而自主选择的,而是通过行政手段强制实施的,结果导致脱硫设施无法稳定运行,燃煤电厂对烟气在线监测数据造假、时开时停甚至"上面"来检查才运行的现象并不鲜见,最终影响减排效果。

表 3-7 中国排污费体系

种类	征收办法
污水排污费	1. 按照污染物排放种类和数量计征污水排污费,每一污染当量征收 0.7 元; 2. 超过水污染物排放标准的加倍征费。
废弃排污费	1. 每一污染当量征收标准为 0.6 元; 2. 对机动车、飞机、船舶等流动污染源暂不征收废气排污费。
固体废物及危险废物排污费	一次性征收固体废物排污费,每吨固体废物的征收标准为:冶炼渣 25 元、粉煤灰 30 元、炉渣 25 元、煤矸石 5 元、尾矿 15 元、其他渣(含半固态、液态废物)25 元。
噪声超标排污费	1. 按照超标的分贝数征收噪声超标排污费; 2. 对机动车、飞机、船舶等流动污染源暂不征收噪声超标排污费。

① 2003 年 1 月,国务院颁布了《排污费征收使用管理条例》(国务院令第 369 号),并于当年在全国实施。这是中国排污收费制度逐步完善的标志,是排污收费的政策体系、收费标准、使用、管理方式的一次重大改革和完善。

第四节　可持续发展要求改革能源环境定价机制

中国经济在高速增长的同时消耗了大量的能源资源并对生态环境造成严重的破坏,这种"不绿色"的发展增长方式日益引起社会各界的广泛关注和担忧。面临日益严峻的能源环境约束,转变现有的经济发展方式,提高能源环境利用效率,实现经济的绿色发展和可持续发展已是迫在眉睫。本章运用数据包络法选择世界上130个主要国家作为决策单元,以能源环境作为投入变量,以GDP作为产出变量,构建一个GDP绿色指数以定量地描述基于能源环境视角的当前中国经济发展方式。结果表明,中国经济增长的绿色指数仅为0.103,仅为世界平均水平的三分之一。

现有的高耗能、高污染的增长方式从根本上是由当前的能源定价机制和能源价格体系决定的。能源市场化改革滞后,政府根据成本加成定价原则下所确定的能源价格体系不能如实地反映能源资源的稀缺程度和市场供求关系。企业在现有的能源价格体系下缺乏构建能源节约型生产方式、提高能源利用效率的激励。环境排污收费制度不够完善,无法有效地内部化环境污染的外部成本。主要通过行政手段和工程手段而不是通过税收或者排污权交易等经济手段促使企业自主减排,形成保护环境的长效机制。因此,从能源环境视角看,转变经济增长方式从根本上要求改革现有的能源环境定价机制,改变现有的扭曲的能源环境价格体系。具体地,提出如下几点政策建议:

(1)取消重点电煤合同,破除煤炭价格双轨制。重点电煤实行由政府指导的年度合同价格的目的是为了维持电力价格的稳定性。但是重点电煤与市场煤的价格双轨制造成了煤炭价格的扭曲,是煤炭市场秩序混乱、煤电矛盾的根源所在。人为压低电煤价格会导致电煤和电力过度消费,不利于节能减排。煤炭在中国一次能源消费中占70%以上,改变能源定价机制应该首先突破煤炭价格双轨制,实现煤炭价格市场化。

(2)加快推进电力市场化改革,控制电力消费过快增长。在实现电力市场有效竞争前,建立电价自动调整机制,根据燃料成本、电厂运营成本和资本成本等变化及时地调整电价,使电价能真正反映资源的使用成本。

(3)进一步改革成品油定价机制。在原油对外依存度持续走高、价格与国际接轨的条件下,应该进一步放开成本油价格,在确保有效竞争的条件下,让企业根据成本和市场需求的变化自主调整成品油的价格水平。

(4)取消天然气价格控制,逐步提高天然气价格,真实反映天然气的使用成本。天然气的加快发展是中国应对能源环境约束的必然选择,考虑到中国天然气贫乏的资源特征,应该尽快放开天然气价格控制,以更好地利用国外天然气资源。

(5)积极推进环境税费改革,提高排污费征收率,选择防治任务繁重、技术标准成熟的税目开征环境保护税。另外,在排放总量测量和排污权界定成本较低的情况下,探索排污权交易制度,尽量内部化环境污染的外部成本。

参考文献

贾或:《制度创新是经济增长方式转变的关键》,《企业经济》2006 年第 9 期,第 12 ~ 14 页。

金三林:《环境税收的国际经验与中国环境税的基本构想》,《经济研究参考》2007 年第 58 期。

林卫斌、陈彬:《经济增长绿色指数的构建与分析——基于 DEA 方法》,《财经研究》2011 年第 4 期,第 48 ~ 58 页。

林毅夫、苏剑:《论我国经济增长方式的转换》,《管理世界》2007 年第 11 期,第 5 ~ 13 页。

刘国光、李京文:《中国经济大转变:经济增长方式转变的综合研究》,广东人民出版社 2001 年版。

王小鲁:《中国经济增长的可持续性与制度变革》,《经济研究》2000 年第 7 期,第 3 ~ 15 页。

王一鸣:《转变经济增长方式与体制创新》,《经济与管理研究》2007 年第 8 期,第 5 ~ 10 页。

吴敬琏:《中国经济模式抉择》,上海远东出版社 2005 年版。

张卓元:《转变经济增长方式主要靠深化改革》,《中国物价》2005 年第 7 期,第 7 页。

张卓元:《以节能减排为着力点推进经济增长方式转变》,《经济纵横》2007 年第 15 期,第 2 ~ 6 页。

第四章　生态经济与可持续发展

白瑞雪　张　亮

可持续发展概念的提出,很大程度上是基于人类长期对生态环境的忽视和对生态环境系统的破坏。然而,由于自然资源的客观有限性决定了发展中的最大经济利益是短期的,因而可持续发展的可持续性是有限的并且相互矛盾的。在经济可持续的过程中想要同时发展,就需要解决这一矛盾。

在过去的 30 年里,我国经济的发展令世界瞩目,我国成为了世界主要国家中经济增长最快的国家,国内生产总值每年增长近 10%。同时,我国也付出了不小的代价,我国的环境加速恶化。在 2005 年瑞士达沃斯世界经济论坛期间正式对外发布的评估世界各国(地区)环境质量的环境可持续指数数据中,全球参与评估的 144 个国家和地区中,我国排名第 133 位。[①] 在 2008 年公布的环境绩效指数数据中,全球参与评估的 149 个国家中,我国排名第 105 位。而在 2010 年发布的环境绩效指数评估中,我国在世界范围内排名为第 121 位。[②] 我国国家环境保护部的数据显示,仅在 2005 年,我国因环境造成的经济损失就达到 2000 亿美元(约占当年 GDP 的 10%)。我国面对并解决经济增长造成严重环境问题刻不容缓。[③]

在"十一五"及"十一五"规划中,我国政府对经济的可持续发展进行了规划,提出了多项指导方针、政策和指标以促进我国生态经济的快速发展。近

[①]　Yale Center for Environmental Law & Policy, Center for International Earth Science Information Network. *Environmental Sustainability Index*. 2005.

[②]　Yale Center for Environmental Law & Policy, Center for International Earth Science Information Network. *Environmental Performance Index and Pilot Trend Environmental Performance Index*. 2008, 2010.

[③]　Jiunguo Liu, Jared Diamond, "Revolutionizing China's Environmental Protection", Science, 2008, 319, p. 37-38.

日,温家宝总理在政府工作报告中也再次重申了我国发展生态经济的决心:"我们要用行动昭告世界,我国绝不靠牺牲生态环境和人民健康来换取经济增长,我们一定能走出一条生产发展、生活富裕、生态良好的文明发展道路。"并再次强调了加快转变经济发展方式,推进节能减排和生态环境保护。

第一节　中国面临的生态问题与
中国的可持续发展战略

我国国土辽阔,是不可多得的生态资源宝库。但是,由于在经济发展中造成的破坏,我国的生态系统在各个层面受到了不同程度的破坏。

我国在近期和中期面临的生态挑战主要集中在:全球变化与区域生态安全、生物入侵及其管理、重要生态区与生物多样性保护、流域生态与科学管理、湿地生态系统保护与水资源安全、农业生态系统健康与食物安全、植被恢复与生态灾害防治七个方面。这七个方面包含了我国生态系统受到的全球影响和国内影响的因素。

全球一体化进程中的经济一体化必然带来环境与生态问题的全球化。国家与国家、区域与区域之间的冲突常常表现在环境与生态问题上。生物入侵是当今世界各国面临的重大生态安全问题,这也是世界一体化、经济全球化所造成的生态安全"国际化问题",也是全球变化的重要组成部分。生态安全是最基本的国家安全,也是国家安全和可持续发展的重要组成部分。生物多样性是国家生态安全的核心内容。我国的生态安全问题伴随经济发展、全球化和人口增长而日益突出。生态多样性的变化与人类社会经济活动的影响密不可分。生态多样性是地球上生命形式的表达,是经过几十亿年进化的结果,是人类社会的经济活动赖以存在的最基本物质基础,对人类自身存在和发展有着无与伦比的重要性。2010 年是联合国确定的国际生物多样性年,主题是"生物多样性是生命,生物多样性就是我们的生命"(Biodiversity is life, Biodiversity is our life)。

我国是世界上生物多样性最为丰富的 12 个国家之一,拥有高等植物34984 种,位居世界第三位。但是,我国人工林树种单一,抗病虫害能力差。90% 的草原不同程度退化。内陆淡水生态系统受到威胁,部分重要湿地退化。

海洋及海岸带物种及其栖息地不断丧失,海洋渔业资源减少。据估计,我国野生高等植物濒危比例高达15%～20%。野生动物有233种脊椎动物濒危,约44%的野生动物呈数量下降趋势,非国家重点保护野生动物种群下降趋势明显。①

目前,我国有488种外来物种入侵。外来入侵物种已对我国生物多样性和生态环境造成严重的危害,每年造成的环境和经济损失达2000亿元。② 遗传资源不断丧失和流失,外来入侵物种已对农业、林业生产造成严重破坏,造成巨大经济损失。

2012年1月10日,在我国"生物物种资源保护部际联席会议第六次会议"上,生物多样性被作为一个国家的战略资源,已成为继气候变化后又一全球环境热点问题、博弈新焦点。为了推动我国生物多样性和物种资源保护等,国务院已批准成立"中国生物多样性保护国家委员会",生物多样性保护上升到国家层面。保护好丰富的生物多样性,对于保障国家的粮食安全、生态安全和人民的身心健康,推动生态文明建设、促进经济社会的可持续发展都具有十分重要的意义。

到目前为止,国内生态问题的研究重点之一是各种各样的单个生态系统,而很大程度上忽略了流域水平的问题,譬如黄河断流。对于长江流域来说,上游、中游、下游和河口的人为干扰方式强烈地影响着长江流域环境与生态变化。这也是我国现今面临的流域水平的重要问题。

随着我国社会经济的快速发展和人口的迅速增长,工业废水和生活污水的排放迅速增加,与资源污染不断加剧。据统计,全国地面水流经城市78%的河段已超过了Ⅲ类水标准,不适于生活使用;而乡镇企业的污染正威胁着全国2/3的河流。至2010年,全国Ⅰ类水河长占全国河长的4.8%,Ⅱ类水河长占30.0%,Ⅲ类水河长占26.6%,Ⅳ类水河长占13.1%,Ⅴ类水河长占7.8%,劣Ⅴ类水河长占17.7%。全国Ⅰ～Ⅲ类水河长比例为61.4%,比2009年提高2.5%。③

---

① 环境保护部:《2010年中国环境状况公报》,2011年,第48页。

② 《中国正遭受283种外来物种入侵,每年损失高达2000亿》,《中国经济周刊》2009年6月1日。

③ 环境保护部:《2010年中国环境状况公报》,2011年,第5～6页。

表 4-1　　主要流域水体情况　　　　　　　　　　　　（%）

	Ⅰ类	Ⅰ—Ⅲ类	Ⅳ—Ⅴ类	劣Ⅴ类
珠江	1.5	80.8	19.3	9.9
长江	5.3	67.4	19.2	13.4
松花江	0.5	50.8	30.0	19.2
黄河	4.7	42.5	23.6	33.9
淮河	1.2	38.9	38.9	22.2
辽河	1.4	41.7	24.3	34.0
海河	1.8	37.2	14.6	48.2

资料来源:《2010 年中国环境状况公报》,2011 年。

我国工业用水效率总体水平与世界先进水平相比差距悬殊,每万元工业增加值取水量约为发达国家的 3~7 倍;工业用水重复利用率只有发达国家的一半多。水体污染不仅影响了我国的工业发展,同时也影响了我国的农业。由于水资源紧缺,一些城市和地区多年来一直用污水进地灌溉,仅海河流域污灌面积就达 1000 万亩。长期污灌,使得污灌区土壤遭到污染,从而使农作物带有一定残毒,有的甚至无法食用。水污染对渔业同样产生了严重的影响,一些污染严重的河段已经鱼虾绝迹。在国民健康方面,我国大部分地方病,都直接或间接与饮用水的水质有关,仅北方 16 个省市区 1062 个县中,就有 800 余县发现有地方病,患病人数达到 1100 万人。水体问题将在目前和今后相当长时期困扰着我国的发展。

湿地作为与森林、海洋并列的全球三大生态系统,在所有生态系统中受到了最严重的威胁。湿地生态系统的生态功能是巨大的,包括涵养水源、净化水质、调蓄洪水、补充地下水、调节气候、保护生物多样性、维持碳循环等社会经济发展必不可少的功能,被称为“地球之肾”。建设并保护湿地生态系统是我国国家生态安全体系的重要组成部分,是实现经济可持续发展的重要基础。从古至今,农田生态系统受到人类高强度的干扰。由于有大量外援物质输入(如肥料、除草剂、农药等),农田生态系统处于极不健康的状态,许多食物含有对人类健康有不良影响的残留物。植被和自然资源在经济的发展过程中受到不合理的开发和利用,使得自然条件不断恶化,造成各区域水土流失加剧、干旱、洪涝灾害甚至疾病流行等影响人类发展和健康的状况。

空气污染已成为一个地区乃至世界性的问题,在我国一些城市尤其突出。2008 年,我国与大气污染有关的死亡人数达到 50 万,其中婴儿死亡所占比例高达十分之一。据世界银行估算,如果我国主要城市的空气质量达到国家二级标准,可避免十八万人口的过早死亡。按支付意愿法计算,其避免的健康损失大约相当于全国国民生产总值的 5%。113 个环境保护重点城市空气质量有所提高,空气质量达到一级标准的城市占 0.9%,达到二级标准的占 72.6%,达到三级标准的占 25.6%,劣于三级标准的占 0.9%。与上年相比,达标城市比例上升了 6.2 个百分点。①

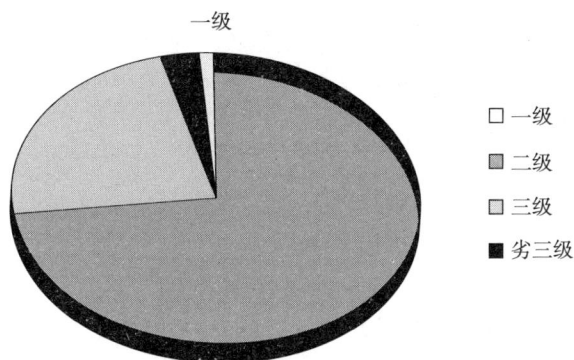

图 4-1 2010 年中国重点城市空气质量级别比例

数据来源:《2010 年中国环境状况公报》,2011 年。

发展是人类共同的权力,每一个国家都享有平等的、不容剥夺的发展权力。我国作为一个人口众多的发展中国家,在工业化初期和成长阶段中必然会面对严重的生态问题。上述生态因素对我国可持续发展的影响是直接而强烈的。只有全面促使我国经济向生态经济的方向发展,才能使我国获得可持续发展的机会。经济生态化与我国可持续发展密不可分。

第二节 生态产业的发展是中国可持续发展的根基

可持续发展需要转变仅仅注重利润的经济发展模式。转变发展模式需要

---

① 环境保护部:《2010 年中国环境状况公报》,2011 年,第 30 页。

人们改变对待生态环境的态度。发达国家的经济状况使很多人仍然认为我国同样能走发达国家"先污染,后治理"的老路。这种想法是极其危险的,因为我国面临前所未有的两大不利因素:自然资源短缺,以及愿意接受污染转移的国家越来越少。即使污染以后可能得到治理,可以预见,为人类提供必要生态系统服务的许多动植物物种将早已灭绝。此外,由于现在我国人口远远超过以前生态环境遭受严重破坏的同时期发达国家人口,则当我国的生态环境受到严重破坏时,对国民健康和社会经济的影响会更严重。

由此可见,发展生态经济是我国可持续发展的必由之路。

生态经济的发展需要生态资源,而生态资源不光要保护,还要创造。生态产业不仅是循环和低碳,还有生物工程及相关产业。在保护生态系统的同时,修复并改善生态系统,开辟新的生态系统更加重要。生物工程则是成功计划和实施生态环境保护举措的关键因素。

建立生态产业园区、发展生物工程、发展生态旅游业和开发生态能源都是生态产业发展的重要步骤。

一、生态产业园区——生态产业发展的基地

根据环境保护部数据,截至 2010 年 12 月,我国已批准建设 58 个国家级生态工业示范园区,其中 10 个通过验收批准命名为国家生态工业示范园区;截至 2011 年 4 月,我国已批准建设 64 个国家级生态工业示范园区,其中 11 个通过验收批准命名为国家生态工业示范园区。

在空间分布上,东西部经济发展水平、资源种类和数量以及生态环境状况差别非常大,因而在制定有关生态工业园区的发展政策时应有所区别。譬如在东部地区,工业基础较好,并正在向高新技术工业方向转型,制定生态工业园区政策时应偏重考虑经济发展指标、污染治理要求、生态工业转换方式、环境管理指标、财政税收以及配套设施政策;在西部地区,资源丰富但生态环境脆弱,政策则应鼓励利用当地较好资源基础建设行业类的生态工业园区,并偏重对原生环境的保护和利用,尽量降低经济发展和环境管理的要求。对于东西部园区的不同要求可以在国家政策中笼统予以规定,在地方政策中加以明确。工业生态园主要分布在东部南部地区,上海、苏杭一带都建有工业生态园;沿海地区如山东部分城市、大连等也建有工业园区;西部地区的工业生态

园数量较少,主要集中西安等少部分城市。

生态产业园区在节能、减排和环保方面集中体现着生态经济的构想和实践。

生态产业园区集中体现了生态经济的核心理念之一,那就是建立人工循环,尽量减少污染物进入生地化大循环。这样的生态产业园区是生态产业发展的基地,以可见的优势和效益有力地推动了生态产业的扩大发展。

专栏4-1　国家生态工业示范园区——上海化学工业区

上海化学工业区北起沪杭公路,南至杭州湾北岸,东迄南竹港,西至龙泉港出海闸,园区范围内占地面积共29.4平方千米。上海化学工业区于2010年8月26日成为通过验收批准命名的国家生态工业示范园区。有许多国际著名的化工公司和国内化工行业的骨干企业先后落户园区。在工业区的建设过程中,"五个一体化",即产品项目一体化、公用辅助一体化、物流运输一体化、环境保护一体化、管理服务一体化的开发理念贯穿始终。该园区经过三期建设,在化工原料循环使用方面有着独到的设计。

上海化学工业区已投产的企业中已经形成了以乙烯为主的乙烯产品链和以氯气为核心的氯化工产业链,在2008年达到了106.63亿美元的总投资中,约有81亿美元的投资项目具有上下游关系,产品之间的关联度已接近80%。另一方面通过创新合作、大胆实验,实施余热利用、新能源研究、水资源循环利用等项目,形成资源的循环经济利用体系。

上海化学工业区中的碳三产业链规划合理。一期工程以乙烯装置为主要发展方向,发展以基本有机原料和基本合成材料为主的中游产品,如氯乙烯和聚氯乙烯、苯酚丙酮、异氰酸酯、异氰酸酯和聚碳酸酯等,以及以精细化工为主的下游产品,如色浆、有机过氧化物等,由此实现了产品链的上下衔接。二期工程以炼油装置和乙烯装置组成的炼化项目为主导;三期工程则以炼化项目的生产能力翻番为目标。

在工业区中氯气的循环利用过程也令人称道:从异氰酸酯装置回收的氯化氢再次供给了化学工厂用于生产环氧氯丙烷,最终副产生成的盐水再送还给烧碱装置循环使用。通过这样的循环,不仅使原料盐的利用率大大提高,同时还减少了废水的产生和排放。

工业区还建立了"三圈"循环经济体系,构建了化工区与周边地区的循环圈,吸引外部零散分布的化工企业经技术升级改造后向园区集中,使之成为化工区循环经济产业链的组成部分。

在生产过程中,化学工业区对废弃物进行全程控制、转化、治理。化工区通过积极引进德国舒驰公司,回收废旧塑料容器,开发、设计和生产再生塑料容器。区内各企业都建设了相当容量的各类雨、污水集中收集池,厂区内的初期雨水、火灾后的消防废水都可自动进入集中收集池,统一进入污水到污水厂处理。污水厂内也有较大容量的缓冲池,以应对突发事故的废水收集和处理。另外,在化工区四周,建设了封闭式人工河道,该水系与外界隔离,可有效避免水体污染事故的发生。

资料来源:施大伟:《上海化学工业区碳三链规划与投资的思考》,《石油化工技术与经济》2011 年第 5 期;上海化学工业区管理委员会:《上海化学工业区循环经济试点工作回顾与展望》,《中国经贸导刊》2008 年第 11 期。

二、生物工程——生态产业的发展的尖兵利器

近年来,全球生物工程及产业发展呈现四大趋势:一是生物工程已经成为许多国家科研开发和资金投入的战略重点;二是生物工程已经成为国际科技竞争的重点之一;三是生物产业正在成为新的经济增长点;四是生物安全已经成为保障国家安全的重要组成部分。

经过几十年的发展,我国的生物工程产业飞速发展,总体水平已经在发展中国家处于领先地位。由于我国越来越多的科研机构与国外研发机构进行深入交流、合作,建立了相当数量的一批研究机构和产业基地,跨国的生物工程产业研发中心也加快向我国转移,吸引了大批海外科研人员、研究专家,以及我国留学人员。利用目前的政府政策、产业条件、发展形势,我国生物工程产业水平与国外先进水平差距正在明显缩小。目前生物工程在我国已广泛应用于农业、食品、医药、环保等重要领域,对提高人类健康水平、提高农牧业和工业产量与质量发挥着越来越重要的作用。

生物工程是生态产业发展的有力武器。只有技术有保障,生态产业才能从容应对发展过程中出现的各种困难和问题。近年来,生物工程的涉足领域

不断扩大。我国科技部副部长王志刚在 2011 年 6 月 26 日的 2011 国际生物经济大会上介绍,2010 年我国生物产业产值超过 1.5 万亿元,抗生素、疫苗、有机酸、氨基酸等多种生物产品产量位居世界前列,生物医药、生物制造、生物农业正在成为新的经济增长点。我国政府对生物工程发展高度重视。《国家中长期科学和技术发展规划纲要》把生物工程列入科技发展的五大战略重点之一。2010 年,国务院把生物产业列为国家重点发展的七大战略性新兴产业之一。

近年来,我国的生物工程和产业取得较大进展。在农业方面,生物工程主要应用于转基因作物、生物农药、生产饲料的研发与生产;药物生物工程方面,以基因技术为基础的临床诊断试剂和基因芯片的研制,可以快速地作出诊断;目前,我国有近 120 种生物工程药物处于不同临床阶段;甲型流感、乙肝等重大传染病和癌症、心血管等重大疾病防治技术的突破,为服务民生健康提供了有力技术支撑。基因组学、蛋白质组学、干细胞技术等前沿生物工程不断创新,推动了生物工程的发展,具有知识产权的新基因的获得,新表达系统、生物工程、药物进入了创制阶段,建立了一系列关键平台技术。动植物转基因技术已经成熟,超级稻、抗虫棉等一批农业生物工程先进成果推广应用;含有抗性基因的棉花、番茄已经进入了商业化的发展,为农业发展作出了重要贡献。生化学品、生物能源等生物制造产品的开发,对于推动工业领域的节能减排发挥了重要作用。

据不完全统计,1990 年我国大陆从事生物工程研究的机构约 274 个,生物工程企业 36 家,1998 年从事生物工程研究的机构有 315 个,生物工程企业超过 261 家,[①]到 2005 年涉及生物产业的开发区、科技园区、基地等园区有 168 个,与现代生物工程相关或直接从事生物工程产品研发和生产的企业数量近 3000 家,从事生物工程研究和开发的人员约 3000 人。据统计,2010 年我国生物工程领域研发人员已达 4 万余人。[②]

我国将按照发展战略性新兴产业的部署,依托国家级产业园区建设,在长江三角洲、珠江三角洲、京津冀地区建设和完善 20～30 个产业基础好、发展后

---

① 张晓:《浅议我国生物技术发展状况》,《科技向导》2010 年第 4 期。
② 科技部等:《国家中长期生物技术人才发展规划(2010～2020 年)》,2011 年,第 7～8 页。

劲足、具有国际影响力的生物产业化示范园区,带动整个生物产业的发展。到
2020 年,力争培养和造就 30 万名生物产业人才,以支撑生物工程强国、生物
产业大国战略目标的全面实现。

三、生态旅游业——生态产业发展的形象宣传

我国的生态旅游是主要依托于自然保护区、森林公园、风景名胜区等发展
起来的。1982 年,我国第一个国家级森林公园——张家界国家森林公园建
立,将旅游开发与生态环境保护有机结合起来。此后,森林公园建设以及森林
生态旅游突飞猛进的发展,虽然这时候开发的森林旅游不是严格意义上的生
态旅游,但是为生态旅游的发展提供了良好的基础。至 1999 年年初全国已经
建起不同类型、不同层次的森林公园近 900 处。从 1956 年开始建立第一批自
然保护区以来,至 1997 年年底,共建各类自然保护区 932 处,其中国家级的有
124 处,被正式批准加入世界生物圈保护区网络的有 14 个。我国共有 512 处
风景名胜区,总面积达 9.6 万平方公里。[①]

在 1999 年,四川成都借世界旅游日主会场之机推出了九寨沟、黄龙、峨眉
山、乐山大佛等景点,开发生态旅游产品。随后,湖南张家界国家森林公园举
办国际森林保护节,推出武陵园等生态旅游区。以湖南和四川为起点,生态旅
游逐渐在全国范围内发展起来。在 2001 年对全国 100 个省级以上自然保护
区的调查结果显示,已有 82 个保护区正式开办旅游,年旅游人次在 10 万人以
上的保护区已达 12 个。但是在具有众多生态旅游资源的县级城市,生态旅游
由于受到旅游市场的冷落、缺少推介和宣传,并没有提升旅游经济,更没有把
具体的资源展示的机会。至 2010 年,我国大大小小各种规模的生态旅游区已
达千余个。

目前,在国内,开放的生态旅游区主要有森林公园、风景名胜区、自然保护
区等。生态旅游开发较早、开发较为成熟的地区主要有香格里拉、中甸、西双
版纳、长白山、澜沧江流域、鼎湖山、广东肇庆、新疆哈纳斯等地区。

生态旅游以最低的资源消耗、最少的废物排放和最小的环境代价换取最
大的经济社会效益。发展生态旅游有利于促进旅游产业升级转型,有利于拉

①　姚野等:《论生态旅游与环境保护》,《中国发展》2008 年第 2 期。

动内需、增加就业,对加快经济发展方式和消费模式转变具有重要的意义。

近年来,生态旅游事业发展态势良好。但是值得注意的是,我国生态旅游业仍存在着"重经济轻生态"、"重开发轻保护"的倾向;一些地方将生态旅游作为市场营销的口号,以生态旅游之名行破坏资源环境之实;一些景区商业开发过度、环境容量有限;景区管理普遍存在条块分割、政出多门问题;相关立法工作滞后,缺乏统一的标准规范;生态旅游理念宣传普及不力等问题。据我国人与生物圈国家委员会提供的一份调查显示:我国已有22%的自然保护区由于开展生态旅游而造成保护对象的破坏,11%出现旅游资源退化。[①]

四、生物能源——生态产业发展的重要推力

煤炭是我国的主要能源。我国70%的能源来自于燃烧煤炭,而且消费量仍在逐年上升。同时,煤炭是我国大气的主要污染来源之一。国际环保组织绿色和平在与我国疾病预防控制中心有关专家共同完成的《煤炭的真实成本——大气污染与公众健康》报告中指出,我国每燃烧1吨煤炭就要付出44.8元的健康经济损失。[②] 我国想要从根本上解决这一问题,需要通过提高能效和发展可再生能源等方法来逐步摆脱对于煤炭的依赖。这就需要大力发展生物能源。

由于地球上生物数量巨大,生命体排泄和代谢出许多有机质,这些物质所蕴藏的能量是相当惊人的。根据生物学家估算,地球上每年生长的生物能总量约1400亿吨~1800亿吨(干重),相当于目前世界总能耗的10倍。我国的生物质能也极为丰富,现在每年农村中的秸秆量约6.5亿吨,到2010年将达7.26亿吨,相当于5亿吨标煤。柴薪和林业废弃物数量也很大,林业废弃物(不包括炭薪林),每年约达3700万立方米,相当于2000万吨标煤。[③]

生物能源大致分三大类,生物质气化、生物质液化、生物质固化三种形势。具体细分就有生物质气化技术、气化发电、液化分生物柴油、生物酒精、固化分生物质成型燃料、秸秆发电。

生物质能源可以有效促进能源农业的发展,能够助推社会主义新农村建

---

① 吴学安:《生态旅游莫破坏生态》,《人民日报》2007年11月20日。
② 尚琪等:《煤炭的真实成本——大气污染与公众健康》,2010年。
③ 中国标准化研究院:《超前性能效标准技术分析报告》,2003年,第7~8页。

设的发展。能源作物的大面积种植可以开发利用闲置的荒漠地、盐碱地,有利于这些质地差的土壤逐渐改良,更有利于农业产业结构调整,还可以培育出致力于可再生能源利用领域的新型农民。不仅如此,它还可以吸纳农村剩余劳动力,增加农民收入,农民的收入来源也变得更加多元化。

2006年至2008年我国农村出现了卖粮难、卖果难。种植油料作物生产生物柴油,走的是农产品向工业品转化之路,产品市场广阔,是一条强农富农的可行途径,它还可创造大量就业机会,带动农村及区域的经济发展,为国家和地方增加税收。

开发生物能源资源,建设新能源基地,将会形成强大的经济拉力,其意义不仅是缓解缺电、改善环境,更重要的是可延长新能源产业链,带动新能源上、下游产业,实现地区经济的振兴,成为重要的经济增长极。发展生态能源能够缓解我国的能源压力,增强国家石油安全;调整农业结构、刺激油料林业发展、增加农民收入;改善居住条件、加快农村小城镇建设步伐;增加就业机会、推动相关产业的发展;转化餐饮废油、保障人民身体健康。

生物能源既是生物产业的重要组成部分,又是重要的可再生能源。抓住当前有利时机,利用我国的现有基础和优势,加速发展生物产业和生物能源,对于培育战略性新兴产业、促进产业结构调整和优化升级,满足能源需求、改善能源结构、减少环境污染、促进经济发展,具有重要意义。

专栏4-2 保护雪域高原的纯净——西藏的生物能源利用

在我国的生物能源推广方面,西藏具有一定代表性。

西藏是矿物质能源缺乏的地区,但生物质能相对丰富,总资源量约为12.8亿吨,开发利用前景十分可观。广大农牧区一直以来通过直接燃烧方式利用生物质能作为其主要生活能源。从西藏每年的能源消费情况来看,全区每年总能耗约为180万吨标准煤,其中消耗牛粪162万吨、草皮41万吨、薪柴102万吨,各种生物质能源每年的消耗量占总能耗的80%。由于生物质能源可就地开发就地利用,环保且符合广大群众长期使用习惯,西藏在开发替代能源上,应优先发展生物质能源。

专家认为,由于林区烧柴缺乏系统管理,西藏几十年来的薪柴消耗量高达

3000 多万立方米;对生物质能源的过渡依赖,西藏的草地退化日益严重,退化草地面积达到了 4266.7 公顷。这种生活方式对环境带来巨大的危害,使大量的林木、植被、草场遭到砍伐和破坏,森林、草场、耕地等基本生产要素循环发展能力日益降低。

为缓解西藏能源紧缺局面、保护生态环境,西藏自治区科技厅按照自治区政府编制的《西藏薪柴替代规划》要求,由西藏高原生物研究所会同有关单位实施了《生物质压缩燃料和户用气化炉技术在西藏的实验示范》项目。西藏高原生物研究所已于 2007 年秋季开始了生物质能源开发利用的前期工作,并首先在当雄等地进行生物质压缩燃料和气化炉技术的试验。燃烧试验结果表明,生物质压缩燃料在燃烧时间、燃烧热值、气体排放上,相比其他种类的燃烧材料都具有较大的优势。

近年来在西藏大力推广的沼气,就是生物质能源的一种。2006 年,西藏农村沼气国债项目建设正式启动。这项新能源建设工程在农牧区取得了很好的成效。为此,西藏将从今年年底开始一直到 2010 年,投入 8.72 亿元,在 59 个县建设农村沼气池 20 万座,并希望实现 100 万左右农牧民用上清洁的沼气。

目前,西藏正在筹划建设一个 3000 吨生产线的生物质压缩燃料厂,以全面推进节能环保工作。

资料来源:普布扎西:《西藏生物质资源丰富极具开发利用前景》,2008 年 10 月 6 日,见新华网。

五、生物农药——生态农业与生态工程的结合发展

在农业生产过程中,农药的使用减少了农作物的病虫害威胁,提高了作物的产量。在给人们带来收益的同时,农药也给人类带来了威胁。农药在杀灭害虫、除去杂草的同时,也杀死了田间的有益生物。过量的农药会进入食物、地下水、空气,最终进入人体。在这个过程中,参与富集的生物都将受到损伤。666、DDT 等农药造成的生态灾难令人们警醒。为了使农业恢复天然的状态,保护土地肥力,保护并修复农田生态系统,使用生物农药是更优的选择。

生物农药与化学合成农药相比有许多优越之处:生物农药对有害物质高效,作用机理独特,对有益生物及非靶标植物毒性低;同时,生物农药与环境兼

容性好,在自然界中能自行降解,不易被其他生物和食物链浓缩与富集。即使生物农药与化学农药混合使用,也能减缓害虫对化学农药抗药性的产生,延长化学农药的使用周期。这些优点引起世界各国竞相投资、研究和开发生物农药的热潮。全球化学农药的产量正以每 2% 左右的比例下降,而生物农药的产量则以每 20% 的速度递增。[1]　在 21 世纪,我国将逐步减少化学农药特别是高毒化学农药的使用,重点发展 Bt 杀虫剂、病毒杀虫剂和农用抗生素等生物农药在农业生产中的作用。我国在 863 计划中对生物农药的发展进行了规划:以提高植物自身抗病虫免疫能力和杀伤有害生物为目标,建立新型生物农药研发技术体系;创制基因工程生物农药,显著提高生物农药的作用效果和生产水平。我国的相关研究已构建了具有自主知识产权的生物农药创制平台,已开发新型生物农药活性物质分离和鉴定技术和安全性评价技术、新型生物农药发酵工艺和规模化生产工艺、杀虫防病相关功能基因克隆、表达和基因工程生防菌构建技术、新型生物农药产品剂型、复配工艺和新剂型稳定化技术、生物农药增效剂研制与产业化技术等新技术、新工艺。

　　我国政府在政策上也对生物农药的发展给予了支持。工信部、农业部、环保部、国家质检总局四部门联合发布的《农药产业政策》中,明确提出要加快高安全、低风险产品和应用技术的研究,逐步限制、淘汰高毒、高污染、高环境风险的农药产品和工艺技术;鼓励发展用于小宗作物的农药、生物农药和用于非农业领导的农药新产品。农业部正在着手制定鼓励生物农药登记的政策,并在上海、山东等 8 省部分县市启动低毒和生物农药补贴试点工作,探索不同的补贴方式和运行机制,为争取更大规模补贴资金积累经验,国家发改委、科技部也增加了对生物农药研发、生产的专项支持力度。

　　截至 2010 年,我国有 30 余家研究机构,超过 240 家生物农药生产企业,年产量约 12 万吨,销售额占农药销售总额的 5% 左右,使用作物面积已达约 4 亿亩次。[2]

　　生态农药主要源于生物的天然成分,通过生物工程的进一步加工和扩增,生产出效果显著的生物农药。生物农药主要分为植物源性、动物源性、微生物

---

①　徐冠军等:《生物农药与农业可持续发展战略》,《化工之友》2006 年第 10 期。

②　贾楠:《国务院参事:我国已具备加速发展生物农药基础条件》,新华网,2010 年 5 月 24 日。

源性、转基因植物农药和抗生素类农药。植物源性农药是植物体产生的对有害生物有毒杀及特异作用的物质,如苦参碱、氧化苦参碱、烟碱、除虫菊素、苦楝素、印楝素、茶皂素、大蒜素等。动物源性农药一部分来源于昆虫激素和昆虫信息素,如脑激素、保幼激素、蜕皮激素、聚集信息素、性信息素、报警激素、跟踪信息素等。另一部分则来源于从动物中发现的特异成分。微生物源性的生物农药则主要秉承"以菌治虫"、"以菌治菌"和"以菌治草"的筛选原则,对影响农作物生长的各个不良因素进行防治。转基因植物农药,顾名思义,将作为农药的有效外源基因转入目的作物的植株中,培养筛选获得抗性新品种。抗生素类的生物农药主要包括杀菌抗生素、杀虫抗生素、除草抗生素和生长调节剂。

我国2009年研发的以牛蒡叶活性物质为主要成分的具抗病毒功能的植物细胞膜保护剂已获得农药登记,新产品推广应用10万亩以上。我国还构建了国内最大、位居世界前五名的虫生真菌菌种库,保存菌种2200多株。通过对松墨天牛、光肩星天牛、松毛虫、花生蛴螬等重要害虫的生物测定进行初筛,并进而进行田间防治试验,筛选出可供工业化发酵使用的20株高毒菌株生产菌种储备库。科研人员还首次从稻瘟病菌中克隆了植物激活蛋白基因,构建了植物激活蛋白毕赤酵母转化体系,获得基因工程菌株,为植物激活蛋白的产业化提供了坚实基础。我国还创建了真菌杀虫剂工业化大规模生产新工艺瘆气相双动态固态发酵新技术,从根本上解决了常规开放式发酵易染菌、发酵参数难以控制,产品质量不稳定的弊病;新工艺使染菌率降低到0.1%以下,发酵水平比常规固态发酵提高1~2倍,产品生产成本降低50%以上。①

生物农药的推广势在必行。当然,生物农药也不是十全十美。在应用的过程中,生物农药存在着防效不稳定、易受环境影响、速效性差等问题,这些问题使生物农药得推广受到一定影响。但是,在不久的将来,这些技术问题一定能够圆满解决,生物农药也将能更好地保护农业生态系统。

---

① 科技部:《我国建立了新型生物农药研发技术体系》,2007年9月11日。

第三节　生态经济与我国可持续发展战略

在生态经济中,由生态系统和经济系统结合组成的生态经济系统是一个由社会再生产过程和生态系统组成的"超级系统"。这个"超级系统"是一个耗散结构,其本质是人类通过精神生产和物质生产与生态系统发生物质、能量、信息交流,这种无限循环的输入与输出功能保持了它在时间和空间上的有序性和系统的各组成部分、成分之间的有机联系及相互制约性,并遵守一定规律使超级系统不断发展、演化。生态系统的保护是经济可持续发展不可分割的一部分。因为人类和生态系统是相互耦合的系统,许多生态系统破坏的不利的影响可能几十年后才显现出来。这种宏观影响仅靠个人或单个企业、组织是无法改变并解决的。这就需要政府作为主导,指导国家和民众提高生态环境保护意识,促进生态经济的发展。

一、政府规划是推动生态经济发展的保障

在过去 30 年中,保持 GDP 快速增长是我国的首要目标。我国占主导地位的发展模式是以低资源利用效率和高污染来换取高 GDP。像很多其他国家一样,我国也因未扣除环境恶化造成的经济及其他损失而高估了 GDP。国家统计局于 2005 年首次公布了 2004 年度绿色 GDP 报告。报告中所估算的 640 亿美元的损失约占 2004 年 GDP 的 3%。[1] 一些学者认为,政府作出的 2004 年环境损失相当于当年 GDP 的 3% 的估计,是非常保守的。更现实的估计认为,环境损失占我国每年 GDP 增长的 8% ~ 13%。[2] 这就意味着,由于环境污染,我国几乎失去改革开放以来所取得的一切经济成就。想要解决经济增长与生态损失的问题,政府对大方向的把握是重要的指引和有力的保障。

(一)"十二五规划"标志着我国生态经济发展进入新阶段

我国政府从"十五"规划开始就逐步加大生态经济建设,"十一五"、"十二五"规划中明确提出可持续发展战略,强调绿色经济、低碳经济,在能源的使

---

① 《中国首次发布绿色 GDP 2004 年因污染损失 5118 亿》,环境保护总局网站,2006 年 9 月 7 日。

② IBM 商业价值研究院:《绿色中国》,2007 年,第 2 页。

用上节能减排,力争改善工业化造成的环境破坏。"十二五"期间政府更是加大了生态经济建设的力度,"坚持把建设资源节约型、环境友好型社会作为加快转变经济发展方式的重要着力点。深入贯彻节约资源和保护环境基本国策,节约能源,降低温室气体排放强度,发展循环经济,推广低碳技术,积极应对全球气候变化,促进经济社会发展与人口资源环境相协调,走可持续发展之路。"

"十二五"规划明确指出,在未来的五年中,我国将大力推行循环型生产方式,按照循环经济要求规划、建设和改造各类园区,实现土地集约利用、废物交换利用、能量梯级利用、废水循环利用和污染物集中处理;推动产业循环式组合,构筑连接循环的产业体系。

农业方面,发展完善农业循环经济模式,构建高效联动的循环经济体系,大力推动生态农业、立体农业、绿色农业、有机农业和休闲农业等农业模式。遵循"低开采、高利用、低排放、再利用"的原则,最大限度地利用进入生产消费系统的物质能力,提高整个系统运行的质量和效率。

工业方面,通过区域规划、企业自律和政府监督形成合力,加快企业向循环型生产方式的转型,推进企业实行循环生产方式。工业园区内,通过废物交换、循环利用、清洁生产等手段,最终实现最大限度地提高资源利用和能量转化效率以及减少废物排放甚至达到零排放的目标。

"十二五"规划是我国生态经济发展的新阶段,以更明确的目标确保我国生态经济的发展,改善我国可持续发展的状态,对我国进一步的繁荣昌盛意义重大。

(二)2012 年政府工作报告充分强调了生态经济建设的重要性

2012 年 3 月 5 日,我国《2012 年政府工作报告》中回顾了 2011 年的生态经济工作。2011 年我国发布实施"十二五"节能减排综合性工作方案、控制温室气体排放工作方案和加强环境保护重点工作的意见。清洁能源发电装机达到 2.9 亿千瓦,比上年增加 3356 万千瓦。加强重点节能环保工程建设,新增城镇污水日处理能力 1100 万吨,5000 多万千瓦新增燃煤发电机组全部安装脱硫设施。加大对高耗能、高排放和产能过剩行业的调控力度,淘汰落后的水泥产能 1.5 亿吨、炼铁产能 3122 万吨、焦炭产能 1925 万吨。实施天然林保护二期工程并提高补助标准,实行草原生态保护奖补政策,开展湖泊生态环境保护试点。植树造林 9200 多万亩。2012 年主要任务是加快转变经济发展方式。推进节能减排和生态环境保护是生态经济建设的重中之重。

节能减排的关键是节约能源,提高能效,减少污染。要抓紧制定出台合理控制能源消费总量工作方案,加快理顺能源价格体系。综合运用经济、法律和必要的行政手段,突出抓好工业、交通、建筑、公共机构、居民生活等重点领域和千家重点耗能企业节能减排,进一步淘汰落后产能。加强用能管理,发展智能电网和分布式能源,实施节能发电调度、合同能源管理、政府节能采购等行之有效的管理方式。优化能源结构,推动传统能源清洁高效利用,安全高效发展核电,积极发展水电,加快页岩气勘查、开发攻关,提高新能源和可再生能源比重。加强能源通道建设。深入贯彻节约资源和保护环境基本国策。开展节能认证和能效标识监督检查,鼓励节能、节水、节地、节材和资源综合利用,大力发展循环经济。

加强环境保护,着力解决重金属、饮用水源、大气、土壤、海洋污染等关系民生的突出环境问题。努力减少农业面源污染。严格监管危险化学品。今年在京津冀、长三角、珠三角等重点区域以及直辖市和省会城市开展细颗粒物(PM2.5)等项目监测,2015 年覆盖所有地级以上城市。推进生态建设,建立健全生态补偿机制,促进生态保护和修复,巩固天然林保护、退耕还林还草、退牧还草成果,加强草原生态建设,大力开展植树造林,推进荒漠化、石漠化、坡耕地治理,严格保护江河源、湿地、湖泊等重要生态功能区。加强适应气候变化特别是应对极端气候事件能力建设,提高防灾减灾能力。坚持共同但有区别的责任原则和公平原则,建设性推动应对气候变化国际谈判进程。

《2012 年政府工作报告》还强调,"我们要用行动昭告世界,我国绝不靠牺牲生态环境和人民健康来换取经济增长,我们一定能走出一条生产发展、生活富裕、生态良好的文明发展道路。"这彰显了我国在生态经济与可持续发展之路上大步前进的决心。

（三）我国政府多层面关注并推进生态经济建设

为了做好生态经济的建设,我国政府从各个方面对生态经济的发展进行了关注和推动。

2009 年,我国环境保护支出 1151.8 亿元,完成了预算的 93.1%,推动节能减排支出 567.47 亿元。2010 年,环境保护支出达 1412.88 亿元,增加

261.08 亿元,比 2009 年增长 22.7%。我国保护生态环境的支出不断加大。①

　　为了保护并改善我国水体状况,2010 年 12 月 30 日环境保护部会同国家发展改革委、工业和信息化部、住房城乡建设部、水利部和农业部联合印发了《重点流域水污染防治"十二五"规划编制大纲》,要求各省对分流域的省级水污染防治"十二五"规划和优先控制单元水污染防治综合治理制定方案。

　　2010 年,国家继续加快制定和实施一系列环境经济政策,通过有效运用经济手段,促进节能减排和环境保护,推动产业结构调整,取得积极成效。绿色信贷政策继续深化。环境污染责任保险试点工作继续推进。"双高"(高污染、高环境风险)产品名录继续发挥重要作用。2010 年,继续组织制定了新的一批《环境经济政策配套综合名录》。该名录含有 349 种"双高"产品、29 种环境友好工艺、15 种污染减排重点环保设备,在国家制定和调整出口退税、贸易、信贷和保险等经济政策,以及完善产业政策、安全监管政策等方面发挥了重要的作用。

　　我国还采取"以奖代补"形式,建立"中央财政城镇污水处理设施配套管网建设专项奖励补助资金",以支持重点流域和中西部地区纳入国家"十一五"规划范围的城镇污水处理配套管网建设,鼓励提高城镇污水处理能力。排污权交易试点取得积极进展。目前,已有 8 省(自治区、直辖市)被国家批准为排污权交易试点省区。同时,上市公司的环保核查制度继续深化。2010 年 7 月,政府发布《关于进一步严格上市环保核查制度加强上市公司环保核查后督查工作的通知》确立了后督查和现场检查制度,完善了上市公司信息披露要求。

　　我国还在 2010 年 9 月 17 日正式发布了《中国生物多样性保护战略与行动计划(2011～2030 年)》。《保护战略与行动计划》在空缺分析的基础上,第一次提出具有明确边界的生物多样性保护优先区域。通过综合考虑生态系统类型的代表性、特有程度、物种丰富程度和特殊生态功能,以及物种的珍稀濒危程度、受威胁因素、地区代表性、经济用途、科学研究价值、分布数据的可获得性等因素,利用系统规划方法,在 8 大自然区域提出了我国 32 个内陆陆地

---

　　①　财政部:《关于 2009 年中央和地方预算执行情况与 2010 年中央和地方预算草案的报告》,2010 年。

及水域生物多样性保护优先区域和 3 个海洋及海岸生物多样性保护优先区。其中 32 个陆地优先区域共涉及 27 个省的 885 个县域,总面积 232.15 万平方公里,约占国土面积的 24%。提出三个阶段战略目标。近期目标:到 2015年,力争使重点区域生物多样性下降的趋势得到有效遏制;中期目标:到 2020年,努力使生物多样性的丧失与流失得到基本控制;远景目标:到 2030 年,使生物多样性得到切实保护。为实现各阶段战略目标和落实战略任务,该计划明确提出 10 个重点领域的 30 项优先行动和今后 5～10 年我国急需实施的 39个优先项目,并明确了项目内容、项目理由、项目时间和项目产出。进一步强化了生态环境保护的基本建设,并推动了相关生态经济项目的发展。

二、民众意识是推动生态经济发展的力量源泉

除了政府的力量,民众的意识也是重要的因素。每一个人如果都能够有保护生态环境、坚持可持续发展的自觉性,许多问题将迎刃而解。

为了更加客观地掌握生态经济发展状态的信息,促进民众对生态经济状况的关注,2010 年,我国政府继续在全国范围内开展"环境状况公众满意度调查"研究工作。在全国 31 个省(自治区、直辖市)的近 6000 名城市和农村受访者中开展了问卷调查。调查显示,空气污染、水体污染和固体废物污染仍是公众最关注的环境问题。调查中,有 69.1% 的城市受访者和 58.3% 的农村受访者对周边的环境状况评价为"满意"或"比较满意",比上年分别提高了 9.8个百分点和 10.3 个百分点。各类环境要素中,城市受访者满意度最高的是饮用水质量,农村受访者满意度最高的是空气质量,两者表示满意度最低的均为垃圾清理。

实际上,我国民众环保意识也在不断增强。根据中华环保联合会发布的《2008 中国环保民间组织发展状况报告》,截至 2008 年 10 月,全国共有环保民间组织 3539 家,比 2005 年增加了 771 家。其中政府发起成立的民间组织1309 家、学校环保社团 1382 家、草根环保民间组织 508 家、国际环保组织驻我国机构 90 家。我国草根环保民间组织增加较为明显,与以往相比增加了约300 家,增加了一倍。在草根环保民间组织中,北京、广东、湖北、云南、西藏、新疆等地增加数量较大。

调查显示,58.6% 的环保民间组织参与了节能减排工作,包括研发、推广

节能减排的环保产品、向公众开展宣传教育等11%的环保民间组织参加了环境维权工作,监督企业履行社会责任。报告指出,2005 年后,随着环保民间组织的壮大和发展,其在影响政府环境政策、监督政府更好地履行环保职责、从事环境宣传教育、推动公众参与等方面都起到了积极的作用,成为政府环境保护工作的有益补充。

我国政府在2010 年9 月公布的《中国生物多样性保护战略与行动计划》中规划建立非政府组织和公众参与生物多样性保护机制,增强非政府组织和公众的参与能力。研究建立社会各方参与的生物多样性保护联盟,组织开展生物多样性保护活动。这些举措进一步促进了全民生态环境保护意识的提高。

结　　语

传统的 GDP 计算中,生态因素经常在平衡表中被错置,生态环境污染和治理所消耗的成本会被认为提升而不是减少了 GDP。这种只顾"发展"不顾"可持续性"的弊端已经为人们所意识到了。在生态经济建设中,人们会将环境影响成本和生态破坏所造成的经济损失纳入传统 GDP,更准确地衡量国家的发展水平,保证国家的可持续发展。在经济建设的同时,政府还需要建立更加有效的监管体系、加强监管力度,及时有效地面对每一个生态问题,才能有效地保证经济发展与自然生态的平衡。

一个国家的可持续发展需要国家和人民的共同努力。我国政府在生态经济建设方面不断深化理念,有效规划并加强措施。我国民众的生态保护意识也不断地加强并付诸行动。在共同的努力下,我国的经济可持续发展状态会越来越好,我们所造的福祉不但使自身受益,也会荫庇子孙后代更加长久。

参考文献

北京师范大学科学发展观与经济可持续发展研究基地等:《2011 中国绿色发
　　展指数报告——区域比较》,北京师范大学出版社 2011 年版。

财政部:《关于 2009 年中央和地方预算执行情况与 2010 年中央和地方预算草
　　案的报告》,2010 年。

陈吉泉:《生态学家面临的挑战:问题与途径》,高等教育出版社 2005 年版。

环境保护部:《2010 年中国环境状况公报》,2011 年。

环境保护部:《中国生物多样性保护战略与行动计划》,中国环境科学出版社
　　2011 年版。

IBM 商业价值研究院:《绿色中国》,2007 年。

贾楠:《国务院参事:我国已具备加速发展生物农药基础条件》,新华网,2010
　　年 5 月 24 日。

解焱等:《保护中国的生物多样性(二)》,中国环境科学出版社 2005 年版。

科技部:《我国建立了新型生物农药研发技术体系》,2007 年 9 月 11 日。

科技部等:《国家中长期生物技术人才发展规划(2010～2020 年)》,2011 年。

科技部等:《国家中长期生物技术人才发展规划(2010～2020 年)》,2011 年

李胜军等:《中国跨行业投资生物技术上市公司研究》,《上海证券报》2000 年
　　7 月 13 日

普布扎西:《西藏生物质资源丰富极具开发利用前景》,新华网,2008 年 10 月
　　6 日。

日本能源学会:《生物质和生物能源手册》,史仲平、华兆哲译,化学工业出版
　　社 2006 年版。

上海化学工业区管理委员会:《上海化学工业区循环经济试点工作回顾与展
　　望》,《中国经贸导刊》2008 年第 11 期。

尚琪等:《煤炭的真实成本——大气污染与公众健康》,2010 年。

施大伟:《上海化学工业区碳三链规划与投资的思考》,《石油化工技术与经
　　济》2011 年第 5 期。

水利部:《中国水资源公报 2010》,中国水利水电出版社 2011 年版。

万方浩等:《入侵生物学》,科学出版社 2011 年版。

温家宝:《十一届全国人大五次会议〈政府工作报告〉单行本》,人民出版社
　2011 年版。

吴学安:《生态旅游莫破坏生态》,《人民日报》2007 年 11 月 20 日。

伍业钢等:《生态复杂性与生态学未来之展望》,高等教育出版社 2010 年版。

徐冠军等:《生物农药与农业可持续发展战略》,《化工之友》2006 年第 10 期。

徐海根等:《外来物种环境风险评估与控制研究》,科学出版社 2011 年版。

薛达元:《〈中国生物多样性保护战略与行动计划〉的核心内容与实施战略》,
　《生物多样性》2011 年第 19 卷。

姚野等:《论生态旅游与环境保护》,《中国发展》2008 年第 2 期。

于贵瑞等:《人类活动与生态系统变化的前沿科学问题》,高等教育出版社
　2009 年版。

俞庆兰等:《生物农药科学使用技术》,《现代农业科技》2011 年第 1 期。

张晓:《浅议我国生物技术发展状况》,《科技向导》2010 年第 4 期。

中国标准化研究院:《超前性能效标准技术分析报告》2003 年。

《中国首次发布绿色 GDP　2004 年因污染损失 5118 亿》,环境保护总局网站,
　2006 年 9 月 7 日。

《中国正遭受 283 种外来物种入侵,每年损失高达 2000 亿》,《中国经济周刊》
　2009 年 6 月 1 日。

《中华人民共和国国民经济和社会发展第十二个五年规划纲要》,人民出版社
　2011 年版。

Jiunguo Liu,Jared Diamond,"Revolutionizing China's Environmental Protection",
　Science,2008,319,pp. 37-38.

Yale Center for Environmental Law & Policy,Center for International Earth Science
　Information Network. *Environmental Performance Index and Pilot Trend Environ-*
　mental Performance Index. 2008,2010.

Yale Center for Environmental Law & Policy,Center for International Earth Science
　Information Network. *Environmental Sustainability Index.* 2005.

第五章　环境保护与可持续发展

邵　晖　周键聪

发展是人类社会的永恒主题。12 年前,伴随着科技空前迅猛的发展,人类自信地迈入 21 世纪,但这些年来与发展伴随着的除了战乱、经济危机更是世界各地自然灾害的频仍,现在,人们更多地表现出对政治、经济、社会尤其是环境问题的担忧以至失望,甚至有些西方预言家认为由于冰川融化、洪水横溢,诺亚方舟时代将重现,21 世纪可能成为人类社会的最后世纪。与这种悲观的臆想相对照的是,环境问题比以往任何时候都更加明显而现实地影响到每一个人。环境问题已迅速转化为全球性的环境危机,并引发生态危机和人类的生存危机,成为明显不同于过去的现代环境问题。在中国这块已经被开发了数千年的土地上目前正承载着近 14 亿人口的生存和发展,所以环境保护问题显得尤为沉重和迫切。

第一节　环境保护与可持续发展的关系

人类社会的发展理念经历了一个从“发展主义”①到“可持续发展”的渐进深化的过程。中国的基本国情表明,我们必须走出一条具有中国特色的可持续发展道路。可持续发展本为应对、解决环境问题而提出,因而可持续发展和环境保护具有天然的内在联系。要真正认识可持续发展,实现可持续发展,必须对环境保护与可持续发展的实质内涵和相互关系进行正确的研判,这是

---

①　“发展主义”指的是一种源起于西方社会,在 20 世纪 60 年代之后逐步扩张成为一种为国际组织所鼓吹、为后发社会所遵奉的现代性话语和意识形态,认为经济增长是社会进步的先决条件,它通过对工业化、城市化、现代化等的许诺,对广大发展中国家产生了极其深远的影响,包括贫富悬殊拉大、环境生态恶化等。

实现发展战略转变的思想认识基础。

一、环境保护与可持续发展是辩证统一的关系

可持续发展的理念将环境保护与发展问题由对立变为统一,这是人类思想认识的巨大进步。环境与发展,过去常常被构造成二元对立的两难困境,似乎要发展,就一定要破坏环境和生态,而要保护环境,就只能牺牲发展、忍受贫穷。这种似乎显而易见的"常识"阻碍了人们对于环境保护与发展问题进行深入探索,从而也成为以发展为由而不计成本地破坏环境的借口以及环保主义者时常与社会格格不入的主要根源。

事实上环境问题的本质就是经济问题、发展问题,是在人类发展历程中不可避免的,也必须在发展中解决。在原始文明和农业文明时期,虽然也有局部的环境问题,但总体来说还处于萌芽状态,对地球生态系统影响不大。进入工业文明之后,社会生产力得到巨大发展,人类改造自然的能力大大增强,人口空前膨胀,人类的欲望也极度膨胀,对于自然越来越索取无度。当人类对资源的索取速度超过了环境的供给速度时,就出现了生态破坏;当人类排放的废弃物的数量和速度超过了环境的自净能力时,就出现了环境污染。所以说环境问题的本质是发展问题。同时,随着人类的进步和环境恶化带来的生存威胁,人类开始试图转变传统发展模式,谋求人地和谐,以解决面临的环境问题,而科技的发展使这一目标的实现成为可能,经济的发展为此提供了保障,所以说环境问题也必须在发展中才能得到解决。

可持续发展认为发展与环境保护相互联系,构成有机整体。《里约宣言》指出,"为了可持续发展,环境保护应是发展进程的一个整体部分,不能脱离这一进程来考虑"。可持续发展突出强调的是发展,尤其是对于发展中国家,发展经济、消除贫困是第一要务。同时,可持续发展又将环境保护作为它积极追求实现的最基本目的之一,环境保护是区分可持续发展与传统发展的分水岭和试金石。可持续发展的目标是将人类经济发展达到"低能耗、低排放、无污染"的水平,人类改造、利用生态、资源、环境的能力提升到极高的层面[1],这

---

　　① 戴晓明:《论环境保护与可持续发展的关系及工作思考》,2011 年 7 月 20 日,见 ht-tp://www.chinacity.org.cn/csfz/cshj/73232.html。

样经济发展与环境保护不再对立,而是互促互补、相互支撑,形成良性循环。

二、保护环境是可持续发展的先决条件和重要内容

从环境保护与可持续发展的本质来看,两者的目标是一致的,即为了人类的生存与发展。但也要认识到两者内涵的差异性,尤其是要认识到环境保护在可持发展中的地位和作用。

首先,保护环境是可持续发展的先决条件。当前大气污染、地质灾害、能源枯竭、温室效应等已发展为全球性的环境问题,各种化学废弃物充斥全球,威胁着生物以及人类安全。生态环境既是人类生存发展的自然前提和基础,又是制约人类生存和发展的限度。要想谋求继续发展,必须解决好环境问题,这是可持续发展的内在要求和必然选择。如果按照以往的发展模式增长下去,日益脆弱的生态环境和匮乏生态资源都承受不了这样的发展结果。

其次,保护环境是可持续发展的重要内容。可持续发展是人们在 20 世纪 70 年代起环境保护的浪潮中深刻反思传统发展观的基础上提出和发展来的,是历史发展的必然选择。发展到今天,可持续发展已经成为一种具有强大综合性和交叉性的理论,涉及众多的学科,可以有不同重点的展开。可持续发展就具体内容而言,涉及可持续经济、可持续生态和可持续社会三方面的协调统一,要求人类在发展中讲究经济效率、关注生态安全和追求社会公平,最终达到人类生活质量的提高。可持续发展十分强调环境的可持续性,并把环境建设作为实现可持续发展的重要内容和衡量发展质量、发展水平的主要标准之一。环境建设也能创造出许多直接或间接的经济效益,而且可为发展保驾护航,向发展提供适宜的环境与资源。

第二节　中国环境问题及分析

一、环境污染概况

目前中国正面临的最严重的环境危机之一是缺水和水污染。中国人均水资源占有量仅为世界平均水平的 1/4,而且一直呈下降趋势。全国近三分之二的城市存在不同程度的缺水。水资源供需矛盾已非常突出,同时废水排放量却在逐年增长。目前我国江河湖泊普遍遭受污染,全国 75% 的湖泊出现了

不同程度的富营养化;90%的城市水域污染严重,南方城市总缺水量的60%~70%是由于水污染造成的①;一项对我国118个大中城市的地下水监测的统计结果表明,地下水较重污染的城市占64%②。水污染降低了水体的使用功能,加剧了水资源短缺,未来我国水资源紧缺的形势非常严峻。

中国大气污染的程度和危害也非常严重。污染来源主要为二氧化硫、烟尘粉尘和机动车排气污染。由于我国能源以煤炭为主,所以二氧化硫排放量巨大。二氧化硫排放会引起酸雨污染,危害农业生产,引起林木死亡、土壤和水体酸化以及人们呼吸系统疾病的增加。烟尘的主要排放源也是火电厂和工业锅炉,烟尘排放也会加重危害大气环境。近些年来,由于环境整治中电厂脱硫设备及除尘设备的采用和更新,二氧化硫和烟尘的总排放量已有所下降。但由于社会经济的发展,我国机动车近年来数量增长迅速,汽车排放的氮氧化物、一氧化碳和碳氢化合物排放总量却逐年上升。

目前工业固体废气物排放量逐年下降,但大部分危险废物处于低水平综合利用或简单储存状态。城市生活垃圾总量巨大,且逐年递增,2010年城市生活垃圾产生量已达1.58亿吨。垃圾无害化处置率低,只有23%的生活垃圾采用堆肥和焚烧的方式处理,其他基本以填埋的方式处理。老的固体废物造成的环境问题尚未得到有效解决,废弃电器产品等新型固体废物不断增长。农村固体废物污染问题日益突出。

二、主要环境问题

"黄河之水天上来,奔流到海不复归"、"遥望洞庭山水色,白银盘里一青螺"、"湖(太湖)上清溪溪上山,人映清波波映楼"。这让人诗情激荡的很多美景如今已不复存在,湖水变臭了,瀑布消失了……还有垃圾围城、酸雨、荒漠化、臭氧层破坏等层出不穷的环境问题。而下面中所列出的环境问题尤其与当今每个人的生活息息相关,是我们都能够切实感觉到的亟待解决的问题。

---

① 姜虹:《九成城市水域污染严重,国际服装品牌已难逃干系》,《中华工商时报》2011年8月31日。

② 张锐:《我国地下水污染图谱:75个大中城市污染较重》,《21世纪经济报道》2011年8月30日。

(一)农村环境问题

当人们厌倦了城市里的水泥森林,灰霾的空气时,往往向往农村的山清水秀、田园风光,可是现实是,由于环境污染,很多地方的农村已经不是人们想象中的最后家园了。《2010年中国环境状况公报》中指出:"现在农村环境问题日益显现,农业源污染物排放总量较大,局部地区形势有所好转,但总体形势仍十分严峻。突出表现为畜禽养殖污染物排放量巨大,农业面源污染形势严峻,农村生活污染局部增加,农村工矿污染凸显,城市污染向农村污染有加速趋势,农村生态退化尚未得到有效遏制。"2010年发布的《第一次全国污染源普查公报》显示,农业源排放的化学需氧量、总氮、总磷等主要污染物已分别占全国排放总量的44%、57%和67%。有环境问题专家指出:由于农村环保投入历史欠账过多,全国约4万个乡镇、60多万个建制村中,绝大部分污染治理还处于空白①。

1.化肥滥施问题

《2010中国农资流通行业年度发展报告》显示,我国已成为世界上最大的化肥生产国和消费国。化肥总产量由1980年的1232.1万吨(折纯)提高至2010年的6619.8万吨,30多年间增长了4.35倍,年均增长5.42%②。在不到世界总量十分之一的耕地上,我们每年施用的化肥总量却达到了世界总量的三分之一,我们的单位化肥投放量是美国的1.7倍。每生产9斤粮食就要消耗1斤化肥。每人每年因为粮食生产要消耗40斤化肥③。

由于农村长期缺乏技术和培训指导,农民因生怕减产而盲目依赖化肥,过量施用非常普遍,结果造成土壤肥力下降,粮食减产、环境恶化,最后陷入恶性循环。2010年,中国农业大学的科研小组通过深入系统的研究,在国际著名刊物《SCIENCE》发表文章指出,由于过去30年中,中国过度使用化肥,化肥正在酸化中国的土壤。从20世纪80年代至今,我国的土壤PH值下降了0.13至0.8个单位,而这种规模PH值下降,在自然界中通常需要几十万年的

---

① 孙秀艳:《中国多数村庄污染治理仍处空白,资金不足缺乏监管》,人民日报,2012年1月31日,见http://www.chinanews.com/gn/2012/01-31/3630923.shtml。

② 董峻:《我国农资行业产业集中度将加速提高》,新华网,2011年8月31日,见http://news.xinhuanet.com/society/2011-08/31/c_121939587.htm。

③ 蒋高明:《中国生态环境危急》,海南出版社2011年版,第73页。

时间。土壤的 PH 值下降,土壤变酸,就容易产疾病和害虫,妨碍植物生长,还会加速重金属向周围水体的滤出①。

我国化肥中施用最多的是氮肥。但是目前的状况是:氮肥的吸收率很低。我国氮肥施用量是美国的 3 倍。但是氮肥的吸收利用率很低,在 20% 以下,大部分都流失造成污染。另外,氮肥工业是以煤、石油和天然气等不可再生资源为生产原料,生产过程需要消耗大量的水和电,属于高耗能和高污染行业。2006 年,氮肥行业年耗天然气、无烟煤、电分别占全国总量的 18.7%、22.1%和 2.28%。氮肥的过度使用还造成地下水硝酸盐含量超标,我国 45% 的地下水硝酸盐含量超过主要发达国家饮用水的标准。过量氮肥还引起湖泊、河流和浅海水域生态系统的富营养化,水藻疯长,鱼类等水生动物因缺氧数量减少甚至全部死亡,引发赤潮。氮肥的过量使用 也增加了温室气体的排放,温室气体中的氧化亚氮的 78% 来自化肥中氮的贡献②。

回顾中国传统农业科技史可以发现,中国传统农业耕作技术体系整体的发展趋向而言,实质上是在朝着对环境有利的方向发展。耕作制度的变迁就是一个典型:原始撂荒制——三代时期的休闲耕作制——春秋战国时期的连种制度——秦汉魏晋以降的复种制度、套作制度、轮作制度③,即是由原始的粗放耕作逐渐向精耕细作迈进,是符合生态平衡的生产方式,中国耕地连续利用几千年不退化,这本身就是证明,耕地退化污染严重主要是最近几十年来产生的。100 多年前,美国农业部土壤所所长,威斯康星州立大学土壤专家富林·H. 金来到中国考察,后来出版了《四千年农夫》这本书,对中国农民的农耕智慧进行了总结。他在书中提出,"我们必须学习他们如何进行环境资源的保护,这是土地的根本。"他已意识到在当时甚至在当下依然被很多人认为是先进的、现代化的广泛使用化肥、农药的"石油农业"是不可持续的。

2. 农药安全问题

---

① Guo,JH;Liu,XJ;Zhang,Y;Shen,JL;Han,WX;Zhang,WF;Christie,P;Goulding,KWT;Vitousek,PM;Zhang, FS. Significant Acidification in Major Chinese Croplands. SCIENCE327 (5968), 1008−1010,2010.

② 蒋高明:《中国生态环境危急》,海南出版社 2011 年版,第 72 页。

③ 朱宏斌、樊志民:《关于历史时期农业开发经营与生态问题的若干思考》,2006 年 4 月 12 日,见 http://www. studa. net/Profession/060412/14323974. html。

　　农药与化肥一样,已经成为重要的农业生产资料,有利于提高粮食产量,但也是一把双刃剑,农药在杀死害虫的同时也对人类及环境贻害无穷:污染大气、水环境,破坏生态景观,在环境中积累;残留在粮食、蔬菜、饲料中,通过生物放大,在人体中积存,可使人的神经系统和肝脏功能遭到损害,诱发癌症,甚至改变人的遗传基因,可使胎儿畸形或引起死胎;破坏生态平衡,连带杀死其他有益的动物,使许多害虫已产生了抵抗力,导致害虫数量增加,从而使用更多的农药,造成恶性循环。另外,各种农药在环境中混合还会产生毒性强化反应。

　　我国单位面积化学农药的平均用量比世界发达国家高 2.5~5 倍,每年遭受残留农药污染的作物面积超过 10 亿亩。农药残留超标已成为我国食品安全面临的主要问题之一[1]。我国农药年产量 190 万吨,居世界第一,且其中化学农药的比重过高,而农药利用率只有 30%,比发达国家低 10%~20%。此外,我国现有农药生产企业 2600 多家,农药经营单位 60 余万个,大部分经营网点分布在乡村市场,管理混乱,缺乏对用户良好的指导和对高毒农药使用的有效控制和管理[2]。普通农民缺乏农技知识和环保意识也是农药滥用的重要原因。一份对某地农村的调查显示,56% 的农民购药只看重效果好、价格便宜,不管毒性高不高,32% 的农民表示更愿意选择效果好、毒性低、残留少的农药,即使价格贵一点也不要紧,只有 5% 的农民表示如果是生物农药,即使效果稍微差点也愿意购买。而且农民误用、错用药现象时有发生,由于对于国家政策缺乏了解,65% 的农民不知道哪些农药国家已经禁止使用[3]。

　　3. 工业污染问题

　　城市工业向农村转移。从工业污染来看,国家对环保的重视程度日益增强,城镇的环保"门槛"也越来越高,城市污染重、能耗大的企业,纷纷被迁到农村,入驻乡镇、农村工业园,其中一些甚至是国家强制关停的企业。这些企

---

[1]　张为农:《我国化学农药使用量呈现下降趋势》,农民日报,2011 年 8 月 5 日,见 http://www.chinacoop.gov.cn/HTML/2011/08/05/67749.html。

[2]　《我国农药平均用药比世界高 2.5~5 倍》,农村信息网,2011 年 3 月 15 日,见 http://12582.10086.cn/XJ/news/detail/8195524。

[3]　韩贞禄、杨丽丽:《关于当前农村农药使用现状的调查报告》,《烟台果树》2007 年第 4 期。

业排放的废物导致水污染、空气污染和土壤重金属污染等,给农村环境带来严重危害。

乡镇企业污染。很多乡镇企业布局不合理,规模化工业企业相对较少,大多是分散式的家庭作坊加工业,污染物处理率也显著低于工业污染物平均处理率。

在农村的工业长年的污染积累后,伤害终于爆发,2002 年以来,"癌症村"、"怪病村"现象在中国各地频频出现,尤其高发于广东、浙江、江苏等经济发展较快的省份,GDP 增长和"癌症村"增加之间呈现伴生关系,至 2009 年,全国上下有案可查的癌症村有近百个。医学界认为,目前已知 80% 的癌症发病与环境有关,尤其是与环境中的化学物质密切相关。有迹象表明污染和癌症多发地带正在向内陆地区转移,出现明显的"北上西进"的趋势。这些内陆地区有的是没有意识到污染带来的风险,有的则是因为太穷,无法向在本地落户的污染企业说"不"。一些经济欠发达地区制定优惠政策积极进行招商引资,而环保方面的宽松恰恰成为重要的筹码。

专栏5-1　癌症阴影笼罩下的中国乡村

江苏盐城市盐都区龙岗镇新岗村:据当地居民介绍,在最近的七八年间,新岗村初步调查有 57 个癌症患者,死亡年龄都在 50 岁到 60 岁之间。(《中国青年报》2008 年报道)

江西玉山县岩瑞镇关山桥村:村子附近的 6 个石灰窑常年外喷灰粉末、煤烟,导致关山桥村 100 多亩粮田减产,即使在下雨天,菜叶上也有一层白灰。近年 60 余户的小组有 10 多人死于癌症。(《人民日报·华东新闻》)

四川德阳什邡市双盛镇亭江村:该村躲过了地震却难逃污染,至 2008 年,癌症致死者达五六十人。该村在汶川地震中的抗震救灾英雄杨佳,其母于 3 年前因患口腔癌而喝下农药自尽。(《中国经济时报》2008 年报道)

河南长垣县常村镇前孙东村:严重的水体污染导致 5 年内数十人死于癌症,河中鱼虾绝迹,河水无法灌溉农田。(《广州日报》2007 年报道)

湖北襄樊市朱集镇翟湾村:3 年内 3000 人的村庄里 100 多人死于癌症,大多是 30 岁到 50 岁的青壮年劳动力。村民认为这是因为流经村旁的那条他

们赖以生存的小河受到了严重污染。(《长江商报》2006 年报道)

山东肥城市肖家店村:2006 年,该镇死亡 90 多人,三分之一是因为癌症。死者平均年龄 48.2 岁,年龄最轻的仅 4 岁。专门负责记录死者名单的王医生称,这些癌症都经过县以上的医院核实,大多数癌症患者,肯定与水污染有关。(《重庆晨报》、央视经济半小时 2007 年报道)

天津市西提头镇西提头寸和刘快庄村:5 年间 200 多人患癌,从曾经的"鱼米之乡"沦为恐怖的"癌症村"。据调查,村子四周近百家大小化工企业昼夜生产,黑烟污水随意排放,臭气噪声处处弥漫。(《中国质量万里行》2009 年报道)

资料来源:蒋高明:《中国生态环境危急》,海南出版社 2011 年版,第 21～25 页。

4. 农村垃圾问题

农村生活垃圾污染。随着农村生活水平的提高,农村的生活垃圾也日益增多,成分也越来越复杂,而相应的基础设施和环境管理并没有随着经济发展水平而提高。目前在农村,生活污染物一般直接排入周边环境中。生活垃圾不能及时回收和有效处理,每年产生的约为 1 亿多吨的农村生活垃圾几乎全部露天堆放,造成严重的"脏乱差"现象,"白色污染"不亚于城镇[①]。垃圾包围农村,已成为一个令农民十分头疼的问题:垃圾的堆放不仅占用和毁损了大量的道路和土地,影响了村容村貌,还造成空气、地表水和地下水的严重污染,成为农村环境最大的污染源之一。随着农村饮水工程的建设,农村生活污水排放量也大幅增长,而目前农村污水处理基本处于空白阶段,每年产生大量的农村生活污水几乎全部直接外排,使农村聚居点周围的环境质量严重恶化。

农药包装物垃圾及农用地膜的污染。由于没有农药包装物回收制度,农药用后大量包装物被随手扔在田间地头、沟渠河边,上面的药物残留极易污染土壤和水源,包装物则很难自然降解。农村广泛使用的农膜也很难降解,使用过后会残留在土地中,我国每年约有 50 万吨农膜残留在土壤中,残膜率达

---

① 李叶欣、张兰:《我国农村环境问题的成因及对策》,载《中国环境科学学会 2006 年学术年会优秀论文集(中卷)》。

40%。这些农膜会在 15～20 厘米土层形成不易透水、透气的难耕作层①。

禽畜粪便污染。在农村，禽畜养殖产生的粪便无害化处理的比例较低，据调查，仅有 49% 的畜禽粪便得到利用，其余皆与生活污水一样以污水形式，直接排入沟渠，汇流入湖，特别是近湖、沿湖农村，污水直接排入湖泊，成为农村面源污染主要污染物②。畜禽粪便中所含病原体也对人群健康造成了极大威胁。

（二）城市环境问题

1. 垃圾排放问题

中国约有三分之二的城市陷入垃圾围城的困境，城市垃圾每年产量达 1.5 亿吨，绝大部分是采用填埋堆放，已经累计达到了 70 多亿吨。以北京为例，据粗略估计，目前北京市日产垃圾 1.84 万吨，年产 672 万吨，城市人均日排放垃圾 3 公斤，且每年以 8% 的速度递增。在北京的五环到六环之间，有 400 多个具备相当规模的垃圾排放点③。垃圾包围城市已经成为制约中国特大城市可持续发展的瓶颈问题。

城市垃圾种类复杂，包括日常生活、餐饮业、医院等使用过的大量一次性用品，尤其是一次性塑料用品，在环境中很难降解。还有电子类垃圾，为制造太阳能电池而提炼单晶硅过程中产生的剧毒物质，都对土壤、水源有巨大的污染。

目前垃圾处理的方式主要是填埋，但这显然是一种不可持续的方式。对于城市来讲，垃圾焚烧是一种必然的选择。焚烧是能够减少垃圾的量，可以使垃圾体积减少 50%～95%，又能够发电，一举两得。但垃圾焚烧的前提实现是非常细致的垃圾分类，否则不但会烧掉可回收的资源，还会释放出有毒气体，如二恶英等，造成新的环境污染，自然也会遭到附近居民的反对，产生社会矛盾。实际上，在大城市中，垃圾分类的提法已经讲了很多年，但是流于表面工作，没有真正地贯彻执行下去。垃圾分类是细致的工作，需要从社会宣传到居民意识培养、社区管理、垃圾运输、垃圾回收等各个环节的到位和全体市民的努力才能实现。按照北京的规划，2015 年以后北京的生活垃圾将以焚烧为

---

① 蒋高明：《中国生态环境危急》，海南出版社 2011 年版，第 60 页。
② 徐建成：《农村面源污染问题治理研究》，《绿色科技》2010 年第 11 期。
③ 蒋高明：《中国生态环境危急》，海南出版社 2011 年版，第 38 页。

主。但之前还是有很多工作需要做。

2. 空气污染问题

城市中另外一个困扰市民的问题是城市空气污染的问题。联合国开发计划署公布 2004 年最不适合人类居住的 20 个城市之中,中国大陆就占了 16 个。空气污染是一个主要的原因。

2012 年 3 月经合组织发布公告说,能源消耗的不断增长,将加剧空气污染,到 2050 年,城市空气污染将超过污水和卫生设施缺乏两项,成为造成全球人口死亡的头号环境杀手①。

中国目前处于城市化加速进程中,城市尤其是大城市人口的膨胀及生活水平的提高使得空气质量让人担忧。以特大城市北京市为例,北京空气污染主要来源于机动车辆,到 2012 年 2 月北京汽车保有量已突破 500 万台。与机动车快速增加相应的是交通的拥堵,由于交通拥堵行驶速度下降,导致机动车尾气排放总量增加。当气象条件不好时,就会形成难以散开的灰霾。尽管奥运之后北京市机动车污染得到了有效遏制,但这一切的改善都被人口的增加、城市的扩大和汽车数量的快速增长抵消了。

作为对城市空气质量起着监督作用的我国现行的空气质量评价体系(API)也存在着问题,目前中国的 API 普遍没有将造成感觉上的空气洁净度不高的罪魁祸首细颗粒物(PM2.5)纳入检测范围,仅仅监测粒径小于 10 微米的颗粒物(即 PM10)的浓度,早已落后于国际标准,很多时候,人们觉得天空阴霾,空气能见度不高时,天气预报中关于空气质量的等级依然是"良好"。而根据美国国家航空航天局(NASA)2010 年 9 月公布的一张全球空气质量地图,全球 PM2.5 最高的地区在北非和中国的华北、华东、华中全部。北京目前的 PM2.5 小时监测值经常在 100 到 200 之间,按照美国标准已经超标好几倍(美国是 35)。即使按照世界卫生组织的标准,加入 PM2.5 后,中国空气质量达标的城市将从现在的 80% 下降到 20%②。

目前,中国部分城市已经着手对细颗粒物的治理。2012 年北京市的"两

---

① 李金良:《城市空气污染将超水污染,成人类最大杀手》,人民网,2012 年 3 月 16 日,见 http://world.people.com.cn/GB/157278/17410553.html。

② 《PM2.5 进入中国到底还有多久?》,网易新闻,2011 年 11 月 4 日,见 http://help.3g.163.com/11/1104/22/7I25CJM000963VRO.html。

会"上,防治 PM2.5 污染物被写进了政府工作报告,到 2012 年第三季度,北京市将按新标准监测 PM2.5,并采取煤改气、淘汰老旧汽车、清理化工水泥工业等八大措施,来确保 PM2.5 的治理成效①。

三、中国环境问题根源分析

现在,环境问题的众多病因已逐渐被发现,其中最重要的当是经济因素和制度因素,而对这些"病因"的分析,可以对"治疗"环境问题起到很大的作用。

(一)经济因素

1. 赶超式、粗放式的发展模式

我国环境问题的产生及特征是经济发展速度与规模、工业化和城市化进程、经济增长方式等因素综合作用的结果。

改革开放以来的 33 年间(到 2010 年),我国 GDP 总量增长了 80 倍,跃居世界第 2 位,年均增速 14%。在这一增长过程中,工业始终是主导力量。而且中国走的是一条压缩型或赶超型的工业化道路。这种赶超式的工业化进程决定了我国环境状况必然会恶化,恶化程度与经济增长、工业化进程密切相关。因为发达国家上百年工业化进程中分阶段出现的环境问题,在我国则在近 30 多年来集中出现。生态环境呈现边建设边破坏、建设赶不上破坏的状态。

粗放式的发展也是以牺牲资源环境为代价的。我国目前的综合能源效率为 33%,比发达国家低 10 个百分点;农业灌溉用水利用系数是国外先进水平的一半左右;工业用水重复利用率比发达国家低 15% ~ 25%;矿产资源的总回收率为 30%,比国外先进水平低 20%;单位建筑面积采暖耗能高于气候条件相近的发达国家的 2 ~ 3 倍。资源生产率相当于美国的 28.6%、欧盟的 16.8%、日本的 10.3%②。但是面临的现实是,今天的中国已没有部分发达国家完成工业化进程所具备的可以通过武力和廉价贸易掠夺世界范围供给资源的环境,中国目前以牺牲资源环境为代价的经济增长方式已走到了尽头。

2. GDP 崇拜

---

① 韩子遇:《北京 PM2.5 治理:破题后的博弈》,《财经国家周刊》,2012 年 1 月 23 日,见 http://finance.sina.com.cn/china/20120123/200111256711.shtml。

② 章柯:《战略转型:在传统环境与发展模式走到尽头之际》,《第一财经日报》2008 年 2 月 1 日。

在中国，很多地方走入一个误区，将发展等同于 GDP 增长，实际上，GDP
作为国民经济的核算体系，其功能主要是衡量经济规模的大小，用它来衡量社
会发展有明显的缺陷。具体到生态环境方面，主要是 GDP 不能衡量资源配置
的效率，更不能衡量经济发展付出的生态成本。世界银行测算，如果按支付意
愿价值估计，1995 年中国空气和水污染造成的损失要占到当年 GDP 的 8%；
中科院测算，2003 年环境污染使我国发展成本比世界平均水平高 7%，环境污
染和生态破坏造成的损失占到 GDP 的 15%；2001 年环保总局的生态状况调
查表明，仅西部 9 省区生态破坏造成的直接经济损失占到当地 GDP 的 13%。
与此同时，环境污染也对人民的身体健康造成了明显的危害。2005 年，我国
患病的人数已增至 50 亿人次，因健康不安全所造成的经济损失高达 8000 亿
元，相当于当年 GDP 的 7%①。

但是，在中国告别 GDP 崇拜非常不容易。因为地方政府官员面临着以
GDP 为主的政绩考核。因此各地方围绕 GDP 增长进行竞赛，政府的工作主
要以上了多少项目、建了多少企业、经济增长速度多少等指标进行简单量化和
比较。干部考核机制这个核心问题不解决，中国污染问题不可能真正解决。
诺贝尔经济学奖得主斯蒂格利茨近年造访中国时曾说道："堂·吉柯德式地
追求更高的 GDP 增速，结果总是政策失误、结局悲惨。"

专栏 5-2　中国正在探索构建全面科学的发展评价指标体系

当中国正走向可持续发展之路的时候，建立衡量进步与发展、为科学决策提
供理论支持的有效的指标体系与评估方法是极其重要的。近些年来，政府和学界
一直在致力于开发出能更加全面科学地评价经济社会发展的方法和指标体系。

绿色 GDP[1]

国家环保局和国家统计局于 2004 年 3 月联合启动了《综合环境与经济核
算(绿色 GDP 核算)研究》项目，确定了北京、河北等 10 个省份试点。尽管多
方争议不断，在 2006 年 9 月 7 日，国家环保总局和国家统计局联合发布了首
次中国绿色 GDP 核算报告——《中国绿色国民经济核算研究报告 2004》。报

---

① 关琰珠：《时代呼唤生态文明》，《厦门科技》2006 年第 5 期。

告表明,2004 年全国因环境污染造成的经济损失占当年 GDP 的 3.05%。尽管此次核算只计算了环境污染造成的一部分损失,还远远称不上完整的绿色国民经济核算,但对中国的发展的影响却意义重大,凸显出中国为谋求发展所付出的代价。绿色 GDP,正是试图以此转变经济增长方式,使中国走上可持续发展之路的一个重要参考指标。然而,这一被环保认识人士视为圭臬的指标,却由于面临诸多困境而最终被放弃。

中国可持续发展指数[2]

在联合国环境与发展大会之后,中国制定了《中国 21 世纪议程》,设立了"中国可持续发展指标体系与评估方法的研究与建立"项目,开始研究中国的可持续发展指标体系。1996 年,中国国家统计局统计科学研究所和中国 21 世纪议程管理中心联合成立课题组研究国家级"可持续发展指标体系",将可持续发展指标体系分成经济、社会、人口、资源、环境和科教六大子系统;1997 年,张林泉提出了"社会发展综合试验区可持续发展指标体系",将可持续发展指标分为可持续发展水平指标、可持续发展能力指标、发展协调度指标三大类;2002 年,中国科学院可持续发展战略研究组在世界上独立地开辟了可持续发展研究的系统学方向,并依据此理论设计了一套可持续发展指标体系,分为生存支持系统、发展支持系统、环境支持系统、社会支持系统、智力支持系统五个一级指标。

绿色发展指数[3]

从 2010 年始,由北京师范大学、西南财经大学和国家统计局中国经济景气监测中心联合组成的课题组,相继发布了《2010 中国绿色发展指数年度报告——省际比较》《2011 中国绿色发展指数报告——区域比较》,中国绿色发展指数包括三大类指标。经济增长绿化度反映生产对资源消耗和环境的影响程度;资源环境承载潜力体现该地区自然资源和环境所能承载的潜力;政府支持度反映了社会组织者解决资源、环境与经济发展矛盾的水平和力度。通过计算绿色发展指数,对我国各省和重点城市的绿色发展水平进行了比较和排名。尽管研究仍处在起步阶段,但是不难看出有关部门正在尝试设计新的统计指标体系以加快我国经济结构调整的步伐。

绿色经济指数[4]

2011 年 12 月 10 日,由北京工商大学世界经济研究中心、《中国对外贸易》杂志等联合发布的《中国 300 个省市绿色经济与绿色 GDP 指数》在北京发布。报告显示,中国资源破坏、环境污染相当严重,出现东西南北全面扩散的趋势。昔日生态良好、环境优美、山水"甲天下"的杭州、苏州等地,如今工业废水"甲天下"。重庆则成为中国工业废水和工业烟尘排放的双料能手。海口、深圳、三亚、厦门排在绿色经济指数前 4 位。

中国真实进步指标(GPI)系统[5]

GPI 系统涵盖了社会、经济和环境三个账户,被公认为是检验一个国家或一个地区可持续发展水平较有效的工具。由北京软技术研究院和中国社科院技术创新与战略管理研究中心合作,进行了中国真实进步指标(GPI)系统研究。指标体系分为对真实进步有贡献的部分、对真实进步有负面影响的社会成本和对真实进步有负面影响的环境成本。该 GPI 研究组建立的中国 GPI 系统,有利于透过 GDP 所表现出来的繁荣的经济景象,检验我国经济发展的质量以及在经济、社会、资源与生态环境等各个领域的实际进步。

资料来源:[1]庞皎明:《绿色 GDP,折射中国发展的代价》,《中国经济时报》2007 年 3 月 7 日,见 http://finance.sina.com.cn/roll/20070307/10591249217.shtml。

[2]逯元堂、李云生、王金南:可持续发展指标在中国的研究与应用,《绿叶》2007 年第 4 期。

[3]新华网:《国家统计局推出 2011 年绿色发展指数》,2011 年 9 月 26 日,见 http://news.xinhuanet.com/fortune/2011-09/26/c_122086140.htm。

[4]阮晓光:《中国 300 个省市绿色经济与绿色 GDP 指数在北京发布》,新华网,2011 年 12 月 17 日,见 http://forum.home.news.cn/thread/92124460/1.html。

[5]金周英等:《中国的真实进步指标 GPI 系统》,《中国科学院院刊》2010 年第 2 期。

3. 全球化输送来的环境污染

伴随着经济的全球化,全球各地的环境也在以前所未有的速度恶化。环境问题的全球化是资本主义的生产方式对环境的危害随着资本主义生产的扩张向全球蔓延的后果。世界银行的研究显示,世界 28 个行业中,仅钢铁、炼油、食品、工业化学、纸及纸制品、有色金属、水泥 7 个行业的大气和水污染排放就占到了全球的 90%,这一污染负荷在 1960 年至 1990 年的 30 年里几乎没有大的变化,所变化的只是从一地转移到另一地①。中国作为发展中国家,在

---

① 章柯:《战略转型:在传统环境与发展模式走到尽头之际》,《第一财经日报》2008 年 2 月 1 日。

全球产业链中处于弱势,在赢得贸易顺差的同时,也承担着"生态逆差"。

从 1984 年以来,从沿海城市到内陆,均建立各类经济开发区"招商引资",吸引外资,一些地方招商心切,对投资商简直到了有求必应的地步,乃至形成了"相让资源、承受污染、拱送税费"的非理性发展格局。环境遭到破坏,当地群众健康直接受害,而且危害的时间可以延续几年、十几年甚至几代人。

(二)制度因素

制度已成为现代社会最主要的控制工具。制度能塑造人的行为,好的制度为人们的行为提供了适当的激励与正确的引导,能够抑恶扬善,坏的制度的效果恰恰相反。环境问题产生的制度根源主要是"市场失灵"和"政府失灵"。"市场失灵"表明了国家干预及国家环境管理权存在的必要性;而"政府失灵"显现了国家环境管理政策和环境管理体制的缺陷与不足。

1. 市场失灵

只有完全竞争市场不存在市场失灵,而完全竞争市场是不存在的。对于环境资源来说,社会的需求无法通过价格信号确定,这时市场就会失灵。市场失灵主要的表现就是所谓的外部性①。我们的制度最根本的失败就在于没有将这些外部性合理地内部化。

就环境问题具体而言,市场失灵在于环境和资源的产权制度残缺和价格的扭曲。

产权是市场制度的核心及灵魂,其重要性在于它能帮助一个人形成他与其他人进行交易时的合理预期,从而塑造一个人的行为。产权要有效地发挥作用的前提,其必须是确定的和完整的。任何的模糊及残缺都会导致产权的削弱,我国自然资源产权和环境产权处于残缺或缺失的状态。因此无法约束和引导人的行为,出现"公地悲剧",在人们贪婪的逐利心理的驱使下,资源被浪费,环境被践踏。

价格的具体作用主要在于资源配置功能。要使资源达到优化配置,价格必须充分反映资源的价值。我国目前的价格格局可以这样加以概括:"产品高价,资源低价,环境无价"。我国的价格制度是在劳动价值论的指导下制定的,只承认自然资源的开发、利用成本,不承认自然资源天然的自身经济价值

---

① 　高培勇:《公共经济学》,中国人民大学出版社 2008 年版,第 7~8 页。

及生态价值。这是我国资源低价的最直接原因。而排污收费制创设的初衷并不是出于对环境生态价值的承认,而是为了补偿治污资金的需要。无论是资源的价格还是环境的价格都大大低于应达到的水平,无法将外部性完全内在化,使价格这一社会财富配置导航器偏离了其正确的方向。再加之资源及环境的核算制度尚未建立,为了追求短期经济增长,人们加速把资源储备转化为大量有价的产品以求产值的增加,加速环境的污染以求经济的增长,而在国民经济总值核算中却没有一个补偿资源耗损及环境污染的项目。这一切都大大加剧了资源的浪费,生态的破坏及环境的污染①。而环境或生态产品市场,则由于产权的模糊及价格的扭曲,注定难以发育起来或根本不存在。

2. 政府失灵

对于环境问题的外部性,政府本应作为公正的第三方来进行纠正,但当政府推行的政策 不但不能纠正外部性,反而会扭曲市场,此时就产生了政府失灵。就环境问题而言,政府的失灵主要表现在以下几个方面。

环保治理机制的缺陷使防治效果治标不治本。表现在重污染防治,轻生态保护;重点源治理,轻区域治理;重浓度控制,轻总量控制;重末端控制,轻全过程控制。这说明了我们环保理念的落后,违背自然界的规律,属头痛医头、脚痛医脚,事倍功半,往往不能从根本上消除污染及生态破坏。

有法不依和无法可依,使得现实中的政府的环保工作软弱无力。有法不依,主要表现在地方政府置国家环保法规于不顾,在环境保护行政和执法中按照地方官员的政绩目标作为。在许多地方,一些排污大户同时也是当地城市GDP 的主要构成部分,受到地方经济保护的干扰,对于污染企业,一般方法只是让他们缴纳排污费和罚款。因为治理成本高昂,而罚款只是"毛毛雨",在达标排放和交款排放之间,企业多选择后者。无法可依是指已有法规缺乏配套的法规和细则,使得现实中的政府的环保工作软弱无力。目前,我国还没有形成治理污染的较为完善有效的法律制度。很多现行法规缺乏相关的实施细则及配套法规出台,一些重要的环境标准仍是空白。比如尽管在 20 世纪末我国就增设了破坏环境罪,但到目前为止,被追究刑事责任的全国只有 3 起。而

---

① 何茂斌:《环境问题的制度根源与对策———一种新制度学的分析思路》,载吕忠梅、徐祥民编:《环境资源法论丛(第三卷)》,法律出版社 2003 年版,第 87 页。

据统计全国每年发生的环境违法案件在 2 万件左右。缘何以破坏环境罪定罪的寥寥无几？除了地方保护主义的因素外，至今关于破坏环境罪的司法解释未出台导致在定罪量刑上难以操作也是一个重要原因①。

职能交叉使得政令不通。以水治理问题为例。在水环境的治理、水环境污染的治理上，水利部门则和环保部有职能交叉。同时两个部门职能又存在割裂，所谓环保不下河，水利不上岸。即使水利部门认为排污超过了河流纳污能力，但对岸上排放企业并没有能力限制。而对于河流的纳污能力，两个部门会有两套指标。一个部门测出来比如已经超出了纳污能力，不能再增加污水排放量，但是另一个部门可能会提出完全不一样的指标，认为远远没达到，还可以继续排污②。

第三节　中国在环境保护方面的举措和成效

近年来，中国在保持国民经济和社会长期快速发展的同时，也在努力追求经济、社会、环境的协调发展，不断健全环境保护体系，加大环境保护力度，取得一定的成果。

一、环境保护体系不断完善

（一）环境保护政策体系

中国环境保护的基本政策包括"预防为主、防治结合、综合治理"政策，"谁污染，谁治理"政策和"强化管理"政策，也是我国环境保护的三项基本原则③。具体而言，中国的环境保护政策体系是由一系列的环境管理制度构成。这些制度主要包括：环境影响评价制度、"三同时"制度、排污收费制度、排污许可证制度、环境保护目标责任制、城市环境综合整治定量考核制度、污染集

---

① 王浩：《我国城市工业污染中的市场失灵和政府失灵探析》，《四川理工学院学报》（社会科学版）2010 年第 5 期。

② 《"告别 GDP 崇拜"空喊多年》，水污染进入爆发期，2009 年 8 月 29 日，新华每日电讯，见 http://news.xinhuanet.com/mrdx/2009-08/29/content_11962441.htm。

③ 朱坦主编：《中国环境保护与可持续发展/中国可持续发展总纲》（第 10 卷），科学出版社 2007 年版，第 15～16 页。

中处理制度、污染限期治理制度等①。这八项环境保护政策的确立及实施,促进了我国环保体系的逐步构成和完善,使得我国的环境保护工作逐步走向科学化、制度化、法制化和市场化。

在第七次全国环境保护大会上,环保部与各地政府及部分央企正式签署了"十二五"主要污染物总量减排目标责任书,明确将完成5561个工程减排项目。这是环境保护目标责任制的具体体现,也是中国政府完善环境保护政策体系的又一创举。

(二)环境污染治理体系

中国环境污染治理从20世纪70年代初正式起步以来,在40年的发展历程中,逐步由末端治理向全过程控制转变,由点源治理向区域、流域综合治理转变,同时政府及其主管部门进行监督管理的手段和污染者履行治理责任的方式均趋于多样化,污染治理产业得到较快发展,形成了比较健全的环境污染治理体系。

技术保障方面,全国各地共推荐几千项环境保护实用技术,经国家环境保护总局组织评审,筛选出上千项国家重点环境保护实用技术,其中大部分是清洁生产、资源综合利用和污染治理技术。法律保障方面,污染防治方面的法规不断完善,涉及环境保护的各个方面,为环境污染治理提供了法律保障。已颁布和实施的环境污染防止性法规主要有:《环境保护法》、《海洋环境保护法》、《水污染防治法》、《大气污染防治法》、《固体废物污染环境防治法》、《环境噪声污染防治法》等。

(三)环保法制体系

1978年国家颁布了新宪法,首次将环境保护确定为政府的一项基本职能。以此为依据,1979年国家颁布了《环境保护法(试行)》。自此以后,中国政府不断修订和完善各项环保法律法规,形成了比较完善的环保法制体系。

为预防建设项目对环境产生不利影响,制定了环境影响评价法。针对特定环境保护对象,制定了水污染防治、海洋环境保护、大气污染防治、环境噪声污染防治、固体废物污染环境防治、放射性污染防治等法律。国务院还制定了

---

① 朱坦主编:《中国环境保护与可持续发展/中国可持续发展总纲》(第10卷),科学出版社2007年版,第66页。

建设项目环境保护管理条例、危险化学品安全管理条例、排污费征收使用管理条例、危险废物经营许可证管理办法等行政法规。地方人大结合本地区的具体情况,制定了一大批环境保护方面的地方性法规。

在环境保护标准方面,中国建立了国家和地方环境保护标准体系。国家环境保护标准包括环境质量标准、国家污染物排放(控制)标准、国际环境标准样品标准等;地方环境保护标准包括地方环境质量标准和地方污染物排放标准。截至 2010 年年底,共颁布 1300 余项国家环境保护标准。中国还不断加强环境领域行政执法,近 5 年来,共依法查处环境违法企业 8 万多家(次),取缔关闭违法排污企业 7293 家①。

在国际环境立法方面,中国参加了《联合国气候变化框架公约》及其《京都议定书》、《生物多样性公约》、《联合国防治荒漠化公约》等 50 多项涉及环境保护的国际条约,并先后与美国、日本、加拿大、俄罗斯等 40 多个国家签署了双边环境保护合作协议或谅解备忘录②。

(四)环保经济政策体系

随着社会主义市场经济体制的不断健全和完善,与之相适应的环境管理手段也逐渐市场化。在 2006 年第六次全国环境保护大会上,温总理明确提出,要从主要用行政办法保护环境转变为综合运用法律、经济、技术和必要的行政办法解决环境问题,自觉遵循经济规律和自然规律,提高环境保护工作水平。中国政府根据经济活动的不同阶段,加快建立起了环境经济政策体系,如图 5-1 所示。

二、环保投资不断增加

环保投资力度不断加大,主要体现为环保支出占财政支出的比重不断上升、环境污染治理投资总额快速增加、农村环境治理国家投资占比上升等。

(一)环保支出占财政支出比重不断上升

近年来,我国环境保护支出总额连年增加,其占财政支出的比例也不断上

---

① 《中国特色社会主义法律体系》白皮书,新华网,2011 年 10 月 27 日,见 http://news.sina. com. cn/c/2011-10-27/101423370507_4. shtml。

② 朱坦主编:《中国环境保护与可持续发展/中国可持续发展总纲(第 10 卷)》,科学出版社 2007 年版,第 30~36 页。

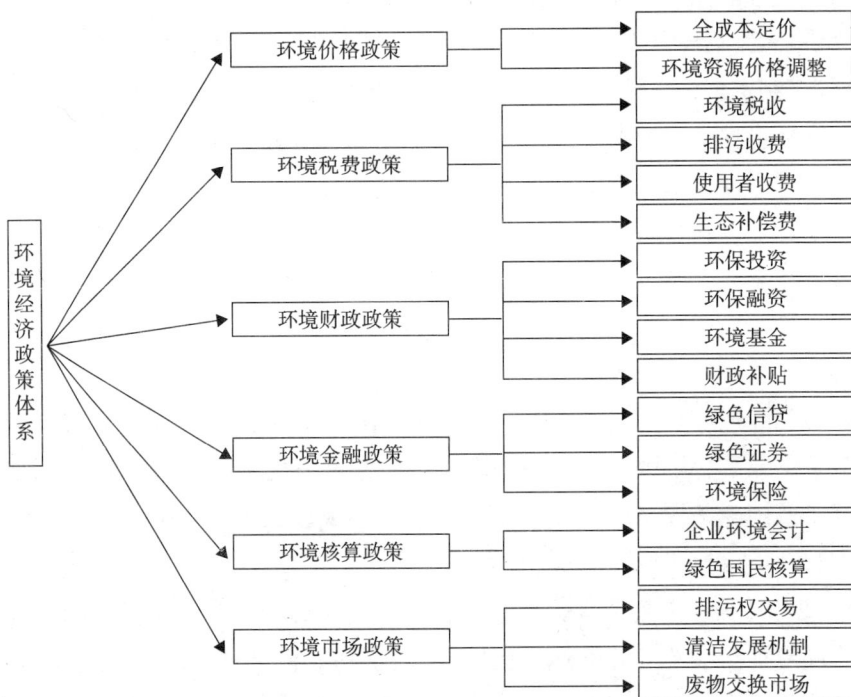

图5-1　中国环境经济政策体系

资料来源：王金南等编：《中国环境政策》（第五卷），中国环境科学出版社2009年版，第200页。

升。2007年我国环境保护支出为995.82亿元，占财政支出的比例为2%；2008年增加至1451.36亿元，占财政支出的比例为2.32%；2009年继续增加至1934.04亿元，占财政支出的比例为2.53%；2010年增加至2441.98亿元，是2007年的2倍多，占财政支出的比例为2.72%。如图5-2所示。

（二）环境污染治理投资总额快速增加

我国近十年来的环境污染治理投资总额呈不断上升的趋势，从2001年的1107亿元增加至2010年的6654亿元，其占同期GDP的比例也从2011年的1.15%增加至2010年的1.66%，中间几年略有波动，但整体呈上升趋势。如图5-3所示。

环境污染治理投资总额分为三个部分：城市环境基础设施建设投资、工业污染源治理投资和建设项目"三同时"环保投资。其中，城市环境基础设施建设投资占比最大，从2005年至2010年呈逐渐上升的趋势，6年间增加了

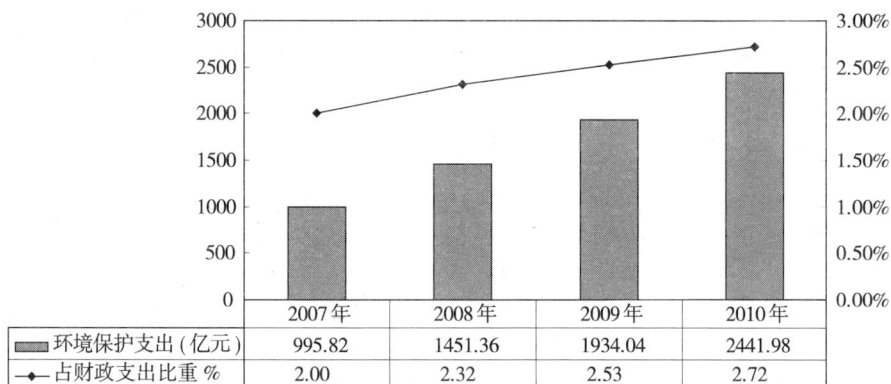

	2007年	2008年	2009年	2010年
环境保护支出（亿元）	995.82	1451.36	1934.04	2441.98
占财政支出比重 %	2.00	2.32	2.53	2.72

图5-2　2007～2010年中国环境保护支出总额及其占财政支出比重

数据来源：国家统计局：《中国统计年鉴》（2008～2011），中国统计出版社2008～2011年版。

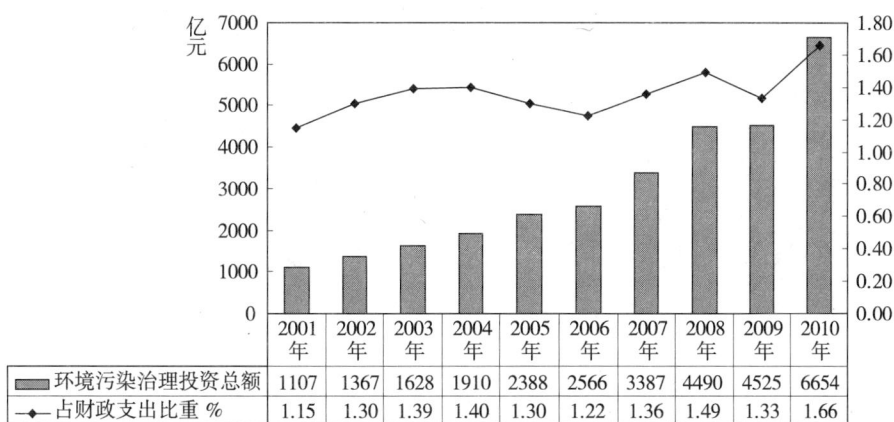

	2001年	2002年	2003年	2004年	2005年	2006年	2007年	2008年	2009年	2010年
环境污染治理投资总额	1107	1367	1628	1910	2388	2566	3387	4490	4525	6654
占财政支出比重 %	1.15	1.30	1.39	1.40	1.30	1.22	1.36	1.49	1.33	1.66

图5-3　2001～2010年中国环境污染治理投资情况

数据来源：国家统计局：《中国统计年鉴2002～2011》，中国统计出版社2002～2011年版。

2934.5亿元；工业污染源治理投资额从2005年的458.2亿元增加至2007年的552.4亿元后，自2008年开始又有所下降；建设项目"三同时"环保投资除了2009年略有下降外，其他年份均有较大幅度增长，从2005年的640.1亿元增加至2010年的2033亿元，6年间增加了1392.9亿元。如表5-1所示。

表 5-1　2005~2010 年中国环境污染治理投资分项情况　（单位:亿元）

指标	2005 年	2006 年	2007 年	2008 年	2009 年	2010 年
环境污染治理投资总额	2388.0	2566.0	3387.3	4490.3	4525.3	6654.2
城市环境基础设施建设投资	1289.7	1314.9	1467.5	1801.0	2512.0	4224.2
工业污染源治理投资	458.2	483.9	552.4	542.6	442.6	397.0
建设项目"三同时"环保投资	640.1	767.2	1367.4	2146.7	1570.7	2033.0

注:建设项目"三同时"环保投资是指当年建成投产的实际执行"三同时"制度的建设项目的环保设施
　　实际投资额。其中"三同时"制度指建设项目中防治污染的设施,必须与主体工程同时设计、同时
　　施工、同时投产使用。
数据来源:国家统计局:《中国统计年鉴》(2010~2011),中国统计出版社 2006~2011 年版。

(三)农村环境治理投资不断上升

我国除了在城市基础设施建设上加大投资力度外,在农村环境治理上也不断增加投资力度。在以农村改厕投资为例。农村改厕投资从 2005 年到 2010 年呈不断上升的趋势,从 47.3 亿元增加至 129.9 亿元;其中国家投资从 2005 年的 12.8 亿元增加至 2010 年的 59.6 亿元,其占总投资的比例也呈整体上升的趋势,从 2005 年的 27%增加至 2010 年的 45.8%。截至 2010 年,我国农村累计使用卫生厕所已达到 17138 万户,比 2005 年的 13740 万户增加了 3398 万户;卫生厕所普及率从 2005 年的 55.3%提高到 2010 年的 67.4%,增加了 12 个百分比。

表 5-2　2005~2010 年中国农村改厕情况

指标	单位	2005	2006	2007	2008	2009	2010
农村改厕投资	亿元	47.3	69.5	72.9	93.9	114.4	129.9
国家投资	亿元	12.8	20.8	25.5	37.6	42.5	59.6
国家投资占总投资比重	%	27	30	35	40.1	37.2	45.8
累计使用卫生厕所户数	万户	13740	13873	14442	15166	16056	17138
卫生厕所普及率	%	55.3	55.0	57.0	59.7	63.2	67.4

数据来源:国家统计局:《中国环境统计年鉴》(2006~2011),中国统计出版社 2006~2011 年版。

中央财政自 2008 年起设立农村环境保护专项资金,截至 2011 年年底,共安排了 80 亿元用于开展农村环境综合整治,带动地方投资 97 亿元,对 1.63

万个村庄进行了整治,受益人口 4234 万人。2012 年中央财政将拨出 55 亿元专项整治农村环境,并要求地方予以配套,并明确了中央和地方资金配套比例:东、中、西部地区分别为 1∶1.5、1∶1、1∶0.5。重点支持三类村庄:一是按照全国主要污染物排放总量控制"十二五"规划确定的纳入减排范畴的村庄;二是按照重点流域水污染防治"十二五"规划确定的重点流域优先控制单元范围内的村庄;三是引起党中央、国务院领导和社会高度关注,严重影响农民健康的"问题村"[①]。

三、环境治理取得成效

在可持续理念的引领下,我国政府不断完善环保体系、加大环保投资,努力协调经济发展与环境保护的关系,并不断加强环境治理工作,取得了不少环境治理成效。

(一)主要污染减排情况

"十一五"期间,我国主要工业废气的排放都呈逐年下降趋势。二氧化硫排放总量从 2006 年的 2588.8 万吨下降到 2010 年的 2185.1 万吨;烟尘排放总量从 2006 年的 1088.8 万吨下降到 2010 年的 829.1 万吨;工业粉尘排放量从 2006 年的 808.4 万吨下降到 2010 年的 448.7 万吨,环境治理取得了较好的成效。如图 5-4 所示。

此外,工业废水排放情况在"十一五"期间也有所改善。我国工业废水排放量从 2006 年的 240.19 亿吨增加至 2007 年的 246.65 亿吨后,从 2007 年开始逐年下降,降至 2010 年的 237.47 亿吨,整体趋势下降。工业废水中化学需氧量去除量则呈逐年增加的趋势,从 2006 年的 1099.3 万吨增加至 2010 年的 1415.4 万吨,可见工业废水中污染物的排放正在逐渐减少。如图 5-5 所示。

(二)工业"三废"治理效率

"十一五"期间,我国工业废水和废气排放达标情况逐年好转,工业物体废物综合利用率逐年提高。工业废水达标率从 2006 年的 90.7% 提升至 2010 年的 95.3%;工业烟尘排放达标率从 2007 年的 87% 增加至 2010 年的

---

① 《中央斥资 55 亿整治农村环境,环保股有望分享盛宴》,中国证券网,2012 年 2 月 15 日,见 http://finance.ifeng.com/stock/roll/20120215/5586922.shtml。

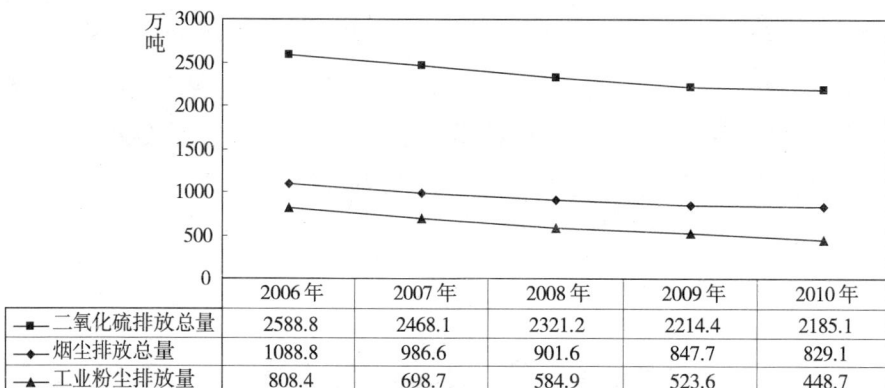

万吨	2006年	2007年	2008年	2009年	2010年
━■━二氧化硫排放总量	2588.8	2468.1	2321.2	2214.4	2185.1
━◆━烟尘排放总量	1088.8	986.6	901.6	847.7	829.1
━▲━工业粉尘排放量	808.4	698.7	584.9	523.6	448.7

图5-4　"十一五"时期中国工业废气排放情况

数据来源:国家统计局:《2011中国环境统计年鉴》,中国统计出版社2011年版。

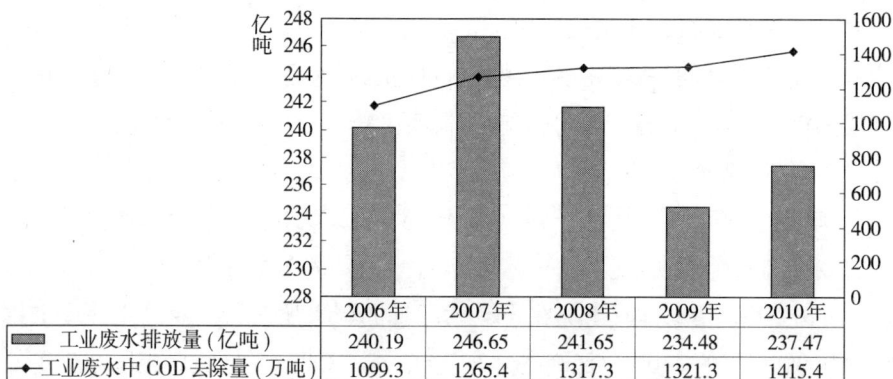

亿吨	2006年	2007年	2008年	2009年	2010年
▨工业废水排放量(亿吨)	240.19	246.65	241.65	234.48	237.47
━◆━工业废水中COD去除量(万吨)	1099.3	1265.4	1317.3	1321.3	1415.4

图5-5　"十一五"时期中国工业废水排放及处理情况

数据来源:国家环保部:《2010中国环境统计年报》,中国环境科学出版社2011年版。

90.6%;工业粉尘排放达标率从2006年的82.9%增加至2010年的91.4%;工业二氧化硫排放达标率从2006年的81.9%提高到2010年的97.9%,改善幅度最大;工业物体固体废物综合利用率从2006年的60.2%增加至2010年的66.9%。工业"三废"的治理效率逐年提高,如表5-3所示。

表 5-3　"十一五"期间中国工业"三废"达标情况　（单位:%）

	2006 年	2007 年	2008 年	2009 年	2010 年
工业废水排放达标率	90.7	91.7	92.4	94.2	95.3
工业烟尘排放达标率	87.0	88.2	89.6	90.3	90.6
工业粉尘排放达标率	82.9	88.1	89.3	89.9	91.4
工业二氧化硫排放达标率	81.9	86.3	88.8	91.0	97.9
工业固体废物综合利用率	60.2	62.1	64.3	67.0	66.7

数据来源:国家统计局、环保部:《2011 中国环境统计年鉴》,中国统计出版社 2011 年版。

　　环境治理效率的提高还体现在工业"三废"的处理情况。"十一五"期间,我国工业固体废物综合利用量从 2006 年的 92601 万吨增加到 2010 年的161772 万吨,逐年增加;工业烟尘去除量从 2006 年的 23565 万吨增加到 2010年的 38941 万吨;工业粉尘去除量从 2006 年的 7280 万吨增加到 2010 年的9502 万吨;工业二氧化硫去除量从 2006 年的 1439 万吨增加到 2010 年的3304 万吨。环境治理成效显著。

表 5-4　"十一五"期间中国工业"三废"处理情况　（单位:万吨）

	2006 年	2007 年	2008 年	2009 年	2010 年
工业固体废物综合利用量	92601	110311	123482	138186	161772
工业烟尘去除量	23565	25166	30543	32848	38941
工业粉尘去除量	7280	7670	8471	8723	9502
工业二氧化硫去除量	1439	1943	2286	2890	3304

数据来源:国家统计局、环保部:《2011 中国环境统计年鉴》,中国统计出版社 2011 年版。

参考文献

《"告别 GDP 崇拜"空喊多年》,水污染进入爆发期,2009 年 8 月 29 日,新华每日电讯,见 http://news. xinhuanet. com/mrdx/2009 - 08/29/content_11962441. htm。

《2010 中国绿色发展指数年度报告——省际比较》,人民网,2010 年 11 月 15日,见 http://invest. people. com. cn/GB/75580/75638/13220317. html。

《PM2.5 进入中国到底还有多久?》,网易新闻,2011 年 11 月 4 日,见 http://help. 3g. 163. com/11/1104/22/7I25CJM000963VRO. html。

《国家统计局推出 2011 年绿色发展指数》,新华网,2011 年 9 月 26 日,见 http://news. xinhuanet. com/fortune/2011-09/26/c_122086140. htm。

《我国农药平均用药比世界高 2.5~5 倍》,农村信息网,2011 年 3 月 15 日,见 http://12582. 10086. cn/XJ/news/detail/8195524。

《中国特色社会主义法律体系》白皮书,新华网,2011 年 10 月 27 日,见 http://news. sina. com. cn/c/2011-10-27/101423370507_4. shtml。

《中央斥资 55 亿整治农村环境,环保股有望分享盛宴》,来源:中国证券网,2012 年 2 月 15 日,见 http://finance. ifeng. com/stock/roll/20120215/5586922. shtml。

Guo,JH;Liu,XJ;Zhang,Y;Shen,JL;Han,WX;Zhang,WF;Christie,P;Goulding, KWT;Vitousek,PM;Zhang,FS. Significant Acidification in Major Chinese Croplands. SCIENCE327(5968),1008-1010,2010。

戴晓明:《论环境保护与可持续发展的关系及工作思考》,2011 年 7 月 20 日,见 http://www. chinacity. org. cn/csfz/cshj/73232. html。

董峻:《我国农资行业产业集中度将加速提高》,新华网,2011 年 8 月 31 日,见 http://news. xinhuanet. com/society/2011-08/31/c_121939587. htm。

厄恩斯特等主编:《中国环境经济政策研究》,中国环境科学出版社 2011 年版。

高培勇:《公共经济学》,中国人民大学出版社 2008 年版。

关琰珠:《时代呼唤生态文明》,《厦门科技》2006 年第 5 期。

国家环保部:《2010 中国环境统计年报》,中国环境科学出版社 2011 年版。

国家统计局、环保部:《2011 中国环境统计年鉴》,中国统计出版社 2011 年版。

国家统计局:《中国统计年鉴 2010～2011》,中国统计出版社 2006～2011 年版。

韩贞禄、杨丽丽:《关于当前农村农药使用现状的调查报告》,《烟台果树》2007 年第 4 期。

韩子遇:《北京 PM2.5 治理:破题后的博弈》,财经国家周刊,2012 年 1 月 23 日,见 http://finance.sina.com.cn/china/20120123/200111256711.shtml。

何茂斌:《环境问题的制度根源与对策——一种新制度学的分析思路》,载吕忠梅、徐祥民编:《环境资源法论丛(第三卷)》,法律出版社 2003 年版。

姜虹:《九成城市水域污染严重,国际服装品牌已难逃干系》,《中华工商时报》2011 年 8 月 31 日。

蒋高明:《中国生态环境危急》,海南出版社 2011 年版。

金周英等:《中国的真实进步指标 GPI 系统》,《中国科学院院刊》2010 年第 2 期。

李金良:《城市空气污染将超水污染,成人类最大杀手》,人民网,2012 年 3 月 16 日,见 http://world.people.com.cn/GB/157278/17410553.html。

李叶欣、张兰:《我国农村环境问题的成因及对策》,载《中国环境科学学会 2006 年学术年会优秀论文集(中卷)》。

逯元堂、李云生、王金南:《可持续发展指标在中国的研究与应用》,《绿叶》2007 年第 4 期。

庞皎明:《绿色 GDP,折射中国发展的代价》,中国经济时报,2007 年 3 月 7 日,见 http://finance.sina.com.cn/roll/20070307/10591249217.shtml。

阮晓光:《中国 300 个省市绿色经济与绿色 GDP 指数在北京发布》,来源:新华网,2011 年 12 月 17 日,见 http://forum.home.news.cn/thread/92124460/1.html。

孙秀艳:《中国多数村庄污染治理仍处空白,资金不足缺乏监管》,人民日报,2012 年 1 月 31 日,见 http://www.chinanews.com/gn/2012/01-31/3630923.shtml。

王浩:《我国城市工业污染中的市场失灵和政府失灵探析》,《四川理工学院学报》(社会科学版)2010 年第 5 期。

王金南等编:《中国环境政策(第六卷)》,中国环境科学出版社 2009 年版。

王金南等编:《中国环境政策(第五卷)》,中国环境科学出版社 2009 年版。

杨华:《中国环境保护政策研究》,中国财政经济出版社 2007 年版。

张锐:《我国地下水污染图谱:75 个大中城市污染较重》,《21 世纪经济报道》
　　2011 年 8 月 30 日。

张为农:《我国化学农药使用量呈现下降趋势》,农民日报,2011 年 8 月 5 日,
　　见 http://www. chinacoop. gov. cn/HTML/2011/08/05/67749. html。

章柯:《战略转型:在传统环境与发展模式走到尽头之际》,《第一财经日报》
　　2008 年 2 月 1 日。

中国科学院可持续发展战略研究组:《2010 中国可持续发展战略报告——绿
　　色发展与创新》,科学出版社 2010 年版。

中国科学院可持续发展战略研究组《2011 中国可持续发展战略报告——实现
　　绿色的经济转型》,科学出版社 2011 年版。

朱宏斌、樊志民:《关于历史时期农业开发经营与生态问题的若干思考》,2006
　　年 4 月 12 日,见 http://www. studa. net/Profession/060412/14323974. html。

朱坦主编:《中国环境保护与可持续发展/中国可持续发展总纲(第 10 卷)》,
　　科学出版社 2007 年版。

第六章　中国农业可持续发展

胡必亮　肖义欢　唐　伟

《中国21世纪议程》中指出,农业是中国国民经济的基础,实现农业可持续发展,即使农业具有长期持续发展的能力,是中国可持续发展的根本保证和优先领域。没有农业长期持续的发展就没有人类社会的进步,而离开自然环境,农业就失去了生存和发展的基础。农业发展和自然环境的关系很早就进入了人们的视野,从远古时代的刀耕火种到传统农业的广种薄收,到石油农业的高效集约,再到现代农业的可持续发展,人类在不断地探索着一条能够满足人类发展需要的农业发展道路。

第一节　农业可持续发展及其主要内容

农业可持续发展是在农业发展经历刀耕火种的原始农业发展、近代的传统农业发展以及现代的石油农业之后各国努力探索满足新时代新要求的新的农业发展模式;是可持续发展理念"既满足当代人需要,又不损害子孙后代满足其需要能力的发展"在农业发展思路中的深化和延伸;是旨在协调解决生态环境保护、农村经济发展及改善"人"的生存和发展状况之间可能存在的矛盾与冲突,引导乡村经济在资源节约与有效利用和生态环境得以良好保护的同时实现可持续的良性发展。

一、农业可持续发展问题的提出与主要内容

可持续发展问题的提出及其演变与发展从来都没有和农业可持续发展脱离关系,农业发展是可持续发展理念萌生的土壤,可持续发展思潮进一步催生了农业可持续发展的瓜熟蒂落。从其起因和背景来看,农业可持续发展的提

出是与农业发展进程中遭遇的一系列资源、环境、经济和社会问题密切相关的。

1962 年,美国生物学家卡逊(R. Carson)发表的《寂静的春天》(*Silent Spring*),基于农业不合理的生产方式所带来的环境问题,首先指出了农业生产中农药、化肥的使用所引起的严重的危害,不仅危及许多生物的存在,而且还危害人类本身,开始了世人对生态环境问题的关注。1968 年 4 月,罗马俱乐部发表《增长的极限》(*Limits to Growth*),从全球的角度提出了农业是否能够生产足够的粮食支撑地球上指数增长的人口,促使人类开始反思传统农业的不可持续性及其所带来的危害性与不良影响。

1981 年,美国农业科学家莱斯特·R. 布朗(Lester R. Brown)在其《建设可持续发展的社会》(*Building a Sustainable Society*)中系统地阐述了"可持续发展观",奠定了农业可持续发展的理论基础。1984 年,哥尔丹·K. 道格拉斯编辑出版了《变化秩序中的农业可持续发展》(*Agriculture Sustainability in Changing World Order*)一书,明确提出并分析了"农业可持续发展"问题。1987 年 7 月,世界环境与发展委员会(World Commission on Environment and Development,简称 WCED)等国际组织云集挪威奥斯陆,提出了《2000 年:转向可持续农业的全球政策》的重要报告。同年 12 月,联合国大会讨论了 20 世纪末的全球环境与发展问题,对农业发展提出的目标是为可持续的、不影响环境的发展奠定坚实基础。

1988 年,联合国粮食与农业组织(Food and Agriculture Organization of the United Nations,简称 FAO)提出了《可持续农业生产:对国际农业研究的要求》,并对"可持续农业"进行了明确定义。同年 5 月,世界粮食理事会第 15 届部长会议重点讨论了"从环境着眼管理农业,实现持续的粮食安全"这一重要问题,并在当年举行的 FAO 理事会上对粮食和农业可持续发展问题进行了专门讨论。

1991 年 4 月,FAO 在荷兰召开农业与环境国际会议,形成了可持续农业和农村发展的《丹波宣言》(*Den Bosch Declaration*),进一步明确可持续农业的定义,并提出了实现可持续农业发展的三个战略目标,即保护资源和环境永续良性循环的生态目标,实现吃饱、穿暖的温饱目标和促进农村综合发展的致富目标。同年 9 月,联合国总部成立了世界可持续农业发展协会,旨在推动全球可持续农业不断向前发展。

1992 年,WCED 在巴西召开的"环境与发展"大会上通过了著名的《里约宣言》和《21 世纪议程》,决定将农业与农村的可持续发展(Sustainable Agriculture and Rural Development,简称 SARD)作为可持续发展的根本保证和优先领域。

至此,农业可持续发展不仅作为一种农业发展的新思潮在全球达成共识,而且逐步被转化为具体行动而付诸实施与实践。

(一)农业可持续发展的基本定义

农业可持续发展理念的发展与深化过程,一定程度上反映了人们对于农业可持续发展定义的不断完善过程。在农业可持续发展理念与各国农业发展现状的融合中,各国发展现状及自然禀赋等方面的差异使得各国对农业可持续发展内涵的理解存在着一定的差异。

可持续农业的定义最初是着眼于生态学角度,指出"可持续农业是一种再生农业,是一系列使环境良性循环的农业经营实践过程"[1]。后来进一步考虑了社会经济因素,定义"可持续性"为"地力的可恢复性、环境的健康性、经济上的合理性和社会可接受性"[2]。一些学者根据可持续农业的三重属性定义"可持续农业是环境重要性、食物充足性和社会公平性的有机结合"[3]。

1988 年,FAO 理事会首次对"可持续农业"进行较为系统全面的定义,即"管理和保护自然资源基础,并调整技术和机构改革方向,以确保获得和持续满足当代与后代人的需要。这种持续发展能保护土地、水、植物和动物遗传资源不造成环境退化,同时技术上适当,经济上可行,而且社会能够接受"[4]。

1990 年 10 月,在美国国会通过的关于食品、农业和贸易法案中,认为"可持续农业是一种因地制宜的动植物综合生产系统。在一个相当长的时期内能满足人类对食品和纤维的需要,提高和保护农业经济赖以维持的自然资源和

---

①　Rodale,R. ,Breaking New Ground:the Search for a Sustainable Agriculture[J]. *The Futurist*,1993(1):15~20.

②　Altieri M. Agroecology,a new research and development paradigm for world agriculture[J]. *Agriculture,Ecosystems and Environment*,1989(27):37~46.

③　Gordon K,Douglass. Agricultural Sustainability in a Changing World Order[M]. Colorado:Westview Press,1984.

④　朱丕荣:《"持续农业"研究的新趋势》,《世界农业》1992 年第 1 期,第 18~20 页。

环境质量,最充分利用非再生资源和农场劳动力,在适当的情况下综合利用自然生态周期和控制手段,保持农业生产的经济活力,提高农民和全社会的生活质量"①,体现了发达国家对"可持续农业"的看法,追求食物安全与营养,强调生活质量和资源保护、资源节约、资源的供需平衡以及生态环境的良性循环。

1991 年,丹波(Den Bosch)国际农业与环境会议对可持续农业提出了略有不同的定义,但实质上与 1988 年 FAO 理事会的定义是相似的,增加考虑了技术变革和体制变革在实现农业可持续发展中的作用。《丹波宣言》(*Den Bosch Declaration*)更明确提出了可持续农业的三个战略目标:(1)吃饱穿暖的温饱目标。积极增加粮食生产,既要考虑自力更生和自给自足的原则,又要考虑适当调剂与储备,稳定粮食供应和使贫困者拥有获得粮食的机会,妥善地解决粮食问题,保障粮食安全。(2)促进农村综合发展的致富目标。在发展农业生产的同时,开展多种经营,促进农业与农村各种产业综合发展,以便扩大农村劳动力的就业机会,增加农民收入,从而摆脱贫困和脱贫致富,特别是努力消除农村贫困状况。(3)保护资源和环境的永续良性循环的生态目标。合理利用、保护与改善自然资源,创造良好的生态环境,以保护子孙后代生存与发展的长远利益。②③

1994 年 3 月,中华人民共和国国务院第 16 次常务会议讨论并通过了《中国 21 世纪议程》,强调指出,中国的农业与农村发展必须走可持续发展的道路,并把中国农业可持续发展明确定义为:保持农业生产率稳定增长,提高食物生产和保障食物安全,发展农村经济,增加农民收入,改变农村贫困落后状况,保护和改善农业生态环境,合理、永续地利用自然资源,特别是生物资源和可再生资源,以满足逐年增长的国民经济发展和人民生活的需要④。

(二)农业可持续发展的主要内容

根据已有的关于农业可持续发展的相关理论和实践经验,我们可以总结

---

① 罗必良、李大胜、王玉蓉:《中国农业可持续发展趋势、机理及对策》,山西经济出版社 2000 年版,第 193～194 页。

② 李文华、杨修:《环境与发展》,科学技术文献出版社 1994 年版,第 168～176 页。

③ 刘巽浩:《持续农业种种谈》,《世界农业》1992 年第 1 期,第 21～22 页。

④ 国家计委、国家科委:《中国 21 世纪议程》,中国环境科学出版社 1994 年版。

出农业可持续发展是通过建立完善的可持续农业发展体系来逐渐实现的,它是一个包括了生态可持续发展、经济可持续发展和社会可持续发展的综合系统。

1. 农业可持续发展的生态可持续性

生态可持续性是指对农业自然资源的永续利用和农业生态环境的良好维护,它是农业可持续发展最本质的特性。农业对自然资源和生态环境的高度依赖决定了农业要实现可持续发展,必须追求农业生态系统的良性循环和生物资源的可持续利用。现代常规农业正是因为缺少生态可持续性而被认为难以长期持续发展。

生态可持续性主要表现为:在自然资源方面,维护可再生资源的质量,维持和改善其生产能力,保证可再生资源的开发利用量不超过其再生能力,尤其是保护耕地资源和水资源;合理利用不可再生资源,减少浪费,提高使用效率,争取不可再生资源储量保持稳定,或能被其他资源有效替代。在农业生态环境方面,合理使用农用外源物资如化肥、农药,严格限制污染的排放量不超过环境的自净能力;减少人类日常不合理的经济活动造成的水土流失,有效防护和修护因农业自然灾害或人类过度使用自然资源而造成的森林退化、草原退化及土地荒漠化。

生态退化是目前全球面临的主要环境问题。它是由于人类对自然资源过度使用以及不合理利用而造成的生态系统结构破坏、功能衰退、生物多样性减少、生物生产力下降以及土地生产潜力衰退、土地资源丧失等一系列生态环境恶化的现象。它不仅使自然资源和生物多样性急剧减少,还严重降低了社会经济的可持续发展能力,进而威胁人类的生存和发展。相关研究对造成生态系统退化的人类活动进行了排序:过度开发(含直接破坏和环境污染等)占35%,毁林占30%,农业活动占28%,过度收获薪材占7%,生物工业占1%[1]。

2. 农业可持续发展的经济可持续性

农业可持续发展的经济可持续性要求农产品产量稳定持续增长,农产品质量不断改善,农业生产效率不断提高,农民收入持续增长。只有高效的农业投入产出率以及不断增强的农民增收能力才能保证农业经济的可持续性。缺

---

[1] Daily,G. 1995. Restoring value to the world's degraded lands. Science,269:350-354.

乏经济可持续性的农业系统最终是不可持续的。

经济可持续性主要表现为:在农业生产上,转变农业增长的粗放经营方式,借助科学技术,有效利用各种自然资源,提高农业投入要素生产率,实现农业生产在经济上实现自我维持、自我发展的同时,有效缓解农村经济发展与生态环境保护之间的矛盾。在农业经营上,积极改善农业生产经营条件,提供农业生产所需的公共服务设施,拓宽农产品和农副产品销售渠道,提高农民的市场竞争力;合理布局农业生产力,优化农业产业结构,积极开展多种经营,实现农业结构的有效调整,提升农民的增收能力。

经济可持续性是农业可持续发展不可或缺的重要组成部分。虽然历史表明,农业的发展很大程度上依赖于政府的优惠政策和转移支付的支持,但是,这并不等于在农业的生产经营中不需要追求生产效率或市场竞争力。相反,如果农业发展过度依赖于来自农业体系外部的支持政策,它不仅会损伤农民生产的积极性,还会减少社会致力于提高农业生产效率的农业科技创新的激励,从而造成诸如粮食危机和资源浪费等许多问题,就不可能实现农业长期健康的可持续发展。

3.农业可持续发展的社会可持续性

农业可持续发展的社会可持续性是指能满足人类衣、食、住等基本需求和农村社会环境的良性发展。在农业可持续发展进程中,必须坚持"人与自然和谐发展"这一基本理念,即在追求生态可持续性的同时,还必须不断改善"人"的生存和发展状况,加大农村基础设施建设,改善农村社会环境;缩小城乡贫富差距,维护社会公平;提高农民素质,增强农民追求自由发展的能力。

良好的社会可持续发展,不仅直接有利于生态可持续性和经济可持续性的加速实现,而且有利于保持农村社会的安定和谐,从而为经济社会的发展创造良好的条件。忽视农业可持续发展的社会可持续性,就等于忘记历史的教训,朝代更迭以及社会动乱大多都是从最基层的农民揭竿起义而开始的。

社会可持续性的失衡不仅使农业体系不能可持续发展,而且可能还会危及全社会的可持续发展。破坏社会可持续性所导致的农业不可持续发展的表现主要有:公共服务投入不够,基础设施发展不足,农村社会生存环境恶化;教育投入短缺,人口素质低下,人口增加速率失控,资源环境对人口的承载能力不断加大;社会财富分配悬殊,农民权利未得到保护,社会公平缺失,危及农业可持续发展和全社会的持续安定。

第二节　中国农业可持续发展现状分析

经过新中国成立以来60余年的艰苦努力,中国农业发展取得了举世瞩目的成就,但也必须清楚地认识到,这些成就中有相当大的部分是以消耗资源和牺牲环境为代价而取得的。20世纪60年代以来,中国农业已经悄然进入了"石油农业"时代,依靠对化石能源等不可再生资源的大量消耗来发展农业造成了对资源、环境和社会的严重威胁。近年来,资源不合理利用造成的负面环境后果,温室气体对气候变化的影响,农业多样化性的丧失,集约化和高投入所引发的环境污染以及土地退化等问题在中国农业发展过程中逐渐凸显,给生态环境、经济和社会发展造成了很大影响。

一、对中国农业可持续发展的综合评价

客观地讲,要对我国农业的可持续发展状况作出一个准确的评价,是一项非常困难的工作,其中涉及许多具体的评估技术与方法的问题。为了对此有一个基本的估计,我们首先建立了一个评估指标体系,然后根据这个指标体系对中国农业可持续发展现状作出了一个大致测算,以便我们对此有一个基本的判断和了解。

(一)中国农业可持续发展的评价指标体系

农业可持续发展作为一个综合性的大系统,决定了一套健全的农业可持续发展评价指标体系将涉及广泛,且具有多元性和复杂性。本书在借鉴国内外已有的相关研究(FAO,1991;中国科学院,1996;等等)的基础上,根据农业可持续发展的定义以及中国的基本国情,从农业可持续发展的主要内容出发提出了一套用于分析和评价中国农业可持续发展的指标体系(见表6-1)。该指标体系由三层子系统构成,一级指标为目标层,即农业可持续发展;二级指标为特征层,也就是农业可持续发展的三个主要特征,即生态可持续性、经济可持续性以及社会可持续性;三级指标为量化层,它的选取兼顾了二级指标的定义内容以及三级潜在指标的数据可获得性。通过层次分析法,我们逐级考虑下级指标对实现上级指标的重要性影响程度,从而最终勾勒出一级指标,

即农业可持续发展的进展情况。

表 6-1 农业可持续发展评价指标体系

一级指标 A	A 农业可持续发展		
二级指标 B	B1 经济可持续性	B2 生态可持续性	B3 社会可持续性
三级指标 C	C1 粮食总产量	C6 人均耕地面积	C11 农村居民恩格尔系数
	C2 农业增加值	C7 有效灌溉面积	C12 城乡居民收入比
	C3 农民人均纯收入	C8 森林覆盖率	C13 农民受教育水平
	C4 农用土地生产率	C9 化肥施用量	C14 农村每千人拥有病床数
	C5 农业劳动生产率	C10 农药施用量	C15 城镇化水平

第一层 A 代表农业可持续发展状况的综合指标;

第二层 B1、B2、B3 分别代表农业经济可持续性、农业生态可持续性和农业社会可持续性;

第三层 C1—C15 分别反映第二层指标的测量指标项。其中,农业经济可持续性指标主要由粮食生产总量、农业增加值、农民人均纯收入、农用土地生产率即单位耕地粮食产量以及农业劳动生产率即农林牧渔总产值除以农林牧渔从业人员数来反映;农业生态可持续性指标主要由人均耕地、有效灌溉面积、化肥施用量以及农药使用量来反映;农业社会可持续性指标主要由农村居民恩格尔系数、城乡居民收入比、城镇化水平即城镇人口占全国人口的比例、农民受教育水平——以每百名农业劳动力中中学教育程度人数表示以及农村每千人拥有病床数来反映。

(二)计算中国农业可持续发展综合指标值

本文采取层次分析法,基于 1985～2010 年的数据①,测算各年的农业可持续发展系数并判断自 1985 年以来我国农业可持续发展的状况。先对各项基础数据进行无量纲化处理(以 1985 年为基准),再对影响农业可持续发展的诸多因素的重要程度进行比较,并确定判断矩阵。

首先建立关于指标 A 的判断矩阵。由于农业可持续发展的指标体系是农业经济可持续、经济可持续和社会可持续的统一体,因此,根据 B1、B2 和 B3

---

① 数据来源:1986～2011 年中国统计年鉴和中国农业统计年鉴。

在描述农业可持续发展方面存在的程度差异,将 B1、B2 和 B3 分别进行比较,将它们在描述 A 状态方面所起作用程度的比值,用 1～9 比例标度表示出来,结果如表 6-2 所示①。

表 6-2　关于指标 A 的判断矩阵(A—B 矩阵)及其结果

A	B1	B2	B3	权重
B1	1.0000	2.8750	1.0208	0.3490
B2	0.7375	1.0000	0.3038	0.1488
B3	2.3333	3.7500	1.0000	0.5023

同理,建立相对于第二层指标的判断矩阵。根据第三层指标对描述相应第二层指标的重要程度的差异,分别构建对应判断矩阵 B1-C、B2-C 以及 B3-C,结果如表 6-3、表 6-4 以及表 6-5 所示。

表 6-3　B1-C 矩阵及其结果

B1	C1	C2	C3	C4	C5	权重
C1	1.0000	0.7440	0.7583	1.2583	1.1750	0.1339
C2	3.1250	1.0000	1.5000	2.4583	1.4583	0.2442
C3	2.6250	0.8333	1.0000	1.9583	1.0833	0.1888
C4	2.5625	1.3750	1.3958	1.0000	0.8000	0.1827
C5	3.5625	1.4583	1.8333	2.0000	1.0000	0.2504

表 6-4　B2-C 矩阵及其结果

B2	C6	C7	C8	C9	C10	权重
C6	1.0000	1.8000	1.7917	1.6667	1.8542	0.2028
C7	1.5833	1.0000	0.8750	1.7857	1.5357	0.1672
C8	1.8333	1.2500	1.0000	2.0357	1.7857	0.1957

①　感谢中国社会科学院农村发展研究所张军教授、党国英教授、杜志雄教授、张元红教授、冯兴元教授以及北京师范大学的李实教授、胡必亮教授和张琦教授等专家对各指标要素重要性的打分判断。

续表

B2	C6	C7	C8	C9	C10	权重
C9	2.1667	2.1875	2.1750	1.0000	1.0833	0.2075
C10	2.6458	2.2083	2.1667	1.3750	1.0000	0.2268

表 6-5 B3-C 矩阵及其结果

B3	C11	C12	C13	C14	C15	权重
C11	1.0000	1.3750	0.9583	2.5833	0.6750	0.1750
C12	1.0833	1.0000	0.5833	2.0833	0.6125	0.1419
C13	1.6250	2.0000	1.0000	3.0625	1.1458	0.2411
C14	1.0083	1.0417	1.1958	1.0000	0.3333	0.1245
C15	2.2500	2.7500	2.0833	3.5000	1.0000	0.3174

下面分别计算出各年农业经济可持续性、生态可持续性、社会可持续性以及综合指标——农业可持续发展的评定系数值。计算方法如下:

某年农业经济可持续性指标 B1 的评定系数 $= \sum_{i=1}^{5} C_i$ 的经济可持续性权重 $* C_i$ 该年的值

同理可算出农业生态可持续性指标评定系数和社会可持续性指标评定系数。然后计算农业可持续性指标 A 综合评定系数 $= \sum_{i=1}^{3} B_i$ 的权重 $* B_i$ 该年的评定系数。最后我们可以得到如下关于我国 1985~2010 年间农业发展可持续性综合评定系数的结果如表6-6所示。

表 6-6 中国农业发展可持续性综合评定系数(1985~2010 年)

年份	农业可持续发展的可持续性系数	经济可持续性系数	生态可持续性系数	社会可持续性系数
1985	1	1	1	1
1986	1.028770206	1.059103373	0.998359342	1.016498625
1987	1.137361183	1.156569916	1.063450318	1.145683605
1988	1.180022537	1.284882843	0.989566078	1.163350573
1989	1.202068070	1.351866118	0.944519912	1.174043861

年份	农业可持续发展的可持续性系数	经济可持续性系数	生态可持续性系数	社会可持续性系数
1990	1.269369693	1.539513572	0.931242884	1.181585736
1991	1.271103251	1.576364677	0.796991018	1.199203097
1992	1.314419847	1.695075014	0.790588253	1.204855932
1993	1.419791507	1.956710246	0.777050295	1.236859540
1994	1.624797928	2.528429173	0.769170905	1.250096587
1995	1.845725978	3.125080766	0.751529120	1.280599757
1996	2.001735245	3.442689739	0.871983305	1.334830600
1997	2.073755119	3.591287968	0.875536561	1.373911563
1998	2.130632168	3.669543930	0.873721746	1.433309857
1999	2.147831034	3.656000866	0.913871177	1.465066096
2000	2.174526902	3.678312936	0.913762246	1.502743112
2001	2.256823874	3.863398264	0.910135361	1.539059801
2002	2.342619018	4.061733727	0.901446772	1.574634018
2003	2.477463199	4.410913501	0.889305409	1.604072750
2004	2.814933896	5.351074824	0.907670683	1.617255395
2005	3.010508578	5.859716269	0.903428622	1.654464308
2006	3.144557508	6.198081526	0.899812266	1.687308362
2007	3.584164573	7.385780615	0.897214244	1.738048296
2008	4.050714734	8.672018678	0.900968085	1.772080757
2009	4.249606262	9.164873413	0.935492316	1.815377631
2010	4.718957038	10.46049722	0.931310145	1.850815369

(三)测算结果综合评价

自1985年以来,我国的粮食总产量、农业劳动生产率、农民人均纯收入均表现出递增的状态。我国的农用土地生产率虽然在20世纪90年代中期出现了一定程度的下降,但从2005年开始又逐步提高(见图6-1)。从总体上看,我国农业的经济可持续性仍表现出良好的发展态势(见图6-2)。

但是,我国的农业生态可持续性不容乐观,与作为基准的1985年相比呈现恶化趋势。我国的化肥和农药使用量逐年攀升,虽然对增加粮食产量和改

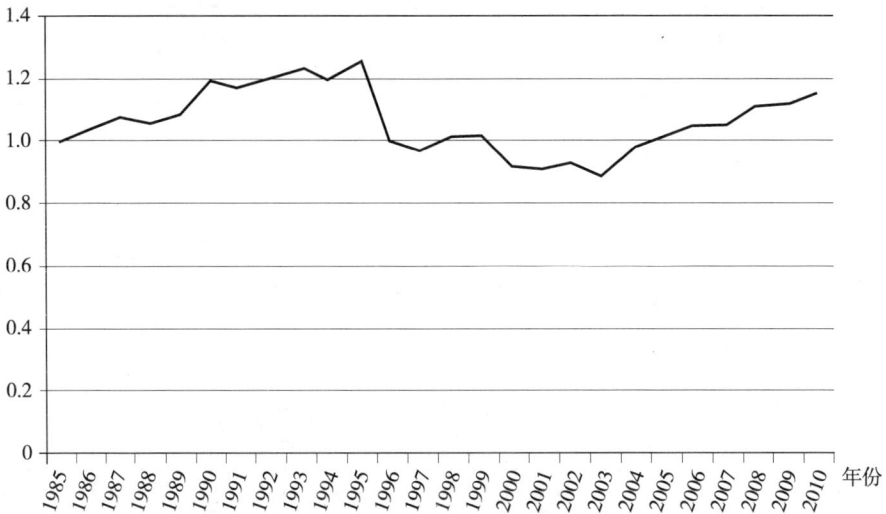

图6-1　农用土地生产率(1985~2010年)

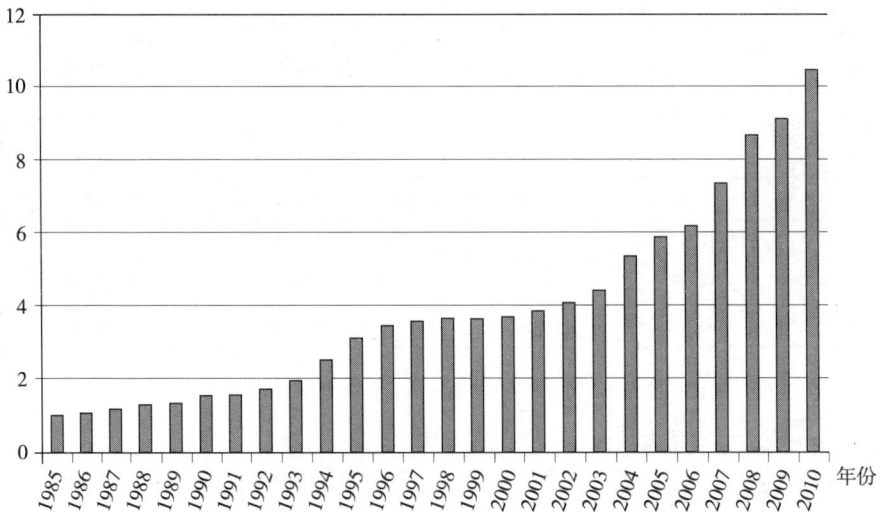

图6-2　我国农业经济可持续性(1985~2010年)

善土地生产率起到了重要作用,但同时也对生态环境造成了很大的负面影响,而且我国化肥的有效利用率很低。大量或超量施用化肥、农药以及化肥的低利用率造成了对水和土地资源的严重污染。另外,我国的耕地面积从20世

90 年代中期开始下降,虽然减幅不大,但考虑到我国人口众多、人口密度大、人地矛盾紧张的情况,耕地减少无疑会对农业的生态可持续发展造成不利的影响。我国的森林覆盖率虽然一直在增加,但增幅很小,人均森林面积和人均森林蓄积量均远低于世界平均水平。近年来,我国农业的有效灌溉面积虽有较大幅度的增加,但我国属于缺水国家,人均水资源只有 2220 立方米,且水资源的分布很不均匀,作为粮食主产区的我国北方地区的人均水资源只有 900 立方米,属于重度缺水地区。在用水总量中,我国农业用水约占 70%,而灌溉用水又占农业用水的 90% 左右。由于水资源的过度使用,目前我国正常年份缺水量近 400 亿立方米,其中农业灌溉用水缺 300 亿立方米。水资源的过度使用对经济和生态环境造成了严重的负面影响。

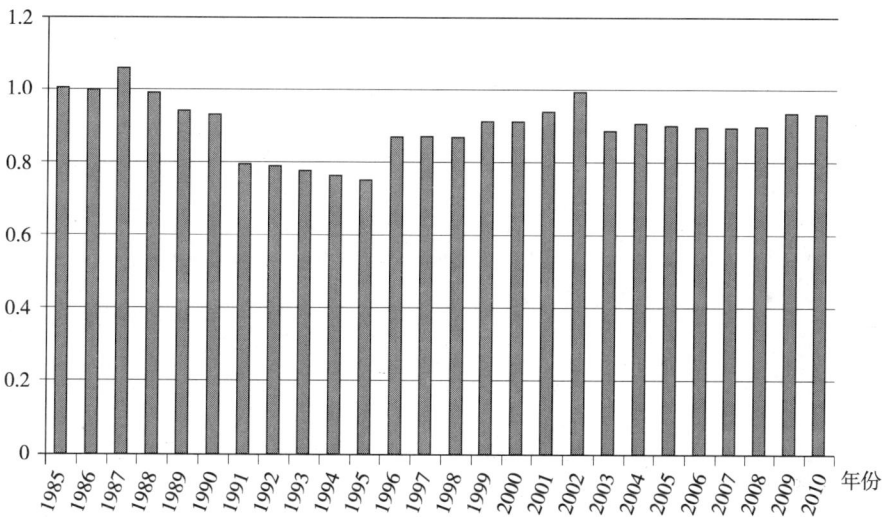

图 6-3　我国农业生态可持续性(1985～2010 年)

从总体上看,自 1985 年以来,我国农业的社会可持续性也在不断提高。农村每百个劳动力中接受中学教育的人数逐年提高,我国城镇化水平提高较快,大量农村剩余劳动力向城镇转移,农民就业渠道拓宽,收入结构逐步多样化,收入水平有较大幅度增加。城乡居民收入差距虽然总体上缩小,但是波动较大,20 世纪 90 年代初期一度缩小,90 年代中后期又有所扩大,2000 年后又开始缩小。农村居民恩格尔系数 1989 年小幅度降低后,一直保持较快的增长。我国农村居民的消费结构仍不尽合理,农民生活的富裕度仍需改善。此外,我国农村的基础设施和社会保障系统水平仍较低,农村每千人拥有医生数和拥有床位数自 1985 年来基本呈下降态势,2009 年后才开始有小幅上升。

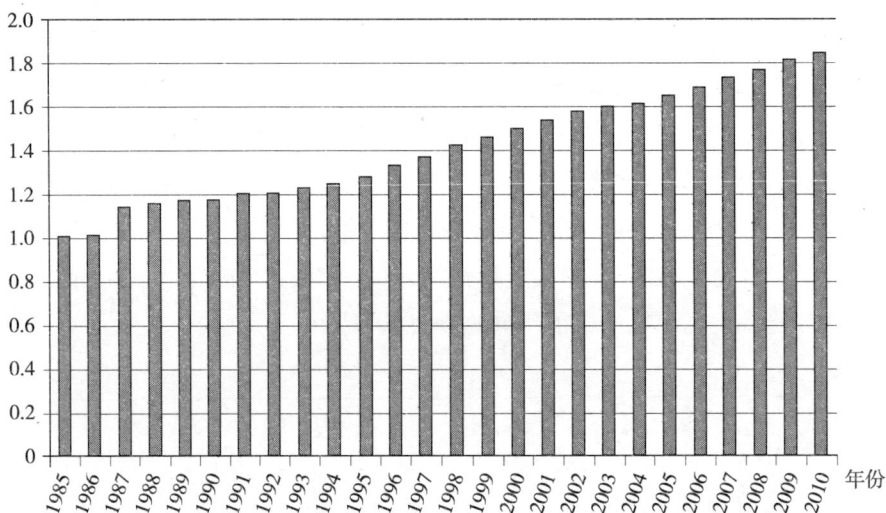

图6-4　我国农业社会可持续性(1985～2010 年)

综上所述,1985～2010 年,我国的农业可持续发展状况总体上看是不断改善的,农业可持续发展综合评定系数逐年上升。但是,仍不能忽略我国农业发展中存在的不可持续性因素。由于我国所处的发展阶段,决定了经济和社会的可持续性在农业可持续性判断中的重要影响,26 年来,我国这两方面的发展系数评定值均处于上升状态,人们对于经济和社会的关注也更多。在这种情况下,生态的可持续性更应该被警惕,毕竟农业的可持续性发展是一个包含经济、生态和社会的综合体系,在农业发展的过程中不能只追求经济利益的最大化而以牺牲环境为代价,而且大量的事实也已经证明了这种发展模式终将是不可持续的。

二、中国农业发展的现状简析

通过以上的初步讨论,我们对我国目前农业可持续发展的现状有了一个总体的基本了解。正如上文矩阵表所反映的那样,各具体要素在其中所发挥的作用是不一样的,我们下面具体地对此作出一些简单的说明与分析。

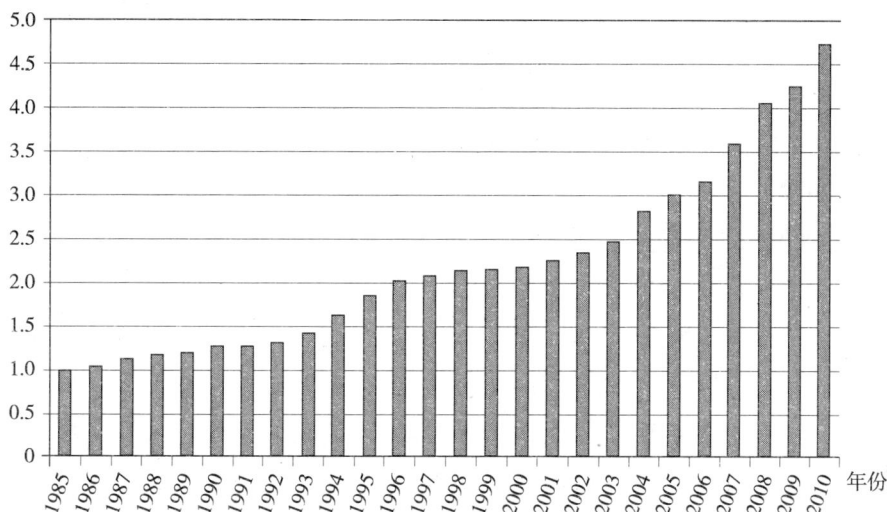

图 6-5　我国农业可持续发展（1985～2010 年）

（一）中国农业的生态可持续性分析

针对经济发展和生态保育之间的矛盾，国际上一般采取折中的对策，即以牺牲少量的经济效率来兼顾生态和经济发展的协调性。根据描述经济发展和环境之间关系的库兹涅茨环境曲线，在经济发展的过程中，环境会呈现先恶化后改善的规律性。目前，大多数发达国家已经越过了曲线中的拐点①，都在尝试牺牲一部分经济利益来获取较好的生态利益。然而对发展中国家来说，困难显然要大得多。发展中国家往往面临着生产力水平低下、人民生活贫困、农业产值在国民经济中占有较大的比重、农业生产规模小、机械化程度低、生产效率低等困难。另外，发展中国家还面临着生态环境的脆弱问题，发展中国家多处于生态环境脆弱的地区或国土面积中包括很大比例的生态环境脆弱带。多年来低水平的发展已经累计了许多环境问题，但迫于生存和经济压力，需要进一步发展经济，这将进一步危及生态安全。

中国的特点是人口包袱重，农民文化科技素质低，人均资源量很少，生态

① 中国可持续发展总纲：《中国农业可持续发展》，科学出版社 2007 年版，第 170 页。克鲁格曼（Gene Grossman）和克鲁格（Alan Krueger）根据统计分析得出，污染程度减轻的拐点约在年人均 GDP8000 美元～15000 美元。

环境的历史和现状都相当差,不具备发达国家那样的积累、资源禀赋和国际环境。在环境问题已成为全球性的大问题,世界生态环境状况绝不允许再像过去那样肆无忌惮的污染环境、破坏生态的条件下,中国不可能再走发达国家"先污染、后治理"的老路。摆在我们面前的现实状况是,必须要发展经济,否则无法满足人民最基本的生活需要,然而在落后的技术和经济基础上,快速常规的农业发展道路必然带来对环境的加速破坏。这种发展经济必然危及生态安全,保护生态则又降低发展速度,甚至还要加剧对有限经济资源竞争的"两难"困境必须要谨慎处之。

1. 耕地资源状况

"十一五"期间,全国通过土地整治新增耕地 150 万公顷①,超过同期建设占用耕地的面积,保持了耕地面积的基本稳定,对坚守 18 亿亩耕地红线起了至关重要的作用。2010 年,全国新增农用地 38.35 万公顷,其中新增耕地 37.37 万公顷,基本农田保护面积稳定在 15.6 亿亩以上②。

"十一五"以来,全国每年建设用地需求在 1200 万亩以上,每年土地利用计划下达的新增建设用地指标只有 600 万亩左右,缺口达 50%③。由此带来的工业化和城镇化占用耕地压力巨大。另外,据专家测算,按照 2030 年 16 亿人口计算,届时至少需要增粮 1.2 亿吨;同时随着各项事业的不断发展,我国耕地总量和人均量在今后相当长的时期内将继续减少。我国未来 50 年耕地面积至少将再减少约 3200 万公顷,届时人地矛盾将更加突出④。

而且我国还面临着土地荒漠化趋势扩大、水土流失严重、土壤污染和土壤盐碱化日益严重以及土地使用效率不高等问题,这些因素都将进一步恶化我国的土地资源环境。以土地沙漠化为例,近 20 年来我国沙漠化土地呈不断扩大趋势,2010 年全国沙化土地总面积为 173010.77 万公顷,占国土总面积的 18.03%。

---

① 中华人民共和国国土资源部网站,http://www.mlr.gov.cn/zygk/#。

② 国土资源部:《基本农田保护面积稳定在 15.6 亿亩以上》,中央政府门户网站,2010 年 12 月 6 日。

③ 徐绍史:《落实节约优先战略　加强资源节约和管理》,国土资源部网站,2010 年 12 月 7 日。

④ 中华人民共和国国务院:《国家中长期科学和技术发展规划(2006～2020)》。

专栏 6-1　"双保工程"在行动

继 2009 年"双保行动"之后,国土资源部在 2010 年启动实施"保经济发展、保耕地红线"工程,简称"双保工程"。"双保工程"在 2010 年行动以"稳增长、调结构、促转变、保红线"为主要任务,坚持保障发展和保护耕地、积极主动服务和严格规范管理相结合,着力转变土地利用方式,调整土地利用结构,提高土地节约集约利用水平;有效规范房地产市场运行,提高保障性住房用地供应,服务保障和改善民生;稳步推进土地管理制度改革,实现有效监管,维护土地管理法治秩序的稳定,坚守耕地红线。

"双保工程"2010 年行动实施以来,土地管理秩序持续向好,合理建设用地需求得到有力保障,用地结构进一步合理优化,土地节约集约利用方式不断提高,补充耕地和占补平衡监管进一步加强,耕地数量和质量有效提高。

资料来源:中华人民共和国国土资源部网站,耕地保护专栏,http://www.mlr.gov.cn/zygk/#。

2. 有效灌溉状况

我国的农田有效灌溉面积总体上稳定增加、灌溉水平不断提高,保证了我国农业生产的高效运行和农业的稳定发展。2010 年,全国有效灌溉面积增加到 6034.77 万公顷,其中旱涝保收面积达到 4235.82 万公顷。全国 70% 的低洼易涝农田、70% 的盐碱耕地和 1/3 以上的低产田得到不同程度的治理,农业抗灾能力增强,生产条件明显改善,灌溉耕地提供了全国 75% 的粮食、80% 的商品粮和 90% 的经济作物。农田水利设施为粮食产量从 1980 年的 3205.55 亿公斤增加到 2010 年的 5464.1 亿公斤提供了强有力的保障[①]。

表 6-7　1995~2010 年有效灌溉面积变化情况　　（单位:千公顷）

年份	1995	2000	2005	2010
有效灌溉面积	49281.2	53820.3	55029.3	60347.7

---

　①　中国社科院农村发展研究所、国家统计局农村社会经济调查司:《中国农村经济形势分析与预测》(2010~2011),社会科学文献出版社 2012 年版,第 191 页。

但是我国大部分农田水利设施兴建于 20 世纪 50～70 年代,而长期以来的重新建轻维护的投入结构使得许多水利工程老化失修、设备破损、服务功能严重退化。而许多小型农田水利工程设计标准低,配套不全,效率低下。另外,小农分散经营加上水利建设的外部性,使得农民水利建设投入积极性不高,灌溉用水定价机制落后,造成农业缺水与农户浪费用水的矛盾现象并存。

3. 森林资源状况

森林生态系统是陆地中最庞大的生态系统,在生物圈的能量转化和物质循环中起着关键作用,是自然界物质和能量转换的重要枢纽,是改善农业生态环境,促使农业生态可持续发展的关键,是农业生产的屏障。森林的生态价值远远超过其经济价值,在美国,有人估算林业的直接作用与间接作用价值之比为 1:9[1]。

我国 2010 年全国森林面积 1. 95 亿公顷,森林覆盖率 20. 36%,木材蓄积量 137. 21 亿立方米,人工林保存面积 0. 62 亿公顷,蓄积 19. 61 亿立方米。我国森林覆盖率只有全球平均水平的 2/3,排在世界第 139 位。人均森林面积 0. 145 公顷,不足世界人均占有量的 1/4;人均木材蓄积量 10. 151 立方米,只有世界人均量的 1/7[2]。

4. 农业化肥、农药等外源物资的使用情况

1998～2010 年,全国农业化肥施用量由 4085 万吨增加到了 5561. 7 万吨;单位耕地面积年均化肥施用量由 315 公斤/公顷增加到了 453 公斤/公顷。我国的耕地面积占不到世界的 1/10,但我国化肥的使用总量早在 2002 年就已达到 4339. 5 万吨,占世界的 30%。而且我国化肥的有效利用率很低,主要作物(水稻、小麦和玉米)的化肥当季利用率仅有 30%～35%,集约化蔬菜生产对氮肥的利用率只有 10%～20%,而发达国家化肥有效利用率可达到 70%～80%[3]。化肥施用量持续增加,为增加粮食产量作出了一定贡献的同时,也成为了现代常规农业污染的主要来源之一。

大量或超量施用化肥以及化肥的低利用率造成了对水和土地资源的严重污染。据估算,我国农田系统中仅化肥铵的淋洗和径流损失量每年就达 174

---

① 张世政:《森林——大地的保姆》,《云南林业》1988 年第 2 期。

② http://www. scio. gov. cn/xwfbh/xwbfbh/wqfbh/2009/1117/。

③ 《中国可持续发展总纲:中国农业可持续发展》,科学出版社 2007 年版,第 114 页。

万吨,长江、黄河和珠江每年输出的溶解态无机氮达到 97.5 万吨,成为近海赤潮形成的重要营养化。而太湖流域和京津唐地区地下水硝酸盐含量的超标率仅为 38% 和 50%[①]。

在农药施用方面,目前我国的平均农药施用水平为每公顷 13.95 公斤,是发达国家的近两倍。2010 年,我国农药的使用量达 175.8 万吨。其中,高毒、高残留的药种仍占相当比例。而且对生物有较大危害的除草剂的数量也在迅速上升,由以往只占农药总量的不到 1% 剧增为超过 10%。农民由于缺乏关于农药基本知识的培训,对病虫害综合防治的方法不熟悉,只能单纯地依靠加大农药使用来防治病虫。由于盲目地大量使用农药,使得某些农作物病虫的抗药性大幅度上升,从而陷入使用农药—产生抗药性—加大农药使用量的恶性循环,导致对环境污染、对生物多样性的影响以及对人类自身健康的危害。

1998～2010 年,我国农用塑料薄膜使用量从 120 万吨增加到 208 万吨,地膜覆盖面积从 967.39 万公顷增加到 1550.1 万公顷。我国农膜使用中不仅存在着用量大和质量差的问题,而且地膜厚度不达标,强度低,易老化破碎,回收十分困难。

表 6-8　1995～2010 年主要农用物资使用量　　　(单位:万吨)

年份	1995	2000	2005	2010
化肥	3593.7	4146.4	4766.2	5561.7
农药	108.7	128.0	146.0	175.8
塑料薄膜	91.5	133.5	176.2	217.3

数据来源:2011 中国农业统计年鉴。

(二)中国农业可持续发展的经济可持续性分析

当前发展中国家的当务之急是生存问题,但同时也要把生存、发展与资源、环境作为一个统一体来综合考虑,不能单纯地为了追求生存与发展而不顾节约资源和保护环境。发达国家对"可持续农业"的看法,更追求食品安全与营养,强调生活质量和资源保护、资源节约、资源的供需平衡以及生态环境的良性循环,即在满足社会可持续性和经济可持续性的同时,发达国家更

---

① 《中国可持续发展总纲:中国农业可持续发展》,科学出版社 2007 年版,第 114～115 页。

加重视农业发展的生态可持续性。对发展中国家而言,农业可持续发展是一种农业现代化进程中以发展为主要目标,同时也重视环境保护的持续发展。

中国作为最大的发展中国家,经济的可持续性是农业可持续发展的重要内容和目标。我国的农业可持续发展应该是一条具有中国特色的可持续农业发展道路。我国经济发展所处的阶段决定了我国追求的农业可持续发展是一种更加追求经济可持续性的发展,但同时还要维持社会可持续性和满足生态可持续性的基本要求,而不能以农业发展而牺牲环境为代价。

1. 粮食总产量

2008 年我国粮食总量已经超过了 1 万亿斤,人均粮食占有水平超过了380 公斤,远高于世界人均水平。2010 年全国粮食总产量为 54641 万吨,比2009 年增加 1559 万吨,同比增长 2.9%,实现了粮食产量连续 7 年增长,为保障粮食安全奠定了坚实的产量基础。

但是,随着城镇化、工业化的发展,在城乡居民的粮食消费结构发生着深刻变化的同时,粮食总需求仍在不断增长,这将对我国乃至世界粮食安全产生越来越大的压力。如图 6-6 所示,尽管我国粮食产量在不断增加,但是在国际市场上,中国粮食进口量仍在快速飙升,而出口量却呈波动性的下降趋势,由此可反映出我国粮食需求对国际市场的依赖程度日益增加的趋势。

2. 农业增加值

2010 年,第一产业增加值达到 40497 亿元(包括农林牧渔业增加值),比2009 年实际增长 4.3%。在第一产业增加值中,农业比重为 58.2%,比 2009年提高了 2.2 个百分点;林业比重为 4.3%,比上年降低了 0.2 个百分点;畜牧业比重为 24.9%,下降 1.8 个百分点;渔业比重为 9.6%,下降 0.1 个百分点。总体来说,农林牧渔增加值都只有小幅的变化,农业增加值占总增加值的一半以上,2000～2010 年的十年间占比共降低了 1.1 个百分点;牧业增加值和林业增加值小幅波动,共减少了 0.2 个百分点;渔业增加值共下降了 1.5 个百分点。

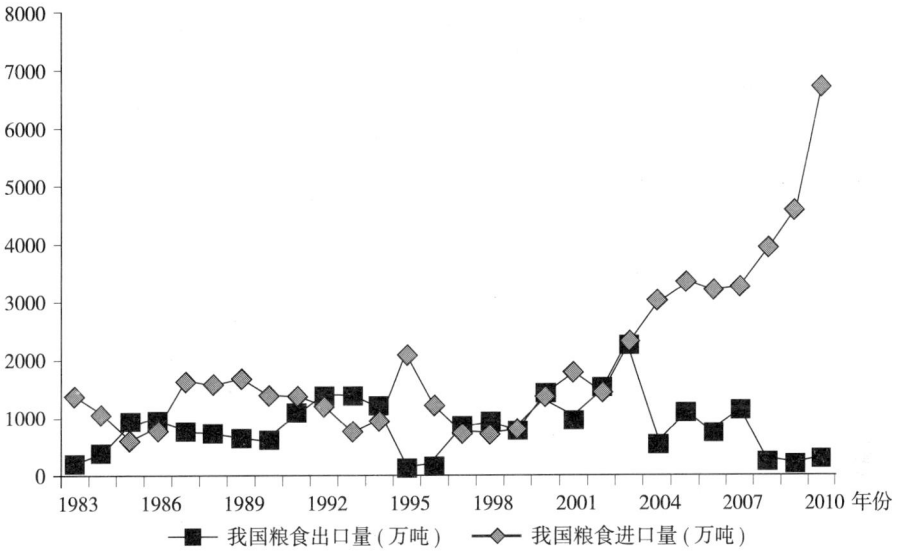

图6-6　1983～2009年我国粮食进出口水平

数据来源:中国棉花经济信息网,中国农业经济年度数据汇总(1983～2010)。

表6-9　农林牧渔业增加值构成　　　　　　　　(单位:%)

年份	农业增加值	林业增加值	牧业增加值	渔业增加值
2000	59.5	4.5	24.9	11.1
2001	59.2	4.3	25.6	10.8
2002	58.8	4.4	25.9	10.9
2003	55.6	4.8	26.8	10.3
2004	55.7	4.3	28.1	9.8
2005	55.3	4.2	28.2	10.1
2006	58.0	4.6	24.2	10.0
2007	55.9	4.4	27.2	9.5
2008	53.9	4.3	29.6	9.4
2009	56.0	4.48	26.7	9.7
2010	58.4	4.3	24.7	9.6

　　2010年,以增加值计算的农村产业结构中,第一产业比重为27.6%,与2009年持平;第二产业比重为55.7%,下降0.1个百分点;第三产业比重为

16.7%,上升0.1个百分点。

表6-10　农村三次产业增加值构成

年份	第一产业	第二产业	第三产业
1997	48.5	44.5	7.0
2000	35.3	50.4	14.3
2004	33.1	52.1	14.8
2006	29.6	54.8	15.6
2008	29.1	54.6	16.3
2009	27.6	55.8	16.6
2010	27.6	55.7	16.7

注:为保持历史数据可比性,本表第一产业增加值未包括农林牧渔服务业。

资料来源:中国社会科学院农村发展研究所、国家统计局农村社会经济调查司:《中国农村经济形势分析与预测》(2010～2011),社会科学文献出版社2012年版,第73页。

3. 农民人均纯收入

近年来,国家实施了多项增加农民收入的政策,积极拓宽农民就业渠道,保障了农民收入的持续增长。2010年,农民人均纯收入5919元,比2009年增加766元,实际增长10.9%,增速比2009年提高2.4个百分点。农民人均纯收入中,家庭经营纯收入2833元,比2009年增长12.1%,其中第一产业纯收入人均2231元,增长12.2%。工资性收入人均2431元,增长17.9%。在工资性收入中,外出务工收入人均1015元,增长19.4%。财产性收入人均202元,增长21%。转移性收入人均453元,增长13.8%。从表6-11可见,家庭经营纯收入占农民人均纯收入的比重逐年下降,而工资性收入、财产性收入以及转移性收入占比都逐年增加,其中工资性收入有可能超越家庭经营纯收入,成为未来农民的主要收入来源。

表6-11　农村居民纯收入构成变化　　　　　（单位:%）

年份	家庭经营纯收入	工资性收入	转移性收入	财产性收入
2005	56.7	36.1	4.5	2.7
2006	53.8	38.3	5.0	2.8
2007	53.0	38.6	5.4	3.1

年份	家庭经营纯收入	工资性收入	转移性收入	财产性收入
2008	51.2	38.9	6.8	3.1
2009	49.0	40.0	7.7	3.2
2010	47.9	41.1	7.6	3.4

资料来源:中国社会科学院农村发展研究所、国家统计局农村社会经济调查司:《中国农村经济形势分析与预测》(2010~2011),社会科学文献出版社 2012 年版,第 127 页。

　　农民人均纯收入中,家庭经营纯收入的逐年下降,主要是由农民家庭经营中从事第一产业的收入的减少造成的,相反,农民家庭经营从事农村第二产业以及第三产业创收能力在逐年增加。工资性和二、三产业收入的发展速度远远超过种植业,使农民收入结构逐步改变单纯依赖种植业的落后状况,形成全面发展的生产格局。

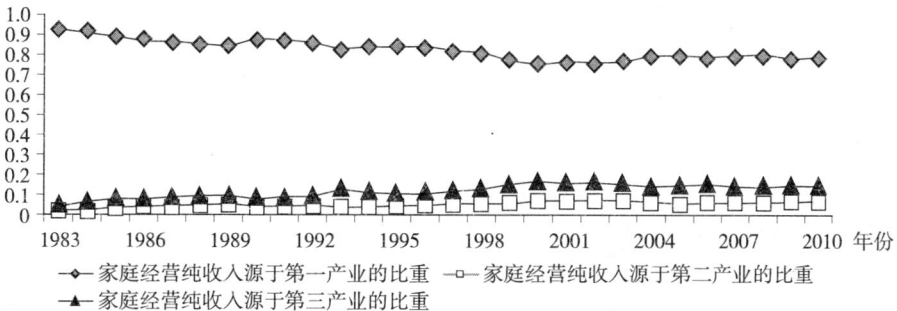

图 6-7　农民家庭经营纯收入来源分解

数据来源:1984~2010 年中国统计年鉴。

　　这与中国农村三次产业劳动力就业结构的变化相吻合,从 2000 年到 2010 年,农村劳动力中从事第一产业的劳动力占比从 73.7% 降低到 62.2%,而第二产业和第三产业农村劳动力占比分别从 14.4% 和 11.9% 上升到 17.3% 和 20.5%。

　　4.农用土地生产率

　　2010 年,粮食单产为 4973 公斤/公顷,比上年增加 103 公斤,增长 2.1%。因单产提高而增产粮食 1118 万吨,对粮食增产的贡献率为 71.8%;因播种面积扩大增产粮食 441 万吨,对粮食增产的贡献率为 28.2%。棉花单产为

1230.9公斤/公顷,比上年下降4.4%;油料单产为2318.5公斤/公顷,比上年提高0.3%①。

5.农业劳动生产率

农业机械化水平快速提高,2010年全国农业机械总动力达9.28亿千瓦②。农机装备结构持续优化,重点农作物和关键环节农具大幅增加。农业科技进步步伐加快。农业投入大幅度增加。2010年,国家共安排支持农业生产资金1019.8亿元,比上年增加27.8%③。加上农药、化肥、良种等现代投入品的大量使用的改进,农业劳动生产率大幅提高,抵消了劳动力数量减少的不利影响,保持粮食连年增产。

(三)中国农业可持续发展的社会可持续性分析

农业与农村的可持续发展是我国可持续发展的根本保障。中国农业与农村要摆脱困境,必须走可持续发展的道路。实践证明,没有持续发展的农业,就没有可持续发展的工业;没有繁荣的农村,就没有繁荣的城市;没有农民的小康富裕,就没有全国人民的小康富裕。"三农"问题始终是中国可持续农业与农村发展的核心内容。农村要全面进步、全面发展、全面提高,要用现代科学和现代工业来装备农村,用现代科学来管理农村,这是我国农业社会可持续性的客观要求。

1.城乡居民收入比

中国城乡居民之间收入差距悬殊,20世纪90年代以来,这一差距在不断扩大。近年来,政府出台了大量支农政策,不断增加惠农补贴,这些措施促进了农民增收,终于在2010年农村居民收入实际增速自1998年以来首次快于城镇居民收入的实际增速,2010年农村居民人均纯收入比上年实际增长10.9%,城镇居民人均可支配收入比上年实际增长7.8%。2010年,城乡居民收入差距虽有所缩小,由2009年的3.33∶1下降到3.23∶1,但是城乡收入差距仍然很大。

---

① 中华人民共和国农业部:《2011中国农业发展报告》,《2010年农业发展状况》,第3页。
② 中华人民共和国农业部:《农业机械化发展第十二个五年规划(2011—2015年)》,中央政府门户网站,2011年9月9日。
③ 中华人民共和国农业部:《2011中国农业发展报告》,《2010年农业发展状况》,第4~5页。

2010 年,农村居民内部收入分配差距略有缩小,农民人均纯收入的基尼系数为 0.3783①,比上年下降 0.0067,是 2000 年以来继 2006 年的小幅下降后的第二次下降。

2. 恩格尔系数

恩格尔系数是家庭居民食品消费支出占家庭消费总支出的比重,可用来综合衡量城乡居民消费和生活水平之间的差距。2010 年,农村居民人均生活消费支出 4383 元,比 2009 年增加 388 元,实际增长 5.9%。其中,食品消费支出为 1801 元,增长 10.1%,恩格尔系数为 41.1%,比 2009 年提高 0.1 个百分点,而城镇居民家庭消费的恩格尔系数为 35.7%,比 2009 年下降了 0.8 个百分点。由于农村消费价格上涨一直高于城市,农村居民的实际生活水平还将会大打折扣。

在食品消费结构中,农村居民人均粮食消耗量高于城市人均粮食消耗量,而农村居民人均消费蔬菜、猪羊牛肉、蛋奶等高营养的水平都低于城市人均消费量。受价格上涨因素影响,农村居民主要食品消费量普遍有所减少,反映农村食品消费价格弹性较高,因为农民收入仍处于较低水平,使得必需消费品呈现出非必要消费品的弹性特征。

3. 城镇化水平

20 世纪 90 年代以来,中国的城镇化水平稳步提高,2010 年城镇化比率已达 47.6%(城镇人口占全国总人口的比重)。但是,中国的城镇化水平仍严重滞后于相应的发展水平。中国产业结构偏差的一个重要方面是第三产业发展严重不足和第一产业容留了更多劳动力就业,而城市是第三产业发展的主要依托,因此,进一步提高城镇化率将是改变中国产业结构和就业结构偏差的重要途径。

4. 农民受教育水平

我国农村劳动力受教育水平正在逐年提高,如图 6-9 所示,每百名劳动力中文盲和半文盲人数自 20 世纪 80 年代以后逐年减少,小学文化水平的劳动力比重在经历小幅上升后持续下降,而初中以上文化水平的劳动力比重在

① 中国社科院农村发展研究所、国家统计局农村社会经济调查司:《中国农村经济形势分析与预测》(2010～2011),社会科学文献出版社,第 3 页。

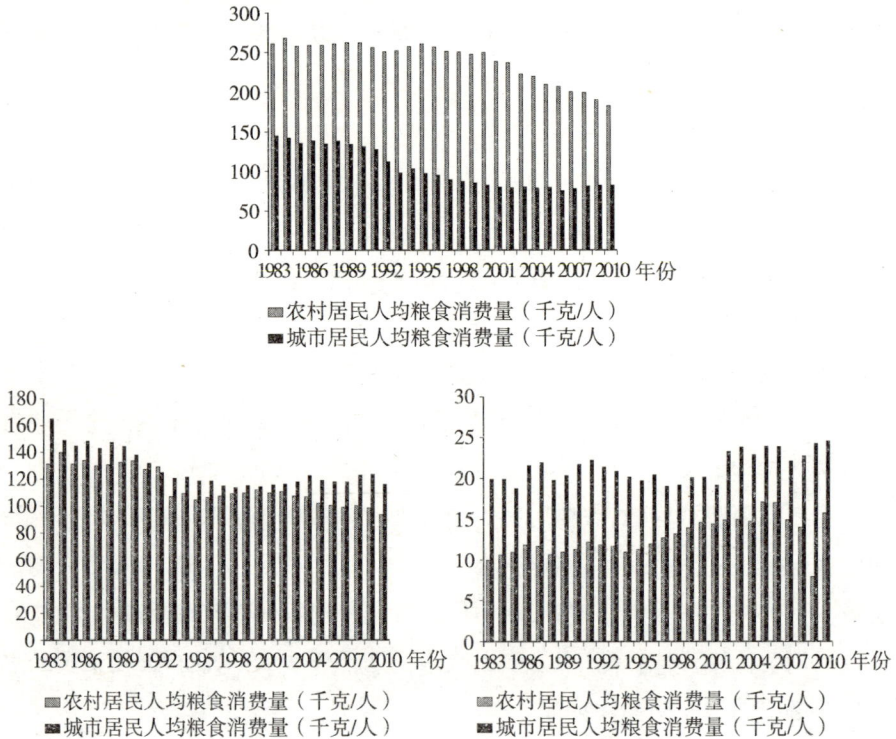

图 6-8 城乡居民人均食品消费量比较

数据来源:中国棉花经济信息网,中国农业经济年度数据汇总(1983~2010年)。

农业发展过程中不断增加。

在我国当前面临城镇化发展滞后等因素导致的农业剩余劳动力转移受到限制的情况下,农业剩余人口的解决必须立足于农业本身的发展。而农业自身的发展又必须依赖于农业的现代化,推动农业现代化则需要有大量高素质的农业人口。我国农业人口素质虽然在不断提高,但是仍难以满足实现农业可持续发展的要求。

5. 农村基本医疗保障

自1985年以来,我国农村居民每千人拥有的医生数和床位数总体上呈现出下降趋势,虽然2009年开始有所提高,但幅度不大,远不能满足农村社会发展的需要。而我国农村居民医疗保健支出比重则持续上升,2009年和2010年的支出占比7.2%和7.4%分别超过了城镇居民水平7.0%和6.5%。2010

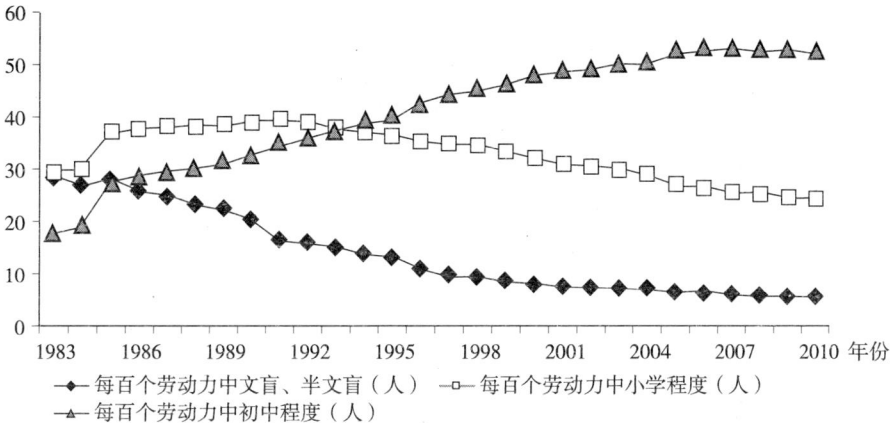

图例：
—◆— 每百个劳动力中文盲、半文盲（人）　—□— 每百个劳动力中小学程度（人）
—▲— 每百个劳动力中初中程度（人）

图 6-9　农村劳动力受教育水平

数据来源：1984~2011 年中国农业年鉴。

年,农村居民医疗保健支出 326 元,比上年增长 13.4%,同年,农民人均纯收入实际增长率为 10.9%。医疗消费加重了农民的生活负担,如果没有政府部门的补贴支持,农民看病难的问题将直接影响到农民生活水平的提高。

第三节　促进中国农业实现可持续发展

在农业可持续发展三个子系统中,生态可持续性有利于农村生态环境的绿色循环,经济可持续性有利于农业经济的蓬勃发展,社会可持续性有利于农民生活质量的普遍提高。我国农业的发展能否成功地实现从传统农业模式向可持续农业模式转变主要取决于这三个方面能否相互促进、协调统一的发展,缺少任何一个支柱,都可能使农业可持续发展脱离正确的轨道,都可能重蹈历史覆辙,给人类社会带来惨痛的代价。

一、促进中国农业可持续发展政策建议

实证分析结果显示,在 1985~2010 年的中国农业发展历程中,农业可持续发展水平总的来说是不断上升的,其中,生态可持续发展能力先是恶化后虽经改善,但仍受限于最初的生态可持续发展水平,经济可持续发展比社会可持续发展的前进步伐更加强劲。下文将就如何改进中国的生态可持续发展的能

力和加快社会可持续发展的进程,以及如何维持经济可持续发展的可持续性分别提出一些相应的政策建议。

(一)促进中国农业的生态可持续发展

提高中国农业的生态可持续性,重在建设资源节约型、环境友好型的农业发展方式。我国农业自然资源的使用存在着短缺与浪费、低效与污染并存的问题,所以保护自然资源的基本宗旨是高效使用、减少污染。

1.保护现有耕地,控制非农占地,开发后备资源

土地资源是农业生产的载体和资源利用的重点,必须切实保护好耕地资源,保护耕地就是保护农业生产。我国人均耕地 0.1 公顷,还不及世界平均水平的 1/3,仅相当于澳大利亚的 1/34,加拿大的 1/20,美国的 1/8,印度的 2/5[①]。作为农业大国,耕地资源却极度贫乏,随着工业化的进一步推进和城镇化进程的进一步发展,我国人均耕地数量还呈持续减少趋势,这就决定了在农村生态环境管理中,重中之重应是耕地数量的控制。

控制耕地数量的首要任务是严格保护现有耕地,加大《中华人民共和国土地管理法》和《基本农田保护条例》的宣传力度,让农民知法守法,不违法占用耕地,划定基本农田,实行永久保护。在土地非农使用中,大力推进土地有偿使用制度改革,对非农占用的耕地要严格征收土地占有税和土地复垦、补偿费,建立单位 GDP 和固定资产投资规模增长的新增建设用地消耗考核和成果应用制度体系,促使土地集约利用,缓解建设用地对耕地的压力。国家还应积极投入对耕地后备资源如荒山、荒坡、荒地、荒滩等的开发,争取做到"先补后占",以保证耕地存量动态平衡。更重要的是,从我国基本国情出发,我们在严格控制耕地数量之余,要更加积极地改善耕地质量,提高土地生产力。

2.合理规范使用土地和农用外源物资,防治土壤污染和土质退化

我国耕地资源不仅数量上呈减少趋势,日益加重的耕地土壤被污染和不断的土质退化更令我国农业生态可持续状况雪上加霜。所以,在控制耕地数量的同时,还应科学规范用地以及合理使用外源物资以防治土地退化和土壤污染。

在科学用地方面,首先要因时因地制宜,水处者渔,山处者木,谷处者牧,

---

① 王敬国主编:《资源与环境概论》,中国农业大学出版社 2002 年版。

陆处者农,尽量按照使土地使用价值和使用寿命最大化的目标来合理安排农业生产格局。在充分利用土地资源的同时还要注重保养,做到用养结合,维持土壤肥力。不要为了追求农业高效生产而不顾生态环境承受力,而大力使用农药、化肥等外源物资,逐步减少与规范化肥、化学农药和生长调节剂的使用,通过开发可多次使用和回收利用的材料,以替代或减少农膜等的使用。

在治理土壤污染方面,要提高农业土壤污染源监测水平,严格控制土壤环境污染源,尤其是降低经济发达地区周边发生的污水灌溉污染耕地、固定废弃物堆存占地和毁田,以及重金属污染等。对各种农产品加工产生的废弃物应尽可能物尽其用,通过合理开发延长产业链条,最后不能利用的终极废弃物要制成有机肥料或饲料返回农业生产中去。

在治理土地退化方面,严格执行修订后的《中华人民共和国水土保持法》,强化地方政府水土保持责任,突出水土流失预防保护,加强水土流失综合治理。森林作为农业生态系统的支柱,是农业生产的"水库"和"调节器",是保护生物多样性,防治水土流失和土地荒漠化的重要媒介,这使得通过植树造林、退耕还林扩大森林面积,提高林地在农业用地中的比例对于维护生态可持续性具有重要的意义。同时,还应注意合理安排林业内部结构,加强对森林资源的管理,按照农业生态平衡的需要,合理安排森林资源的开采、利用,维护生物多样性,维护生态系统的稳定。

3.完善农田水利设施,提高农业用水效率

水是农业的命脉,农业用水占世界水资源总量的70%,中国灌溉用水量占农业用水量的90%以上。农田水利设施是农业生产的命脉,完备的农田水利设施不仅可以为农业生产提供充足的水源,还有利于提高农田抗御水旱灾害的能力,保障农业的生态可持续发展和经济可持续发展。但是,我国大部分农田水利设施兴建于20世纪50—70年代,现在小型农田水利工程的平均完好率仅为50%[①],实际灌溉面积远低于设计灌溉面积。

为达到农业水资源的高效利用,实现农业可持续发展,现代化的农田水利设施及其配套体系必不可少。在农田水利设施建设投入方面,建立多元化的

---

① 中国社科院农村发展研究所、国家统计局农村社会经济调查司:《中国农村经济形势分析与预测》(2010~2011),社会科学文献出版社,第197页。

投入机制,以政府投入为主导,并采取多种方式拓宽农田水利设施建设的投融资渠道,带动民间组织以及个人的自愿参与投入。在农田水利设施建设技术方面,学习国外节水灌溉先进技术,逐步在全国范围内推广喷灌、滴灌、渗灌等各种节水灌溉技术,改善农区水资源分布格局和存量,提高农用水保证率和抗灾率。在农田水利设施管理服务方面,应分配适当的资金用于维护已建水利设施,改变以往重建设轻维护的问题;积极探索和推行"超定额累进加价"、"丰枯季节水价"等科学的计价制度,促进农业高效用水;加强农业部门与水利部门的协调和合作,共同加强对农用水资源的管理,优先确保基本农田的用水需求,逐步使农区水源的水质分别达到农村人畜饮用、水产养殖和农用灌溉的质量标准。

(二)促进中国农业的经济可持续发展

农业的经济可持续发展水平逐年稳速提高,但仍存在不少亟待解决的问题和改善的空间,如人口增长、城镇化推进以及居民食品消费结构变化等带来的新的粮食挑战,农业产业结构和就业结构偏差阻碍农民增收能力的提高等。

1. 保障粮食安全,奠定经济可持续发展基础

保障粮食安全是社会其他方面寻求可持续发展的前提。只有保证所有的人在任何时候都能享有充足的粮食,人们才能够致力于追求经济社会的进一步发展。所以农业生产的首要任务就是保障粮食安全。虽然近年来,粮食总产量在持续增加,但是国内资源难以支撑粮食需求的现状仍然严峻,过度依赖国际市场带来的政治安全问题并不乐观。

在粮食生产方面,农民追求经济收益最大化和种粮收益微薄之间的矛盾使得农业自动调节解决粮食安全问题失灵,政府应该积极干预,制定有利于种粮效益的政策,提高粮农种粮积极性。努力改进和推广适合于不同类型地区的成套综合增产技术,使优良的品种,栽培技术,科学施肥、灌水、植保技术和耕作制度等因地制宜配套起来,充分发挥各项技术设施的增产效益。通过调整农业产业结构,将粮食生产向专业化方向发展,将小农户向粮食专业户逐步集中,以提高规模生产效益。

2. 优化农业生产结构和农村劳动力就业结构,走农业产业化道路

1985年至今,虽然全国农业生产快速增长,农业总产值快速增长,但是农业总产值占国民生产总值比重在不断降低,而且随着经济的发展,农业总产值

对国民生产总值的贡献率继续降低是必然趋势。农业作为拉动农林牧渔增加值增长的最主要因素对农民纯收入增加的拉动作用却在日益减弱。我国农业经济效益低,农民纯收入相对增长缓慢最重要的一条原因是农产品的生产链条短、附加值低。发达国家农产品加工的数量一般占农产品总量的80%,而我国只占20%左右。而城市化的推进决定了农村剩余劳动力的转移不可能一蹴而就,决定了未来还将有大量农村劳动力滞留在农村另谋农业以外的出路。所以改变农业生产结构和农村劳动力就业结构是提高农民收入促进农业经济可持续发展的必然途径。

解决这些现实问题根本出路就在于引导我国农民围绕市场需求优化升级农业产业结构,走农业产业化道路。农业产业化是在更大范围内和更高层次上实现农业资源的优化配置和生产要素的重新配合,其本质是以市场为导向,以企业为龙头,实现区域化布局,建立专业化生产基地,以基地连农户,形成产加销,农工商一体化经营,最大化农业体系经济效益。农副产品的加工转化是解决产品过剩和农业增值的根本环节,农村产业类型只有实现由农业主导型向工业主导型的转变,农业劳动者实现由身份农民向职业农民的转变,才能真正实现农村经济结构向更高层次的转型与升级,才能把我国农业产业化经营提高到一个更高的水平,才能实现真正意义上的农业经济可持续发展。

专栏6-2　利津县凤凰城街道"一村一品"富农家

"藕与泥鳅混养,藕叶能为泥鳅遮阴避光,泥鳅能松软土质、制造肥料。去年,俺10亩池藕纯收入8万多元……"近日,正在整修藕池的山东省利津县凤凰城街道西冯村村民王德新高兴地介绍说。王德新只是该街道一村一品工程的众多受益者之一。目前,全街道80%以上的村发展起了自己的特色产业,打响了一批"绿色、有机、环保、健康"的农产品特色品牌。去年,该街道农民人均纯收入达到9500元。

近年来,凤凰城街道坚持以政府为主导,发挥农业特色资源和城郊优势,先后培植了双高葡萄、西朱草莓、东潘苹果等特色种植基地,发展了大胡肉鸭、东孙蛋鸡、常家生猪、大高鹌鹑等一大批特色养殖村。同时,该街道还大力推广"基地+农户+合作社"的农业生产模式,引导成立了11家农民专业合作社,带动 2000 余户群众进入了产业链经营。

资料来源:李东乾、张永艳:《利津县凤凰城街道"一村一品"富农家》,《农民日报》2012 年 4 月 18 日第 3 版。

3.加快科技推广,提高农业劳动生产率

从传统农业模式向可持续农业转变最大的挑战就是要在追求农业经济增长以摆脱贫困的同时,长期确保农产品有效供给靠继续消耗农业水土资源余地越来越小,靠不断增施化肥农药越来越难以为继,那么,实现农业经济持续稳定发展的根本出路就在于借助科学技术提高农业资源使用效率和农民劳动生产率,科学技术是农业发展的强大动力。要实现农业发展,关键是加快农业技术的推广和应用。

农民是农业生产的直接参与者,是农业技术推广的实践者。提供农民技术培训机会,协助农民应用科学技术于实践,是使科技发挥生产力作用的关键所在,也是提高农业劳动生产率的主要途径。建立多元化的灵活高效的推广机构,以技术推广应用为核心,形成全方位的农业推广服务体系;健全相对完备的县、乡、村三级农技咨询与推广体系,并赋予其独立的权力和职能;建立人、财、技、物相匹配的农业推广的运行机制,使科研、推广、生产相互无缝衔接,从而在农业生产实践中发挥科学技术的强大生产力。

(三)促进中国农业的社会可持续发展

农业社会可持续发展虽然不如经济可持续发展进步显著,但总体来说,近年来政府大量的支农惠农政策对于突破城乡二元结构提高农民生活水平还是取得了一定的成就。但是城乡居民贫富差距以及生活水平差距仍然较大,这对农业社会可持续发展造成了严重的威胁。

1.缩小城乡收入差距,提高社会公平

20 世纪 80 年代以来,除极少年份外,农民收入增长一直低于城镇居民收入增长,积累了巨大的城乡居民收入差距。经济基础决定上层建筑,农民经济水平直接影响农民维护其政治权利和追求社会公平的能力。所以提高农民收入水平,不仅是促进农业经济可持续发展的必由之路,还是实现农业社会可持续发展的必然选择。

提高农民收入水平,首先要解决农村剩余劳动力的就业问题,农业内部转移的空间有限,重点在于发展二、三产业,根据发达国家经验,每增加一个二产人员,将增加2~3个三产人员①。其次,加大政府支农力度,解决农民增产不增收的突出现象。再次,发展小城镇,促进农民生活向城镇迁移,转变身份农民为职业农民,增加农户家庭农业外收入来源。

2.加大教育投入,充分挖掘农业可持续发展的潜力

加大农村教育投入,提高农村人口素质,有利于科学技术在农业生产中的推广实施,因为农民才是最终把科研成果用于实际农业生产活动的践行者;有利于深化普及环保意识,保持农村社会的村容整洁,避免为了短期利益过度开发生态资源,损害后代子孙赖以生存的资源环境;有利于减少农村人口增长率;有利于减少文盲或半文盲的数量,有利于农业剩余劳动力在城镇化的进程中更好地向非农就业转移,减少转型过程中结构性失业的人数,从而在社会安定的大背景下实现农业可持续发展和我国的经济转型。

投资发展农村教育主要包括:发展农村的文化知识教育,防止增加新的文盲和半文盲;发展农村的职业教育,为农村发展培养实用型人才;发展农村专业技术教育,在科技推广的过程中对农技人员进行专业技术培训。通过发展农村教育,提升农业发展软实力,为农业可持续发展从劳动密集型向科技密集型转变提高人力资本。

3.完善社会保障制度,提高农民生活质量

完善农村社会管理和社会配套制度,有助于农民提高增收能力,有助于提高农民生活消费水平,保证农民安居乐业,促进社会公平正义,为农民生活提供一个安定、和谐、有保障的可持续的社会环境。

在农民就业方面,提供就业培训,有利于一部分农民更好地应用科学技术,也有利于缓解农村剩余劳动力转移中的摩擦性失业和结构性失业;在医疗体制上,提高农村社会的医疗水平,组织送医进村,改善农村卫生机构的条件,确保在改善农村生态环境的同时提高农民自身的身体素质和健康水平;在社会福利方面,提高养老保险和最低生活保障在农村的覆盖率,确保农民的基本生活质量,而不被经济社会的高速发展掉队,有利于农村社会的和谐稳定发展。

---

① 吴传钧主编:《中国农业与农村经济可持续发展问题》,中国环境科学出版社,第273页。

二、前景展望

实施农业可持续发展战略,推广农业可持续发展模式,走可持续发展之路,具有重大的理论和现实意义:一是有利于缓解世界面临的严重的生态问题,实现资源永续利用,改善和优化人类的生存环境;二是有利于确保国家粮食安全和主要农产品有效供给,确保人类健康;三是有利于促进农业增产、农民增收、农村繁荣,为经济社会全面协调可持续发展提供有力支撑。展望我国现代集约持续农业的发展进程,我国农业必将实现经济与生态协调发展,经济效益、社会效益与生态效益同步增长的可持续发展。

(一)传统农业向生态农业转化,实现农业生态可持续发展

生态化是农业可持续发展的必然趋势,也是可持续农业与传统农业、石油农业的根本区别。我国农业的发展趋势必然是把农业经济和社会发展建立在资源环境可承受能力的基础之上的,必然会从传统以牺牲农业生态环境为代价的农业发展模式向注重防止污染、改善环境、维护生态平衡的发展转变。

随着经济的高速发展,人民生活水平的提高,人们对农业无公害产品、绿色产品以及有机产品等需求将与日俱增,从而促使农业生产向循环农业和生态农业模式转变。大力推广和应用最新科学技术成果,不仅能够大幅度提升农业生产效率,还将大幅改善农业生态环境,呈现一幅人与自然和谐相处的生态景象。

(二)单一粗放经营农业转向农业产业化集约经营,实现农业经济可持续发展

实现农业产业化经营,实质是将农业增长方式从粗放经营向集约经营转变,它是解决资源有限和经济发展矛盾的根本途径,对于实现我国农业可持续发展有着重要的意义。与发达国家相比,我国农业产业化当前还处于初级阶段,还有很大的发展空间;同时,积极鼓励和扶持农业产业化发展,因地制宜地探索农业产业化的相关机制体制,提高农业产业效益和农民市场竞争力,是我国新阶段实现农业现代化,促进农业可持续发展的必然选择。

实现农业产业化,提高农业专业化和集中化程度,把农业产供销过程的各个环节纳入同一个经营内,深化我国农工商一体化程度,形成经济利益共同体,提高农民市场参与度,完善利益的合理分配机制,使农民能够共享经济发展的成果,农业经济体系能够自我维持和自我发展,最终实现农业经济可持续

发展。

（三）城乡经济社会一体化，实现农业社会可持续发展

随着我国农业可持续发展的推进，全面实现城乡经济社会一体化是必然趋势。按照十七届三中全会的决议，农村发展方面的主导是统筹城乡发展，建立城乡经济社会一体化新格局。

实现农业可持续发展的最终目标应该是实现城乡经济社会一体化，主要体现在基本消除城乡居民收入水平和实现基本公共服务的均等化两个方面。全面推进和完成城乡一体化各项配套改革，进一步完善以工促农、以城带乡的体制机制，扩大公共财政覆盖农村范围，发展农村公共事业，使广大农民学有所教、劳有所得、病有所医、老有所养、住有所居，最终实现农业社会可持续发展。

参考文献

程序:《中国可持续发展总纲——中国农业与可持续发展》,科学出版社 2007年版。

国家计委、国家科委:《中国 21 世纪议程》,中国环境科学出版社 1994 年版。

国土资源部:《基本农田保护面积稳定在 15.6 亿亩以上》,中央政府门户网站,2010 年 12 月 6 日。

海金玲:《中国农业可持续发展研究》,上海三联书店 2004 年版。

黄季焜:《对农民收入增长问题的一些思考》,《经济理论与经济管理》2000 年第 1 期。

刘彦随、吴传钧:《农业持续发展研究进展及其理论》,《经济地理》2000 年第 1 期。

刘巽浩:《持续农业种种谈》,《世界农业》1992 年第 1 期。

李文华、杨修:《环境与发展》,科学技术文献出版社 1994 年版。

罗必良、李大胜、王玉蓉:《中国农业可持续发展趋势、机理及对策》,山西经济出版社 2000 年版。

潘云:《中国大地的压力》,山西经济出版社 1996 年版。

王敬国:《资源与环境概论》,中国农业大学出版社 2002 年版。

吴传钧:《中国农业与农村经济可持续发展问题》,中国环境科学出版社 2001年版。

徐绍史:《落实节约优先战略 加强资源节约和管理》,国土资源部网站,2010年 12 月 7 日。

朱丕荣:《"持续农业"研究的新趋势》,《世界农业》1992 年第 1 期。

中国社科院农村发展研究所、国家统计局农村社会经济调查司,《中国农村经济形势分析与预测(2010~2011)》,社会科学文献出版社 2011 年版。

中国农业年鉴编辑委员会:《中国农业年鉴》,2011 年。

中华人民共和国国务院:《国家中长期科学和技术发展规划(2006~2020)》,2006 年。

中华人民共和国环境保护部:《中国环境统计年报》,2010 年。

中华人民共和国农业部:《中国农业发展报告》,2011 年。

中华人民共和国国家统计局:《中国统计年鉴》,2011 年。

Altieri M. Agroecology, "a new research and development paradigm for world agriculture", *Agriculture, Ecosystems and Environment*, 1989(27).

Daily, G. "Restoring value to the world's degraded lands." *Science*, 1995, 269.

Gordon K, Douglass. *Agricultural Sustainability in a Changing World Order*, Colorado: Westview Press, 1984.

OECD, *Core Set of Indicators for Environmental Performance Reviews*, 1993.

OECD, *Towards Sustainable Development: Environmental Indicators*, 1998.

Rodale, R. , "Breaking New Ground: the Search for a Sustainable Agriculture", *The Futurist*, 1993(1).

Simon Bell and Stephen Morse, *Measuring Sustainability Learning by Doing*. Earthscan Publications Limited, 2003.

第七章　绿色制造业

韩　晶　范丽娜　艾瑞清

改革开放以来,中国制造业经历了 30 年的快速增长。在经济快速增长的过程中,环境问题逐渐成为人们关注的焦点之一。当前中国已经成为世界上最大的温室气体排放国和气候变化的最大受害国,面临着经济发展与节能环保的双重任务与压力,加快发展绿色制造业有利于中国创造新的经济增长点,有利于抓住新一轮产业革命机遇,抢占未来发展制高点,提高中国制造的全球影响力。

第一节　"绿色制造"的概念及主要内容

后金融危机时代,发达国家开始重新审视工业部门在财富形成和积累中的重要作用,相继提出了"再工业化"的思路,美国、欧盟等发达国家政府纷纷加大财政支持力度,鼓励本国企业探索绿色制造的新方向,发展绿色经济。

一、"绿色制造"的概念

1996 年,美国制造工程师学会(SME)最早提出绿色制造(Green Manufacturing)的概念,指在工业发展的过程中要讲求环保,将工业的发展建立在可持续的基础上,讲求低排放、低消耗,注意环境保护和生态平衡;也指从环保活动中获得经济效益,通过这些环保活动本身创造经济效益,作为经济增长的一个来源。从其内涵来看,绿色制造是工业迈向"能源资源利用集约、污染物排放减少、环境影响降低、劳动生产率提高、可持续发展能力增强"的结果,是对工业革命以来人类近 300 年工业化实践的否定之否定。与传统的"黑色"、"褐色"或者"灰色"工业发展模式相比,发展绿色制造业的内涵是动态的,覆盖整个工业价值链的各个环节。发展绿色制造业不仅面对的产业边界是动态变化的,具有较大的延展性,绿色技术在工业领域的应用潜力以及绿色工业品的市场空间都很大,而且随着人类对工业生产环境影响的认识逐步加深,发展绿色制造业的目标和任务也会不断调整,而这种调整要以资源和环境承载能力为依据,积极谋取工业增长与资源消耗、环境恶化脱钩。同时,发展绿色制造业需要以理念、技术和制度的全方位创新为支撑。绿色技术研发投入较大,有一定的风险性,而工业技术的绿色创新既要对传统产业技术进行绿色升级改造,又要大力发展新能源、新材料等新技术和新兴绿色产业。

二、绿色制造技术

从"大制造"的概念来讲,制造的全过程一般包括:产品设计、工艺规划、材料选择、生产制造、包装运输、使用和报废处理等阶段。如果在每个阶段都考虑到有关绿色的因素,就会产生相应的绿色制造技术。包括以下几个方面:

第一,绿色设计。绿色设计的基本思想就是要在设计阶段就将环境因素和预防污染的措施纳入产品设计之中,将环境性能作为产品的设计目标和出发点,力求使产品对环境的影响达到最小。传统的产品设计,通常主要考虑的是产品的基本属性,如功能、质量、寿命、成本等,很少考虑环境属性。按这种方式生产出来的产品,在其使用寿命结束后,回收利用率低,资源浪费严重,毒性物质严重污染生态环境,形成一个"从摇篮到坟墓"的过程。绿色设计的基本思想就是要在设计阶段就将环境因素和预防污染的措施纳入产品设计之中,将环境性能作为产品的设计目标和出发点,力求使产品对环境的影响达到最小。从这一点来说,绿色设计是从可持续发展的高度审视产品的整个生命周期,强调在产品开发阶段按照全生命周期的观点进行系统性的分析与评价,消除潜在的、对环境的负面影响,力求形成"从摇篮到再现"的过程。

第二,绿色材料选择。绿色产品要求构成产品的材料具有绿色特性,即在产品的整个生命周期内,这类材料应有利于降低能耗,环境负荷最小。绿色产品首先要求构成产品的材料具有绿色特性,即在产品的整个生命周期内,这类材料应有利于降低能耗,环境负荷最小。具体地说,在绿色设计时,材料选择应从以下几方面来考虑:(1)减少所用材料种类使用较少的材料种类,不仅可以简化产品结构,便于零件的生产、管理和材料的标识、分类,而且在相同的产品数量下,可以得到更多的某种回收材料。(2)选用可回收或再生材料使用可回收材料不仅可以减少资源的消耗,还可以减少原材料在提炼加工过程中对环境的污染。(3)选用能自然降解的材料。(4)选用无毒材料在汽车和电子工业中,最常用的是含铅和锡的焊料。但是铅的毒性极大,所以近年来,已经在油漆、汽油和其他诸多产品中限制或禁止使用它。

第三,清洁生产。相对于真正的清洁生产技术而言,这里的清洁生产仅仅指生产加工过程。在这一环节,要想为绿色制造作出贡献,需从绿色制造工艺技术、绿色制造工艺设备与装备等入手。在实质性的机械加工中,在铸造、锻造冲压、焊接、热处理、表面保护等过程中都可以实行绿色制造工艺。具体可以从以下几方面入手:改进工艺,提高产品合格率;采用合理工艺,简化产品加工流程,减少加工工序,谋求生产过程的废料最少化,避免不安全因素;减少产品生产过程中的污染物排放,如减少切削液的使用等。目前多通过干式切削技术来实现这一目标。

第四,绿色包装。绿色包装是指采用对环境和人体无污染,可回收重用或可再生的包装材料及其制品的包装。必须尽可能简化产品包装;使包装可以重复使用或便于回收,且不会产生二次污染。现代商品的营销有五大要素,即产品、价格、渠道、促销和包装。而在重视环境保护的世界氛围里,绿色包装在销售中的作用也越来越重要。消费者更是对商品包装提出了 4R1D 的原则,即 Reduce(减少包装材料消耗),Reuse(包装容器的再充填使用),Recycle(包装材料的循环利用),Recover(能源的再生),及 De-gradable(包装材料的可降解性)。如在摩托罗拉的标准包装盒项目方面,其做法是缩小包装盒尺寸,提高包装盒利用率,并采用再生纸浆内包装取代原木浆,进而提高经济效益。

三、"绿色制造"在中国的发展

目前全球符合"绿色产品"标准的产品大约只占全球商品总量的 5%。而再过 10 年,绝大多数产品都将纳入绿色设计和制造标准中,它们大都是可回收、易拆卸,部件或整机可翻新和循环利用。也就是说,在未来 10 年内绿色产品可能成为世界商品市场的主导。对中国而言,绿色制造的意义不仅仅在于生产绿色产品,还在于它也是中国实行产业升级的重要抓手,对提升中国制造业的竞争力有着不可替代的作用。

2006年,中国发布的《国家中长期科学和技术发展规划(2006~2020年)》明确将工业绿色化作为优先主题,该规划被认为是中国绿色制造一个重要的里程碑。同样在2006年发布的《国家"十一五"科学技术发展规划》将"绿色制造关键技术与装备"作为国家科技支撑计划重大项目。在政策支持下,越来越多的企业把开始绿色制造应用于生产中,比亚迪等汽车制造商的电动汽车制造几乎是在同一时间开始步入正轨。

自2009年以来,中国加快了绿色制造的步伐。据国家发展改革委信息显示,自2009年以来,中国加大各级财政对绿色经济的支持力度,加快推进"十大节能工程"、资源循环利用工程、大规模环保治理工程建设,大力推广高效节能环保产品,推行清洁生产和技术改造。另外,中国还加强绿色制造的技术创新体系和能力建设。在提高能效、煤炭清洁利用、污染综合治理、新能源、生物、航空航天、新材料等领域,攻克一批关键和共性技术。加快科技成果转化和产业化示范,加大先进成果和技术的推广应用。积极引进、消化、吸收国际先进技术。可以说,中国的绿色制造正在蓬勃发展。

专栏7-1　全球企业的绿色变革

英国学者约翰·埃尔金顿(John Ellcington)是研究全球环境与可持续发展的权威。他在2004年指出,始于1962年《寂静的春天》的全球环境变革经历了三次浪潮。第一次浪潮以罗马俱乐部发表《增长的极限》和石油输出国组织提高原油价格为标志性事件。这一时期的环境变革以政府立法遏制环境恶化为特征。第二次浪潮以1987年《我们共同的未来》报告发布为起点,这份报告书引起全球政经各界广泛关注,可持续发展一词也首次成为主流政治议题。其间,臭氧层穿洞和大量热带雨林的消失促使公众越来越关注环境问题,绿色消费运动也随之兴起。第三次浪潮以全球化为特征。1999年以来,公众对世界贸易组织、世界银行、国际货币基金组织提出抗议,要求将可持续发展作为全球化的重要议题之一。2002年,联合国世界可持续发展峰会召开,将可持续发展上升为全球关键议题,标志着第三次浪潮的全面到来。

全球环境变革与企业环境管理有重大关联。纵观全球大企业,多是应外部环境变革而调整内部环境管理。因此，全球企业的绿色变革与全球环境变革的二次浪潮存在一定的对应关系——每次浪潮前后都可以看到企业环境管理的变化（见表7-1）。

早期，企业多是迫于要遵守政府颁布的新环境法律法规采取行动，所以企业会聘请律师应对法律风险，也会聘请公关经理改善形象。后来，随着绿色消费的兴起，环保议题进一步融入企业的内部管理，尤其是产品设计、工艺流程及市场营销。第三次浪潮以来，环保议题在大企业中的地位得到进一步提升，成为董事会讨论的话题，也由此进入到大企业的战略层面。如现在全球知名企业的首席执行官甚至财务官和投资者关系专员都会经常谈论环境问题。

从宏观看，在整个经济体系中位于价值链上不同环节的企业对环境变革的敏感程度不同，因此，采取绿色变革的次序也有所差异。总体次序是环境因素沿着公众舆论、可持续性消费、生态工业与可持续性投资逐级传递与发展（见图7-1）。这符合历史的逻辑。

在发达国家，环境问题在20世纪中期初见端倪，在六七十年代呈现不断恶化的趋势，由此引起了公众舆论和民间团体的强烈关注，欧美不少环保民间团体都是在这一时期建立的，政府也密集立法（对应上述的第一次浪潮。经过一段时间的呼吁，公众环保意识得到了很大提高，并逐步体现在个人消费偏好上，例如一些消费者开始拒绝购买破坏环境的产品，政府禁止农民使用剧毒农药等。到20世纪80年代，面对消费者的压力，生产制造商不得不在产品设计和生产过程中考虑环境因素。这直接促使了工业生态学的诞生与繁荣，产品生命周期理论、清洁生产理论等都是在20世纪80年代末90年代初被提出来的。

到了20世纪90年代中后期，环境因素已经足以左右生产企业的盈利状况，作为投资人或放贷方，金融机构也不得不正视环境因素对投资回报的影响，从而主动采取措施调整投资策略，力图规避环境风险。此时，企业环境变革的意识已经从生产领域传递到金融领域。这一阶段的主角是那些实施可持续性投资战略的金融机构。例如自1992年起，在联合国环境规划署的倡导下，不少大型金融机构也顺应潮流，实施可持续性金融战略，至今已有不少主流投资机构开始看重投资对象的环境、社会和治理绩效。这反过来也鼓励企业尤其是上市公司更加注重企业环境管理，将其上升到战略层面（对应上述第三次浪潮）。

因此，当前全球企业绿色变革的特征是：宏观上，绿色变革是跨行业的、全价值链的,涉及整个经济体系的各个方面;微观上,绿色变革是跨部门的、全业务的,涉及企业的各个业务和职能部门。这一趋势仍在继续。

表 7-1　全球企业管理环境的变化

第一次浪潮	第二次浪潮		第三次浪潮
20 世纪 70 年代	20 世纪 70~80 年代	20 世纪 80 年代后期	20 世纪 90 年代后期
●公关经理 ●律师	●环境经理 ●规划经理 ●项目经理 ●工艺工程师	●营销人员 ●产品设计师 ●新产品开发专员	●首席执行官 ●董事会成员 ●首席财务官 ●投资者关系专员 ●战略人员

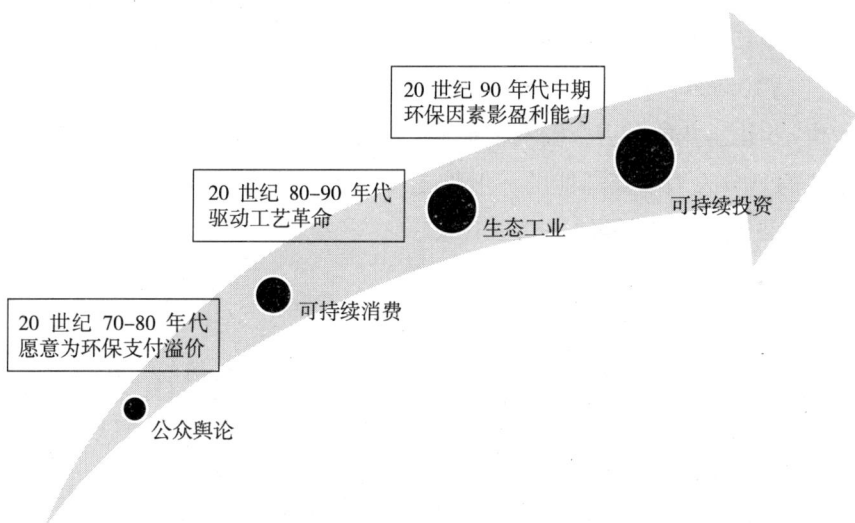

图 7-1　绿色变革的次序

资料来源:郭沛源:《全球企业绿色变革启示录》,《世界环境》2011 年第 3 期。

第二节　中国发展绿色制造业的紧迫性

在中国经济快速发展的过程中,环境问题越来越严重。当今世界上污染最严重的 20 个城市,有 13 个在中国。发达国家上百年工业化过程中分阶段出现的环境问题,在中国却集中表现出来,主要体现在高载能行业比重偏高、工业资源利用效率较低和工业污染形势严重等方面。

一、高载能行业比重偏高

由于历史原因,中国工业资本深化现象一直很明显,再加上中国经济增长长期对投资过度依赖,因而资金密集型的石化、钢铁、水泥等高载能工业行业在工业中所占的比重居高不下。2005~2007 年,中国石油加工、炼焦及核燃料加工业、化学原料及化学制品制造业、非金属矿物制品业、黑色金属冶炼及压延加工业、有色金属冶炼及压延加工业和电力、热力的生产和供应业这六大能耗最高的工业行业在工业总产值中所占的比重分别达到 33.68%、33.86%、34.16%,2008 年该比重有所降低,为 34.12%。2005~2007 年,美国这六大行业占工业总产值的份额分别为 6.83%、7.09%、7.02%,2008 年略有上升,为 7.45%。中国重工业占工业产值比重从 2000 年的 60.2% 提高到 2009 年的 70.5%,超过日本、德国、美国等在工业化过程中曾达到的峰值。2009 年,中国工业能耗占全国一次能源消费的 71.3%,其中高耗能行业占工业能耗的 80% 左右。高耗能的一般加工工业生产能力过剩,工艺、技术和设备落后状况较为严重,增加了能源消耗。

二、工业资源利用效率较低

虽然中国工业的能源利用效率得到一定程度的改善,但与发达国家仍存在明显的差距。以美国为例,2005 年美国工业能耗强度为 5.96 吨标准煤/万美元,2009 年下降为 5.12 吨标准煤/万美元。中国规模以上工业企业能耗强度 2005 年是 2.58 标准煤/万美元,2009 年是 2.05 标准煤/万美元。若按 2009 年美元兑人民币平均汇率计算,美国工业能耗强度约为中国的 37%,可见中国与发达国家在工业资源利用效率方面存在着明显差距。

三、工业污染形势严峻

目前据不完全统计,全国被酸雨污染的国土达到近三成,大量燃煤造成煤烟型污染,二氧化碳浓度平均值达不到国家二级标准的城市将近三分之一。许多的城市人口呼吸着严重污染的空气,联合国开发署 2002 年报告称,中国每年空气污染导致 1500 万人患支气管病,2.3 万人患呼吸道疾病,1.3 万人死于心脏病。2008 年环境状况公报显示,由于城市工业污染,中国地表水污染依然严重。长江、黄河、珠江、松花江、淮河、海河和辽河七大水系总体水质与上年持平。200 条河流 409 个断面中,一类至三类、四类至五类和劣五类水质的断面比例分别为 55.0%、24.2% 和 20.8%。珠江、长江总体水质良好,松花江为轻度污染,黄河、淮河、辽河为中度污染,海河为重度污染。在监测营养状态的 26 个湖泊及水库中,呈富营养状态的占 46.2%。在开展区域环境噪声监测的 176 个城市中,55.6% 的城市处于中度或较重污染水平。大的污染事件层出不穷,形成严重影响的有淮河流域的大面积的污染、松花江污染、沱江污染、太湖蓝藻事件,以及渤海污染。

　　"十二五"时期是中国发展绿色制造业的关键时期。一方面,中国作为世界制造业大国,工业发展在提升国家竞争力方面仍然会发挥主导作用;另一方面,中国工业发展过程中的资源浪费、环境恶化、结构失衡等问题十分突出。中国单位 GDP 能耗相当于德国的 5 倍、日本的 4 倍、美国的 2 倍;中国以占世界 8% 的经济总量,消耗了世界能源的 18%、钢铁的 44%、水泥的 53%,化学需氧量、二氧化碳排放量、二氧化硫排放量和酸雨面积都居世界首位。在资源日益枯竭、环境污染日益恶化的今天,传统的工业发展道路已难以为继,加快发展绿色制造业势在必行、刻不容缓。

第三节　中国发展绿色制造业的技术路线图

　　发展绿色制造业离不开宏观经济发展环境。未来 5～10 年发展绿色制造业的外部环境存在多种可能。为了简化分析,本书分两种情景进行分析:基准情景和加快转变经济发展方式情景。在基准情景下,中国节能减排政策和外部环境不会发生重大变化,政府将延续 2005 年以来采取的一系列节能减排措施,并不会进一步实施能源税或碳税等强制性的措施;在加快转变经济发展方式情景下,环境保护作为促进经济发展转变的重要手段而受到高度重视,政府将在加大节能减排力度,综合实施各种能源环境政策,尤其是通过征收能源税或碳税等提高能源利用效率,降低污染物和温室气体排放。从工业企业等微观主体的角度看,在加快转变经济发展方式情景下,由于能源资源价格趋于合理,污染物排放等具有负外部性活动的社会成本内部化,因此其采取节能减排行动的预期收益更大,从而具有更强的激励开展提高能效、减少排放等活动。与基准情景相比,在加快转变经济发展方式情景下,工业企业对有助于节能减排的先进适用技术的需求会更大。因此,从整体上看,在不同情景下,"十二五"时期至2020年中国发展绿色制造业的技术路线图会存在一定差异。

确定"十二五"时期至2020年发展绿色制造业的技术路线图,应遵循两个原则:(1)技术基本成熟,可以大规模推广应用。目前看来,不论是在基准情景下,还是在加快转变经济发展方式情景下,工业企业应用节能减排技术时都需要给予一定的政策支持。从政策制定的角度看,当一项技术的大规模应用前景存在不确定性时,政府很难在应用领域对其进行推广。(2)要突出重点,以高耗能行业的关键节能减排技术为核心。由于资源转换过程存在明显差异,不同行业的能源消耗,以及基于能源资源消耗的污染物和温室气体排放有显著不同,电力、钢铁、水泥、石油化工、有色金属等行业的能源消耗、污染物和温室气体排放在工业部门中占比很高。为充分利用有限的政策资源,设计发展绿色制造业的技术路线要把这些行业的主要节能环保技术作为重点。根据这两个原则,结合节能环保技术发展现状,给出了电力等主要工业行业及工业通用技术的"十二五"时期至2020年的绿色转型技术路线图(见表7-2)。

表7-2　不同情景下的主要工业行业绿色转型技术路线

工业行业	基准情景		工业行业	加快转变经济发展方式情景	
	近期 (2010~2015)	中期 (2016~2020)		近期 (2010~2015)	中期 (2016~2020)
钢铁行业	高压干熄焦技术;喷煤(PCI)技术;转炉负能炼钢;第三代煤湿度控制(CMC)技术;高炉煤气余压回收透平发电(TRT)技术;燃气—蒸汽联合循环发电(CCPP)技术;钢铁生产能源管理中心建设	热装热送;焦炉煤气制氢;薄带钢连铸;熔融还原技术;下一代焦炭生产技术;烧结烟气脱硫技术;采用微波、电弧和放热加热直接炼钢技术	钢铁行业	高压干熄焦技术;喷煤(PCI)技术;转炉负能炼钢;第三代煤湿度控制(CMC)技术;TRT技术;CCPP技术;下一代焦炭生产技术;烧结烟气脱硫技术;焦炉煤气制氢;钢铁生产能源管理中心建设	热装热送;薄带钢连铸;Itm3炼铁技术;熔融还原技术;现金电炉(EAF)技术;采用微波、电弧和放热加热直接炼钢技术;废气塑料代替焦炭用于高炉喷吹;中低温余热回收技术

续表

工业行业	基准情景		工业行业	加快转变经济发展方式情景	
	近期 （2010～2015）	中期 （2016～2020）		近期 （2010～2015）	中期 （2016～2020）
水泥行业	大型新型干法窑；大型高效粉磨系统；纯低温余热发电	新型绿色水泥基材料；工业废渣及可燃废弃物应用；城市垃圾处理；低氮燃烧技术	水泥行业	大型新型干法窑；大型高效粉磨系统；纯低温余热发电；城市垃圾处理	新型绿色水泥基材料；工业废渣及可燃废弃物应用；低氮燃烧技术
石油化工行业	大型多联产系统；先进煤气化技术；能量梯级利用技术；废物综合利用技术	新型深度催化裂解技术；新型分离技术；有毒有害原材料替代技术	石油化工行业	大型多联产系统；先进煤气化技术；新型分离技术；能量梯级利用技术；废物综合利用技术	有毒有害原材料替代技术；新型深度催化裂解技术；离子膜技术；生物炼制技术；生物聚合物生产技术
有色金属行业	高效节能工艺和设备；自热强化熔炼和电解工艺；湿法冶金节能技术；废热回收利用技术	连续强化冶炼技术；短流程炼钢新工艺；液态高铅渣直接还原工艺；新原理氧化铝还原技术	有色金属行业	高效节能工艺和设备；自热强化熔炼和电解工艺；湿法冶金节能技术；废热回收利用技术；连续强化冶炼技术	连续强化冶炼技术；短流程炼钢新工艺；液态高铅渣直接还原工艺；新原理氧化铝还原技术；双机电解槽（惰性阳极）技术；喷雾铝加工技术
通用技术	热电联产；高效电机；变频调速技术	热电联产；超导电视、永磁电机	通用技术	热电联产；高效电机；变频调速技术	直流永磁无刷电机；磁力偶合调速驱动器

资料来源：中国社会科学院工业经济研究所课题组：《中国发展绿色制造业研究》，《中国工业经济》2011年第4期。

第四节　中国发展绿色制造业的主要障碍

一、中国发展绿色制造业的体制障碍

中国发展绿色制造业面临的最大阻碍就是体制问题。中国现存的很多体制与绿色经济相悖。

第一，地方政府官员考核晋升机制不合理。政治锦标赛作为一种政府治

理的模式,是指上级政府对多个下级政府部门的行政长官设计的一种晋升竞争,竞争优胜者将获得晋升,而竞赛标准由上级政府决定,它可以是 GDP 增长率,也可以是其他可度量的指标。周黎安(2007)通过计量研究发现,在改革开放时期,地方官员的经济业绩,主要是地方经济总量(如 GDP 和财政收入),对于地方官员的晋升或留任有着显著的解释力。在这个体系中,自然资源的耗减和环境质量的下降不但不会减少 GDP,治理污染的经济活动所产生的收益反而计入 GDP。为追求政绩,个别地方官员不惜以破坏生态透支资源的方式来发展当地经济。比如,西部一些地方政府为了提高当地 GDP,欢迎东部一些高能源消耗型企业去投资,GDP 虽然提高了,但却破坏了当地生态环境。目前,中央与地方政府在转型升级中面临的压力实际上是不对称的,中央政府不仅要从全局考虑宏观经济运行中的种种风险以及经济社会的可持续发展问题,还要承受来自国际上对碳排放的巨大压力,而中央政府的这些压力仅靠节能减排指标和环境问责制来传导,最终很难将地方政府推向转型升级的轨道。以往追求 GDP 的一些地方取得的实实在在的好处(比如,当地财政和官员的升迁)起到了很大的示范效应,而中西部地区也在承接东部产业转移中尝到了甜头,这使得不少地方政府"十二五"时期仍有追求 GDP,轻视环保的强烈意愿和动力。由此可见,在干部考核指标体系中片面强调 GDP 增长,是引发资源过度消耗、环境严重破坏的根源。

第二,环境补偿机制不健全。长期以来,中国并未真正建立起覆盖全国的地区间生态环境补偿机制。以流域或省际间的补偿机制为例,中国现在已经初步建立起中下游地区补偿上游地区生态环境建设的机制。但是,现有的补偿制度主要是通过行政手段分摊到中下游的发达地区,对生态环境治理和建设行使道义上的对口支援。这样,把本来应当是流域的中下游发达地区对流域的上游地区生态环境所负有补偿的责任变成发达地区对欠发达地区的同情或扶贫。从经济学的角度来讲,流域的中下游发达地区对流域的上游地区生态环境的补偿是双方达成"赎买生态功能"的交易行为,是通过税收的形式使"外部经济内在化"。这样金额就是固定的而且是必需的,与同情或者扶贫的不定期、不定额有着本质的区别。这就导致生态脆弱或资源富集地区的利益长期受损,丧失了地区经济发展机会。因此,必须建立"谁受益,谁负担"的生态环境补偿机制,以确保生态环境的重建有足够的资金支持。

第三,社会监督体制有待完善。发展绿色制造业具有很强的外部性,需要社会的广泛参与,监督政府和企业的绿色转型。然而,在中国,公民个体监督和媒体监督都长期流于形式,社会监督的声音很弱。甚至一些地区的社会监督如果触犯了某些利益集团的利益,监督者(公众个体或者媒体)甚至会遭到打击报复。

第四,技术创新、转让和应用存在障碍。推进发展绿色制造业亟需完善技术创新体系支撑,但目前技术创新和应用存在诸多问题。首先,技术创新投入不足。中国工业企业研发投入占销售收入的比重低于世界先进国家至少0.5个百分点,与世界500强企业的差距更为明显,而且中国企业的创新投入项目更注重应用性强的技术,基础研究相对薄弱,不利于技术创新的长期积累。其次,技术创新的知识产权保护体系不完善,影响了企业创新的积极性。再次,由于技术标准和设备类型不同,导致绿色技术在中国工业领域难以获得更广泛的应用。

第五,要素价格形成机制改革不彻底。当前,在要素资源领域的价格形成机制中,非市场化定价手段还发挥一定作用,要素价格扭曲阻碍了工业转型升级。由于中国长期对要素资源使用非市场化定价手段,这种价格信号对企业微观主体的引导作用会出现呆滞或时滞现象,致使企业缺乏动力转变经营方式或改进技术工艺。同时,理顺自然资源价格还应考虑资源开采带来的环境成本。尽管近年来中国要素资源价格上涨幅度较大,但是价格传导需要经过一段时间才会引起企业下决心进行自主的绿色转型。另外,如果要素资源价格上涨过快,会使一大批中小企业因在短时间内难以消化价格上涨压力而倒闭,这些企业将失去参与绿色转型的机会。

二、中国发展绿色制造业的技术障碍

中国绿色技术特别是其中的绿色核心技术储备,远远滞后于西方发达国家。目前中国企业的创新还是以外围技术和外观设计为主,核心技术的创新数量还较少,特别是在一些高新技术领域,国外拥有的有效发明专利数量数倍于国内,如在半导体、光学和发动机领域,国外拥有的有效发明专利数量依次为国内的2.2倍、2.9倍和3.1倍。截至2009年,在中国绿色技术领域专利申请量排在前5位的申请单位有4个是高校,分别是清华大学(128件)、上海交通大学(91件)、浙江大学(77件)和天津大学(52件),只有一个是企业(比亚迪股份有限公司,76件)。日本、美国等主要发达国家在绿色技术领域处于领先地位,在很大程度上取决于其企业的优异表现。

从绿色技术的发展情况看,美国具有能源技术储备,欧日具有先行优势。美国是世界上最早执行排放法规的国家,也是排放控制指标种类最多、排放法规最严格的国家。美国在布什执政的8年间,尽管在国际气候谈判中极不合作,但对其国内的绿色技术研发仍然投入大量资金,并在碳搜集和储存方面取得了相当的成果。奥巴马执政后,大力推行绿色经济增长路线,将清洁能源的溢出效应渗透到经济的各个层面。欧洲和日本由于政府和产业界对绿色革命的认识和举措更具前瞻性,并以直接财政补贴、低息信贷支持和税收减免等措施鼓励发展绿色技术,欧日已在绿色技术产业化上获得不可忽视的先行优势。比如,欧洲拥有全球领先的风电设备商LM、Vestas,日本拥有全球领先的混合动力汽车厂商——丰田和本田。面对这样一种情形,中国经济的绿色转型有可能陷入比较尴尬的局面。要么花费大量时间用巨资从头开始研发自主绿色技术,要么从发达国家直接引进和利用绿色成熟技术,从而产生所谓的"锁定效应"。

三、中国发展绿色制造业的工业化阶段障碍

"十一五"期间,为落实单位GDP能耗降低20%的目标,一些省市对各级主管领导业绩考核采取了"一票否决制",有的地区甚至采取了拉闸限电的极端方式。中国节能减排之所以艰难,其根本原因在于中国正处于工业化快速发展时期。中国工业的绿色转型,就是在这样一个特殊发展阶段进行的。从世界范围来看,欧美日等发达国家相继完成了工业化任务,其社会经济结构已从工业化社会转型为信息和服务型社会,大批传统高能耗、高污染的产业已经或正在加速转移到包括中国在内的新兴发展中国家。从中国自身情况看,近十年来,中国的产业结构虽然有所优化,但没有改变工业化中期阶段的基本特征,工业仍是国民经济的主导产业,从2000年到2009年,工业占GDP的比重一直保持在40%左右,第二产业比重远高于其他国家,德国和日本在工业化高峰时期也没有达到中国目前的水平,进入工业化加速阶段,并且伴随着第二产业尤其是重工业比重过高决定了中国能源消费的持续增长,由此决定了中

国温室气体排放总量大、增速快,单位 GDP 的二氧化碳排放强度高,当前中国已经是世界最大的碳排放国家。中国工业化的最终完成和全球制造业大国地位将持续一个相当长时期,由于能源结构的刚性,以及能源效率的提高受到技术和资金的制约,中国控制二氧化碳排放的前景"不容乐观"。尽管中国目前和今后所走的新型工业化道路,是要在更高起点上实现工业化目标,完成发达国家所完成的工业化任务,但由于工业化任务尚未完成,"高碳"成分的工业仍然需要保持相当长的快速增长时期。如何在工业化保持高速发展的同时,抑制二氧化碳排放的增速,实现绿色增长是中国经济发展所面临的巨大挑战。

第五节 发达国家发展绿色制造业的经验

近二十年来,实现发展绿色制造业一直是发达国家重点推进的策略,在发展绿色制造业方面,发达国家积累了许多值得借鉴的经验。

一、依靠科技推动传统产业绿色转型

技术是工业产业结构升级的根本动力,通过加强信息化技术、环境保护技术的研发、引进和消化吸收,改造提升传统产业,将成功推动传统产业绿色转型。英国是世界工业革命的发源地,在 20 世纪 50 年代开始了工业信息化进程。尤其是 20 世纪 90 年代后,随着英国传统产业竞争力日趋下降、人力成本不断上升,在工业行业积极进行信息化革命。比如,空中客车公司直接雇佣的员工数量 52000 人,加上外围服务人员达到 26 万人,在全球设有 250 个地区服务机构、11 个工程中心、5 个区域中心和 4 个训练中心。目前,空客公司形成了网络化的协同设计平台,实现全球协同研发和协同生产,整合全球智力资源,大大缩短了研发周期,形成了多线程联合研发设计体系和新型研发设计模式,大大提升了空客的国际竞争力。

二、开发利用新能源促进绿色化

新能源的开发利用,如太阳能、生物能、风能等,能够减少对高碳化石能源的消耗,发展绿色能源以促进能源的低碳化和绿色化是保障发展绿色制造业的重要内容和关键环节。日本积极推动新能源的开发和利用。目前,风力发

电正在日本快速增长,2005 年已经跻身全球十大风能市场。在新能源的长期发展战略方面,2004 年 6 月,日本通产省公布了"新能源产业化远景构想",目标是 2030 年以前,要把太阳能和风能发电等新能源技术扶持成商业产值达 3万亿日元的支柱产业之一,同时采取优惠政策,促进企业参与新能源开发,扶持新能源产业及产品。据估计,太阳能、风力、燃料电池领域的就业规模也将达到 31 万人。

三、建设生态工业园实现清洁生产

生态工业园是以生态工业理论为指导,着力于园区内生态链和生态网的建设,最大限度地提高资源利用率,从工业源头上将污染物排放量减至最低,实现区域清洁生产。丹麦卡伦堡生态工业园是世界上最早的工业共生系统,也可以说是最成功的生态工业园之一,为 21 世纪生态工业园的发展与完善奠定了基础。20 世纪 60 年代,丹麦污染税征收政策出台,为补偿或减少排污成本等政府对环境规制所造成的企业生产成本,丹麦卡伦堡市的火力发电厂和炼油厂首先自发探索生态化途径,随后,生态化范围逐渐扩展为 6 家大型企业(发电厂、炼油厂、生物工程公司、建材公司等企业)通过市场交易共享水、气、废气、废物等资源,形成包括政府、企业在内的多方利益共享。整个丹麦卡伦堡工业共生体系的环境、经济效益得到世界公认,尤其在减少资源消耗、减少环境污染以及废料再生利用等方面有显著优势。

四、采取经济措施激励绿色转型

政府可以借助经济杠杆的调节作用,包括价格、税收、信贷、工资等多种措施,对国民经济进行宏观调控,对经济活动主题进行引导,以推动发展绿色制造业。美国在发展绿色制造业中依靠"看不见的手"和"看得见的手"共同调节和引导。美国的经济措施主要包括四个方面:一是政府奖励和补贴政策。美国设立了"总统绿色化学挑战奖",支持化工界降低资源消耗、防治污染的有实用价值的新工艺新方法的研发;并在经济刺激计划中,划拨 677 亿美元用于发展绿色能源和节能交通。二是税收优惠政策。主要针对使用再生资源利用类设备的企业。如美国的亚利桑那州对分期购买回用再生资源以及污染控制型设备的企业可减销售税 10%;美国政府承诺为混合动力车和新燃料电池的开发提供 24 亿美元资助,并为购买节能型汽车的消费者减税。三是政府绿色采购政策。美国几乎所有州均有相关规定,使用再生材料的产品政府优先购买,联邦审计人员有权对各联邦代理机构未按规定购买的行为处以罚金。四是税收政策。针对将垃圾直接运往倾倒场的公司和企业征收垃圾填埋和焚烧税,奥巴马政府上台后实施的近 8000 亿美元的经济复兴计划中,用于清洁能源的直接投资及鼓励清洁能源发展的减税政策的有 1000 亿美元。

五、发展绿色就业培训适应发展绿色制造业

发达国家在推动以节能减排技术、环保技术、低碳技术、清洁能源技术等为代表的绿色技术革命,促进产业绿色转型的同时,也不断采取措施推进绿色就业培训,为产业绿色转型提供人力资源支持。如美国大力提倡"绿领"概念,鼓励人们从事绿领工作,出台了"绿色就业与培训计划",投入 40 亿美元用于公共住房的节能改造,并鼓励风险投资进入绿色能源领域,以创造出大量"绿色就业岗位"。美国劳务部每年从培训基金中拿出 1.5 亿美元,资助联邦和地方政府的就业培训计划,重点将放在能源效率和可再生能源业的工作岗位上,每年培训 35000 名工人进入"绿色"行业。

专栏 7-2　绿色增长目标与国家发展规划

韩国的绿色增长国家战略与五年计划(2009~2013)规定了全面性的绿色增长政策框架。该战略的目标为:(1)提倡生态友好的增长引擎;(2)提升人民生活质量;(3)为国际对抗气候变化的行动提出贡献。为实现这一新愿景,2009 年成立了绿色增长总统委员会,2010 年 1 月,又颁布了"低碳绿色增长框架法案"。通过借鉴在 20 世纪 90 年代初期中断的规划,该五年规划(2009~2013)为政府实施本战略的行动提供了一份蓝图,其中包含具体的预算专款以及业务部门与地方治理实体的具体工作。根据该规划,政府将支出约相当于年度国内生产总值 2% 的经费,用于绿色增长计划与项目(例如,绿色基础建设与绿色科技研发)。

爱尔兰国家发展计划(2007~2013)规定,对于致力于提升经济竞争力与提高生活质量的优先投资,政府将给予象征性的财政拨款。它在一个整体框

架下对不同的产业投资政策进行整合,以增进产业政策之间的协调配合,并提供了一个财政框架,政府部门和机构可在该框架下规划并实施公共投资。该计划强调了几项平行主题的重要性,包括环境的可持续性。计划中关于环境的章节涵盖交通、废物管理、气候变化、环境研究与可持续能源等问题。国家发展计划设定了坚实的财政框架,以确保爱尔兰能解决 2007 年至 2013 年期间的环境挑战。2007 年,对提升环境可持续性有直接影响的投资计划的金额超过了 13 亿欧元。

资料来源:OECD(2012):《聚焦中国:经验与挑战》,OECD,巴黎,见 http://www.oecd.org/china。

第六节 促进中国发展绿色制造业的战略对策

在当今资源日益枯竭、环境保护日益重要的今天,中国工业要保持持续竞争优势,亟需进行绿色转型升级,重点需要做好以下几个方面:

一、完善绿色政策体系

第一,改革现行的偏重以 GDP 为核心的干部政绩考核体系,探索建立一套适合推进绿色经济的政绩考核体系。第二,发展绿色教育,开发绿色人才。绿色人才培养应该着眼于绿色经济价值链、产业链的全过程,瞄准国家经济社会重点发展领域,着力加强新能源、新材料、绿色农业、绿色交通、绿色建筑、装备制造、工程管理等领域的人才队伍建设,建立起专业全面、基础扎实、梯度适当的人才储备,为经济社会的可持续发展奠定人才基础。第三,实施绿色税制。充分利用税收杠杆的作用,加大节能产品研发和使用的优惠;在增值税方面,对关键性的、节能效益异常显著,但因受到价格等因素制约而影响其推广的重大节能设备和产品,在一定期限内实行一定的增值税减免优惠政策,对个别节能效果非常明显的产品,在一定期限内,可以实行增值税即征即退措施。第四,支持绿色金融。鼓励金融机构对绿色技术项目给予优惠的信贷支持,建立健全鼓励中小企业技术创新的知识产权信用担保制度和其他信用担保制度;要从财政支持的角度对绿色技术采用的融资进行差别贴现,提高企业的预期收益,从而推动企业的绿色技术采用;搭建多种形式的科技金融合作平台,政府引导各类金融机构和民间资金参与绿色技术开发,鼓励金融机构加强对绿色技术企业的金融服务。

二、积极推动工业技术升级

一方面,积极发展现代制造技术。当前中国制造已经深深嵌入全球价值链,但是中国制造长期徘徊在全球价值链低端。低端产品通常消耗的原材料和能源多,造成环境污染大,获取的附加值少,难以遵循绿色经济的要求。与此相反,高端产品则能获得消耗低、污染小、附加值多的经济和社会效益,符合绿色经济的要求。目前,制造业技术链高端几乎被现代制造技术垄断,符合绿色经济要求的高端产品,几乎都是由现代制造技术生产出来的。所以,中国工业实现绿色转型升级,必须加快发展现代制造技术,通过现代制造技术促使制造业及其产品向技术链高端延伸,以便降低技术链低端产品的比重,相应提高技术链高端产品的比重。要积极进行绿色技术研发,逐步形成绿色技术体系,包括积极研究开发推广应用碳捕获和碳封存技术、替代技术、减量化技术、再利用技术、资源化技术、能源利用技术、生物技术、新材料技术、绿色消费技术、生态恢复技术等。有效发挥先进技术在节能中的特殊作用,优化发展煤油等化石燃料深加工技术,促进清洁生产和清洁循环利用,提高能源附加值和使用效率,保障能源供应安全和控制温室气体排放。另一方面,运用信息化改造传统产业。信息化促使技术创新取得一系列突破性进展,特别是推动高新技术迅猛发展,催生出许多高新技术产品和新兴工业。信息化过程的计算机集成方法,可以形成高效率、柔性化的先进智能制造系统,融合多种学科的相关知识和技术,生产出体现多学科交叉的新品种、小批量、个性化、高价值的集成创新产品。尤其是运用信息技术进行企业资源管理(ERP)、供应链管理(SCM)、客户关系管理(CRM)、柔性制造系统(FMS)、计算机集成制造(CIMS)等信息技术,实现生产、管理、控制一体化,产销、经营、服务一体化,用信息技术重构过程管理、物流管理和资金管理,可以提高传统制造业的自动化和智能化程度,增强传统制造业的产品研制和开发能力,有利于推动传统制造业及其产品向价值链高端开辟新天地,从而使传统制造业遵循绿色经济原则,生产出低消耗、少污染、高附加值的产品。

三、发展集聚经济

加速推进绿色经济,要将大力发展产业集群作为着力点。一方面是建设生态工业园。生态工业园以"生态经营、综合集成、整体优化、融合发展"为特征,以生态化、集成化、智能化、信息化为主要依托,使园区企业间形成一种共生关系。生态工业园对整个工业园区进行生态规划和污染控制,再不是像以前一样对某一企业或工厂进行污染控制。另一方面是在高新技术开发区创建绿色工业园。循环型工业是绿色经济的有效主体,选择示范企业根据循环经济理念,以产品生态设计、循环利用、清洁生产等措施节能减排,建立工业共生和代谢生态链关系,构筑循环经济微观基础。

在发展绿色集聚经济的同时,要构建产品"资源—生产—产品—消费—废弃物—资源"的循环使用,这其实也就是清洁生产,其根本目的就是解决废弃物再循环利用的问题,争取实现"零排放"。这就需要加大再生资源科技开发投入,努力突破制约回收利用的技术瓶颈,组织开发有普遍推广意义的回收处理技术、绿色再制造技术以及降低再利用成本的技术等。同时,要利用已有绿色技术突破传统工业的技术锁定,把高污染、高能耗、高排放的高碳产业改造成低污染或无污染、低能耗、低排放或零排放的绿色工业。

四、促进产业融合

当前最重要的是发展研发服务业和信息产业,提高制造业生产各阶段效率,提升产出价值,从而促进发展绿色制造业。一方面,要以改善公共技术支撑和服务支撑为重点,建立一批具有国际一流研发环境的专业性研发基地,鼓励测试、咨询等科技中介服务发展;引导建立研发联盟,推动产学研一体化进程,大力发展研发外包等。另一方面,推进信息化业务关系,实现业务融合;以市场为向导,推进产业市场融合。应该实现信息化的企业客户关系与管理(CRM)、供应链管理(SCM)和价值管理(VBM),实现生产经营体系耦合,并在此基础上通过电子文字交换(EDI)与外部相连接,跨越机构与空间的限制把更多的资源和用户连接起来。这样,不仅企业内部的大部分业务活动日益融合,而且企业之间也会有越来越多的业务交叉,特别是企业之间交易活动的业务将在新的平台上日益趋于融合。市场融合是实现产业融合的必要条件,没有市场融合就不可能有产业融合的形成。随着数字技术在产业领域的广泛运用,构建起了互联互通的数字化信息流和服务流,大大突破了曾经分割不同行业的障碍,使越来越多的服务产品通过同一平台传递到用户手中,促进了市场融合。由于这种市场融合带来了更大范围综合性的竞争,增大了竞争的强度,促进了市场融合的进程,对于优化资源配置,促进绿色创新是至关重要的。

参考文献

陈诗一:《能源消耗、二氧化碳排放与中国工业的可持续发展》,《经济研究》
2009 年第 4 期。

杜人淮:《中国经济低碳转型面临的困境及应对举措》,《现代经济探讨》2010
年第 7 期。

郭沛源:《全球企业绿色变革启示录》,《世界环境》2011 年第 3 期。

韩晶:《中国工业绿色转型的障碍与路径研究》,《福建论坛》2011 年第 9 期。

韩旭:《中国环境污染与经济增长的实证研究》,《中国人口资源与环境》2010
年第 4 期。

李晓西等:《2010 中国绿色发展指数年度报告》,北京师范大学出版社 2010 年
版,第 10 页。

涂正革:《环境、资源与工业增长的协调性》,《经济研究》2008 年第 2 期。

吴军:《环境管制与中国区域生产率增长》,《统计研究》2010 年第 1 期。

杨俊、邵汉华:《环境约束下的中国工业增长状况研究——基于 Malmquist-Lu-
enberger 指数的实证分析》,《数量经济技术经济研究》2009 年第 9 期。

岳书敬,刘富华:《环境约束下的经济增长效率及其影响因素》,《数量经济技
术经济研究》2009 年第 5 期。

章轲:《三部委:中国企业低碳技术研发能力差》,见 http://www. yicai. com/
news/2011/02/692811. html。

周黎安:《中国地方官员的晋升锦标赛模式研究》,《经济研究》2007 年第
7 期。

中国社会科学院工业经济研究所课题组:《中国工业绿色转型研究》,《中国工
业经济》2011 年第 4 期。

Chung,Y. H. ,Fare,R and S. Grosskopf,"Productivity and Undesirable Outputs:A
Directional Distance Function Approach ", *Journal of Environmental
Management*,1997,51,pp. 229-240.

Lu Xuedu,Jiahua Pan and Ying Chen,"Sustaining Economic Growth in China un-
der Energy and Climate Security Constraints",*China and World Economy*,2006,

14(6),pp. 85-97.

Charnes, A. Cooper, W. W, and Rhodes, E, "*Measuring the Efficiency of Decision Making Units*", *European Journal of Operational Research*, 1978, 2, pp. 429 -444.

Banker, R. D. , A. Charnes, and W. W. Cooper (1984), "Some Models for Estimating Technical and Scale Inefficiencies in Data Envelopment Analysis", *Management Science*, 30, pp. 1078-1092.

Mohtadi H. , "Environment, Growth and Optimal Policy Design", *Journal of Public Economics*, 1996, 63, pp. 119-140.

Ramanathan Ramakrishnan, "An Analysis of Energy Consumption and Carbon Dioxide Emissions in Countries of the Middle East and North Africa", *Energy*, 2005, 30(15), pp. 2831-2842.

第八章　技术创新与可持续发展

张江雪　郭　辰

《中华人民共和国国民经济和社会发展第十二个五年规划纲要》强调"坚持把科技进步和创新作为加快转变经济发展方式的重要支撑"。传统技术创新在推动经济快速增长的同时,也使人类赖以生存的生态环境遭到破坏。因此,突破传统技术创新理论,引入生态理念,引导技术创新向有利于资源节约、环境保护,并促进经济、资源、环境和社会系统良性循环的方向发展,是可持续发展的必然要求。特别是在加快经济发展方式转变的背景下,必然要依靠绿色技术创新,以缓解人类对资源消耗的过度依赖和对环境的破坏,推动资源生产率的提高与环境负荷的降低,从而"保增长、调结构",推动生态文明建设,促进可持续发展。

第一节　技术创新与可持续发展的关系

随着技术的不断更新,生产对资源的开发、能源的使用也提出了越来越高的要求。毋庸置疑,在推进可持续发展的进程中,技术创新起着最为基础、最为重要的推动作用。

一、技术创新与可持续发展的理论变迁

经济发展是可持续发展的最重要组成部分之一,而最早将技术创新作为要素纳入经济分析的学者是熊彼特(J. A. Schumpeter,1990)。熊彼特认为"经济发展是一个以创新为核心的演进过程"[1]。但在凯恩斯主义占据统治地位

---

① 　[美]熊彼特:《经济发展理论》,何畏、易家祥译,商务印书馆1990年版。

的 20 世纪中叶,熊彼特的观点并未得到足够重视,技术、制度始终作为经济增长的外生因素加以考量。直到 20 世纪下半叶,新古典主义才将技术创新以全要素生产率(Total Factor Productivity,简称 TFP)的形式内生化,后期的理论研究把创新在经济增长中的作用内生化,学者们多用内生技术变迁解释世界经济增长。创新主要有四种来源:干中学、人力资本、R&D 和公共创新平台,Iyigun 认为干中学与 R&D 活动会产生发明和创新,推动经济的增长;Ornaghi 认为产品创新的扩散效应比过程创新更强。

随着全球经济的增长,资源环境问题日益凸显,人类逐渐把视线从单纯的经济增长转向可持续发展。在全球追求可持续发展的背景下,传统的技术创新理论面临新的挑战,技术创新不单单以经济增长为中心,而是考虑经济与自然、人、社会全面协调发展的综合系统。Worldwatch Institute1999 年指出,无论是工业化国家还是发展中国家,必须将规划本国城市放在长期发展战略的地位,大方向只能选择走生态化的道路,实行生态化技术创新。技术创新对可持续发展的作用逐渐形成体系,可分为内生增长理论范式与演化经济学范式两个分支。在内生增长理论方面,Stokey(1998)在 AK 模型基础上将智力资本与有形资本进行区分;Aghion 与 Howitt(1998)在 Stokey 的模型基础上进行改进,认为创新技术比生产有形资本品的技术更加清洁,建立了更适宜研究可持续性的增长模型,并从理论上论证了环境库兹涅茨倒 U 型曲线(Environmental Kuznets Curve)存在的可能性。孙刚(2004)对 Stokey-Aghion 模型进行了扩展,发现环保投入对环境质量改善的边际贡献率在长期能否大于一个临界值是可持续发展能否维持的关键;为达到此目标,技术创新、生产率水平提高起着至关重要的作用。胡鞍钢等(2008)的研究尝试了将环境因素直接纳入技术效率进行计算。彭水军、包群(2006)将环境质量作为内生要素引入生产与效用函数,在纳入环境约束的条件下,得到了人力资本投资和科技创新是长期增长的主要动力与决定因素的结论。在演化经济学方面,Norgaard(1994)提出的"共同演化"(co-evolution)概念认为生态系统、技术、制度、商业策略与社会实践处于同一演化进程中,各个系统的演化之间存在互为因果的关系。这一学派的观点认为,高碳经济系统自身存在锁定效应(lock-in)——高碳技术在过去应用得越广泛,在未来越倾向于被更广泛地应用——使得系统无法自发地向低碳演化①;政策制定者对低碳技术的研发与推广进行有力地支持或建立合理的治理结构②是解除这种锁定的有力手段。

二、技术创新对可持续发展的影响

近五十年来,有助于发展低碳经济、建立生态文明的新生技术层出不穷,技术创新对可持续发展的积极影响不断为学界证实。从理论上看,技术创新能够通过尖端技术直接作用于资源能源的利用与环境生态的改善;能够通过作用于经济增长而推动长足的发展;更深一层看,也能够作用于经济、社会、环境生态共同构成的系统,以对可持续发展产生更根本的影响。

首先,技术创新有助于减低能耗,保护环境,维持生态。詹姆斯于 1997 年提出了生态技术创新概念:生态技术创新指产品和工艺上的创新,这种创新能够为消费者和生产企业创造价值,同时显著降低对环境的负面影响。这一概念倡导的创新对政府和私有企业都具有较强的吸引力,如今已在世界范围内得到了认可。1950 年来,全球在降低大气污染、水污染等方面开发了近千项新技术(Anderson,2001),创新大大推动了能源的节约(Omer,2008),推动了碳捕获、碳储存等生态技术前沿。一份针对江苏省 1980～2000 年科技进步在控制环境污染中的贡献份额进行的定量分析表明科技进步对环境保护的贡献率正在逐步上升,在 1995～2000 年 5 年内由 10% 增长至 30%③。

其次,技术创新能够通过推动经济增长而成为可持续发展的核心动力。Stokey-Aghion 模型指出创新技术比生产有形资本品的技术更加清洁,建立了更适宜研究可持续性的增长模型,并从理论上论证了环境库兹涅茨倒 U 型曲线存在的可能性。同时,环保投入对环境质量改善的边际贡献率在长期能否大于一个临界值是可持续发展能否维持的关键,而技术创新、生产率水平提高起着至关重要的作用。

---

① Timothy J. Foxon,"A Coevolutionary Framework for Analyzing a Transition to a Sustainable Low Carbon Economy",*Ecological Economics*,2011,pp. 2258-2267.

② Sylvie Faucheux,Isabelle Nicolai,"Environmental Technological Change and Governance in Sustainable Development Policy",*Ecological Economics*,1998,pp. 243-256.

③ 盛学良、任炳相、朱德明:《环境保护科技进步贡献率的测算方法及预测研究》,《环境污染与防治》2003 年第 25 卷第 6 期,第 365～366、369 页。

最后,技术创新作用于经济、社会、环境生态构成的大系统,通过系统内各个部分的互相影响而对可持续发展产生更根本的推动作用。演化经济学派认为生态系统、技术、制度、商业策略与社会实践处于同一演化进程中,各个系统的演化之间存在互为因果的关系。因此,社会经济系统无法自发地向低碳演化;需要政策制定者对低碳技术的研发与推广进行有力的支持,或者建立合理的治理结构,才能够成功实现社会发展由高碳向低碳的转化。

第二节 从可持续发展的角度评价我国技术创新绩效

企业是我国技术创新的主体,为我国的技术进步和技术市场发展作出了重大的贡献。基于此,本部分对我国技术创新能力及其创新绩效水平的分析,都将从企业的视角出发。

一、我国企业技术创新能力及其存在的问题

(一)企业技术创新能力

随着企业创新能力和市场竞争力的不断增强,其在技术交易中的双向主体地位更加突出。据统计,2010 年,企业输出技术合同成交金额 3341.74 亿元,占全国成交总额的比重从 1991 年的 13.1% 提高到 85%,远高于其他各类技术交易主体;在吸纳技术方面,企业对技术的需求持续旺盛,成交金额达到 3155.98 亿元,占全国成交总额的比重从 1991 年的 63.9% 提高到 80%,居各类交易机构首位。[①]

同时,在研发经费支出和人力支出方面,我国企业的主体地位也日益凸显。在发达的市场经济国家,研究开发活动的主体是企业,其次是大学,然后是政府所属的科研机构,大部分科技力量都分布在企业中。世界上许多知名的大公司每年都不惜投入巨资从事 R&D,这也是他们保持竞争力的重要原因之一。经过 20 多年的科技体制改革,我国科技活动的执行结构发生了重大变化,企业在我国 R&D 支出所占比重在逐渐提高。2010 年,我国 R&D 经费内部支出为 7062.58 亿元,其中,企业 R&D 经费支出总额为 5185.47 亿元,所占

---

① 中国技术市场管理中心:《2010 年全国技术市场统计年度报告》,2010 年。

比重也从 2000 年的 59.95% 提高到 73.42%。①

此外，我国的科技人力资源布局发生了根本性变化，企业在我国 R&D 人员全时当量中所占比重逐渐提高。2010 年，企业 R&D 人员全时当量为 187.39 万人年，所占比重从 2000 年的 52.14% 提高到 73.38%。

（二）企业技术创新存在的问题

由于国内技术供给、投融资环境、企业制度环境等多方面原因，我国企业在技术创新方面还存在一些问题，制约了其主体作用的发挥。

1. 对国内技术的需求动力不足

企业是技术市场的主要需求者，中国企业也存在着对技术的潜在需求，但由于多方面原因，企业对国内技术需求的动力不足。一方面，国内研发与企业生产相脱节，无法满足企业的需求，使国内供给技术的收益滞后期长，这与企业决策短目标期之间存在矛盾，制约了企业吸纳国内技术的动力。另一方面，源于企业的技术战略。由于我国目前处于经济高速成长时期，众多的市场机遇和政府人为创造的低要素成本发展环境，使得企业依靠粗放式发展之路也能赢得收益，因此，大多数企业只追求短期的利润最大化，而真正靠高技术投入提升核心竞争力、实施长期发展战略的企业较少。此外，采用新技术需要大量的投资并要承担较高的市场风险，相比之下，企业更热衷于能在短时间内产生效益的成熟技术，引进发达国家已经过市场检验的成熟技术，因此，企业对国内技术的需求动力不足，所购买技术商品的档次也不高。

2. 对外技术依赖程度高

我国企业对外技术依存度高达 50%，而美国、日本仅为 5% 左右②；企业关键技术自给率低，我国占固定资产投资 40% 左右的设备中，有 60% 以上要靠进口来满足，高科技含量的关键装备基本上依赖进口。由于缺乏核心技术，我国企业不得不将每部国产手机售价的 20%、计算机售价的 30%、数控机床售价的 20% ~40% 支付给国外专利持有者。

3. 技术创新能力较弱

---

① 《中国科技统计年鉴》，中国统计出版社 2011 年版。

② 汪建成、毛蕴：《技术改进、消化吸收与自主创新机制》，《经济管理》2007 年，第 22 ~27 页。

专利是企业 R&D 投入产出的表现形式之一,企业专利数量既可以衡量企业的 R&D 水平,又可以反映企业技术创新的能力。虽然我国国内企业专利数量大幅度上升,已由 1991 年的 7020 件增长至 2008 年的 295510 件,占国内申请总量的比重也由 1991 年的 15.5% 上升到 2008 年的 41.2%,但仍低于发达国家 70% ~ 80% 的水平。另外,在一些高技术领域,关键技术的发明专利申请基本上被国外企业垄断,存在产业技术空心化的危险。我国虽然是 DVD 机生产大国,占全球的市场总量的 50%,但核心技术归 6C(日立、松下、三菱电机、时代华纳、东芝、JVC 联盟),每出口一台价格 40 美元的 DVD 机,就要向外国公司交纳专利使用费 20 美元①。

二、基于可持续发展视角的我国各地区技术创新绩效比较

本部分将基于可持续发展的视角对技术创新的创新方向进行了约束,将资源生产率和环境负荷视作产出,运用四阶段 DEA 模型对我国各地区技术创新促进可持续发展的效率进行测度与比较。

(一)效率评价模型与变量选择

技术创新效率的测评方法主要有两类,一类是非参数方法;另一类是参数方法。参数方法以随机前沿分析(SFA)为代表,该方法由 Aigner, Lovell 和 Schmidt(1977),Meeuser 和 Broeck(1977)各自独立提出,此后不少学者对该方法进行了拓展(Pitt, Lee, 1981; Cornwell, Schmidt, Sickes, 1990; Kumbhakar, 1990)。非参数方法以 Charnes、Cooper 和 Rhodes 在 1978 年提出的数据包络分析(DEA)为代表,他们创建了最基本的 DEA—CCR 模型,其后 Banker、Charnes 和 Cooper 创建了 BCC 模型。为将决策单元(DMU)的"黑箱"打开,Färe, Grosskopf(1996)首次提出网络 DEA 概念,并建立基于网络生产过程的 DEA 模型(Färe, Grosskopf, 2000),基于两阶段生产过程的 DEA 模型就是其特例(Wang, Gopal, Zionts, 1997),此后,国外学者又对 DEA 模型进行了扩展和应用(Hadi-Vencheh, Foroughi, 2006; Alirezaee, Afsharian, 2007; Kao, 2008; Johnson, McGinnis, 2008; Jahanshahloo, Soleimani-damaneh, Mostafaee, 2008)。

① 周元、王海燕、赵刚:《中国区域自主创新研究报告》(2006 ~ 2007),知识产权出版社2007 年版。

国内大多采用传统 DEA 模型或二阶段 DEA 模型对技术创新效率进行实证分析(颜鹏飞,王兵,2004;杨文举,2006;官建成,陈凯华,2009;周端明,2009;王欣,2010)。为了剥离外部环境对效率值的影响,Fried,Schmidt,Yaisawarng (1999)提出四阶段 DEA 模型,但无法调整随机误差对效率的影响,为此,Fried,Lovell,Schmidt 和 Yaisawarng(2002)对其四阶段 DEA 模型进行了优化,提出三阶段 DEA 模型,调整环境变量与随机误差项等因素的影响。目前国内学者多用该方法来分析我国商业银行的效率(黄宪,余丹,杨柳,2008;方燕,白先华,2008),或是研究第三产业效率(王家庭,张容,2009;钟祖昌,2010),而很少用来分析技术创新效率。相比之下,Fried 等(2002)的三阶段 DEA 模型在第二阶段的随机前沿分析中,没有考虑因变量即投入松弛量的截断问题,因此参数估计不一致;Fried 等(1999)的四阶段 DEA 模型尽管无法调整随机误差的影响,但是第二阶段的 Tobit 模型却能保证参数估计的一致性。因此,这里选用四阶段 DEA 模型进行实证分析。

鉴于报告的篇幅,这里对四阶段 DEA 模型的基本思路不再赘述,有兴趣的读者可参考笔者发表在《数量经济技术经济研究》2012 年第 2 期的文章①。

本文数据来源于 2010 年的《中国统计年鉴》和《中国科技统计年鉴》。研究对象为 31 个省(市、区),但由于西藏统计数据部分缺失,故选用除西藏外的 30 个省(区、市)作为样本。本文对东中西部地区的划分采用新三分法②。

1. 投入和产出变量

DEA 分析以决策单元的投入产出数据为效率衡量的基本要素,结合数据可得性与可持续发展背景下工业企业技术创新特点,对投入和产出变量进行选择:

投入变量:工业企业对技术创新的投入包括人力投入和资金投入两个方面,相应指标分别选择规模以上工业企业 R&D 人员和 R&D 经费内部支出。

---

① 笔者发表在《数量经济技术经济研究》杂志 2012 年第 2 期的文章题目为"基于绿色增长的我国各地区工业企业技术创新效率研究"。

② 东部地区包括北京、天津、河北、辽宁、上海、江苏、浙江、福建、山东、广东、海南 11 个省(区、市);中部地区包括山西、吉林、黑龙江、安徽、江西、河南、湖北、湖南 8 个省(区、市);西部地区包括重庆、四川、贵州、云南、西藏、陕西、甘肃、青海、宁夏、新疆、广西、内蒙古 12 个省(区、市),由于西藏统计数据部分缺失,所以西部地区的样本为除西藏外的其余 11 个省(区、市)。

产出变量:从可持续发展的视角综合考虑工业技术创新的产出变量,包括产值、资源和环境这三个方面,相应指标选择规模以上工业企业新产品产值、规模以上工业企业综合能耗产出率(规模以上工业企业综合能耗产出率=规模以上工业企业工业增加值/能源消耗总量)、工业废气排放总量。其中,工业废气排放量属于非期望的负产出,这里借鉴 Korhonen 和 Luptacik(2004)对负产出的处理方法之一,将其作为投入变量,希望其越少越好,因此本文中 DEA 分析的投入指标有三项,而产出指标只有两项。

2.环境因素变量

技术创新环境对技术创新能力和效率有很强的促进或约束作用,技术创新效率较高的地区通常有较好的创新支撑环境,而创新支撑环境较差地区的技术创新效率也相对较低。环境因素可以概括为三个方面:

(1)地方政府对科技的支持力度:反映地方政府对技术创新的重视和支持程度,一般而言,地方政府对科技的支持力度越大,企业研发的积极性越高,研发的动力越大,技术创新的效率也就越高。本文选取地方财政科技拨款占地方财政总支出的百分比这一指标。

(2)地方政府对环境保护的支持力度:反映地方政府对环境保护的重视和关注程度,直接影响地区技术创新对可持续发展的效率。本文选取环境保护支出占财政支出比重这一指标。

(3)科技意识:反映一个地区对科技的重视和应用程度,一般而言科技意识越强,科技成果的产出就越高,带来的经济效益和社会效益也就越大,技术创新的效率也就越高。本文选取万名就业人员专利申请量(件/万人)这一指标。

(二)实证结果与分析

1.各地区企业技术创新绩效比较

利用 Deap2.1 软件,可得到第一阶段和第四阶段的效率值及规模报酬情况,也就是剔除环境因素影响后的基于可持续发展的各地区工业企业技术创新效率情况,请参见表8-1。

表8-1　2009年全国各地区工业企业技术创新效率比较(第一阶段和第四阶段)

地区	第一阶段			第四阶段		
	技术创新效率	纯技术创新效率	规模效率	技术创新效率	纯技术创新效率	规模效率
东部地区	0.654	0.823	0.814	0.566	0.865	0.685
北京	1	1	1	0.531	1	0.531
天津	1	1	1	0.547	1	0.547
河北	0.150	0.159	0.939	0.190	0.236	0.808
辽宁	0.248	0.253	0.979	0.271	0.282	0.963
上海	0.938	1	0.938	0.412	1	0.412
江苏	0.652	1	0.652	0.704	1	0.704
浙江	0.681	1	0.681	0.676	1	0.676
福建	0.447	0.657	0.681	0.568	1	0.568
山东	0.444	0.986	0.451	0.531	1	0.531
广东	0.632	1	0.632	0.793	1	0.793
海南	1	1	1	1	1	1
中部地区	0.372	0.483	0.811	0.44	0.598	0.775
山西	0.146	0.165	0.884	0.166	0.258	0.643
吉林	1	1	1	1	1	1
黑龙江	0.291	0.810	0.360	0.392	0.991	0.396
安徽	0.280	0.296	0.947	0.330	0.341	0.966
江西	0.303	0.564	0.537	0.452	0.866	0.522
河南	0.169	0.192	0.879	0.206	0.233	0.883
湖北	0.321	0.352	0.913	0.359	0.389	0.922
湖南	0.465	0.482	0.964	0.613	0.707	0.867
西部地区	0.327	0.422	0.824	0.439	0.577	0.775
重庆	0.411	0.412	0.998	0.449	0.449	0.999
四川	0.419	0.435	0.965	0.454	0.475	0.956
贵州	0.198	0.259	0.767	0.350	0.559	0.625
云南	0.310	0.323	0.960	0.522	0.568	0.920
陕西	0.303	0.895	0.339	0.367	0.903	0.407
甘肃	0.195	0.255	0.766	0.342	0.459	0.744

续表

地区	第一阶段			第四阶段		
	技术创新效率	纯技术创新效率	规模效率	技术创新效率	纯技术创新效率	规模效率
青海	0.629	0.695	0.906	0.457	0.513	0.891
宁夏	0.251	0.410	0.612	0.210	0.489	0.431
新疆	0.270	0.303	0.892	0.723	0.864	0.836
广西	0.369	0.379	0.972	0.657	0.668	0.983
内蒙古	0.244	0.274	0.890	0.296	0.402	0.737
全　国	0.459	0.585	0.817	0.486	0.688	0.742

可以看出,剔除环境变量影响后,工业企业技术创新的平均技术创新效率由 0.459 提高为 0.486,平均纯技术创新效率由 0.585 提高到 0.688,而平均规模效率从 0.817 下降为 0.742。东部地区平均技术创新效率从 0.654 下降为 0.566,其主要原因是规模效率从 0.814 下降为 0.685,而中、西部地区平均技术创新效率分别从 0.372、0.327 提高到 0.440、0.439,这也反映出东部地区的技术创新环境明显优于中西部地区,所以在剔除环境因素影响后,东部地区平均技术创新效率下降,而中西部地区均有所提高。

从各省(区、市)来看,处于技术创新效率前沿的地区由 4 个下降为 2 个,也就是说在第四阶段处于效率前沿的只有海南和吉林,说明这 2 个省在与其他省(区、市)面临相同环境的情况下会处在技术创新效率的前沿位置;而北京和天津虽然第一阶段处于效率前沿的位置,但这在一定程度上要归功于这两市技术创新的有利外部环境。山西省技术创新效率最低,这与其技术创新单纯以经济增长为目的,而没有侧重可持续发展,不惜付出能源消耗、环境污染成本有关。

另外,三大地带的平均纯技术创新效率均有所提高,东部地区仍然最高(达到 0.865),在东部地区的 11 个省(区、市)中,除了河北、辽宁,其余省(区、市)的纯技术创新效率值均为 1;而中部地区只有吉林为 1,西部地区均小于 1,可以说,中西部地区平均纯技术创新效率偏低,分别为 0.598、0.577,并且低于平均规模效率(均为 0.775),是制约其技术创新效率提升的主要因素。

从规模报酬来看,经济越发达的省(区、市)越容易出现规模报酬递减现象,相反经济欠发达的省(区、市)则呈现规模报酬递增现象。2009年,东、中、西部地区出现规模报酬递减的省市分别为8个、3个、3个,西部地区有8个省(区、市)为规模报酬递增,这表明东部地区技术创新的规模效率较低,投入产出不是最优规模,技术创新所带来的好处大部分被规模的低效率抵消了,这也导致东部地区在纯技术创新效率约为中西部地区1.5倍的情况下,综合效率仅略高于中西部地区。

2.技术创新绩效的影响因素分析

由第一阶段DEA模型,可得到各投入变量的松弛量,该变量受到环境因素的影响。由于投入松弛量大于等于0,因此运用Tobit模型进行回归分析。以投入松弛量作为因变量,将三个环境变量(地方财政科技拨款占地方财政总支出的百分比、环境保护支出占财政支出比重、万名就业人员专利申请量)作为自变量,利用Stata11.0软件进行模型构建,估计参数及结果请参见表8-2。

表8-2   技术创新绩效的影响因素 Tobit 模型估计参数及结果

因变量 自变量	规模以上工业企业 R&D 人员松弛量	规模以上工业企业 R&D 经费内部 支出松弛量	工业废气排放 总量松弛量
地方财政科技拨款占地方财政总支出的百分比	−10632 (−0.77)	−87128 (−0.4)	−720
环境保护支出占财政支出比重	−8688 (−1.63)	−182521 (−1.99)	−180 (−0.07)
万名就业人员专利申请量	−1223 (−1.01)	−26981 (−1.31)	−801 (−1.19)
常数项	69640 (2.43)	1239866 (2.65)	14407 (1.03)
LR chi2(3)	14.17	13.6	12.91
Prob > chi2	0.0027	0.0035	0.0048
log likelihood	−254.20	−317.68	−239.20

注:括号内为相应参数估计的 t 统计量。

由表8-2可知,环境变量对三种投入松弛量的 Tobit 回归模型均能通过检验,且效果很好,似然比检验的卡方统计值分别为 14.17、13.6、12.91,对应的 P 值均不超过 0.5%,这说明环境因素对各地区投入松弛量存在显著影响。

上表中 Tobit 模型的回归系数是环境变量对潜变量的影响程度,为考察其对投入松弛量的影响程度,进行调整结果请参见表 8-3。

表 8-3 技术创新绩效的影响因素 Tobit 模型调整后的参数估计结果

投入松弛量 / 环境因素	规模以上工业企业 R&D 人员松弛量	规模以上工业企业 R&D 经费内部 支出松弛量	工业废气排放 总量松弛量
地方财政科技拨款占地方财政总支出的百分比	−4621	−40086	−309
环境保护支出占财政支出比重	−3776	−83974	−77
万名就业人员专利申请量	−532	−12414	−344
常数项	30265	570439	6191

环境变量解释的是投入松弛量,所以当回归系数为负时,表示增加外部环境变量值有利于减少投入松弛量,即有利于减少该投入变量的浪费或降低负产出;反之,当回归系数为正时,则表示增加外部环境变量将会增加投入松弛量,从而导致该投入变量的浪费。

(1)地方财政科技拨款占地方财政总支出的百分比对三个投入松弛量的影响系数为负,也就是说地方政府对科技的支持力度对规模以上工业企业 R&D 人员、规模以上工业企业 R&D 经费内部支出和工业废气排放总量都是有利因素,即地方财政科技拨款占地方财政总支出的百分比增加 1%,将减少 4621 名 R&D 人员的浪费,减少 40086 万元 R&D 经费的投入,减少排放工业废气 309 亿标立方米。

(2)环境保护支出占财政支出比重对三个投入松弛量的影响系数为负,也就是说地方政府对环境的支持力度对规模以上工业企业 R&D 人员、规模以上工业企业 R&D 经费内部支出和工业废气排放总量都是有利因素,即环境保护支出占财政支出比重增加 1%,将减少 3776 名 R&D 人员的浪费,减少 83974 万元 R&D 经费的投入,减少排放工业废气 77 亿标立方米。

(3)万名就业人员专利申请量对三个投入松弛量的影响系数为负,也就是说各地区的科技意识对规模以上工业企业 R&D 人员、规模以上工业企业 R&D 经费内部支出和工业废气排放总量都是有利因素,即万名就业人员专利申请量增加 1 件/万人,将减少 532 名 R&D 人员的浪费,减少 12414 万元 R&D 经费的投入,减少排放工业废气 344 亿标立方米。

第三节　促进可持续发展的技术创新战略研究

本章基于可持续发展对技术创新的创新方向进行了约束,将资源生产率和环境负荷视作产出,运用四阶段 DEA 模型,剔除外部环境对技术创新效率的影响,比较了 2009 年基于可持续发展的各地区工业企业技术创新的效率差异。主要结论有:第一,地方政府对科技、环保的支持力度和地区的科技意识对该地区工业企业技术创新投入松弛量有一定影响,有利于地区技术创新效率的提高。因此,为考察各地区技术创新的真实效率水平,有必要剔除环境变量对投入松弛量的影响,剔除后,东部地区平均技术创新效率下降,中、西部地区有所提高,这也反映出东部地区的技术创新环境明显优于中西部地区。第二,与第一阶段相比,第四阶段全国平均技术创新效率水平有所提高,纯技术创新效率上升,而规模效率下降,效率前沿的地区也由 4 个(北京、天津、吉林、海南)降为 2 个(海南、吉林),可以看出北京和天津在第一阶段处于效率的前沿位置,一定程度上归功于这两市技术创新的有利环境。第三,东部地区的平均纯技术创新效率最高,而中西部地区平均纯技术创新效率偏低,并且低于平均规模效率,是制约其技术创新效率提升的主要因素。第四,经济越发达的省(区、市)越容易出现规模报酬递减现象,而经济欠发达的省(区、市)则呈现规模报酬递增的现象。这表明东部地区目前技术创新的规模效率较低,投入产出不是最优规模,技术创新所带来的好处大部分被规模的低效率抵消了,这也导致东部地区在纯技术创新效率约为中西部地区 1.5 倍的情况下,综合效率仅略高于中西部地区。

可以说,效率水平是各地区技术创新能力的重要表现,尤其是"十二五"规划提出了加快转变经济发展方式的目标,确立了走可持续发展之路的思路,这其中,技术创新是转变经济增长方式、促进国民经济可持续发展和企业可持续发展的重要途径,是可持续发展的核心要件,必然也必须被提到战略高度上来。促进可持续发展的技术创新也需要从宏观政策积极引导、建立国家创新系统、全面发展低碳技术、大力推进环保技术、加大政府支持力度、营造技术创新外部环境等方面多管齐下。

一、宏观政策积极引导,拓宽技术创新目标

《国民经济和社会发展第十二个五年规划纲要》指出"面对日趋强化的资源环境约束,必须增强危机意识,树立绿色、低碳发展理念,增强可持续发展能力",并提出"大力发展循环经济"、"加大环境保护力度"、"促进生态保护和修复",是从我国的国情出发提出的重大决策,也是可持续发展战略推进的必然要求。在此过程中,必须强调技术创新的核心作用,从政策层面上予以必要的引导,制定可持续发展技术的战略规划和阶段性目标,规划其发展方向;各地区要拓宽技术创新的目标,不要单纯关注经济增长,而要实现经济与资源、环境的协调统一,把以技术创新实现可持续发展作为转变经济发展方式的重要途径。

二、建立国家创新系统,完善产学研一体创新链条

弗里曼提出的"国家创新系统"强调政府、企业、社会在创新过程中起到的协同作用。在这一体系中,政府除以宏观政策引导可持续发展技术创新总体方向外,还应落实具体工作,建立健全地方办事机构,培养壮大可持续发展人才队伍,增强基层政府为技术创新推广提供服务的能力;结合实际,在可持续发展的重点领域和行业,制定相应的地方性条例和规章、措施,规范对环境保护和资源开发的调控。企业须打破以短期盈利为目标的营销理念和盈利模式,加大可持续发展技术研发投资或加强技术引进;为分散单个企业研发带来的巨大风险,企业应寻求与政府、科研机构之间的合作。科研机构应以国家政策为导向,重点关注需求领域与攻关领域,从基础上提高我国绿色低碳技术水平,并应与企业密切联系,积极促使技术转化为切实生产力。全社会应强调可持续发展观念教育,着力塑造绿色低碳生活方式,为可持续发展技术创新提供广泛的社会基础。

三、全面发展低碳技术,促进资源能源高效利用

为应对气候变化,维护、改善现有生态环境系统,近年来各国政府都把发展低碳技术视为一项重大工作予以高度重视,低碳技术已经成为新一轮国际竞争的战略制高点。可以说,发展低碳技术及其他高效利用资源能源的技术是实现可持续发展、实现传统经济发展模式转型的必然选择,具有重要的战略意义。具体举措包括:集中加强煤的高效开发和利用技术、油气资源勘探开发利用技术、核电技术、可再生能源技术、输配电和电网安全技术等前沿技术的研发,提升我国的低碳技术水平;建立国内低碳技术自主创新体系,进一步强化低碳技术创新的市场环境,将节能、新能源、电动汽车、清洁燃料等低碳技术研发有机整合,并加大人才培养力度,提高相关领域技术开发和创新能力;科研机构技术研发与企业需求结合,积极推广技术市场化,使低碳技术及时高效转化为生产力;加强低碳技术创新领域国际合作,特别是建立中美应对气候变化技术合作研究机制,充分吸取国际先进技术成果,加快推进我国低碳技术创新步伐。

专栏8-1　新能源汽车产业驶入快车道

进入2011年,新能源汽车产业的政策利好不断。综合媒体报道显示,北京汽车行业"十二五"规划已获批,按照该规划,到2015年,北京的纯电动汽车将达到10万辆的规模,以乘用车为主。纯电动汽车是北京发展新能源车的重点,此外也不排斥发展插电式混合动力、传统混合动力等其他类型新能源车。北京的消费者在购买纯电动车时,除将享受与深圳相同水平的优惠补贴外,还将享受"不摇号、不限行、不纳税国家代付"的特殊优惠。北京的限号、限行政策给了电动汽车一个机会。

三部委发力

对于新能源汽车产业发展,科技部、工信部和国资委都将出台政策支持,分别为《国家"十二五"电动汽车科技产业化重大专项项目》、《节能与新能源汽车产业发展规划》和《央企纯电动车投资规划》。上述政策对于未来5年内新能源汽车产业发展给出了非常具体的目标和资金支持力度。

"十二五"期间,混合动力汽车领域,轻混乘用车大批量投放市场,中重混

乘用车投放市场,插电式混合动力乘用车批量生产、应用,插电式混合动力公交车小规模示范运行。混合动力大客车大批量投放市场。各种混合动力乘用车年产量达到当年乘用车总产量的20%。

对于纯电动汽车,在"十二五"期间,2人微型电动乘用车和4人微型电动乘用车批量生产,规模示范,5人小型电动乘用车小规模生产示范,各种短程纯电动专用车辆投入使用,纯电动城市公交车小规模示范运行,各种纯电动乘用车产量达到当年乘用车总产量的10%。

车用电机达到200万台的研制生产能力。动力电池形成10家20万套动力蓄电池系统的大型企业,超级电容达到年产200万只的生产能力。充电站建设方面,形成充电模式、充电设备及接口和通信协议标准,在5个以上城市建成2500个左右充电桩,100个快速充电站,20个电池快速更换站。

标准待完善

据中国汽车技术研究中心电动汽车标准化专家孟祥峰介绍,经过10多年的研究和积累,中国电动车标准体系已经初步建立,涵盖了纯电动汽车、混合动力汽车、燃料电池车、电动汽车关键系统和零部件、充电基础设施及基础通用等方面,现行有效标准共约50项,正在修订的有50余项,正在报批的15项。

但电动汽车行业发展与标准之间仍有差距。国家发改委产业经济与技术经济研究所高新技术产业室副主任曾智泽在此间表示,中国电动车产业发展的问题,除了关键零部件基础材料和装备的技术水平和产业化能力急需提高、高端技术不具备竞争优势外,相关标准不完善也亟待改变。据介绍,现行整车标准包括部分通用性标准和实验方法,覆盖车型不全,安全性标准不完整,整车互换性标准和技术条件还需补充制定,此外还有现行电池标准的安全性标准、互换性标准和技术条件要求标准需要补充完善,燃料电池应依据研发需求加快制定专项标准。各示范项目充电站(机)及相关系统部件还缺乏统一的建设标准。电动汽车的噪声污染及废旧电池的拆机回收、高压大电流继电器等标准也尚待制定。

产业前景可期

国家越来越积极的政策信号,也给了从业者以信心。在中国经济时报记者的采访中,不论是整车厂,还是零部件企业、投资者,都认为对于新能源汽车行业,不仅仅是由于现在有国家政策支持才对其看好,更重要的是,它是汽车工业未来的方向,政策不会是"一阵风"。

行业未来怎么发展? 陈清泉对本报记者表示,电动汽车是革命性的产业,不能各自为政,要协调发展,建立新的产业联盟,新的产业链,新的绿色制造业,要重点突破,重点发展公交电动汽车和小型电动汽车,小型电动汽车要从优化拓扑结构,轻量化,绿色制造,开发多功能,低端和高端系列产品,特别是,电动汽车和智能电网的结合,电动汽车和远程智能信息控制,汽车移动互联网相结合。最终实现"零排、零化石燃料、零交通事故、零交通阻塞"的交通愿景。在他给出的全球电动汽车市场预测中,2020 年,世界汽车市场上,新能源汽车约占总销量的 7% ~ 12% ,而这一比例在中国,可达 15% ~ 20% 。

资料来源:51 汽车网站,2011 年 04 月 13 日,见 http://news.51auto.com/201104/XW69085.htm。

四、大力开发环保生态技术,提高产业绿色竞争力

保护环境与生态是可持续发展战略最先提出的议题,环保生态技术是发展绿色经济的支撑,是生态效率高、经济效益好、资源消耗低、环境污染少的新技术,是建设环境友好型社会的核心课题。为大力发展环保生态技术,应围绕传统产业改造,重点推广清洁生产技术、清洁能源技术、生物工程技术、信息技术、节能节水技术等高新技术成果以及质量、环境管理体系等现代企业管理技术,加快对传统产业的技术改造和技术创新,开发污染少、附加值高的高新技术产品,培育壮大高新技术产业,不断提高工业经济的增长质量,提高环境效益。应组织力量攻关,突出抓好生态环境保护、水污染治理、生活垃圾处理、资源综合利用、新能源、新材料等新技术新成果的研究开发和推广,建成适应地区特点的可持续发展示范点和产业基地,培育一批与可持续发展相关的环保产业。

专栏8-2 新型槽式太阳能发电站开辟光热发电新途径

沙漠地区如何充分利用清洁丰富的太阳能资源,优化能源结构,促进低碳生活早日实现? 10 月 12 日,在太阳能资源丰富的宁夏盐池地区破土动工的亚洲首家槽式太阳能—燃气联合循环(ISCC)发电站,为我国新能源开发利用提供了一条新途径,对亚洲太阳能光热发电起到重要示范作用。

我国"十二五"规划提出,未来 5 年将在全国光照条件好、可利用土地面

积广、具备水资源条件的地区开展太阳能热发电项目的示范,以西藏、内蒙古、甘肃、宁夏、青海、新疆、云南等省区为重点,建成 1000 万千瓦以上的太阳能电站,通过这些试点地区项目带动产业发展,此举不仅是实现我国对世界作出的节能减排承诺,同时有效推进我国的可持续发展战略。

宁夏盐池哈纳斯高沙窝槽式太阳能—燃气联合循环发电站项目的启动正是积极响应国家"十二五"规划纲要的一项重大举措,该项目由哈纳斯新能源集团投资建设,联合华北电力设计院、西门子等公司共同打造。整个工程建设总投资 22.5 亿元,规划容量 92.5 兆瓦,2013 年 10 月建成投产。项目建成后,每年相当于节约标准煤约 10.4 万吨。与同年发电量的常规火力发电厂相比,每年减少二氧化碳排放量 21 万吨。

据哈纳斯集团项目负责人介绍,该太阳能发电站采用了目前最为成熟的槽式太阳能—燃气联合循环发电技术,改变了传统槽式太阳能热发电的模式,通过自主研发,增加储热装置并与天然气联合运行的方式,开发利用了丰富的太阳能资源,大大提高了太阳能发电出力在整个系统中占的比例,实现可再生能源与清洁能源的协调发展。

作为亚洲首个槽式太阳能—燃气联合循环发电站的示范项目,该发电站充分利用了当地丰富的太阳能资源和沙漠荒地,减少了煤炭等化石能源对环境的污染。由于地处毛乌素沙漠边缘,植被较少,槽式镜场可以吸收遮挡太阳光线,从而降低该地区地表温度和蒸发量,同时,利用冲洗聚光镜后漏入地下的水,为植被提供水分和养分,促进沙漠变绿洲。

据悉,槽式太阳能热发电技术是世界上最成熟的光热发电技术之一,而槽式太阳能—燃气联合循环发电技术是集成槽式太阳能发电系统与燃气发电系统,太阳能作为中低温加热热源,而天然气发电后的高温烟气作为高温加热热源,在太阳光充足时,按槽式太阳能—燃气联合循环发电方式运行,在太阳光不足或夜间时,则按常规的燃气—蒸汽联合循环方式运行,从而大大提高能源利用效率。常规槽式太阳能发电站全厂总效率约为 13%—16%,常规燃气—蒸汽联合循环发电站全厂总效率约为 45%—50%,而槽式太阳能—燃气联合循环发电站全厂总效率可达 70%—80%。(记者 左常睿)

资料来源:http://www.gmw.cn,科技日报,2011 年 10 月 29 日。

五、加大政府支持力度,营造技术创新外部环境

要加大对科技、环境保护的支持力度,营造良好的科技创新氛围,积极创造有利于技术创新效率提升的外部环境,是提高地区技术创新效率的重要途径。此外,通过产业政策支持环保产业、低碳产业发展;建立专项资金,从财务上支持可持续发展技术研发;以税收政策给予采用环保技术、低碳技术的企业税收优惠,降低可持续发展技术应用成本,加大可持续发展技术需求;加强国际交流合作,为国际尖端技术的跨国联合研发创设平台;健全知识产权保护立法,从制度上保护技术专利所有者权益,为技术创新创造激励。

总之,可持续发展工作是一项惠及全人类的创造性、创新性工程,是我国现代化建设的必然选择,技术创新作为发展低碳经济、推进可持续发展的最重要途径这一共识已在国际与国内普遍形成。促进可持续发展的技术创新战略必须紧扣建设资源节约型、环境友好型社会号召,从大处着眼,小处落实,综合考虑经济发展、社会发展与环境生态发展,从根本上改变生产方式、消费方式和生活方式,满足当代人的发展需求,保存后代人发展的权利!

参考文献

［美］熊彼特:《经济发展理论》,何畏、易家祥译,商务印书馆 1990 年版。

官建成、陈凯华:《我国高技术产业技术创新效率的测度》,《数量经济技术经济研究》2009 年第 10 期。

胡鞍钢等:《考虑环境因素的省级技术效率排名(1999～2005)》,《经济学(季刊)》2008 年第 7 卷第 3 期。

彭水军、包群:《环境污染、内生增长与经济可持续发展》,《数量经济技术经济研究》2006 年第 9 期。

盛学良、任炳相、朱德明:《环境保护科技进步贡献率的测算方法及预测研究》,《环境污染与防治》2003 年第 25 卷第 6 期。

孙刚:《污染、环境保护和可持续发展》,《世界经济文汇》2004 年第 5 期。

汪建成、毛蕴:《技术改进、消化吸收与自主创新机制》,《经济管理》2007 年。

王家庭、张容:《基于三阶段 DEA 模型的中国 31 省市文化产业效率研究》,《中国软科学》2009 年第 9 期。

王欣:《FDI、知识溢出与生产率增长——基于 DEA 方法和状态空间模型的经验研究》,《世界经济研究》2010 年第 7 期。

颜鹏飞、王兵:《技术效率、技术进步与生产率增长:基于 DEA 的实证分析》,《经济研究》2004 年第 12 期。

杨文举:《技术效率、技术进步、资本深化与经济增长:基于 DEA 的经验分析》,《世界经济》2006 年第 5 期。

中国技术市场管理中心:《2010 年全国技术市场统计年度报告》,2010 年。

钟祖昌:《基于三阶段 DEA 模型的中国物流产业技术效率研究》,《财经研究》2010 年第 9 期。

周端明:《技术进步、技术效率与中国农业生产率增长——基于 DEA 的实证分析》,《数量经济技术经济研究》2009 年第 12 期。

周元、王海燕、赵刚:《中国区域自主创新研究报告(2006～2007)》,知识产权出版社,2007 年版。

A. Hadi-Vencheh, A. A. Foroughi, "A Generalized DEA Model for Inputs/Outputs

Estimation", *Mathematical and Computer Modelling*, 2006.

A. L. Johnson, L. F. McGinnis, "Outlier Detection in Two-stage Semi Parametric DEA Models", *European Journal of Operational Research*, 2008.

Abdeen Mustafa Omer, "Focus on Carbon Technologies: The Positive Solution", *Renewable and Sustainable Energy Reviews*, 2008.

Aghion, Howitt. *Endogenous Growth Theory*. MIT Press, 1998.

C. Cornwell, P. Schmidt, R. C. Sickes, "Production Frontiers with Cross-sectional and Time-series Variation in Efficiency Levels", *Journal of Econometrics*, 1990.

C. Kao, *A Linear Formulation of the Two-level DEA Model*, Omega, 2008.

C. Ornaghi, "Spillovers in Product and Process Innovation: Evidence from Manufacturing Firms", *International Journal of Industrial Organization*, 2006.

C. H. Wang, R. Gopal, S. Zionts, "Use of Data Envelopment Analysis in Assessing Information Technology Impact on Firm Performance", *Annals of Operations Research*, 1997.

Dennis Anderson, "Technical Progress and Pollution Abatement: An Economic View of Selected Technologies and Practices", *Environment and Development Economics*, 2001.

G. R. Jahanshahloo, M. Soleimani-damaneh, A. Mostafaee, "A Simplified Version of the DEA Cost Eifficiency Model", *European Journal of Operational Research*, 2008.

H. O. Fried, C. A. K. Lovel, S. S. Schmidt, S. Yaisawarng, "Accounting for Environmental Effects and Statistical Noise in Data Envelopment Analysis", *Journal of Productivity Analysis*, 2002.

H. O. Fried, S. S. Schmidt, S. Yaisawarng, "Incorporating the Operating Environment into a Nonparametric Measure of Technical Efficiency", *Journal of Productivity Analysis*, 1999.

M. Iyigun, "Clusters of Invention, Life Cycle of Technologies and Endogenous Growth", *Journal of Economic Dynamics and Control*, 2006.

M. M. Pitt, L. F. Lee, "Measurement and Sources of Technical Inefficiency in the Indonesian Weaving Industry", *Journal of Development Economics*, 1981.

M. R. Alirezaee, M. Afsharian, "A Complete Ranking of DMUs Using Restrictions in DEA Models", *Applied Mathematics and Computation*, 2007, pp. 1550–1559.

Nancy L. Stokey, "Are There Limits to Growth?", *International Economic Review*, 1998, pp. 1–131.

R. Färe, S. Grosskopf, "Network DEA", *Socio-Economic Planning Sciences*, 2000.

R. Färe, S. Grosskopf, "Productivity and Intermediate Products: A Frontier Approach", *Economics Letters*, 1996.

R. Norgaard, *Development Betrayed: The End of Progress and a Coevolutionary Revisioning of the Future*. Routledge, London and New York, 1994.

S. C. Kumbhakar, "Production Frontiers, Panel Data and Time-Varying Technical Inefficiency", *Journal of Econometrics*, 1990.

Sylvie Faucheux, Isabelle Nicolai, "Environmental Technological Change and Governance in Sustainable Development Policy", *Ecological Economics*, 1998.

Timonthy J. Foxon, "A Coevolutionary Framework for Analyzing a Transition to a Sustainable Low Carbon Economy", *Ecological Economics*, 2011.

第九章　人口与可持续发展

周晔馨

第一节　中国人口的现状

一、中国人口的现状特点和未来发展趋势

新中国成立以来,中国人口发展经历了两个不同的时期:一是实行计划生育政策之前,人口发展处于以"高出生率、低死亡率、高增长率"为特点的无计划、自发发展时期;二是实行计划生育政策之后,人口发展逐步走向以"低出生、低死亡、低增长"为特点的有计划、可控制的平稳增长时期。这两个不同发展时期的区别,不仅表现在出生率、死亡率的变化上,而且还表现在人口发展模式的转变,以及人口年龄结构的变化上(见表9-1)。

表9-1　新中国成立后历次人口普查数据

年份	户数（万户）	总人口（万人）			每户平均人数	男占百分比	女占百分比
		合计	男	女			
1949	—	54,167					
1953	13,579	58,796	30,468	28,328	4.33	51.82	48.18
1964	15,953	72,538	37,128	35,410	4.55	51.29	48.71
1982	—	103,188	51,943	48,874	—	51.5	48.5
1990	27,695	116,002	58,495	54,873	3.96	51.6	48.4
2000	34,837	129,533	65,355	61,228	3.44	51.63	48.37
2010	40,152	137,054	68,685	65,287	3.10	51.27	48.73

资料来源:国家统计局历次全国人口普查公报。

20世纪70年代后期,我国人口发展开始出现根本性转变。新中国成立

以来人口高速增长带来的压力(见表9-1),使人们认识到人口控制已迫在眉睫。中国政府开始实行计划生育,并陆续制定和完善了明确的计划生育政策,使人口高出生、高增长的势头得到迅速控制。人口由无计划、自发的高增长进入了有计划、可控制的增长时期。这一时期,人口出生率和自然增长率迅速下降,分别由1971年的30.7‰和23.4‰下降到1980年的18.2‰和11.9‰。

　　进入20世纪80年代后,我国把实行计划生育、控制人口增长提高到了战略高度,计划生育被确定为一项基本国策,控制人口增长的措施更加严格。但是,由于20世纪60年代人口生育高峰中出生的人口陆续进入生育年龄,加之20世纪80年代初婚姻法的修改造成许多不到晚婚年龄的人口提前进入婚育行列,使得人口出生率出现回升。人口出生率由1980年的18.2‰、1981年的20.9‰,达到1987年23.3‰的峰值。

　　进入20世纪90年代后,随着计划生育工作的不断加强和完善,20世纪80年代人口的高出生率得到控制,并持续稳步下降。1991年人口出生率为19.7‰,2008年降至12.1‰,13年下降了7.6个千分点,并一直稳定在低水平上。1998年人口自然增长率首次降到10‰以下,从2000年开始,年净增人口低于1000万,中国人口进入平稳增长阶段。①

　　2010年11月,我国第六次人口普查登记的全国总人口为1339724852人。其中我国男性人口占51.27%,女性人口占48.73%。0~14岁人口为222459737人,占16.60%;15~59岁人口为939616410人,占70.14%;60岁及以上人口为177648705人,占13.26%,其中65岁及以上人口为118831709人,占8.87%。同2000年第五次全国人口普查相比,0~14岁人口的比重下降6.29个百分点,15~59岁人口的比重上升3.36个百分点,60岁及以上人口的比重上升2.93个百分点,65岁及以上人口的比重上升1.91个百分点。由此可见,我国老龄化进程逐步加快。②

　　与1954年第一次人口普查时相比,我国人口数量已经增加了7.39亿人。我国人口增长速度最快的时期是1964~1973年,每5年人口总量增长1亿;

① 国家统计局:《人口总量适度增长结构明显改善》,2009年9月11日,见http://www.stats.gov.cn/tjfx/ztfx/qzxzgcl60zn/t20090911_402586311.htm。

② 国家统计局:《2010年第六次全国人口普查主要数据公报》,2011年4月28日,见http://www.stats.gov.cn/tjgb/rkpcgb/qgrkpcgb/t20110428_402722232.htm。

到 20 世纪 80 年代人口增长率已经下降,90 年代的人口增长速度更为缓慢,1995～2005 人口增长 1 亿的时间已经延长到 10 年。东部一些地区已经出现了人口负增长。总体而言,我国人口增长是一个增速减缓的过程,未来的趋势将是人口增长进一步减缓,一直到停止增长。

二、中国人口问题的跨国比较

在世界其他国家中,人口问题同样是一个重点问题和热点问题,然而,对于人口数量的变化过程和人口结构转变过程,不同的国家经历的时间有所不同。这里以欧洲国家和亚洲国家的人口转变过程为例进行跨国比较。①

在欧洲,大多数国家在第二次世界大战后经历"婴儿潮(Baby boom)"之后,几十年来长期保持在较低的生育水平,大部分国家的人口增长率在 1%～2% 之间徘徊,基本上处于静止状态,部分国家,例如德国、意大利、俄罗斯等的死亡率甚至已经超过出生率,因而导致人口增长处于绝对减少状态。从 2000 年开始,欧洲人口已经开始处于负增长惯性之中。如果这种低生育状况不改变,也不考虑移民迁入的话,将来欧盟国家的人口会以每 10 年减少 2500 万～4000 万的速度继续下降,给欧洲带来严重老龄化问题,这将会极大挑战欧洲的社会保障、医疗系统、生产力以致影响到这些国家在国际上的竞争力和经济增长。由于人口年龄结构的老化,欧洲国家不可避免地出现了结构性的劳动力短缺问题,迫使其通过不同方式的国际迁移引入大量劳动力。

在亚洲,完成人口转变的国家当以日本为典型。日本在第二次世界大战后开始人口转变,随着经济的迅速发展,日本人口发展经历了从人口激增、人口增长率快速下降到稳定低增长的发展过程,从而实现了由传统型人口再生产向现代型人口再生产的转变。第二次世界大战后的数年间,日本人口增长较为迅速,在这一人口激增时期,日本政府采取了节制生育的对策。1948 年,日本制定了优生保护法,允许人工流产和绝育。随后在 1950～1957 年期间,日本生育率进入了急速下降阶段,从而形成了低出生、低死亡的现代人口型。这一时期,日本继续推广控制人口政策。1958～1973 年期间,日本生育率进

---

① 参见蔡昉:《中国可持续发展总纲 2——中国人口与可持续发展》,科学出版社 2007 年版,第 25～26 页。

入了相对稳定阶段,实施了节制生育。1974 年之后,日本的出生率进一步下降,1999 年已经减退到 9.4‰。这一时期晚婚化和有配偶率的下降是导致出生率下降的主要原因,加之人们生育观的改变,日本人口的再生产力已经大幅度低于人口更替水平。

在亚洲,除了中国和日本之外,新加坡、韩国和中国的台湾、香港等国家和地区的生育率下降较快,在近 20 年中总和生育率从 6 降到了 2 左右,并且除泰国外都降到了更替水平之下[①]。这些国家和地区的生育率下降主要是与社会和经济发展、提倡计划生育和提供充足生育服务相关,尤其与妇女受教育程度的提高和就业机会的增加有关。这些国家和地区已经对如此长期的超低生育率感到忧虑,制定了一系列鼓励生育的福利政策,然而收效甚微。

第二节　人口的结构转变与可持续发展

一、我国的人口结构主要特点

从第六次人口普查来看,我国人口现状主要呈现出以下几个特点:

(一)人口众多仍然是我国长期面临的首要问题

尽管中国人口已经进入低增长时期,未来 20 年人口增长速度还将进一步减慢,但由于庞大的人口基数和增长的惯性作用,人口总量在相当长的时期内仍将保持增长态势。按目前生育水平预测,到 2020 年,人口总量将达到 14.3 亿;人口总量高峰将出现在 2032 年前后,达 14.7 亿左右。[②]

(二)老年人口数量迅猛增长,人口老龄化进程加快

2000 年我国 60 岁及以上人口的比重为 10.33%,65 岁及以上人口的比重为 6.96%,而在 2010 年第六次人口普查中,我国 60 岁及以上人口为 1.78 亿人,比重已达到 13.26%,比第五次人口普查增加了 2.93 个百分点;65 岁及以上人口为 1.19 亿人,比重为 8.87%,比第五次人口普查增加了 1.91 个百分点。随着多年来生育水平的下降和人们健康水平的提高,老龄化程度还将继

---

① 陈卫、李敏:《亚洲出生性别比失衡对人口转变理论的扩展》,《南京社会科学》2010 年第 8 期。

② 国家统计局:《人口总量适度增长结构明显改善》,2009 年 9 月 11 日,见 http://www.stats.gov.cn/tjfx/ztfx/qzxzgcl60zn/t20090911_402586311.htm。

续提高,未来中国人口年龄结构类型将急速从轻度老龄化转变成重度老龄化。发达国家的老龄化进程是与经济发展同步进行的,而中国的老龄化与经济发展有较大的时间差。庞大的老年人口将对中国的经济发展造成极大的压力。

(三)劳动年龄人口总量保持增长态势,就业压力始终较大

未来十几年 16 岁及以上人口的规模始终较大,总量在 9 亿以上,2013～2020 年将超过 11 亿①,并呈增长趋势。劳动年龄人口基数大,高峰持续时间长,对人口就业和城市化发展带来巨大压力。

(四)流动迁移人口持续增加

随着改革开放和社会主义市场经济体制的建立,流动人口大量增加。2005 年我国流动人口规模 1.47 亿,2009 年我国流动人口规模达 1.8 亿,2011 年我国流动人口已达到 2.3 亿,占全国总人口的 17.07%。未来相当长一段时间里,流动人口还将持续增加,这主要是因为我国城市化水平将进入加速提高阶段所决定的。城镇人口比重的提高,并不能单靠城镇人口的自然增长来实现,必然引起大量农村人口向城镇的转移。

(五)出生人口性别比偏高

从 20 世纪 80 年代开始,我国出生人口性别比持续偏高,1981 年为 109,只略高于正常范围(103～107);2000 年提高到 117,此后一路走高,2005 年出生人口性别比为 118.6,2007 年和 2008 年又分别攀高至 120.22 和 120.56,严重偏离正常范围。在加强出生人口性别比治理后,2009 起出生人口性别比有所回落,2011 年,出生人口性别比为 117.78,总人口性别比则为 105.18。出生人口性别比长时间超出正常范围,势必对今后人口的性别结构和婚姻、家庭关系产生一定的影响,进而可能影响到社会的稳定。

在这几个特点中,与经济可持续发展最密切的是人口老龄化的特点和流动迁移人口持续增加的特点,后面对此将加以重点分析。

二、人口老龄化与经济增长

当人们关注着快速增长的中国人口给社会经济带来的巨大压力时,中国

---

① 国家统计局:《人口总量适度增长结构明显改善》,2009 年 9 月 11 日,见 http://www.stats.gov.cn/tjfx/ztfx/qzxzgcl60zn/t20090911_402586311.htm。

人口的年龄结构也在悄然老化,从而使得人口老龄化问题成为中国实现可持续发展的一个严峻挑战。

人口老龄化是指总人口中因年轻人口数量减少、年长人口数量增加而导致的老年人口比例相应增长的动态过程。根据联合国人口老龄化的标准,一个国家60岁及以上的老年人口占人口总数的比例超过10%,或65岁及以上的老年人口占总人口的比例高于7%,这个国家或地区就进入了老年型社会或老年型国家。

我国自2005年以来,0~14岁人口比重持续下降,15~64岁与65岁及以上人口比重持续上升。2010年第六次人口普查的结果显示,大陆31个省、自治区、直辖市和现役军人的人口中,0~14岁人口为22246万人,占16.60%;15~59岁人口为93962万人,占70.14%;60岁及以上人口为17765万人,占13.26%,其中65岁及以上人口为11883万人,占8.87%。同2000年第五次全国人口普查相比,0~14岁人口的比重下降6.29个百分点,15~59岁人口的比重上升3.36个百分点,60岁及以上人口的比重上升2.93个百分点,65岁及以上人口的比重上升1.91个百分点。由此可见,按照联合国标准,我国已进入了老年型社会。而从2010年开始的20年时间里,我国老年人口增长率和老年人口绝对规模将会陡然加剧(见表9-2),在我国经济社会发展还欠发达的情况下,人口老龄化进程的加快,使这一问题显得更为急迫。

表9-2　中国近50年的老龄化趋势及预测

年份 \\ 项目	60岁以上老年人占总人口比重	65岁以上老年人占总人口比重
2000	10.33%	6.96%
2010	13.26%	8.87%
2020	20%	11.92%
2040	28%	
2050	30%	

注:2000年和2010年数据为我国第五次、第六次人口普查数据;2020年、2040年和2050年为联合国预测的数据。

资料来源:国家统计局全国人口普查公报,见 http://2010.qq.com/a/20100930/000241.htm。

中国人口老龄化具有以下三个特点:一是老年人口数量大。2011年我国65岁及以上老年人口已达1.19亿,占世界老年人口的23%,占亚洲的38%。

二是人口老龄化的速度快、来势猛。我国人口年龄结构从成年型进入老年型仅用了 20 年左右的时间，与发达国家相比，速度十分惊人。据国家统计局预测①，到 2020 年，我国 65 岁及以上老年人口所占比重将达到 11.92%，比 2000 年提高 4.96 个百分点，届时每 8 个人中就有一个 65 岁及以上老年人。2020 年以后老龄化程度继续提高，到 21 世纪中叶，老年人口比重将达到 25%，每 4 个人中就有一个老年人。三是人口老龄化超前于经济发展。发达国家的人口老龄化是在经济发达时期出现的，对老龄化的承受力较强。同时，由于老龄化速度慢，允许其有一段较长时间的准备和适应。中国人口老龄化是由于生育率急剧下降造成的，老龄化超前于经济发展，即呈现出"未富先老"的特征。

中国人口老龄化对于经济增长主要有以下影响：

1. 劳动年龄人口比重下降将导致劳动力不足

人口老龄化对经济增长的影响首先表现在劳动力的供给方面。劳动力的供给一般是由总人口中处于劳动年龄人口的多少来决定的。年龄结构与劳动力供给之间一般呈现出"倒 U 型"关系，人口年龄结构的变化必然引起劳动力供给总量的变化，较高的劳动年龄人口比例往往带来较高的劳动参与率。

从总体来说，人口老龄化发展会导致劳动年龄人口比重相对下降。在人口老龄化的初期阶段，由于少年儿童人口比重下降的幅度较大，而老年人口比重上升的幅度较小，甚至小于少年儿童人口比重的幅度，那里就会出现劳动年龄人口比重不是下降而是上升的现象。当老年人口比重上升的幅度大于少年儿童人口比重下降的幅度时，劳动年龄人口比重就会立即下降。

劳动年龄人口的相对缩减就意味着可就业人口的减少。在一定的生产资料和技术条件下，劳动力资源不足就可能制约部分生产资料和技术设备的生产，影响社会生产活动的正常运转，影响生产力和经济的发展。这种情况在欧洲等发达国家表现比较明显，劳动力短缺的问题成为制约他们经济发展的一个重要因素，而这正是由于出生率下降而形成的人口年龄结构老龄化所造成的。而在我国，目前发端于中国沿海地区并且蔓延于全国的劳动力短缺现象，预示着中国二元经济结构正在发生转变，即中国经济发展的"刘易斯转折点"

---

① 国家统计局：《"十一五"经济社会发展成就系列报告》，2011 年 3 月 2 日，见 http://www.stats.gov.cn/tjfx/ztfx/sywcj/t20110302_402706838.htm。

正逐步呈现。

专栏9-1 老龄化和银发经济

18世纪,"儿童经济"是商品市场发展的重要引擎;19世纪,"妇女经济"成为时代经典;而在21世纪,"银发经济"逐渐跃入人们的视野。"银发经济"是指专门为老年人提供消费服务的经济产业,又被称为老年产业或老龄产业,随着中国社会老龄化步伐加快,"银发经济"呈现蓬勃发展之势,被商家称为当今的"朝阳产业"。

"银发经济"的范围十分广泛,大致可以分为日用品经济、保健品经济和服务类经济。老年人特殊的生理和心理特点,决定了与老年人相关产业的广阔性。实际上,老龄群体是个消费需求多样化、多层次的异质消费群,它涵盖了很多领域,有服务性的家政服务、社会养老;有医药类的保健养生、健身器材;有生活用品的服饰、日用品;有教育、旅游、玩具、食品等。

"银发经济"具有广阔的前景和巨大的发展潜力,蕴藏着巨大的商机。以健康护理品为例,老年专用品种类繁多,比如老人尿布、假牙、助听器,以及便携式电子体温计、电子血压计、体脂肪计、体重计、步数计、脉拍计、检尿计等。老年人对这些护理品或消费品存在刚性需求,受经济周期影响很小,充分开发这个快速增长的市场不仅有助于改善老年人生活品质,也会在生产消费就业各方面产生更大的经济和社会价值。

资料来源:魏晶晶:《从老龄化中挖掘"银发经济"的潜力》,《中国市场》2011年第14期。

2.抚养比的上升将导致中国劳动力成本加大

抚养比又称抚养系数,指人口中非劳动年龄人数与劳动年龄人口数之比,一般以百分数表示。抚养比越大,表明劳动力人均承担的抚养人数就越多,意味着劳动力的抚养负担就越严重,劳动者在生产中需要获得更多的劳动报酬才能承担起这一负担,从而在长期的经济发展中必然造成劳动力成本的加大。

在我国,一般以15岁到64岁为劳动年龄人口,14岁及以下和65岁及以上为被抚养人口,与之对应的抚养比包括少儿抚养比、老年抚养比和总抚养比。其中老龄人口抚养比更为直接地度量了劳动力的养老负担。人口老龄化发展所带来的劳动年龄人口比重下降,必然导致老年抚养比和总抚养比的上升。

我国的老年抚养比变化可以分为两个阶段,从 1950 年(7.3%)到 1970 年 (7.7%)经过短暂的增长后开始了平稳的下降。然后从 1970 年(7.7)开始, 老年抚养比开始了不断上升的阶段。根据中国计生委的预测,2050 年老年抚 养比将达到 38.9%,此时劳动年龄人口与老年人口之比还不到 3∶1,即平均 三个劳动年龄人口要养活一个老人(见表 9-2)。

表 9-3　中国近 100 年的抚养比变化情况

年份	少儿抚养比(%)	老年抚养比(%)	总抚养比(%)
1950	54.0	7.3	61.3
1955	63.6	7.9	71.5
1960	69.1	8.5	77.6
1965	72.6	7.9	80.5
1970	70.9	7.7	78.6
1975	70.4	7.8	78.3
1980	59.5	7.9	67.3
1985	47.0	8.1	55.0
1990	41.5	8.4	49.9
1995	39.1	9.0	48.1
2000	36.3	9.9	46.2
2005	30.7	10.7	41.4
2010	28.0	12.3	40.3
2015	27.0	13.4	40.3
2020	27.0	17.1	44.0
2025	26.5	20.0	46.5
2030	25.7	24.4	50.1
2035	25.7	30.8	56.5
2040	26.1	35.9	62.0
2045	26.4	37.5	63.8
2050	26.5	38.9	65.4

数据来源:中国计生委:《老龄问题:中国人口老龄化及其对经济影响分析》,2005 年 5 月 14 日,见 ht-tp://www. chinapop. cn/rklt/dcyj/200505/t20050517_150456. html。经计算而得,2010 年 以后的数据为估算值。

根据表 9-2,2050 年我国总抚养比将增至 65.4%,意味着 100 个劳动年 龄人口要负担 65 个非劳动人口,这不但会使社会负担很重,还会大大提高劳动力成本,降低产品的竞争力和社会经济发展的速度。

3. 人口老龄化引发社会消费量和消费结构变化

随着人口老龄化的发展,老年人口消费在消费市场中所占的份额将会越来越大,早在 2005 年 8 月,零点前进策略公司一项调查就显示,我国老年人年消费需求总量超过 4000 亿元,到 2010 年将达 10000 亿元。而根据中国老龄科学研究中心的调查研究,目前我国城市老年人中,仅退休金一项到 2020 年就将接近 3 万亿元。[①]

老年人口在收入水平、生理机能和生命周期上有别于其他年龄段人群,使得人口老龄化会通过消费量和消费结构两条途径影响经济增长。首先,人口老龄化通过与年龄结构特征相关联的消费量和劳动生产率,改变当前消费人口和有效劳动力数量,对经济增长产生水平效应;其次,人口老龄化引发的社会消费结构变化,造成社会资源配置调整,将改变生产率水平。

人口年龄结构的变化必然会导致消费需求结构的变化。随着老年人退出劳动力市场和生理、心理变化引发的消费观、价值观的改变,将对工业制成品、医疗保健、教育文化娱乐服务、住房等产品的消费需求具有与其他年龄段不同的特点,表现出资本密集型产品需求减少,劳动密集型服务需求增加的特点。由此将可能引起资本在社会范围内的再配置,降低劳动资本存量,不利于经济增长和劳动生产率的提高。

在另一方面,老年人退出劳动力市场后,失去了以前工作中承担的社会角色。生活圈子的变化必然引起老年人强烈的心理不适应。为调整这种心理,老年人会利用闲暇时间,阅读书报杂志、外出旅游、参与文娱活动,再加上老年人的闲暇时间较长,对教育文化娱乐服务需求将高于其他年龄段人口。

由人口老龄化引发的需求变迁可知,人口年龄结构老龄化,将造成我国国内消费需求严重不足,并且,人口老龄化将引起需求从第二产业向第三产业转移,尤其是将促进第三产业中的老年医疗保健业、老年家庭服务业、老年娱乐业需求增加。而这些都属于产值低,技术含量低的劳动密集型行业。因此,人口老龄化在一定程度上能促进第三产业就业人数增加,但不利于第三产业劳

[①]　何欣:《中国老龄消费需求旺盛》,2010 年 10 月 26 日,见中国经济网,http://www.ce.cn/xwzx/gnsz/gdxw/201010/28/t2010/1028_21923746.shtml。

动生产率的提高。

4.人口老龄化将给我国社会保障带来巨大压力

不同年龄人口的收入和消费存在时间上的不同步性。劳动年龄人口是净储蓄者,他们拥有相对稳定的收入能力;而少儿人口和老年人口是净消费群体。因此,社会养老保障和医疗保障作为重要的公共支出范畴与人口年龄分布密切相关。随着人口老龄化的发展,领取退休金和养老金的人数将不断增加,社会保险、社会救济和医疗卫生等社会福利的支出将不断增加。国民生产总值中用于老年人的费用份额大幅度增加,势必限制社会扩大再生产,影响生产部门的资本投资和经济效率的提高,加重国民经济的负担。

一方面,随着社会人口中老年人比例的上升,用于社会保障的支出负担将会加重,不仅需要支付更多的养老金,而且需要更多的医疗费用支出。据OECD有关国家统计,65 岁以后每人用于医疗保健方面的费用将随着年龄的增长而成倍增加。老龄化必然带来的不断增高的支出需求将给我国社会保障带来巨大压力,使得我国养老保险和医疗保险面临支付危机。

另一方面,我国现有体制下存在着大量未被当前养老制度惠及的老年人群,并且人数也呈扩大趋势。这一矛盾突出体现在我国农村。在农村,人口老龄化的程度更加严重,但是却并不被现有的养老保障制度所覆盖,更多地停留在传统的家庭养老与集体养老的形式——例如"五保户"。

无论城市还是乡村,老年人口数量的激增与现阶段较为狭窄的养老保障体制覆盖面之间的冲突已经凸显,在被过去忽视的农村留守农民、农村流动人口、被征地农民的养老问题上尤其突出。

5.老龄化过程中的"人口红利"

老龄化虽然不利于我国经济的持续高速增长,但在老龄化过程这也伴随着某些可挖掘的有利影响,其中一个好处就是"人口红利"。人口红利是指一个国家的劳动年龄人口占总人口比重较大,抚养率比较低,为经济发展创造了有利的人口条件,整个国家的经济成高储蓄、高投资和高增长的局面。"人口红利"学说的核心思想认为,生育率迅速下降在造成人口老龄化加速的同时,也使少儿抚养比例迅速下降,劳动年龄人口比例上升,在老年人口比例达到较高水平之前,将形成一个劳动力资源相对比较丰富,少儿与老年抚养负担均相对较轻,对经济发展十分有利的黄金时期。

在"人口红利"时期,丰富的劳动力资源使劳动力价格保持在较低水平,投资的收益率较高。而劳动力年龄结构较小,劳动者为养老而进行储蓄又为社会提供了大量的资金,压低了利息水平,这两者都有利于促进投资的增长。众多的劳动人口产生了大规模的市场,促进了分工的进一步细化,提高了劳动生产率。因此,"人口红利"时期的经济将呈现出投资活跃,市场规模持续扩大,劳动生产率不断提高,经济持续高速发展的局面。日本以及亚洲四小龙、韩国的经济高速发展时期无一不受利于"人口红利"。

值得注意的是,"人口红利"不会长期持续,一般只有 15～20 年,而之后老龄化的不利影响将开始加剧。因此,应该充分利用"人口红利",加速经济发展。

三、人口流动与经济增长

根据 2010 年 11 月全国第六次人口普查的结果,大陆 31 个省、自治区、直辖市的人口中,人户分离的人口①为 26139 万人,同 2000 年第五次全国人口普查相比,人户分离的人口增加了 11670 万人,增长 81.03%。2011 年,我国流动人口②规模达到 2.3 亿人,占全国总人口的 17.1%,而 2000 年我国流动人口规模 1.2 亿,十年间流动人口增加了 1.1 亿人。

由于我国的人口流动的主要方向是从农村流向城市,因此,与流动人口大量增加相伴随的是城镇人口比重大幅上升。2010 年第六次人口普查显示,居住在城镇的人口为 66557 万人,占总人口的 49.68%,居住在乡村的人口为 67415 万人,占 50.32%。同 2000 年相比,城镇人口比重上升 13.46 个百分点。而在 2011 年,我国城镇人口为 69079 万人,占总人口比重首次超过 50%,达到 51.3%。由于城市人口增长率大大超过了全国的人口自然增长率水平,因此,在城市人口的增长数当中绝大多数属于机械增长,或由人口流动造成的增长。

---

①　人户分离的人口是指居住地与户口登记地所在的乡镇街道不一致且离开户口登记地半年以上的人口。

②　流动人口是指人户分离人口中不包括市辖区内人户分离的人口。市辖区内人户分离的人口是指一个直辖市或地级市所辖区内和区与区之间,居住地和户口登记地不在同一乡镇街道的人口。

人口流动与经济增长之间的关系主要体现在:

1.人口流动促进劳动力与资本之间的合理配置

我国人口的大量流动主要是由劳动力与资本配置失衡而引起的。当劳动力与资本配置不平衡时,要么引起劳动力的流动,要么引起资本的流动,地区之间的不平衡性会引起劳动力的区际流动,部门之间的不平衡性会引起劳动力部门之间的流动。无论是区域之间的劳动力还是资本的不平衡性,都可能导致人口流动现象的产生。在资本集聚的区域,劳动的边际收益率较高,从而引起劳动报酬较高,激发人口流入;而资本越是贫瘠和人口较多的地区,劳动的边际收益率较低,劳动报酬低,使得人口流出越多。同时,人口流动也会促进资本积聚,一个地区在资本较少时,在引进或者因为其他因素流入较多携带大量资本的人口时,资本也会很快积聚起来,随后,会导致吸引大量的其他层次的人口流入,形成新的人口积聚高地。

在人口流动的过程中,会进一步促进更多的人口向经济发展较好的地区积聚,在此过程中劳动力会自然的分层,形成多层次多结构的劳动力状况,促进劳动力与资本、技术和其他生产要素的结合。在自然结合中,不同层次的劳动力会推动三次产业的结构向更加优化的方向发展。

对我国而言,改革开放以来农业生产效率获得大幅提升,但农业生产用地闲置的情况却颇为严重,许多进入城市就业的乡村人口实际上是放弃了农业用地。这似乎说明,乡村剩余劳动力不是引发我国大规模人口流动的主要原因。事实上,在社会经济发展过程中,追求经济目标才是人们迁移流动的根本动力。我国大规模人口流动的主要原因在于不同区域之间,尤其是城乡之间人均收入差距的逐年扩大,心理上获得更高的收入驱使着人们流向可以获得更高收入的区域,这正是反映了我国人口从劳动边际报酬较低的区域流向劳动边际报酬较高的区域,从而促进劳动力与资本之间的合理配置,有利于经济的进一步增长。

2.人口流动加速推动我国城市化进程

我国的人口结构城市化进程从 1978 年开始,到 2011 年的 27 年间,城市人口比例从最初的 17.92% 快速提升到 51.3%,城市人口数由 1.72 亿人增长到 6.91 亿人,27 年城市人口累计增长 4.02 倍。与此同时,乡村人口却由 7.9 亿人减少至 6.59 亿人,累计减少 16.6%。由于城市计划生育工作优先于乡村,按照城市较低的人口自然增长率计算,在新增5.19亿城市人口当中,九成以上是由乡村人口进入城市形成的。

人口的合理流动有助于加速我国的城市化进程。城市化源于工业革命,与工业化同步,工业化带动了农业劳动生产率的提高,出现农业剩余劳动力向工业和其他产业转移和向城市转移。城市化本身就是农村人口转移为城镇人口的过程。城市工业生产的发展需要劳动力,从而形成了对农业剩余劳动力的"拉力"。农村的剩余劳动力的出现,也需要找到释放口,向城市转移,从而形成所谓"推力"。因此,城市化过程与农业剩余劳动力向工业转移,向城市转移的过程,也即人口流动的过程是紧密联系在一起的。

城市化与人口流动两者关系密不可分,相辅相成。城市化的硬件要求是建成区规模的扩大,功能设施不断完备等。软件要求则是城市人口数量的提高与人口质量的提高。一方面,城市化为人口流动特别是农村人口向城市的转移提供了直接动力;另一方面,人口向城市的流动充实了城市化发展过程中的所需要的劳动力资源,并直接扩大了城市需求。大量农村劳动力流入拉动了城市众多行业的发展,并且,流动人口本身就是一个巨大的消费群体,他们对商品生产和商品流通的发展起了巨大的推动作用。农村劳动力的进入促使城镇加快住房、交通、通信、基础设施等方面的建设,医疗、卫生、文化教育事业也能得到较快发展。

3. 人口流动促进我国内部需求的增加与需求结构的转变

考虑到城乡收入差距扩大是城市人口增长的主要原因,伴随乡村人口向城市转移,收入水平较低的乡村人口数量不断减少,而收入水平较高的城市人口则不断增长,其结果必然是内需的不断扩大。

长期以来,我国内需不足的主要问题在于农村居民消费能力不足,尤其是囿于农民收入不高,使得消费作为经济增长的三架马车之一始终不够强劲,经济发展的动力显得不足。农村居民只有通过不断流向城市就业,才可能缩小收入之间的差距。农村居民收入水平提高后,消费能力才能够得以提高。可以说,无论是农村消费市场还是城市消费市场都依赖于居民收入水平的提高,而城市消费水平的提高尤其要依赖城市低收入群体和从农村流入城市的农民工的收入提高,农村居民消费水平的提高要依赖那些离土不离乡的兼业人员的收入水平的提高,如果这几大群体的消费力提高了,将能够对经济的持续增长起到重要的推动作用。

4. 人口流动促进人力资本的提升

人口流动对于经济社会发展的另一个重要影响是能够促使人力资本的提升。一方面,农村劳动力流动可使农民接受技术、信息、管理经验,获得更多的机会提升受教育程度,并可能将这些新经验与新观念带回家乡,从而带动流出地区的经济发展。农村劳动力的外流,能借地育才,低成本、高效率地提高农民各方面的素质,为经济发展培养大批急需的人才。例如,我国自2004年起开展了对农村劳动力转移进行培训的"阳光工程"项目,对有转移到二三产业和城镇就业意愿的农民,由政府财政补贴,在输出地开展转移就业前的职业技能短期培训。阳光工程项目实施以来,累计对2000多万劳动力开展职业技能培训,培训提高了农民的专业技能水平和综合素质,有效地提升了人力资本。

表9-4　2004～2010年"阳光工程"培训人数　　(单位:万人)

年份	2004	2005	2006	2007	2008	2009	2010	总计
培训人数	250	280	350	350	350	300	300	2180

资料来源:中国农业部科教司提供。

另一方面,人口的大规模流动也为城市与农村的思想、文化交流创造了条件,推动了城市文化向多元化方向发展,促进了城市居民对自身以外文化的接收能力,以及城市居民对流动人口本身的认同和接受,从而不仅对于农村人口,对于城市人口也有着提高人力资本的作用,这个作用对社会发展进步和经济发展都有着深远的意义。

四、人口结构转变与可持续发展

在可持续发展研究中,人口问题处在至关重要的位置。首先,从研究对象来看,在人口、资源和环境三者的关系中,人口居于主动和积极的一方,正是人类通过自身的经济活动,施加对于资源和环境的积极或者消极影响,并反过来影响人类的这种活动是否能够持久,才产生可持续发展这个命题。其次,从研究方法来看,按照定义,可持续发展"既满足当代人的需要,又不对后代人满足其需要的能力构成危害"。可见,可持续发展研究的核心是发展能力和发展资源的代际关系。在诸多社会科学中,只有人口学最擅长进行不同长度和纬度的代际分析①。

人口与可持续的经济增长和社会发展密切相关,社会经济可持续发展的最终目的是满足人的需要,人作为社会经济活动的主体,既是可持续发展的目的,又是实现可持续发展的动力。适度的人口规模,可以促进可持续发展,而人口规模过大,人口素质不高,则成为可持续发展的障碍。所以,人口是可持续发展中的一个重要因素,可持续发展战略能否得以实施,在很大程度上取决于人口的数量、质量和结构的状况。

我国人口年龄结构将面临着老龄化的严峻挑战,庞大的老年人口加重了家庭和社会的养老负担,出现养老保障、老年医疗等一系列问题。用于老年人口的消费资金将增多,从而引起自愿消费和积累比例的变化,影响经济发展。对于人口结构的变化,如果不加以重视和调整,这个问题将影响到个人和家庭的发展,也将影响中国可持续发展的进行。

在考虑可持续发展框架下的人口问题时,应当从人的整个生命周期综合考虑②。青少年人口通过不同形式的消费获得健康和教育。虽然处于生命周期青少年阶段的人口完全是在消费,但是这个阶段的投入将会在此后的一生中获得回报。因此,从可持续的生命周期的视角分析,新增人口并不仅仅是一个消费群体。不过,当新增人口过多过快时,短时期内会对社会公共服务和家庭提出较高的消费需求,会造成暂时的巨大压力,甚至引发一些社会问题。处于劳动年龄阶段的人口在直接为经济增长做贡献的同时,既有消费也有收入,在这个阶段,青少年时期打下的基础直接决定了劳动力的素质。老年人在退出正式工作之后,领取退休金并消费,在这个阶段,健康和长寿成为一个主要问题,青少年时期的积累也同样会对健康的老龄化有着直接或间接的影响。因此,我国实现可持续发展的前提条件依然是要保持人口的适度,并注重提高人口的健康素质与教育素质,合理控制人口结构变化,并注重发挥自身优势,实现人口控制与社会经济的协调发展。

---

① 蔡昉:《中国可持续发展总纲 2——中国人口与可持续发展》,科学出版社 2007 年版,前言 ix 页。

② 蔡昉:《中国可持续发展总纲 2——中国人口与可持续发展》,科学出版社 2007 年版,第 14 页。

　　在可持续发展框架下的人口发展也应当是多维的综合分析与平衡,而不仅仅是对于人口数量的控制,要根据可持续发展的原则,综合考虑人口数量的增长或下降、人口老龄化、教育、健康、经济增长、环境和代际公平的问题,这些要素综合起来实现人口的平衡,最终目的是要实现人口与经济、社会与自然的和谐发展,使每个人一生都有较好的生活质量。

　　在可持续发展的框架之下,尤其需要综合分析人口的规模和结构[①],考虑规模的大小和结构的平衡。在我国当前比较稳定的低生育水平之下,关键在于人口结构的平衡和人口素质的提高。人口年龄结构的平衡会保持一个比较稳定的人口发展势态,避免出现人口过快增长或人口过快老龄化的现象;人口性别的平衡则有利于人口的正常再生产和社会的发展与稳定;合理的城乡人口结构有助于社会和经济的稳定发展;人口的身体素质和文化素质则决定了人民的生活质量和劳动力资源的质量,而有较高文化素质的人口对于资源的消耗则可能更为理智,更加有可能实现可持续发展。

第三节　可持续发展的人口政策

一、提升人力资本

　　人力资本作为现代经济增长的核心动力,是资本中提升价值最强的要素。1960 年,美国经济学家舒尔茨首次确定了"人力资本"的概念,他将人力、人的知识和技能认定为人力资本,认为这一资本形态在经济发展中起着决定性作用。西方现代经济学家普遍认为,人力资本同物质资本一样,都是经济增长的主要因素,而且它对经济增长的贡献比物质资本更大。在现代经济社会,经济发展模式正从以物力资本投入为主逐步转变为依靠劳动者素质提高和科技进步的集约经营,把人才作为资本来认识和配置,而不是简单地作为劳动力来使用,对实现人才价值观、组织价值观与个人价值观的有机统一,进而集聚更多的人力资本,创造更多的物质财富至关重要。

　　对于经济增长中所遇到的经济增长与资源环境之间的冲突、公平与效率

---

　　① 蔡昉:《中国可持续发展总纲 2——中国人口与可持续发展》,科学出版社 2007 年版,第 14 页。

之间的冲突、失业与空位并存之间的冲突等难题,最终的根本解决办法都在于人力资本的提升和人力资本的积累,所以人力资本的理论、政策以及通过人力资本积累和提升来解决增长问题的发展战略,就成为越来越被人们重视的问题,特别是在 20 世纪 60 年代以后,人力资本已经成为超越物质资本,成为经济学解释经济均衡发展的一个重要的因素。

提升人力资本对于中国的可持续发展具有更加重要的意义。如果说人口红利更多地体现在劳动力数量上的优势,并且作为增长源泉终究要消失的话,人力资本存量的提高则意味着形成一个更具有报酬递增、更加可持续的经济增长源泉[①]。也就是说,通过对劳动者本身的投资,加大人力资本的积累,用质量替代数量,是预防劳动力短缺的未雨绸缪之举。因此,中国在国际市场上的比较优势和竞争优势,不仅仅是简单的劳动力的优势,更应是供给充足的人力资本。

人力资本的产生主要通过两个途径:第一是通过医药卫生健康方面的训练和加强来提高人的体力素质;第二是通过教育技能训练从而提高人的智力素质。我国提升人力资本的相关政策也应主要在这两个方面着力:

1. 卫生健康政策

良好的卫生健康政策是人力资源能够充分发挥效果的一个重要政策。我国近二十年来卫生健康的改善步伐放缓,目前面临的情况已经不容乐观。如果不能保持一个健康的人口,或者不能以较低的成本维持健康的劳动力,就无法保持经济的竞争力。

卫生健康政策的重点是要寻找并抓住最有利于提高全民健康素质的关键领域,例如青少年健康素质、妇女生殖健康、老年人口健康老年化和劳动者健康等。对于政府职责而言,首先,政府需要在提供公共卫生服务和基本医疗服务方面担负起相应的职责,推进公共卫生服务和基本医疗服务的广泛普及,保证全体人民都享有基本的卫生保健服务。其次,要逐步建立覆盖城乡的医疗保障体系,减少疾病所造成的经济风险,增加个人医疗保险账户的流动性,使其可以随着工作地点变更而流动。

2. 教育和人力资本开发政策

---

① 蔡昉:《超越人口红利》,社会科学文献出版社 2011 年版,第 67 页。

教育是人力资本培养最主要的形式,有效率的教育体制也是人力资本积累和劳动力市场有效连接的渠道。因此,教育政策需要和人口政策相配合,才能进一步开发人力资源。改革开放三十余年来,我国教育水平得到大幅度提高,在义务教育基本实现普及的同时,高等教育和职业教育也有了长足发展。但是,中国教育发展程度与发达国家相比仍然存在着较大的差距。

良好的教育政策应当要注意打破长期以来非义务教育阶段国有单位的行政垄断,促进竞争机制扩大私人与社会的教育培训投资来源与比例。同时,在加大教育投入的前提下,调整投入结构,提高教育资金使用效率,保证受教育机会的公平性。

在深化教育的前提下,人口年龄结构的变化并非一定会对人口资本积累产生负面影响①。相反,人口结构变化还可创造一些新的条件有利于扩大和深化教育,从而看做是从人力资本方面创造经济增长新源泉的第二次人口红利。这是因为劳动者供给中实际上是包括着人力资本因素的,在人口老龄化过程中,仍然可以通过劳动力市场制度的安排,扩大劳动年龄人口规模,从而保持劳动力供给的充裕。

二、改进人口结构

人口问题可以分解为人口数量和人口结构两个主要问题,我国过去的人口政策特别是计划生育政策完全是迫于人口数量压力,并在数量压力下实现了人口转变过程,过早地迎来了人口老龄化。目前,对于我国而言,人口数量的压力减轻了,但是人口老龄化、男女比例失衡等问题开始浮现,人口政策面临的条件已经发生了较大变化。

人口问题同时也是一个历史长期积累的问题,人口发展的长期规律决定了我们不可能用短期政策就能够调整过来,而是可能至少需要花费两代人的时间才能调整过来。从人口自身发展的特点和政策调整的作用所形成的逻辑可能是:先严格控制一代人,后主动调整一代人;先控制人口数量,后调整人口结构。因此,今后人口政策的目标应该逐步转变为以调整人口结构为主,控制

---

①   蔡昉:《中国人口与劳动问题报告 NO.10——提高人力资本的教育改革》,社会科学文献出版社 2009 年版,第 132 页。

人口数量为辅。

为了合理控制我国人口结构变化,需要进行预先调节,同时,为了适应我国人口结构变化对于社会经济带来的冲击,需要积极开展相应配套政策:

1. 调整生育政策

生育政策作为最基础的人口政策,对解决人口问题起着至关重要的作用。在人口数量压力之下而推行的计划生育政策对于当前的我国已经不完全适用,必须加以调整。以中国社科院人口与劳动经济研究所提出的"二孩晚育软着陆"[①]的政策调整设想方案为例,该方案较为切实可行,但是调整至少要花一代人的时间。面对着复杂的人口问题,合理的生育政策需要精心设计在哪些方面展开调整的小口子,例如,一方独生子女结婚允许生育二孩,再婚夫妻允许再生育,实行一孩半政策的地区允许晚育生两孩等。同时,应允许各省市根据自己的省情选择少数的县或市区作为试点,由国家计生委支持和监督实施,总结经验,稳步实施,而不要急于展开,以免引起国内外的强烈震动。另外,应当允许研究机构或者学者进行调查研究包括长期预测,乃至开展政策辩论,有关决策部门应当更多地听取不同意见。

2. 积极就业政策

为了充分发挥人口对于经济的贡献,充分发掘人口红利,需要推行积极就业政策。一个国家若想形成符合比较优势的经济发展战略,应当以促进稀缺资源的最大化节约,以及促进丰富资源的最大化利用为原则。在劳动力仍然丰富的当下,劳动仍然具有比较优势,因此全社会投资的基本方向理应尽量多地创造就业,否则就会在造成人力资源浪费的同时,影响经济的增长[②]。因此,我国推行积极就业政策,树立就业优先原则,并不像西方国家那样仅仅是为了选举政治的需要,而是为了最大化发挥资源比较优势,推行正确的经济发展战略。

推进积极就业政策,关键在于树立就业优先原则,培育完善劳动力市场,给予劳动要素以正确的回报,形成合理的劳动力价格。同时,需要主动打破各种阻碍劳动力流动的限制,目前,我国现行的户籍制度,和僵化隔绝

---

① 蔡昉:《中国人口与劳动问题报告 NO.7——人口转变的社会经济后果》,社会科学文献出版社 2006 年版,第 286~312 页。

② 蔡昉:《超越人口红利》,社会科学文献出版社 2011 年版,第 12 页。

的城乡部门之间的劳动力市场是束缚劳动者生产力和创造力的主要体制性障碍,因此,必须对户籍制度加以改革,推动城乡部门之间的劳动力市场融合统一。

专栏9-2 重庆市户籍制度改革

2010年8月1日,《重庆市统筹城乡户籍制度改革农村居民转户实施办法(试行)》颁布实施,《农村土地退出与利用办法(试行)》、《社会保障实施办法(试行)》等配套文件也同期颁布施行,这宣称重庆市户籍制度改革在全市范围内正式施行。

按适度放宽主城区、进一步放开区县城、全面放开乡镇户籍的总体思路,重庆分三级设置了户籍准入条件,而重庆也正成为全国城镇户籍准入条件最宽松的城市之一。重庆官方公布的计划显示,此次改革,将以新生代农民工转户进城为突破口,用一年多的时间解决338.8万人的城市户籍问题,未来10年,1000万重庆农民有望变成市民。到2020年将全市户籍人口的城市化率从目前的28%拉升至60%~70%。

重庆此次大手笔推出的两年300万、十年1000万的农民进城计划,成为几十年来我国户籍制度改革规模最大的一次实践。对全国而言,重庆统筹城乡户籍制度改革,是一次重大的突破和有益尝试,有望为全国户籍改革探索出一个普适性的路径;对重庆本身而言,是建设统筹城乡改革试验区的重要举措;对群众而言,是推动城乡居民权益公平的有力杠杆。

资料来源:邓俐:《户籍制度改革的"重庆样本"》,2010年8月6日,见人民网,http://finance. people. com. cn/nc/GB/12363904. html。

3. 延长退休年龄政策

随着健康、教育水平的提高,老年人口中仍然蕴涵着巨大的人力资本,如果能够善加利用,不仅不会成为经济发展的负担,反而会为社会创造财富。

我国现行的退休年龄还是依据中华人民共和国成立初期的预期寿命制定的,女性50岁,女干部55岁,男性60岁,而实际退休年龄可能还要更低,并且平均退休年龄还在呈现下降趋势。反过来,随着人口平均预期寿命的提高,我国人口平均预期寿命已经从 1950 年的 49 岁提高到目前的超过 73 岁[①],这表明老年人口在退休后平均接受社会抚养的年限提高,社会负担加重。因此,从减轻社会养老压力的意义上来说,延长退休年龄是有必要的。

在政策上,可以考虑适当延长退休者退休年龄,男女均延长至 63 岁或 65 岁,甚至更长年龄。对个体、私营从业者的退休年龄不做限制,可以先从各类专业人员、管理人员和公务员开始,进而在全社会逐步推广。这样做,既可以减少退休人数总数和退休金总额,也可以提高实际劳动力供给量,提高劳动就业参与率,增加创造全社会的财富总量。

总而言之,作为世界上人口最多的国家,如何合理控制人口结构、强化人力资本投资、高效利用最丰富的人力资源始终是中国发展面临的重大课题。应当说 20 世纪 70 年代以来,我国成功地实行了计划生育政策,现在需要根据不断变化的环境和条件,适当适时地调整政策,既可以保持中国人口政策的连续性、稳定性,也可以实现其政策的灵活性和适应性。

三、发展规模经济

作为世界上人口最多的国家,人口众多、环境承载能力较弱是中国现阶段的基本国情。而人口快速老龄化、人口大量流动等问题,也越来越成为影响我国经济社会发展的关键性因素。统筹解决人口问题始终是中国实现经济发展、社会进步和可持续发展面临的重大而紧迫的战略任务。在认识到人口所带来的一系列问题的同时,我国也应当在既定的人口基数下,积极寻找有利因素,利用人口众多的优势,发展规模经济,以维持可持续发展。

人口众多对于经济发展可能带来的一个重要有利因素是在既定的人口基数下,能够促进专业化和多样化分工。这表现为人口数量大,能够产生更为复杂的劳动分工,从而提高生产率,促进经济增长和发展。芝加哥大学教授波斯纳说过,数量更大的人口可能带来几个好处,例如增加对医疗和其他领域的创新的需求和供求,全球专业技术分工将会深化[②]。而华裔经济学家杨小凯也表达过类似的观点,在其著作《专业化与经济组织》中,他指出,在人口规模较

---

① 国务院新闻办公室:《〈国家人权行动计划(2009~2010 年)〉评估报告》,2011 年 7 月 14 日,见新华网,http://news. xinhuanet. com/politics/2011-07/14/c_121665648. htm.

② 加里·贝克尔:《世界足够养活 100 亿人口》,《新世纪》2011 年第 19 期。

大时,人们能够通过更多的社会试验,获得更多关于经济组织的知识,能够选择更有效率的分工结构,从而使得他们获得技术知识的能力提高,产生内生技术进步和经济发展。而且,分工的演进可能强化竞争,并使得竞争模式越来越复杂。熟能生巧的效果可能因为分工水平的提高而增强。此外,社会生产的中间产品种类会随着专业化水平和分工水平的提高而增加。这意味着随着分工的演进,社会可用的中间产品(或资源)越来越多。①

在一定的人口基数的基础上,专业化分工必定会催生新的科学发现和技术发明,并通过产业化扩散和市场化应用,从而导致诸多新产业兴起,在人力资源领域提供各种新增就业机会,并引发人力资源从传统产业向新兴产业的社会化流动,从而实现人力资源的重新配置,有效实现经济发展与增长。专业化分工发展也会推动产业结构的升级演变,而产业结构的升级演变则会引发就业结构的变迁。总之,专业化分工在促进产权明晰交易和节省交易费用的同时,也优化了稀缺资源配置和促进了经济发展,尤其是通过人口流动而加速了人口现代化的主体发展进程。

四、挖掘二次人口红利

如果把劳动年龄人口增长快、比重高,因而有利于劳动力供给和形成高储蓄率的人口结构优势称做第一次人口红利,而把未来伴随着老年人口比重提高可能产生新的储蓄动机和新的人力资本供给称做第二次人口红利的话,那么人口红利仍然有巨大的发掘潜力。②

农村劳动力进入非农产业,实现了就业转换,是第一次人口红利的主要表现形式③。而随着劳动年龄人口增长速度趋缓以及就业扩大对于农村剩余劳动力的不断吸收,农村劳动力无限供给的特征正在消失,沿海地区则直接感受了劳动力成本上升的压力。然而,由于中国地域广阔,地区之间在发展水平和资源禀赋上存在巨大差异,世界经济历史上发生过的国家之间产业转移模式,即所谓"雁阵模式",完全可以成为国内产业转移的路径。这样,通过劳动密

---

① 参见杨小凯、黄有光:《专业化与经济组织》,经济科学出版社 1999 年版,第 477 ~ 487页。

② 参见蔡昉:《跨越人口红利》,社会科学文献出版社 2011 年版,第 58 ~ 69 页。

③ 参见蔡昉:《跨越人口红利》,社会科学文献出版社 2011 年版,第 58 ~ 69 页。

集型产业从东部地区向中西部地区的转移,可以更加充分地利用现有劳动力,延长第一次人口红利。

　　进一步地,在人口老龄化过程中,仍然可以通过劳动力市场制度的安排,扩大劳动年龄人口规模,从而保持劳动力供给的充裕。此外,在深化教育的前提下,人口年龄结构的变化并非是要对人口资本积累产生负面影响。相反地,一个逐渐老龄化的人口结构,只要具备必要的制度条件,同样可以具有人口的优势,即提供第二次人口红利。①

　　人口转变引起的年龄结构变化,表现为接受基础教育的人口(即年龄在5~14岁的少年儿童人口)的规模及其占总人口的比例呈下降趋势。与这个下降趋势相对应的则是劳动年龄人口相对滞后的变化轨迹,即后者呈现先上升随后稳定继而下降的预期变化。这两个年龄组人口的变化关系,会结合成为一个劳动年龄人口供养在学年龄人口数量的下降趋势。这个现象的经济含义是:教育资源的制约会随着人口结构的变化有较明显的缓解,而国家、家庭和社会可以把更多的资源用于教育的进一步扩大和深化。因此,人口结构变化还可创造一些新的条件有利于扩大和深化教育,这可以看做是从人力资本方面创造经济增长新源泉的第二次人口红利。

---

　　①　蔡昉:《未来的人口红利——中国经济增长源泉的开拓》,《中国人口科学》2009 年第 2期。

参考文献

蔡昉：《跨越人口红利》，社会科学文献出版社 2011 年版。

蔡昉：《中国人口与劳动问题报告 NO. 12——十二五时期挑战：人口、就业和收入分配》，社会科学文献出版社 2011 年版。

蔡昉：《蔡昉经济文选》，中国时代经济出版社 2010 年版。

蔡昉：《中国人口与劳动问题报告 NO. 11——后金融危机时期的劳动力市场挑战》，社会科学文献出版社 2010 年版。

蔡昉：《中国人口与劳动问题报告 NO. 10——提高人力资本的教育改革》，社会科学文献出版社 2009 年版。

蔡昉：《未来的人口红利——中国经济增长源泉的开拓》，《中国人口科学》2009 年第 2 期。

蔡昉：《中国可持续发展总纲 2——中国人口与可持续发展》，科学出版社 2007 年版。

蔡昉：《中国人口与劳动问题报告 NO.8——刘易斯转折点及其政策挑战》，社会科学文献出版社 2007 年版。

蔡昉：《中国人口与劳动问题报告 NO.7——人口转变的社会经济后果》，社会科学文献出版社 2006 年版。

陈卫、李敏：《亚洲出生性别比失衡对人口转变理论的扩展》，《南京社会科学》2010 年第 8 期。

邓俐：《户籍制度改革的"重庆样本"》，2010 年 8 月 6 日，见人民网，http://finance. people. com. cn/nc/GB/12363904. html。

葛剑雄：《中国人口发展史》，福建人民出版社 1991 年版。

国家计生委：《老龄问题：中国人口老龄化及其对经济影响分析》，2005 年 5 月 14 日，见 http://www. chinapop. gov. cn/rklt/dcyj/200505/t20050517 _ 150456. html。

国家统计局：《2010 年第六次全国人口普查主要数据公报》，2011 年 4 月 28 日，见 http://www. stats. gov. cn/tjgb/rkpcgb/qgrkpcgb/t20110428 _ 402722232. htm。

国家统计局:《"十一五"经济社会发展成就系列报告》,2011 年 3 月 2 日,见 http://www. stats. gov. cn/tjfx/ztfx/sywcj/t20110302_402706838. htm。

国家统计局:《人口总量适度增长结构明显改善》,2009 年 9 月 11 日,见 http://www. stats. gov. cn/tjfx/ztfx/qzxzgcl60zn/t20090911_402586311. htm。

国务院新闻办公室:《《国家人权行动计划(2009~2010 年)》评估报告》,2011 年 7 月 14 日,见新华网,http://news. xinhuanet. com/politics/2011-07/14/c _121665648. htm。

何欣:《中国老龄消费需求旺盛》,2010 年 10 月 26 日,见中国经济网,http://www. ce. cn/xwzx/gnsz/gdxw/201010/28/t20101028_21923746. shtml。

加里·贝克尔:《世界足够养活 100 亿人口》,《新世纪》2011 年第 19 期。

李仲生:《中国的人口与经济发展》,北京大学出版社 2004 年版。

辽宁统计局:《辽宁经济统计年鉴 1986》第一部分特载。

刘家强:《21 世纪中国人口问题透析》,《人口研究》2002 年第 6 期。

田雪原:《人口可持续发展的基本方略》,《中国人口报》2002 年 10 月 28 日。

熊必俊:《人口老龄化与可持续发展》,中国大百科全书出版社 2002 年版。

杨云彦、陈浩:《人口、资源与环境经济学》,湖北人民出版社 2011 年版。

杨小凯、黄有光:《专业化与经济组织》,经济科学出版社 1999 年版。

姚远:《中国人口的历史变迁及普查》,《北京日报》2000 年 11 月 13 日。

张翼:《改善人口结构,走可持续发展之路》,《中国社会科学院院报》2006 年 5 月 16 日。

钟水映:《人口流动与社会经济发展》,武汉大学出版社 2000 年版。

魏晶晶:《从老龄化中挖掘"银发经济"的潜力》,《中国市场》2011 年第 14 期。

第十章　可持续扶贫与新时期扶贫攻坚战略

张琦　金飞　龚绍

在中国改革开放创造出经济发展奇迹的同时,中国始终大力推进扶贫开发,并探索出一条中国特色的可持续扶贫开发道路。以 2011 年《中国农村扶贫开发纲要(2011～2020 年)》为标志,中国扶贫开发进入到了"将集中连片特殊困难地区作为扶贫开发主战场"扶贫攻坚新时期,以"创新扶贫开发机制,推进集中片区扶贫开发,实现基本消除绝对贫困现象的目标,帮助连片特困地区在 2020 年和全国其他地区一起进入全面小康社会"为战略目标,始终坚持走可持续性扶贫的发展道路。

第一节　中国可持续扶贫实践的艰难探索

减贫是发展中国家所面临的长期历史任务。近代中国的贫困问题一直较为严重,国际经济史学界认为,清朝后期到 1949 年新中国成立前这段时间中,中国曾经历了一个全面的经济衰退,贫困状况呈恶化趋势①。直到 1978 年改革开放后,中国的贫困问题才得以开始缓解。但作为世界上最大发展中国家,即使目前在经济总量上已位列世界第二,中国仍然面临着较大减贫压力。在过去几十年中,虽然中国扶贫开发取得了巨大成功并成为全球减贫典范,但由于中国贫困人口数量大,且程度深分布广,可持续型扶贫的任务仍然很艰巨。因此,中国仍然处于可持续扶贫的艰难探索中。

---

① ［英］A. 麦迪森:《中国经济的长期表现——公元 960～2030 年》,伍晓鹰等译,上海人民出版社 2009 年版,第 4 页。

一、改革开放以来中国持续性扶贫的历程

从 1978 年开始,在政府主导下中国正式拉起了农村扶贫开发的序幕,关于 1978 年后的减贫历程,国内有着比较统一口径的论述:

1978～1985 年:体制改革推动扶贫阶段。按照国家统计局在 1978 年确定的贫困标准计算,1978 年中国农村贫困人口大约为 2.5 亿人,占当时全国人口总数的 25.97%,农村人口总数的 30.7%。1978 年开始家庭联产承包责任制以及后来农产品流通体系的逐步确立等措施,有效提高了农民的增收速度①。因此,尽管在 1978～1985 年,中国并没有设立专门的扶贫组织,但由于体制松动所带来的脱贫致富效果却是最明显的。体制的转变,为后来中国贫困得到持续缓解奠定了重要基础。官方数据显示到 1985 年,农村绝对贫困发生率从 30.7% 下降到了 14.8%。通常,对于 1978～1985 年这一时期也被称为体制改革推动扶贫阶段。

1986～1993 年:大规模扶贫开发阶段。由于受到自然条件限制和经济发展滞后等因素,非体制因素致贫地区的贫困现象并没有因为体制松动得到有效缓解,而地区间发展差距却因此在逐步拉大。于是 1986 年,中国政府正式把扶贫开发工作纳入到国民经济和社会发展的整体布局之中,设立了专门的扶贫开发领导机构——贫困地区经济开发领导小组,并分别确定了国家贫困县和省区贫困县,正式拉起了区域扶贫开发的序幕。该时期诞生的一个重要政策方法就是"集中连片地区"概念。当时,国务院把相对集中的贫困县划分成 18 个贫困片区:沂蒙山区、武陵山区、闽西南、闽东北地区、努鲁儿虎山区、吕梁山区秦岭大巴山区、太行山区、西海固地区、大别山区、井冈山和赣南地区、定西干旱地区、乌蒙山区、陕北地区、西藏地区、九万大山地区、滇东南地区、横断山区、桂西北地区。从区域的角度给予了特殊的政策照顾。作为中国地区扶贫开发理论的源头,具有很高的理论价值,从这时开始,"扶贫目标瞄准贫困地区"成为了中国扶贫开发的主要特点。在 1986～1993 年间,中国的扶贫主要从区域开发入手,给予贫困地区专门的优惠政策和资金支持。该阶段由于主要指导方针为区域扶贫开发,因此也称为大规模开发式扶贫阶段。

①　杨占国等:《当代中国农村扶贫 30 年(1979～2009)评》,《北京社会科学》2009 年第 5 期。

根据中国官方数据,到 1993 年时农村的绝对贫困发生率从 14.8% 下降到了 8.2%。不过需要注意的是,关于这一阶段国际学术界普遍并不认可中国官方的数据和结论,国际主流观点认为这一阶段中国的贫困问题甚至出现了反复,这也使关于中国扶贫开发的可持续性成为必须研究和反思的问题。

专栏 10-1　关于 1986~1993 年大规模扶贫开发阶段减贫成果的不同认识

对于 1986~1993 年(大规模扶贫开发阶段)的减贫成效,国际和学术界对于其认识与中国并不完全相同。Albert Park 和 Sangui Wang(2001)整理并对比了中国政府、世界银行以及其他一些学者关于 80 年代后期中国贫困状况的评估,除中国政府外,所有评估都认为该阶段中国贫困发生率没有实质性降低①。

根据中国官方的数据,中国农村贫困发生率从 1986 年的 15.5% 下降到 1993 年的 8.2%,其中只有在 1991 年出现过微弱的反弹。但是世界银行在 1992 年根据中国官方统计数据的一次估计认为,中国农村贫困发生率在 1986 年时为 11.9%,在 1989 年出现反弹后到 1990 年时仍然有 11.5%。2001 年,世界银行在使用原始数据的基础上采用了新的基于收入分组和消费分组的估计方法,该方法估计的贫困发生率远远高于其他研究结果,其认为 1993 年时中国的贫困发生率为 29.1%(基于收入分组)和 40.8%(基于消费分组)。根据这次估计,世界银行认为在 20 世纪 90 年代的前几年中,中国农村贫困下降呈缓慢甚至停滞状态。

除了世界银行以外,其他研究者的数据也不认为在该阶段中国的贫困发生率有实质下降。Khan(1996)同样也是根据中国官方的统计数据进行数学估计,认为 1985 年时中国的农村贫困发生率为 14.0%,到 1993 年这一数字甚至略有上升,为 14.1%。Riskin 和李实(2001)采用的是自己独立的调查数据,其认为 1988 年时中国农村贫困发生率为 12.7%,到 1995 年该数字仍然有 12.4%。Jalan 和 Ravallion(1998)使用的也是自己的独立数据,其研究认为 1986 年时中国的贫困发生率为 27.5%,也是从 1989 年开始出现反弹,到 1990

---

① PARK A & Wang S, "China's Poverty Statistics", *China Economic Review*, 2001, Vol. 12, pp. 384-398.

年时一度反弹到 28.3%。

1994～2000 年:扶贫攻坚阶段。进入 20 世纪 90 年代后,官方口径下的绝对贫困发生率下降有放缓趋势,地区发展差异进一步拉大,特别是中西部困难地区的贫困发生率仍然居高不下。因此以 1994 年《国家八七扶贫攻坚计划》的颁布为标志,在 1994～2000 年中国进入了所谓的"八七"扶贫攻坚阶段。除了继续深化在贫困地区的扶贫开发工作以外,还采用"631 指数法"重新划定了贫困县,推出了新的政策措施。在这一时期,中国的扶贫开发手段逐渐多样化,如实行到村到户开发式扶贫模式等①。一般按照官方的数据和口径,到 2000 年年底,绝对贫困发生率下降到了 3.4%。农村绝对贫困人口由 8000 万下降到 3209 万。"八七"计划的全面实现,标志着中国农村贫困人口的温饱问题基本解决②。从这一时期开始,无论以国际还是国内的任何贫困标准评价,中国都进入了一个毫无争议的贫困持续缓解阶段。

2000～2010 年:以"整村推进"为途径构建大扶贫格局阶段。2001 年,中国政府制定了《中国农村扶贫开发纲要(2001～2010 年)》,以集中力量加快中西部贫困地区脱贫致富进程为主要目的之一③,标志着中国的扶贫开发进入新的阶段。我们认为,几十年的扶贫开发工作使中国农村贫困人口分布呈现"大分散、小集中"的插花式分布特征。所谓"大分散"是从全国范围来看,农村贫困人口总数大幅减少;"小集中"则是指由于不同地区在自然环境和经济社会发展水平上的差异,农村贫困主要发生在自然条件恶劣、交通不便、经济发展水平低的偏远地区,这些地区农村贫困人口的分布相对较为集中。此时如果继续沿用以县为单元的贫困瞄准对象必然会出现失焦。因此,一种以提高扶贫瞄准性、减少扶贫资源"漏损"、提高扶贫效率、最大限度覆盖贫困人口为目的的"整村推进"综合扶贫模式应运而生。"整村推进"最大的特点是

①　杨帆:《改革开放以来中国农村扶贫政策的演变》,中共中央党校 2007 年版,第 20 页。
②　刘清荣等:《中国共产党的反贫困历程及经验启示》,《老区建设》2011 年第 7 期。
③　周荣:《中国减贫 25 年的历程、经验及启示》,《中共山西省委党校学报》2004 年第 27 期。

将扶贫单元集中到村社农户,从各方面入手建立以村级为单位的发展能力①。在《中国农村扶贫开发纲要(2001~2010年)》实施之初,全国确定了14.81万个贫困村作为扶贫工作的重点。尽管目标瞄准性有所提高,但以村为目标单元仍然存在失焦,执行上也存在一些问题,这也就继续了扶贫开发能不能"扶真贫"的争论②。由于中国的扶贫开发严重依赖经济增长,而中国经济增长又严重依赖生产要素投入,在这十年中资源、能源和环境等压力日益增大,可持续发展受到严峻挑战,对中国扶贫可持续性的压力倍增。

而在该阶段,扶贫开发所暴露出的另一个问题就是国定贫困线设置过低。2000年,中国的贫困发生率为3.4%,到2010年底仍然有2.8%。导致这一现象的原因并不是"整村推进"收效甚微,而是由于贫困线设置的变动。

表10-1 1978年至今中国农村贫困标准

（单位:元人民币,当年价格）

年份	1978	1984	1985	1986	1987	1988	1989	1990	1991	1992	1994	1995
贫困线	100	200	205	213	227	236	259	300	304	317	440	530
年份	1997	1998	1999	2000	2001	2002	2003	2004	2005	2006	2008	2009
贫困线	640	635	625	625	630	627	637	668	683	693	786	1196
年份	2010	2011										
贫困线	1274	2300										

资料来源:张全红(2010)③,原文根据历年《中国农村贫困监测报告》进行整理,并使用了价格指数推算了官方未调整贫困标准的年份;2010年和2011年计划贫困线来自《中国农村扶贫开发的新进展》白皮书。

从表10-1可看出,2000年时中国的贫困标准为农村家庭年人均纯收入625元,到2010年已调整为1274元,低贫困标准会人为压低贫困发生率,产生贫困没有下降空间的假象。一个直观的说明是,如果以各国国定贫困线为标准计算贫困发生率,那么2010年中国以不到3%成为了世界上贫困发生率

---

① 沈茂英:《"整村推进"综合扶贫模式的理论基础》,《郑州航空工业管理学院学报》2008年第26期。

② 杨军:《"整村推进"扶贫模式的问题与对策研究》,《重庆工商大学学报(西部论坛)》2006年第16期。

③ 张全红:《对中国农村贫困线和贫困人口的再测算》,《农村经济》2010年第2期。

最低的国家①。应当认识到,国定贫困标准与发展水平、扶贫能力之间有着很大关系。因此,如果中国的经济发展无法持续,那么扶贫能力就缺乏持续性保障,可持续扶贫就无法实现。

2011 年后:扶贫开发新攻坚战时期。2011 年年底,以《中国农村扶贫开发纲要(2011 ~ 2020 年)》的颁布为标志,中国正式进入了扶贫开发的新时期,纲要总体目标要求:"到 2020 年,稳定实现扶贫对象不愁吃、不愁穿,保障其义务教育、基本医疗和住房。贫困地区农民人均纯收入增长幅度高于全国平均水平,基本公共服务主要领域指标接近全国平均水平,扭转发展差距扩大趋势。"由于国定贫困线标准在 2011 年大幅上调至 2300 元,原来一些被低贫困线人为隔绝于贫困人群范畴外的低收入人群立刻就落回到贫困人群中,使贫困再次开始出现集中连片现象。于是,出现了"集中连片特殊困难地区"的新概念,"集中连片特殊困难地区"服务于新时期的贫困地区扶贫开发工作,就内涵上与 20 世纪 80 年代中期的"集中连片地区"有同质性,仍然是以县域经济指标和县域连片标准进行的片区划分,但考察指标更加科学。集中连片特殊困难地区与自然环境恶劣、发展滞后地区之间有着高度重合性,在未来 10 年中将成为扶贫攻坚的主战场。但目前,由于中国经济前景的不确定性正在日益增加,这给新时期中国能否实现可持续扶贫蒙上了一层阴影,扶贫开发正在要求思路和方法的转变。

二、中国可持续扶贫的总体特征

总结 1978 年后中国的扶贫开发,可归纳三个明显特征:

第一,政府主导。中国的扶贫开发在规划、执行和最终验收以围绕政府系统为中心,在政府指导下积极的引入市场和社会力量,开展国际交流。政府在引导和落实扶贫开发工作中起到决定性作用。

第二,扶贫开发目标瞄准为贫困地区。受客观条件和历史因素影响,中国的贫困呈空间集中分布特点。以地区为基本单元有利于连片开发和工作协调,也有利于依托政府层级系统的执行能力,因此中国的扶贫开发目标主要定位于贫困地区。

①　Central Intelligence Agency:*The CIA World Factbook 2011*,Skyhorse Publishing,2010.

第三,以增长效应为主要减贫途径。根据发展经济学经典的 Bourguignon 三角模型①,贫困变动可以抽象总结为增长效应和分配效应两方面影响。中国在过去几十年中,减贫主要依靠经济增长,但收入差距则不断扩大,甚至收入分布上也有分化倾向②。

中国扶贫开发政策的特征主要体现在以下几个方面:

第一,坚持开发式扶贫和社会保障相结合。引导贫困地区和贫困群众以市场为导向,调整经济结构,开发当地资源,发展商品生产,提高自我积累、自我发展能力。注重综合开发、全面发展,促进基础设施建设和经济社会协调发展。注重可持续发展,加强资源保护和生态建设,控制人口过快增长。加快推进城乡基本公共服务均等化进程,建立健全农村最低生活保障制度,逐步提高五保供养水平,不断完善自然灾害应急救助体系,建立新型农村合作医疗制度,开展新型农村社会养老保险制度试点,为贫困人口提供基本生存保障。在国家扶贫开发工作重点县推进扶贫开发政策与农村低保制度衔接试点,努力使各项政策覆盖所有贫困人口。

第二,坚持专项扶贫和行业扶贫、社会扶贫相结合。以贫困人口和贫困地区为工作对象,以财政专项扶贫资金为主要资源,以实现贫困人口基本生存和发展为目标,编制专项扶贫开发规划,分年实施。充分发挥各行业部门职责,将贫困地区作为本部门本行业发展重点,积极促进贫困地区水利、交通、电力、国土资源、教育、卫生、科技、文化、人口和计划生育等各项事业的发展。动员和组织社会各界,通过多种方式支持贫困地区开发建设。党政机关和企事业单位定点扶贫,东西扶贫协作,军队和武警部队支援,社会各界参与,形成有中国特色的社会扶贫方式,推动贫困地区发展,增加贫困农民收入。

第三,坚持外部支持与自力更生相结合。通过专项扶贫资金、财政转移支付、部门项目建设、社会各界捐助、引进利用外资等途径,不断加大对贫困地区的资金投入。不断探索参与式整村推进、小额信贷、贫困村互助资金等多种扶贫模式。尊重贫困地区广大干部群众在农村扶贫开发中的主体地位,广泛调

---

① Bourguignon, "Paper prepared for the Indian Council for Research on International Economic Relations-World Bank Lecture", *India Habitat Center*. New Delhi, 2004.

② Xavier Sala-i-Martin, "The World Distribution of Income: Falling Poverty and…Convergence, Period", *The Quarterly Journal of Economics*, 2006, Vol. 121, No. 2, pp. 351–397.

动他们的主动性、积极性、创造性。广大干部群众自强不息,不等不靠,苦干实干,积极参与决策、投工投劳,依靠自身力量改变贫困落后面貌。

三、中国扶贫开发经验:多元可持续扶贫体系建立

尽管存在一些争议,但中国的减贫成就仍然得到了全球公认。通过几十年的艰难探索,中国逐渐摸索出了一条属于自己的扶贫开发道路。通过多领域综合运用多样化手段形成了一套完整的多元可持续扶贫体系。

农村政策和区域政策的总体推进。中国的贫困人群主要集中在农村地区,农村政策和区域政策在带动地区减贫的过程中扮演了重要角色。中国目前正在实行统筹城乡经济社会发展的方略和工业反哺农业、城市支持农村与"多予少取放活"的方针,取消了包括农业税在内的大量税种,中央财政逐年扩大"三农"支出,并且在贫困地区开始实行各种强农惠农富农政策。在西部大开发和中部地区崛起战略引导下,给予经济落后的中西部地区政策倾斜。对于少数民族集中的省份和地区,国家还提供额外的政策和财政支持。

农村社会保障制度的支撑跟进。作为构建农村社会保障网的核心,中国从 2007 年开始在全国农村全面建立最低生活保障制度,将家庭年人均纯收入低于规定标准的所有农村居民纳入保障范围。截至 2010 年年底,全国农村低保覆盖 5214 万人。对农村丧失劳动能力和生活没有依靠的老、弱、孤、寡、残农民,国家还给予生活照顾和物质帮助,即五保供养,到 2010 年年底时全国农村五保覆盖 556.3 万人。此外,在国家扶贫开发工作重点县还开展新型农村社会养老保险试点工作。

专项扶贫——聚焦瞄准贫困群体攻坚力量。中国政府把收入在扶贫标准以下的人口作为扶贫对象,将贫困人口集中的中西部革命老区、少数民族地区、边疆地区和特困地区作为扶贫开发重点区域,逐年加大扶贫财政投入。重点实行整村推进扶贫开发、教育扶贫、产业化扶贫、易地扶贫搬迁和金融扶贫。并在特殊地区开展针对性的扶贫开发工作。

行业扶贫——同步配合。中国本着综合治理的基本原则,充分发挥政府各相关部门的优势,积极推动各行业参与扶贫工作。在贫困地区积极推广农业技术、改善交通条件、加强水利建设、解决无电人口用电问题、开展农村危房改造、开展科技扶贫、发展社会事业和加强生态建设。除了组织实施兴边富民

专项行动外,还对少数民族、妇女和残疾人加大支持力度。

社会扶贫——社会力量积极参与。中国政府积极组织和动员社会力量参与扶贫开发,在贫困地区大力开展定点扶贫工作。国家确定的定点帮扶单位包括中央和国家机关各部门各单位、人民团体、参照公务员法管理的事业单位、国有大型骨干企业、国有控股金融机构、各民主党派中央及全国工商联、国家重点科研院校等,定点帮扶对象为国家扶贫开发工作重点县。同时,在制度上安排东部 15 个经济较发达省、市与西部 11 个省(区、市)开展东西扶贫协作。而且,军队和武警部队、各类人民团体、社会组织、民营企业和广大公众均积极参与中国的扶贫开发。

国际合作——国际经验借鉴与合作。中国在扶贫开发过程中,积极借鉴国外先进理念和方法,开展各种国际交流活动,利用外资扶贫。中国与世界银行、联合国开发计划署、亚洲开发银行等国际组织,英国、德国、日本等国家以及国外民间组织在扶贫领域开展了大量的项目合作。

扶贫开发作为一项系统工程,必须从多个方面同时入手,因此综合运用各方面的减贫资源,使其有机联系、系统协调,是扶贫开发能否取得成效的重中之重。

专栏 10-2　中国扶贫开发成就

根据著名发展经济学家 Bhalla 的观点,在 1980~2000 这 20 年间,中国大约有 7.27 亿人脱贫[①](以 1993 年价格 PPP 每人每天消费 1.5 美元计算),是世界的主要减贫力量。另外,世界银行著名发展经济学家 Ravallion 等人的估计认为,如果以 1985 年价格 1 美元的极度贫困线计算,1981 年到 1999 年,全球极度贫困人口从 14.7028 亿人下降到 11.0861 亿人;同期中国的极度贫困人口从 6.3366 亿人下降到 2.2278 亿人,全世界摆脱极度贫困的人口主要在中国,除中国外的世界贫困人口反而呈上升趋势。而如果以 2 美元的国际贫困线标准来看,这一时期全世界贫困人口从 24.5247 亿人上升到了 27.2131

---

① S BhallaI,"Imagine There's No Country:Poverty, Inequality, and Growth in the Era of Globalization",*Institute for International Economics*, Washington DC,2002,p.143.

亿人,而同期中国的贫困人口却从 8.7577 亿人下降到了 6.2755 亿人①。可以说,全世界没有任何一个发展中国家能够在减贫问题上与中国相提并论。

21 世纪的第一个 10 年中国贫困人口继续保持直线下降势头,根据亚洲开发银行的估计,依照 2005 年价格 PPP1.25 美元的极度贫困线标准,截至 2010 年年底,中国的极度贫困人口已经下降到了 6655 万人②。在 2011 年 11 月 16 日由新华社公开发表的《中国农村扶贫开发的新进展》白皮书中则这样写道:"……农村居民的生存和温饱问题基本解决。国家根据经济社会发展水平的提高和物价指数的变化,将全国农村扶贫标准从 2000 年的 865 元人民币逐步提高到 2010 年的 1274 元人民币。以此标准衡量的农村贫困人口数量,从 2000 年年底的 9422 万人减少到 2010 年年底的 2688 万人;农村贫困人口占农村人口的比重从 2000 年的 10.2% 下降到 2010 年的 2.8%……"2000 ~ 2010 年中国贫困人口数量的变动情况见图 10-1:

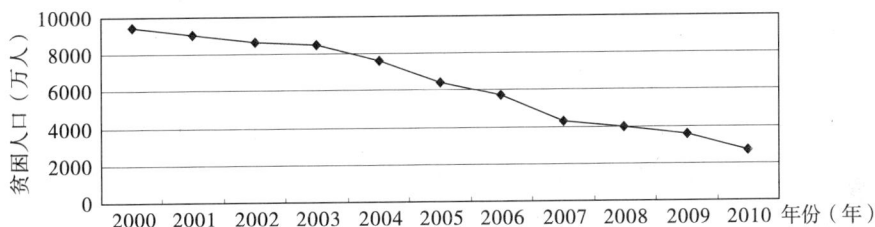

图 10-1 2000 ~ 2010 年中国贫困人口数量

资料来源:国家统计局住户调查办公室:《中国农村贫困监测报告 2011》,中国统计出版社 2012 年版,第 22 页。

据有关数据显示,截至 2010 年还有大约 2688 万贫困人口。不过在目前贫困标准已经上调至 2300 元的情况下(大约相当于国际贫困线口径的 PPP1.47 美元标准),贫困人群数量重新过亿。所以,新时期如何巩固和实现

---

① Shaohua Chan & Martin Ravallion, "Absolute Poverty Measures for the Developing World, 1981–2004", *Proceedings of the National Academy of Sciences of the United States of America*, 2007, Vol. 104, pp. 16757–16762.

② Guanghua Wan & Iva Sebastian, "Poverty in Asia and the Pacific: An Update", *ADB Economics Working Paper Series*, No. 267, 2011.

进一步的持续性减贫依旧是重要问题。

第二节　新时期中国扶贫攻坚面临新矛盾和新挑战

改革开放以来,中国减贫工作在取得了巨大成就的同时,贫困特征也发生了明显变化。新时期中国的贫困问题呈现出多元化的特点,扶贫开发面临着许多新的矛盾和挑战。

一、新时期中国贫困的新特点

在新时期,中国贫困特征变化主要体现在贫困标准、贫困程度、致贫因素和贫困地区分布这四个方面,这也是扶贫开发难度加大的重要原因之一。

(一)贫困标准不断提高,但与国际水平仍有差距

改革开放后,中国经济持续快速发展,贫困人口大幅减少,但目前的中国国定贫困线还是低于国际标准,即使是 2011 年国定贫困标准大幅上调至2300 元后,也只是略超过世界银行 2005 年价格每人每天消费平价购买力(PPP)1.25 美元的国际极度贫困标准线。根据世行最新的贫困线 PPP 换算方式,2300 元约合 PPP1.47 美元,其与 PPP2 美元的国际贫困线还有一定距离。所以,即使调整后的贫困线使贫困人口数量从 2688 万人扩大到 1.28 亿人,仍然存在大量低收入人群被排斥在贫困线以外。

(二)贫困程度不断减轻,但标准变动带来"反弹"

经济的快速发展使中国的贫困问题得以不断减轻,但贫困标准的不断变动,使得官方口径中贫困人口数量经常出现"反弹"。2011 年,中央决定将农民人均纯收入 2300 元作为新的国家扶贫标准。该标准比之前的 1274 元提高了 80.5%,按照这一新标准,大约有超过 1.28 亿农村人口将被认定为贫困人口,有资格领取扶贫补贴,占全国 13.4 亿人口的 9.6% 左右。应该说,新贫困标准线的提高,虽然使我国贫困人口"反弹",但是这也体现了国家扶贫能力的不断提高,相信在未来贫困标准还会不断提高。

(三)传统致贫因素尚未完全消除,新型多元化致贫因素开始呈现

伴随着快速发展,中国社会经济条件也在不断变化,这导致致贫因素呈多元化趋势。在过去主要由自然条件致贫的基础上,又出现了地区差异致贫、生计发展致贫和社会生活致贫等新型因素(见图10-2)。这些新致贫因素以复杂的方式相互影响和作用,使得中国当前各贫困地区的贫困程度和特点日益复杂化。

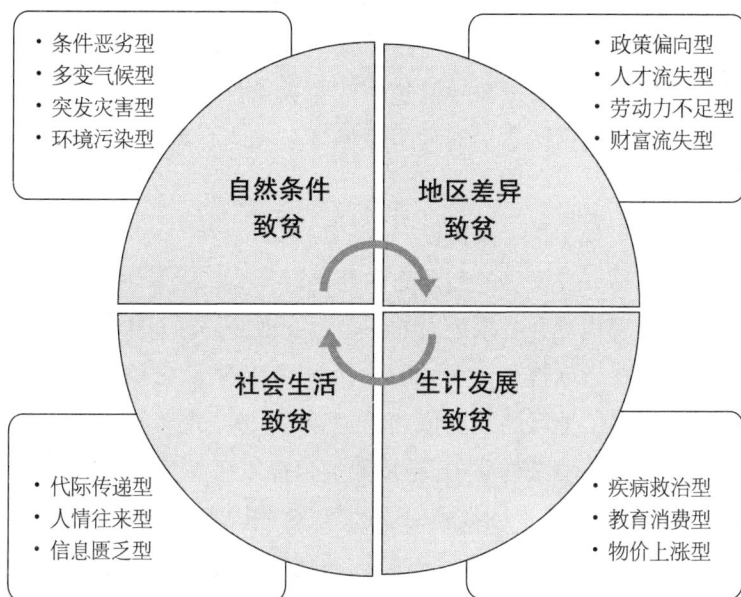

图10-2　新时期中国贫困地区的多元致贫因素

(四)贫困集中分布的地域性、民族性及历史性特征更加突出

中国贫困人口在分布上具有地域性、民族性和历史性的特征,主要分布在环境约束地区、少数民族聚集区以及历史上就一贯贫困的地区。这些地区大都位于中、西部的深山区、石山区、荒漠区、高寒山区、黄土高原区、地方病高发区以及水库库区,多为老革命根据地和少数民族地区。共同特征是地域偏远、交通不便、生态失调、经济发展缓慢、文化教育落后、人畜饮水困难、生产生活条件极为恶劣。随着扶贫工作的不断推进,贫困人口在这些地区的集中特征日益明显,地域、民族和历史因素致贫扮演了越来越重要的角色。在《中国农村扶贫开发纲要(2011—2020年)》中,国家将六盘山区、秦巴山区、武陵山区、乌蒙山区、滇桂黔石漠化区、滇西边境山区、大兴安岭南麓山区、燕山—太行山区、吕梁山区、大别山区、罗霄山区等区域的连片特困地区和已明确实施特殊政策的西藏、四省藏区、新疆南疆三地州,作为贫贫攻坚主战场。这些地区都是地域、民族和历史特征突出的地区，它们成为新时期扶贫开发工作的重点。

此外，中国的贫困代际传递趋势日渐突出，贫困地区持续贫困现象具有典型性。贫困代际传递是指贫困以及导致贫困的相关条件和因素，在家族内部由父母传递给子女，使子女在成年后重复父母的境遇——继承父母的贫困和不利因素并将贫困和不利因素传递给后代这样一种恶性遗传链；也指在一定的社区或阶层范围内贫困以及导致贫困的相关条件和因素在代际之间延续，使后代重复前代的贫困境遇。这种恶性循环是相当危险的，严重威胁了扶贫开发的可持续性。

二、中国扶贫开发面临的新矛盾和新挑战

消除贫困是现代社会必须面对的一个重要课题。尽管中国作为世界反贫困事业的积极实践者取得了伟大的历史性成就，但消除贫困的任务仍相当艰巨。新时期中国贫困地区的发展依然阻力重重，包括现阶段中国贫困地区普遍地理位置偏远和环境条件恶劣，导致天然生存依托匮乏，且多为少数民族聚居区、自然灾害频发区和基础设施薄弱区等，这些因素使得现阶段中国贫困地区的发展存在许多挑战，是制约减贫成效的现实问题。

（一）自然条件和基础设施双薄弱，成为制约贫困地区发展的首要因素

虽然中国贫困地区经济状况和人们的生活水平已有了大幅提高，但是由于其大都处于边远地区、山区和特殊类型地区，发展条件薄弱，仍然难以依靠自身力量脱贫。

一方面，贫困地区自然环境恶劣，生存生活条件十分有限。地域偏远、交通不便、生态环境恶劣、文化教育落后等问题在贫困地区普遍存在，自然条件差是造成这一现象的主要原因。贫困地区不但在区位上存在边缘性和分散性，而且地形复杂、气候、生存条件恶劣，自然资源、历史和传统的限制使得贫困地区生产效率低下、生活贫困。另一方面，贫困地区基础设施严重不足，生产生活成本较高。在14个集中连片特殊困难地区，基础设施建设的严重不足较为普遍，导致当地生产生活成本甚至高于经济发达地区，制约了发展和减贫。

（二）贫困人口自我发展能力较弱，脱贫脆弱性强

贫困往往呈动态特征，贫困人群的脆弱性导致就算其一时脱贫也容易再

次陷入贫困中。而且即使是非贫困人群,缺乏保障也使得其难以应对各式各样的现实冲击,很多家庭在未来的任何一个时点上都存在陷入贫困的可能。这些冲击包括家庭主要收入者的疾病或失业、农牧业生产波动、市场风险以及地区性的自然灾害等。除了已知贫困人群之外,还有很多低收入人群面临着陷入贫困的风险。

首先,贫困地区教育水平普遍不高,导致自我发展能力弱。扶贫的直接物资投入只能在短期内缓解贫困,关键还是需要低收入人群形成自我发展机制,但较低的教育水平严重制约了这一机制的形成。其次,低收入人群收入来源结构单一,抗风险能力差。大多数低收入家庭以外出务工和种植业为主要收入来源,对外部经济环境的变化非常敏感,而收入积累的有限和劳动技能的不足又使得其在面对经济波动时缺乏应对能力。最后,贫困地区公共卫生体系薄弱,因病致贫、返贫情况严重。由于历史和现实的原因,农村人口对基本医疗保障和卫生服务的获取往往处于不利的地位,直接影响了他们的健康水平。健康水平的下降直接影响收入,使得贫困进一步恶化,很容易陷入"贫困—疾病—更加贫困"的恶性循环之中。

(三)传统经济效率较低,二元结构制约性依然较强

经过几十年的发展和建设,中国的贫困地区尽管取得了长足发展,但与全国的平均水平相比,其生产力仍十分低下,发展滞后特征明显,与全国全省的平均水平相对差距还在不断扩大。发展水平滞后是制约贫困地区摆脱贫困的最主要因素。

首先,农业经济局限性大,经济发展内在动力不足。农业生产是贫困地区农民获取物质资料的主要途径,但同时农业既是贫困地区发展的促进力量,也是发展的约束力量,多数贫困地区都是"低产穷县"。其次,二元经济结构长期存在,城镇化过程明显滞后。中国是典型的二元经济结构发展中国家,从20世纪60年代开始实施一系列"城乡分治,一国两策"的制度体系,使农民长期在政治、经济、文化、教育和税赋方面处于极其不公平、不合理的地位,农村贫困很大程度上也源于此。最后,村落财政捉襟见肘,公共服务支持有限。由于政府财政对贫困地区农村的公共支出不足,使得贫困地区的公共服务支持非常有限,工作环境和福利待遇的低下也使得基层工作人员缺乏动力。

(四)收入差距持续扩大,相对贫困尤其明显

目前,中国贫困农户的人均纯收入和消费支出远低于全国农户平均水平,两者间显示出较大的差距。

首先,贫困农户对农业收入依赖性较强,总体收入水平偏低。从表10-2可以看出,2010年农村居民人均纯收入5919元,但同期贫困农户人均纯收入只有2003元,仅为全国平均水平的33.8%。在收入结构上,贫困农户极为依赖家庭经营收入(特别是农业收入),全国农户平均水平中尽管家庭经营收入也占主导地位,但工资性收入的比例也较高,达到41.1%,与之相比,贫困农户的工资性收入比例仅为34.0%。

表10-2　2010年全国农户与贫困农户收入状况对比

	全国农户		贫困农户	
	金额(元)	构成(%)	金额(元)	构成(%)
人均纯收入	5919	100.0	2003	100.0
工资性收入	2431	41.1	681	34.0
家庭经营收入	2833	47.9	1100	54.9
农业收入	2231	37.7	1020	50.9
非农收入	602	10.2	80	4.0
财产性收入	202	3.4	34	1.7

资料来源:国家统计局住户调查办公室:《中国农村贫困监测报告2011》,中国统计出版社2012年版,第14页。"构成"为计算结果。

其次,贫困人口支出结构较为单一,食品支出占很大比例。如表10-3所示,2010年中国农村居民人均生活消费支出4382元,但同期贫困农户只有1490元,仅为全国平均水平的34.0%。特别是,贫困农户支出构成中食品支出的比例达到总支出的64.4%,这反映出贫困农户的生活水平仍然很低。

表10-3　2010年全国农户与贫困农户支出状况对比

	全国农户		贫困农户	
	金额（元）	构成（%）	金额（元）	构成（%）
人均生活消费支出	4382	100.0	1490	100.0
自给性消费比重（%）	11.9	11.9	31.9	31.9
1. 食品	1801	41.1	960	64.4
2. 衣着	264	6.0	91	6.1
3. 居住	835	19.1	142	9.5
4. 家庭设备用品及服务	234	5.3	60	4.0
5. 交通通信	461	10.5	94	6.3
6. 文教娱乐	367	8.4	48	3.2
7. 医疗保健	326	7.4	72	4.8
8. 其他商品及服务	94	2.1	23	1.5

资料来源：国家统计局住户调查办公室：《中国农村贫困监测报告2011》，中国统计出版社2012年版，第15页。"构成"为计算结果。

最后，城乡差距逐渐拉大，收入不平等程度显著上升。伴随着中国经济规模的快速膨胀，持续上升的收入不平等现象也是一个值得关注的问题。尽管在基尼系数的具体数值上各方仍然存在一些争论，但其一直处于上升状态并突破警戒线0.4已是不争的事实，在表10-4中提供了其中一种估计结果以供参考。

表10-4　1985～2008年中国历年基尼系数的估计结果

年份	2000	2001	2002	2003	2004	2005	2006	2007	2008
按户籍人口划分城乡居民	0.4180	0.4317	0.4653	0.4779	0.4743	0.4792	0.4799	0.4790	0.4802

资料来源：尹虹潘等：《中国总体基尼系数的变化趋势——基于2000～2009年数据的全国人口细分算法》，《中国人口科学》2011年第4期。

第三节 可持续扶贫与新时期扶贫
攻坚战战略对策及建议

当前中国的扶贫开发正处于新的历史阶段,在新时期除了需要继续巩固过去的减贫成就,避免贫困问题出现反复,还要在此基础上实现贫困人口长期、稳定和持续的脱贫致富。因此,实现可持续扶贫是新时期扶贫开发工作的重中之重。

一、可持续扶贫的指导思想

可持续扶贫概念起源于可持续发展,其思想产生于20世纪90年代[①],是可持续发展理念在扶贫开发领域中的应用和体现。由于各方面限制,贫困地区通常只能采用粗放型的经济增长方式,严重增加了当地社会和环境压力。但与此同时,贫困地区往往又与资源约束、环境脆弱地区之间存在高度重合性。粗放型的经济增长方式在短期内虽然会带来一些经济效益,但会损害一个地区长期的发展潜力,压缩潜在的减贫空间,甚至会加重长期贫困问题。在这样的背景下,可持续扶贫理念应运而生。

在中国,贫困地区由于不重视发展可持续性导致恶性后果的事件时有发生。比如宁夏的西海固地区,该地区自然条件先天恶劣,沙漠多且土壤有机质含量低,并不适合农垦开发。新中国成立后起初并没有意识到这个问题,在当地片面追求"以粮为纲",继续扩大农耕生产活动,使得当地环境恶化,一度导致了贫困的加重。目前,环境约束与贫困之间相互强化在我国已经初见端倪,探索可持续扶贫道路刻不容缓。

可持续发展要求社会、经济、资源和环境在发展过程中实现协调和平衡,这也是扶贫开发所应遵循的目标。有观点认为,可持续扶贫开发应包括两个子系统,即贫困区域的可持续发展和扶贫项目的可持续发展,二者相互作用相互联系(见图10-3)。

---

① 王蓉:《我国传统扶贫模式的缺陷与可持续扶贫的战略选择》,《农村经济》2001年第2期。

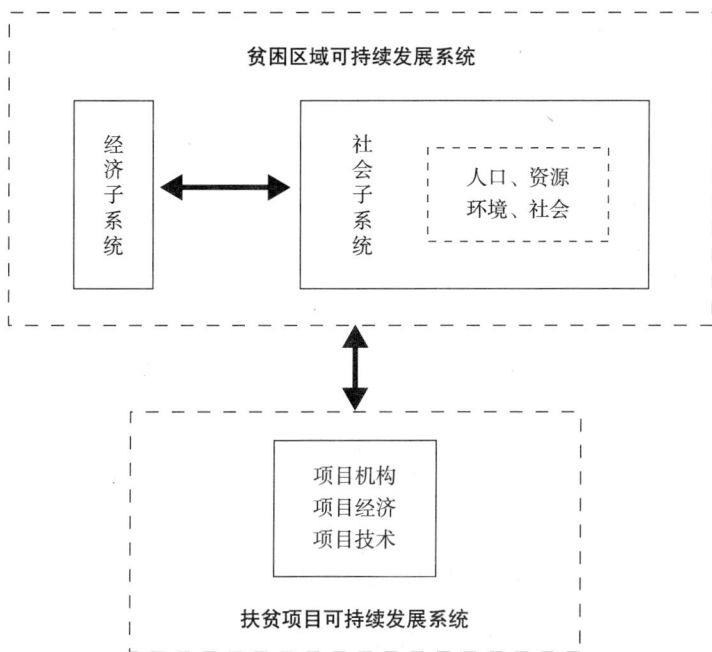

图 10-3 可持续扶贫的系统划分

资料来源:赵昌文:《贫困地区可持续扶贫开发战略模式及管理系统研究》,西南财经大学出版社 2001
年版,第 132 页。

　　贫困区域的可持续扶贫系统中包含经济子系统和社会子系统两个方面。
人口、资源、环境和社会等要素都概括在社会子系统的框架内,其与经济子系
统相互作用相互影响。作为具体的扶贫开发工作,需要扶贫项目可持续发展
系统与之匹配,该系统主要针对具体的扶贫项目,包含项目机构、项目经济和
项目技术等多个方面。实现可持续的扶贫开发,需要两个系统的有机组合和
协调运行。因此,可持续扶贫的主要目标包括两个层面,即贫困区域的可持续
发展和扶贫项目的可持续运作。

　　从动力学角度讲,可持续扶贫需要协调五个具体的子系统:贫困人口子系
统、自然资源子系统、生产条件子系统、生活条件子系统和环境资源子系统。
这五个子系统相互影响,以正反馈或负反馈的形式构成一个因果关系的动力
学机制网络,见图 10-4。

　　在可持续扶贫系统的动力学机制中,贫困人口子系统从贫困的程度和深

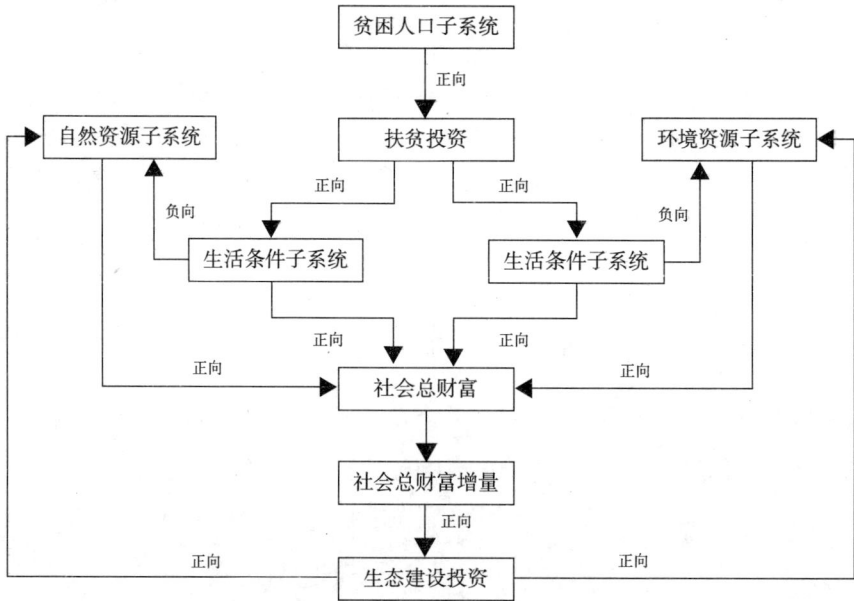

图10-4　可持续扶贫系统的因果关系动力学机制

资料来源:赵昌文:《贫困地区可持续扶贫开发战略模式及管理系统研究》,西南财经大学出版社2001
　　　　年版。对原理论和图示有所修正。

度等方面正向决定了扶贫投资。扶贫投资则会对生活条件子系统和生产条件
子系统同时产生正向的影响。而生活条件子系统和生产条件子系统一方面都
直接会对社会总财富产生正向影响,另一方面又分别会对自然资源子系统和
环境资源子系统产生负向影响。但自然资源子系统和环境资源子系统对社会
总财富也会产生正向影响,因此生活条件子系统和生产条件子系统根据这个
路径对社会总财富构成了间接的负向影响。当然社会总财富的增加,有利于
生态建设投资的增加,从而对自然资源和环境资源子系统又产生正向影响。
实现可持续的扶贫开发,需要根据贫困地区的实际情况和条件,对五个子系统
进行合理调节,从动力学上保障扶贫开发过程中各个子系统的协调和平衡。

二、扶贫攻坚战战略实施对策

　　当前,中国的贫困格局是相当复杂的,伴随着扶贫开发的深入,新的问题、
矛盾和困难不断出现。在新时期如何取得扶贫攻坚战的胜利,实现可持续扶

贫,在战略上需要新的思考。所谓战略,关键是在于"能做什么",必须从中国扶贫开发工作所处的战略环境出发。

(一)未来十年持续性扶贫的首要任务是巩固减贫成果,降低返贫率

从全球减贫的大战略环境来看,很多问题不容乐观。根据世界银行方面的估计,从1820年至今,极度贫困人口数量直到1980年后才出现下降,而且其贡献基本上来自中国,如果除去中国,则全世界极度贫困人口数量始终在上升。即使如此,截至2007年,全球的极度贫困人口总数仍然高于1820年,接近10亿人。如果以2005年PPP2美元的国际贫困标准线来看,包括中国在内全世界的贫困人口数量始终是增加的[1]。所以,全球的贫困大趋势并没有得到真正扭转,过去几十年中国在减贫问题上是最特例的国家。也因此,国际上有人鼓噪"中国夺取了其他发展中国家发展机会"这样的论调。

而且,中国的扶贫开发也并不是一帆风顺的,存在着不少争议。国际观点普遍认为,在20世纪80年代末到90年代初中国的贫困曾出现过反弹,极度贫困发生率一度从1987年的54%上升到1992年的63.8%[2]。尽管中国官方并没有采纳这样的口径和观点,但是这已经足够引起警觉。

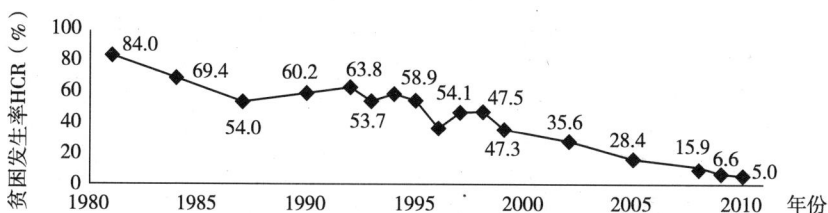

图10-5　1981～2010年中国极度贫困发生率
(国际极度贫困线标准,每人每天消费2005年价格平价购买力1.25美元)

资料来源:1981～2005年数据来自世界银行;2008～2010年数据参见 Guanghua Wan & Iva Sebastian, "Poverty in Asia and the Pacific:An Update", *ADB Economics Working Paper Series*, No. 267, 2011。原文中可证实二者估计口径是一致的。

---

[1]　Shaohua Chen & Martin Ravallion, "The Developing World Is Poorer Than We Thought, But No Less Successful in the Fight against Poverty", *Policy Research Working Paper 4703*, The World Bank Development Research Group, 2008.

[2]　World Bank, "World Development Indicators", http://www.indexmundi.com/facts/indicators/SI. POV. DDAY/compare? country=cn.

　　如前所述,1978 年改革开放后,中国的贫困问题得到了迅速缓解。但是在 20 世纪 80 年代后期至 90 年代初,当时中国的经济、社会和政治面临到了一些阻力,给扶贫开发事业带来了巨大压力。而"集中连片地区"这一争议性扶贫开发理念也是在这一时期出现。之后,如果按照世界银行的数据(见图 10-5),直到 90 年代中后期一系列经济改革措施促使经济出现好转后,贫困发生率才出现了再次下降。当前在宏观经济层面上,受到国际金融危机以及国内物价快速上涨等因素的影响,中国未来的经济增长不确定性正在明显增加。而巧合的是,又出现了"集中连片特殊困难地区"这一在内涵上与早年"集中连片地区"类似的政策方法。由于经济发展存在周期性,尽管不是要否定"集中连片特殊困难地区"概念,但是显然新时期中国的扶贫开发战略局面与 20 世纪 80 中期之间似乎存在着某种程度的相似性。有些话题可能是争议的,所以为了避免争议性结果的出现,必须注意巩固过去的减贫成就,防止反复。

(二)未来十年的持续性扶贫开发要更加强调分配效应

　　过去几十年中国扶贫开发成就,呈现典型的增长效应特征,相反分配效应却在日益恶化。中国扶贫开发成就完全建立在经济持续增长的背景下。当前,中国经济增长的可持续性正受到巨大挑战,自然资源、人力资源、生态环境等方面都面临到瓶颈,压力日益凸显。倘若继续过去的老路,在中国这样一个人均资源严重不足的大国,实现可持续扶贫的难度和门槛可想而知。可持续扶贫被动的依赖可持续发展的先决实现,不但脆弱而且会丧失战略机遇。

　　而另一个问题来自于中国贫困格局的变化。1978 年改革开放时,中国呈普遍贫困特点。过去几十年中国扶贫开发之所以能取得巨大成就,正因为它是在解决普遍贫困,这也是增长效应能够发挥最大功效的原因。但是,随着普遍贫困的缓解,难点贫困就会越来越突出,单纯依赖增长效应的扶贫模式只会越来越弱。

　　可以做一个简单的分析(分析软件 Stata10.0),对于中国的重点贫困县,官方公布了其 2002 ~ 2010 年的贫困人口数量(基于 1274 元标准)和重点县专项扶贫资金投入相关数据(见表 10-5)。

表 10-5　2002～2010 年重点县贫困状况和专项扶贫投资

年份	重点县扶贫投资总额 Inv(亿元)	重点县贫困人口数量 HC(人)	lnHC
2002	250.2	4828	8.482188
2003	277.6	4709	8.457231
2004	292.0	4193	8.341172
2005	264.0	3612	8.192017
2006	278.3	3110	8.042378
2007	316.7	2620	7.870930
2008	367.7	2421	7.791936
2009	456.7	2175	7.684784
2010	515.1	1693	7.434257

资料来源:国家统计局住户调查办公室:《中国农村贫困监测报告 2011》,中国统计出版社 2012 年版,第 124、132 页。lnHC 为 HC 取对数后的计算结果。

检验表明这几组时间序列数据都是不平稳的,但在筛选试错后通过 Johansen 检验证实重点县扶贫投资总额 Inv 和 lnHC 是共积的,因此二者之间存在长期均衡趋势。由于数据的有限性等因素,建立的 VECM 模型仍然存在一些问题,这里简化采用 OLS 法,根据下式进行回归分析:$lnHC_t = \alpha + \beta Inv_t$。

表 10-6　贫困状况和专项扶贫投资关系 OLS 法估计结果

α	P 值	β	P 值	F 显著性	调整后决定系数
9.2082 (0.2314)	1.65×10^{-9}	-0.0035 (0.0007)	0.0012	0.0012	0.7686

估计结果表明回归方程是显著的,在残差性质方面正态性尚可,但是仍然存在自相关性,受限于篇幅就不再深入。回归分析结果表明,随着重点县扶贫投资 inv 的增加,贫困人数的对数 lnHC 呈下降趋势。这一方面表明扶贫投资在长期减贫中的有效性,另一方面提示单位扶贫投资效能正在以对数趋势减弱。

做一个不太严格的外推,假定以常用的 $3\sigma(0.3\%)$ 作为基本消除绝对贫困的标准。根据重点县 2002～2010 年的年末乡村总人口做 10 年趋势外推,到 2020 年近似取 2.14 亿人,那么到 2020 年,近似认为"消除绝对贫困"时贫

困人口数量不能超过 64.2 万人。根据上述回归方程估算,在通货膨胀正常的
情况下,2020 年需要的扶贫投资总额应达到 1441.8 亿元,以 2010 年为基准
计算,要求在新时期扶贫投资以每年 10.8% 的速度递增才能实现,而 2002 ~
2010 年的实际几何平均增速只有 9.4%。如果扶贫开发仍然依赖增长效应,
要想在 2020 年基本消除绝对贫困的难度是相当大的。

所以在新时期,中国必须调整收入分配,使分配效应逐渐成为未来减贫的
主动力,补充甚至替代增长效应在减贫中的作用。在新时期所构建的新扶贫
开发政策体系应当服务于这一战略,这也是在新时期扶贫攻坚中实现可持续
扶贫,达成《中国农村扶贫开发纲要(2011 ~ 2020 年)》总体目标的根本保障。

(三)未来十年的持续性扶贫开发要进一步强化瞄准贫困人群

目前相关数据在建立 VECM 模型方面有所欠缺,针对 2002 ~ 2010 年重点
县 inv 和 lnHC 的 VECM 分析在稳定性、参数的统计显著性、残差正态和自相
关性质能够基本保证,但最优滞后阶数仍然不理想(AIC、BIC 建议为 4,目前
数据只能有效分析滞后阶数为 2 的情况),分析结果仍然存在误导性的可能,
不过其冲击响应(见图 10-6)还是提示出一个现象需要注意。

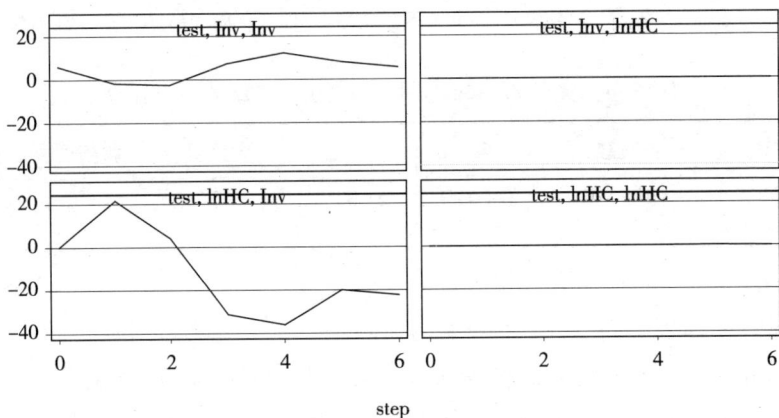

图 10-6 2002 ~ 2010 年重点县 inv、lnHC 的 VECM 分析正交化冲击响应图

可见,重点县扶贫投资 inv 对贫困人口数量的对数 lnHC 没有短期影响,
反而是 lnHC 对 inv 有短期影响。事实与该结论是相符的,中国在重点县的扶
贫投资额度取决于认定的贫困人口数量。冲击响应还显示出如果贫困人口数

量减少,那么对 0~2 年内的扶贫投资产生下降影响,再往后由于国家整体投入的持续扩大又会使其产生增加现象。扶贫投资主要用于贫困地区的基础设施建设而不是贫困人群可能是导致 inv 对 lnHC 无短期影响的原因。以 2010年为例,当年 515.1 亿元的扶贫投资中,用于种植业、林业、养殖业、农产品加工、其他生产行业、基本农田建设、人畜饮水工程、道理修建及改扩建、电力设施、电视接受设施、学校及设备、卫生室及设施等方面的金额达到 366 亿元,占全部投资的 71.05%①。这样的资金使用方式对贫困地区经济发展有普惠性效果,但对于贫困人群的状况改善则缺乏针对性和特惠性,只有伴随经济发展的长期减贫间接效能,无法直接减少贫困人口。

因此,未来扶贫开发战略必须强调对贫困人群的针对性和特惠性,尤其在产业投资上要更符合贫困人口的需求,这是未来实现可持续扶贫的前提。

三、政策建议

新时期中国的扶贫开发在总体思路的指导下,需要多维立体的工作方式,才能实现贫困减少与地区发展的双赢局面。

(一)要将扶贫开发规划与各层次规划相衔接

2011 年是新一轮十年扶贫开发的开局之年,随着扶贫开发内涵不断丰富,外延不断扩展,新十年《扶贫开发规划》涵盖的内容也更加广泛,既是今后一个时期扶贫开发工作的行动指南和纲领性文件,也是中国贫困地区加快发展的全域规划。而 2011 年也是"十二五"发展规划的开局之年,按照我国的规划编制及实施要求,各种新的地区、行业、产业、部门规划都将陆续出台并开始实施。因此,加快我国贫困地区发展的首要任务就是完成新的扶贫开发规划与国家各层次发展规划的衔接。这种衔接包括三个层面:首先,扶贫开发规划要与国家"十二五"发展规划相衔接;其次,扶贫开发规划要与国家各部门发展规划相衔接;最后,扶贫开发规划要与各省、市、县级发展规划和地方部门规划相衔接。

---

① 国家统计局住户调查办公室:《中国农村贫困监测报告 2011》,中国统计出版社 2012 年版,第 133~134 页。

（二）集中连片特殊困难地区要更加重视差异化政策，突出区域特色，创新扶贫开发模式

新时期在开展扶贫攻坚时应当在原有扶贫开发方式的基础上改进，无论从模式、到资金投入、再到实施机制等都必须有所改良，才能解决过去的难点地区和问题。特别是对于集中连片特殊困难地区的政策，不应是对现有政策的简单补充和完善，而应如我国在改革开放之初建立特区一样，针对这些地区出台系统的差异化特殊政策。作为一个涉及多部门的政策，应当上升到国家战略层面，由国务院颁布实施。目前广泛的意见都表示希望由中央颁布在14个集中连片特殊困难地区的一揽子扶贫开发特殊政策，以切实推进片区扶贫攻坚。这些特殊政策应涵盖到区域政策、财政政策、税收政策、投资政策、土地政策、金融政策和社会政策等方方面面，从立体全面的角度创新扶贫开发模式。

（三）改善资金利用整合效率，创新金融支持，重点发展一产、三产与特色小产

在贫困地区，不但自然地理条件限制导致发展产业项目困难，而且发展起来后也存在交通不便带来的生产运输成本居高不下等问题。导致这种现象的一个重要原因在于道路、交通、水利等基础设施建设与扶贫开发工作不配套。因此有必要加强扶贫资金的整合，建立从上到下的扶贫开发资金专款专用专审新机制，提高资金运用效率，降低运营成本。而作为贫困地区发展的资金支持，信贷是一种有效、公平和可持续的资金来源，但目前贫困地区信贷支持却严重不足。因此，促进贫困农户的生产和经营必须发展小额信贷，并扩大小额信贷试点地区和放宽信贷标准，积极探索小额、微型保险及有助于贫困地区脱贫致富的新金融产品。从产业发展的角度讲，由于不少贫困地区位于限制开发甚至禁止开发区，在工业发展上存在政策阻力。因此，在当前政策框架下需要重视一产的基础作用，大力开拓一产和三产的联动效用，并且根据实际情况对农户收入有支持作用的特色小产予以重点发展，从而实现贫困地区的可持续发展。

（四）提高贫困地区公共服务水平和标准，增强社会参与度

疾病、教育、灾害等是导致返贫的重要因素。因此，在贫困地区提高公共服务水平和标准有助于抑制返贫，应当加大对贫困地区的公共服务资源及资金的投入，加强地方政府在贫困地区提供公共服务的责任和职能，甚至在条件

允许的情况下使贫困人口参与到提供公共服务的工作中来。但是也应注意到,中国长期以来的扶贫主体是政府,很多贫困地区的发展依赖上级政府的输血式扶贫,带来很多问题。今后的扶贫攻坚需要形成多元的扶贫主体,动员全社会的力量和资源参与扶贫,形成扶贫攻坚的社会群体力量,特别是企业可以扮演一个重要的角色。企业扶贫与政府扶贫不同,它存在明显的经济行为特征。企业在参与扶贫过程中,对资金的投向、项目的选择以及产品的市场定位上会强调市场规律,这能够促进传统的政府包办式的输血型扶贫模式转变为开发式的造血型扶贫模式,有利于特困地区新的扶贫机制形成和市场经济的完善。当然也应注意到,企业往往以经济效益为核心,追求利润最大化,在基础设施建设、生态环境保护等公共品供给方面不能完全替代政府的作用,仍然需要坚持扶贫开发工作中的政府主导性。

（五）更加关注少数民族地区的特殊性与发展诉求

当前中国的贫困地区有相当比例属于少数民族聚居区。少数民族伴随着很多特殊性,包括文化传统、地理条件和组织管理方式等的特殊性。因此在政策层面上,应出台满足少数民族特殊性诉求的针对性政策措施,不能简单套用汉族地区的模式。在制定各类规划时也要考虑这种特殊性诉求,酌情出台仅针对少数民族地区扶贫开发的专项规划。通过培养少数民族干部,建立一支懂扶贫、会沟通、精语言、熟环境的少数民族基层干部队伍,促进少数民族地区扶贫开发的深入开展。对于少数民族贫困人群,也应该在职业教育、技能培训等方面因地制宜地突出其本民族特色。

（六）建立有效监管的贫困家庭识别检测和监管制度

长期以来,中国的扶贫开发无论在投入、执行还是监管等方面都存在不少的问题,而且随着贫困格局的变化,减贫的普惠性要求正在向特惠性要求转变。作为适应这种转变的基础,建立一套明确的、严格的、公开的贫困家庭识别制度是极为必要的,这也是各种扶贫政策能否真正传导至目标贫困人群的前提保证。目前中国现存的贫困家庭识别方法仍然存在很多漏洞,无论是在收入核实还是政府认定的环节上都存在不少问题,甚至有黑箱操作现象,严重降低了扶贫开发措施的针对性和有效性。因此,建立一套明确并能够得到公众监管的贫困家庭识别制度,是新时期可持续扶贫能否实现的关键。

参考文献

A. 麦迪森:《中国经济的长期表现——公元960～2030年》,伍晓鹰等译,上海人民出版社2009年版。

黄承伟、张琦:《连片特困地区扶贫规划编制理论与方法》,中国财政经济出版社2011年版。

国家统计局住户调查办公室:《中国农村贫困监测报告2011》,中国统计出版社2012年版。

国务院新闻办公室:《中国农村扶贫开发的新进展》白皮书,2011年。

刘清荣等:《中国共产党的反贫困历程及经验启示》,《老区建设》2011年第7期。

沈茂英:《"整村推进"综合扶贫模式的理论基础》,《郑州航空工业管理学院学报》2008年第26期。

王蓉:《我国传统扶贫模式的缺陷与可持续扶贫的战略选择》,《农村经济》2001年第2期。

杨帆:《改革开放以来中国农村扶贫政策的演变》,中共中央党校2007年版。

杨军:《"整村推进"扶贫模式的问题与对策研究》,《重庆工商大学学报(西部论坛)》2006年第16期。

杨占国等:《当代中国农村扶贫30年(1979～2009)评》,《北京社会科学》2009年第5期。

尹虹潘等:《中国总体基尼系数的变化趋势——基于2000～2009年数据的全国人口细分算法》,《中国人口科学》2011年第4期。

张全红:《对中国农村贫困线和贫困人口的再测算》,《农村经济》2010年第2期。

赵昌文:《贫困地区可持续扶贫开发战略模式及管理系统研究》,西南财经大学出版社2001年版。

周荣:《中国减贫25年的历程、经验及启示》,《中共山西省委党校学报》2004年第27期。

Central Intelligence Agency: *The CIA World Factbook 2011*, Skyhorse Publishing. 2010.

Bourguignon. Paper prepared for the Indian Council for Research on International Economic Relations-World Bank Lecture. India Habitat Center. New Delhi. February4 , 2004.

Xavier Sala-i-Martin, "The World Distribution of Income: Falling Poverty and ⋯ Convergence, Period", *The Quarterly Journal of Economics.* 2006. 121 (2) , pp. 351–397.

Guanghua Wan, "Iva Sebastian. Poverty in Asia and the Pacific: An Update", *ADB Economics Working Paper Series*, No. 267. 2011.

Shaohua Chen, Martin Ravallion, "The Developing World Is Poorer Than We Thought, But No Less Successful in the Fight against Poverty", *Policy Research Working Paper 4703*, The World Bank Development Research Group. 2008.

World Bank. *World Development Indicators.* http://www. indexmundi. com/ facts/indicators/SI. POV. DDAY/compare? country = cn.

第十一章　教育促进可持续发展

刘一萌　王　颖　杨　菲

教育促进可持续发展,旨在帮助人们更好地了解自己所生活的世界,了解威胁着我们的潜在环境问题。通过教育来培养可持续发展所需要的知识、技能、态度、价值观及生活方式,以在此基础上建立一个可持续的未来。正如1992年"联合国环境与发展大会"通过的《21世纪议程——为了可持续发展的行动计划》(简称《21世纪议程》)所指出的,"教育是促进可持续发展和提高人们解决环境与发展问题能力的关键",教育不但是可持续发展的基本手段,为可持续发展服务,而且是以人为中心的可持续发展的有机内容和基本目标。

第一节　教育促进可持续发展理念

一、教育与可持续发展概念结合的演进

20世纪六七十年代以来兴起的世界环境教育运动,希望解决环境问题,以实现人类与自然的和谐共处。此后,人们逐步从单纯对自然环境的关注,向同时关注环境、人口与可持续发展教育,再向教育促进社会、环境和经济可持续发展而转变。

(一)关注环境的教育

1.早期的认识与零星环境教育活动

早在19世纪末20世纪初,基于对人类与自然系统不可分割依存关系的认识,国外纷纷成立相关组织,宣传保护自然资源的重要性。如西班牙成立了许多自然保护协会,美国成立自然研究协会、公众资源保护联盟等组织,编写

出版相关资源保护的教材,为教师、学生和公众提供了解自然环境的平台①。

2. 国际社会普遍重视并积极倡导环境教育

20 世纪中期以后,在西方发达国家大力发展经济、加速工业化进程的同时,自然环境也遭受了严重破坏,环境的持续恶化对人类的生存构成了威胁。在对环境问题的反思中,人们意识到环境教育是一种解决环境问题的重要手段,环境教育活动逐渐得到国际社会的普遍重视和积极倡导。

1968 年,联合国教科文组织(UNESCO)在巴黎召开的"生物圈会议"倡导各国建立国家环境教育协调机构,并丰富充实相关教育材料。同年,英国首先响应号召,建立环境教育委员会。1970 年,"环境教育国际会议"首次界定"环境教育",提出"环境教育是一个认识价值和澄清观念的过程,这些价值和观念是为了认识和评价人与其文化环境、生态环境之间相互关系所必需的技能与态度"②。同年,美国颁布世界第一部《环境教育法》。

3. 环境教育发展框架的形成

20 世纪 70 年代召开的三次国际环境会议,促使环境教育在学校教育中获得了正式地位。

1972 年在瑞典斯德哥尔摩召开的"联合国人类环境大会",通过了《联合国人类环境会议宣言》(*Declaration of the United Nations Conference on the Human Environment*)和"人类环境行动计划"(Action Plan for the Human Environment),指出环境教育在保护和改善环境上的必要性,强调建立国际性环境教育计划。随后在肯尼亚首都内罗毕成立了"联合国环境规划署(UNEP)",主要开展搜集资料和出版环境教育通信,进行理论交流与传播、世界各国师资培训及帮助各国将环境教育纳入正规教育体系等活动。

1975 年,UNESCO 和 UNEP 共同在贝尔格莱德召开"国际环境教育研讨会",促成了首个政府间环境教育国际声明《贝尔格莱德宪章——环境教育的全球框架》,提出环境教育基本理念和框架。1977 年,在第比利斯召开了第一次环境教育国际政府间大会,确立了国家和全球层次协同发展环境教育的完

---

① 张力、康宁主编:《教育与可持续发展》,科学出版社 2007 年版,第 17 页。

② International Union for Conservation of Nature and Natural Resources(Morges,Switzerland), United Nations Educational,Scientific,and Cultural Organization(Paris,France):*International Working Meeting on Environmental Education in the School Curriculum*,*Final Report.* 1970,p. 11.

整框架。

1987 年,UNESCO 和 UNEP 共同在莫斯科召开了"国际环境教育与培训会议",讨论了环境教育的一系列议题,并建议 20 世纪 90 年代为"国际环境教育 10 年",确定了 90 年代国际环境教育与培训的行动策略。

(二)可持续发展教育理念的兴起

环境教育虽然在迅速发展,但是在解决环境问题、消除环境危机方面并未如人们所愿。20 世纪 70~90 年代,世界环境的持续恶化加深了环境危机,由此产生了越来越严重的社会、经济与文化问题。

1. 国际社会对教育与可持续发展相互关系的早期设想

1987 年,"环境和发展世界委员会"(WCED)向联合国提交了报告——《我们共同的未来》(*Our Common Future*,OCF),明确提出了"可持续发展(Sustainable Development)"的概念,即"既能满足当代人需求,而又不牺牲后代人满足其需求能力的发展"[①],认为教育、尤其是基础教育在解决当前以及今后人类困境中所具有的重要作用,要认识到加强公众发展与环境意识教育,提高生存、生活技能和参与公共决策能力的重要意义。

1988 年,UNESCO 从环境教育与发展教育重新整合的思考出发,提出了"可持续发展教育"一词(Education For Sustainability,EFS),这是国际社会关于教育与可持续发展相互关系的早期设想。

2. 可持续发展教育相关概念的提出

1992 年,在巴西里约热内卢召开的"联合国环境与发展大会(UNCED)"通过了可持续发展全球行动计划——《21 世纪议程》,指出"教育对提高可持续发展和改善人们从事环境和发展问题的能力,具有重要的作用","教育是推进可持续发展的关键","面向可持续发展而重建教育"[②]。该文件正式采用了"环境与发展教育"(Environmental and Development Education)与学校教育加以区别,明确了环境与发展教育的教育内容、对象和途径,认为"环境与发展教育应纳入正规和非正规教育的各个环节",这也是国际文件呈现的可

---

① The World Commission on Environment and Development:*Report of the World Commission on Environment and Development*:*Our Common Future*,1987,Part I.

② 联合国新闻部信息技术科:《21 世纪议程》,1992 年,见 http://www.un.org/chinese/events/wssd/agenda21.htm。

持续发展教育概念的早期形态。《21 世纪议程》赋予教育的重要性,在联合国环境与发展大会及其以后的一系列国际共识和行动框架中被重申、扩大和深化。

同年,英国环境教育专家斯特林(Stephen Sterling)向联合国环境与发展大会提交的《善待地球:教育、培训和公众意识为可持续未来服务》报告中,首次给出了 EFS 的定义。该定义紧扣全球关注的"环境与发展"主题,提出围绕环境教育、发展教育以及相关跨学科教育来发展和整合"可持续性"概念。该报告在国际社会产生了强烈反响。

1993 年,为了普及和落实可持续发展理念,联合国设置了"可持续发展委员会(UNCSD)"。1994 年,在 UNCSD 协力下,UNESCO 提出了一个"教育为可持续未来服务(education for a sustainable future)"的跨学科计划——《环境和人口教育与为人类发展的信息计划》(*Environment and Population Education and Information for Human Development*,简称《环境、人口和发展计划》,即 EPD 计划)。EPD 的目的是帮助重塑正规教育使之成为可持续发展的主要工具,促成行动变化和培养新的态度,将环境教育与发展教育、人口教育等相融合,成为一段时间内 UNESCO 研究可持续发展教育和进行有关实践的推动者。

1996 年召开的 UNCSD 第四次会议,提出《关于促进教育、公众认识和培训的特别工作纲要》,指出了可持续发展教育的目标及特征。1997 年,UNESCO 发表《教育为可持续未来服务:促进协同行动的跨学科思想》,指出教育是人类寻求可持续发展最好的希望和最有效的手段。

这一时期,不同国家和机构对可持续发展教育概念的表述形式多样,如出现了可持续性的教育(Education For Sustainability,EFS)、可持续性的环境教育(Environmental Education For Sustainability,EEFS)、可持续性教育(Sustainability Education,SE)和可持续发展的教育(Sustainable Development Education,SDE)等多种提法,反映了国际社会对教育与可持续发展关系的丰富思考,并已经形成了对可持续发展教育的初步概念。

3. 教育促进可持续发展十年(DESD)

2002 年,在南非约翰内斯堡举行了可持续发展问题世界首脑会议,强化了可持续发展的观念,进一步明确了教育在实现可持续发展中的关键作用。

同年 12 月,联合国第 57 届大会决定开展"教育促进可持续发展十年(United Nations Decade of Education for Sustainable Development, DESD)"活动,宣布从 2005 年到 2014 年在全球范围内开展有关可持续发展的教育,以教育作为一项主要的工具,使可持续发展成为现实,促进经济目标、社会需要和生态责任之间的平衡发展。

2005 年 3 月,联合国正式颁布《联合国教育促进可持续发展十年(2005 ~ 2014)国际实施计划》(简称《DESD 实施计划》),标志着世界进入可持续发展教育全面实施阶段。对于"教育促进可持续发展十年",《DESD 实施计划》提出的总体目标是,把可持续发展观念贯穿到学习的各个方面,以改变人们的行为方式,建设一个全民的更加可持续发展和公正的社会;阐述了基本思想并设立了五个具体目标;指出十年教育活动要面向可持续发展系统的社会、环境和经济三个领域;为"教育促进可持续发展十年"提出了七项彼此联系的工作战略;明确了十年活动要关注的重要领域;为了保证"教育促进可持续发展十年"活动效果,《DESD 实施计划》提供了可供每年选择的十个教育主题;同时把 DESD 与其他相关的国际活动和努力紧密联系起来,如"千年发展目标(MDG)"、"全民教育(EFA)"、"联合国扫盲十年(UNLD)"等,以扩大有效影响①。对于可持续发展教育理论,《DESD 实施计划》实现了诸多突破。

面对发挥教育在可持续发展中的重要功能,国际社会从来没有像今天这样认识一致,行动协调。无论是发达国家的美国、日本、英国等,还是发展中国家的中国、印度、巴西等,都在以国家战略或者重大项目的形式推进可持续发展教育。

专栏 11-1　教育的关键作用——《DESD 实施计划》对教育促进可持续发展的理解

《DESD 实施计划》阐述了对教育促进可持续发展理念的深刻理解,认为教育的关键作用主要体现在以下几方面:教育必须激发信念,使我们每个人都具有能力和责任,在全球性的积极变化中发挥作用;教育是向可持续发展转变

---

① 《联合国教育促进可持续发展十年(2005 ~ 2014 年)国际实施计划》,载钱丽霞主编:《教育促进可持续发展——国际研究与实践的趋势》,教育科学出版社 2005 年版,第 12 ~ 14 页。

的主要手段,能够增强人们将社会构想转变成现实的能力;教育能培育可持续未来所需要的价值观、行为和生活方式;可持续发展教育是学习如何决策的过程,要求考虑全社会长远未来的平等、经济和生态;教育能建设面向未来的思考能力。

资料来源:《联合国教育促进可持续发展十年(2005～2014年)国际实施计划》,载钱丽霞主编:《教育促进可持续发展——国际研究与实践的趋势》,教育科学出版社 2005 年版,第 26 页。

二、教育促进可持续发展的内涵

基于教育促进可持续发展概念的演进过程,尤其是基于对联合国《DESD 实施计划》中教育促进可持续发展理念的研究与理解,教育促进可持续发展(Education for Sustainable Development,ESD)的基本含义是,根据推动可持续发展进程的需要,教育应当承担起为可持续发展服务的时代使命。从狭义的角度看,"ESD 是用可持续发展方面的科学知识、科学思想对受教育者进行教育与训练,使他们形成可持续发展思想与相关知识及能力的过程"[①];从广义的角度看,ESD 是指为了可持续发展并且以可持续发展为导向,通过对教育的改革和创新,为解决社会、环境与经济可持续发展的现实和未来问题服务,从而促进国家的可持续发展进程。进一步,可以从教育内容、教育自身发展和教育发展最终目的等不同层面理解 ESD 的内涵。

(一)就教育内容而言,ESD 是"关于可持续发展的教育"

教育促进可持续发展既是一种理念,也是一种实践,要求教育应当把可持续发展价值观教育摆在重要地位,把可持续发展科学知识与科学思想教育以及相关能力培养纳入素质教育,并用以解决可持续发展的实际问题。在各级各类教育中广泛开展关于可持续发展内容的教育成为一种实际的需求,构建为促进可持续发展服务的教育,提高公众的可持续发展意识和态度,使其获得维护和改善生产发展需要。将帮助每一个公民都能掌握实现可持续发展未来所需要的科学思想、科学知识、消费方式、生产方式和生活方式。

(二)就教育本身的发展而言,ESD 是"教育的可持续发展"

教育若要起到促进可持续发展的作用,就必先实现教育自身的可持续发

---

① 史根东:《可持续发展教育的理论研究与实践探索》,《教育研究》2003 年第 12 期。

展,可持续发展教育是实现可持续发展战略的中心支柱。首先,教育规模、质量、结构、效益要统筹协调发展;建设可持续的国民教育体系,着力巩固义务教育,加强中等职业教育,稳步发展高中和教育,重视幼儿教育和特殊教育;城乡教育和区域教育要协调平衡发展,加强农村教育,大力发展西部教育;教育发展要以人民群众的需求为本,促进教育的公平公正。教育自身达到可持续发展的理想状态,是教育充分发挥促进社会、环境与经济等可持续发展功能的良好保证。

(三)就教育发展目的而言,ESD 是"教育为了可持续发展"

教育的最终目的是为了可持续发展的实现,这是"教育促进可持续发展"理念最根本的出发点和落脚点。根据社会、环境与经济可持续发展的现实和未来需要,教育的作用主要集中表现在为促进可持续发展服务上,教育应当进一步明确为社会、环境与经济可持续发展服务的时代功能和其导向与奠基作用,以"促进"来定位教育和可持续发展的关系。

教育对环境可持续发展的作用,主要直接通过将可持续发展观念与行动纳入到教育内容中来实现。而从经济学的分析角度而言,教育促进经济与社会可持续发展的理论框架思路主要是:教育对人能力的增进作用,通过人力资本的概念来衡量。教育是最主要的人力资本投资,是人力资本形成的根本要素,是决定经济和收入可持续发展、从而社会可持续发展的关键。自 20 世纪五六十年代以来,著名经济学家舒尔茨(T. W. Shultz)、明瑟(Jacob Mincer)和贝克尔(Gary S. Becker)等人开拓了关于人力资本的大量研究,运用现代经济学的基本分析工具,来研究人力资本的生成与发展及其对经济社会运行过程的影响,进而将教育促进可持续发展的作用纳入经济学分析框架中。

教育发展、人力资本积累、经济结构变迁和社会发展阶段的推进之间有一种互动关系。早期工业化国家是经济发展先于教育发展,而现代经济增长型的发展则是教育先于经济发展。正如联合国教科文组织在《学会生存》中指出的,随着知识、科学技术在经济和社会发展中的作用日益增强,教育发展和人力资本的先导作用更加明显,教育为人类社会经济的可持续发展发挥功能作用的空间也更加广阔。

第二节　中国教育促进可持续发展的现状

改革开放以来,特别是21世纪以来,中国坚持优先发展教育,实施科教兴国、人才强国和可持续发展战略,已从人口大国转变为人力资源大国,教育的发展对中国的可持续发展起到了很大的促进作用。但是,我国教育发展总体水平仍待提高,城乡之间、区域之间的教育发展不平衡,农村地区教育的薄弱状况没有根本改变,社会对高质量的劳动力和创新人才的空前旺盛需求等新的形势,都对教育发展提出了新的挑战。

一、中国教育促进可持续发展取得的成效

通过大力发展教育事业和积极推进实施可持续发展教育战略和项目,教育在促进中国可持续发展方面取得了明显成效。

（一）教育为可持续发展奠定了重要基础

教育要促进可持续发展,就要具备可持续发展的基础和能力。中华人民共和国成立特别是改革开放以来,中国教育事业的发展举世瞩目,为教育促进可持续发展奠定了可靠基础。

1. 中国教育总体规模和人口受教育水平有较大提高

与新中国成立初期相比,我国教育总体发展水平有了很大的提高,教育规模扩展很快。1949 年各级各类学校在校学生数为 2577.6 万人,到 2010 年在校学生总数达 3.2 亿人,是 1949 年的 10 倍多。而同期全国总人口从 5.42 亿增长为 2010 年的 13.4 亿,增长了近 1.5 倍,教育规模的扩展速度远大于人口自然增长状况。2010 年,全国学校教职工总数 1741 万人,其中专任教师 1416万人,教育人口达到近 3.4 亿人,占总人口的 25.4%（如表 11-1 所示）。

表 11-1　中国教育规模发展概况

年份	学校数（万所）	学生数（万人）	教职工数（万人）	教育人口（万人）	教育人口占总人口的比例（%）
1985	144	21753	1261	23014	22.0
1990	136	23654	1432	25086	22.2

续表

年份	学校数（万所）	学生数（万人）	教职工数（万人）	教育人口（万人）	教育人口占总人口的比例(%)
1996	155	30401	1549	31950	26.2
2000	149	32093	1592	33685	26.8
2005	65	36904	1624	38528	29.6
2008	58	32099	1692	33791	25.6
2009	55	32098	1716	33814	25.5
2010	53	32217	1741	33958	25.4

数据来源:中华人民共和国教育部编:《中国教育统计年鉴2010》,人民教育出版社2011年版,第14页。

相应地,全国人口的受教育程度普遍提高,根据近几次全国人口普查的相关数据计算得到各个普查年份不同教育程度人口所占比例如图11-1所示。

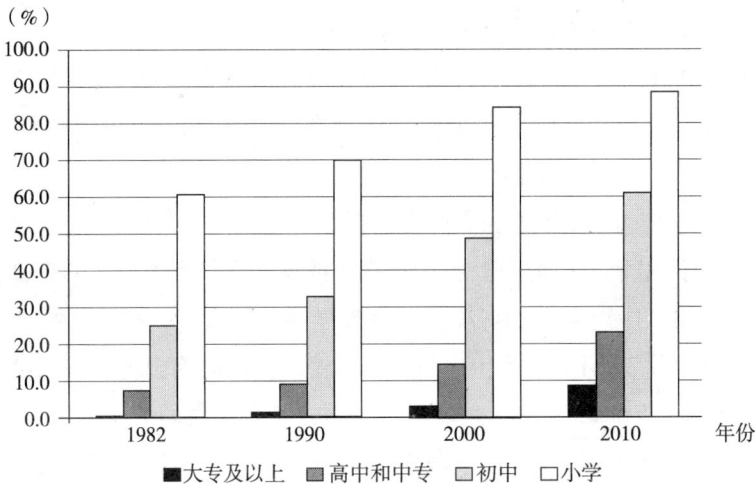

图11-1　近几次全国人口普查年份不同教育程度人口所占比例

数据来源:根据《中国统计年鉴2011》(中国统计出版社2011年版)的数据计算而得。

由上图可知,在从1982年到2010年间的四个普查年份中,人口的教育程度在逐年提高。提高幅度最大的是具有初中及以上教育程度的人口比例,从1982年的25.3%提高到2010年的61.8%,提升了36个百分点,说明我们推行九年义务教育卓有成效。而其他教育程度的人口比例也有不同程度的提

高,如至少受过小学教育的人口比例从 1982 年的 60% 提高到 2010 年的
88.5%,提高了 28 个百分点;高中和中专及以上教育程度的人口比例也提高了
16 个百分点;大专及以上教育程度的人口比例提高了 8.3 个百分点。总人口中
的文盲率从 1982 年的 22.8% 降低到 2010 年的 4%。教育规模的扩大和人口受
教育水平的普遍提高,为我国的经济社会发展提供了有力的人力资源支持。

2. 各级各类教育都取得了长足发展

首先,基础教育经历了跨越式发展。在政府重视和全社会的共同努力下,
2000 年,我国已经在全国范围内实现了基本普及九年义务教育和基本扫除青
壮年文盲(简称"两基")的目标,15 岁以上人口识字率达到 90.9%,高出世界
平均水平 15.1 个百分点。我国义务教育和扫盲工作取得的成就,受到了国际
社会的高度平均。小学学龄人口入学率达到了国际公认较高的水平,初中和
高中阶段的毛入学率也有了很大提高,2010 年普通小学在校学生数 9940 万
人,普通中学在校学生数 7703 万人①。基础教育以人为本,推进素质教育,促
进中小学生在德智体美等方面全面发展,体质健康状况不断改善。

职业教育与培训取得了新的进展。近年来,中等职业教育在校生人数占
高中阶段在校生总数的比例呈现持续增长的态势,同时高等职业教育也发展
很快。在适应新型工业化和推进城镇化的新形势中,国家确立了以就业为导
向的职业教育政策,进一步促进"产教结合",加强职业学校与行业、企业和用
人单位的合作,加快培养大批急需技能型人才,特别是高技能人才,并广泛开
展面向农村转移劳动力、下岗失业人员和在职职工的教育和培训。同时社会
化和市场化的职业培训也蓬勃兴起。

专栏 11-2　中国"阳光工程"——世界最大规模的农村劳动力转移培训

为了提高农村劳动力的素质和就业能力,实现劳动力的稳定转移就业并
增加收入,2004 年,农业部、财政部、劳动保障部、教育部、科技部、建设部六部
委共同组织实施"农村劳动力转移培训阳光工程"(简称为"阳光工程"),即
由政府公共财政支持,以将农村剩余劳动力转移到非农领域就业为目标,开展

① 中华人民共和国教育部编:《中国教育统计年鉴 2010》,人民教育出版社 2011 年版,第 3 页。

农村劳动力转移就业前的培训示范项目。组织者之所以称做"阳光工程",一是指要让公共财政的"阳光"普照到农民身上;二是体现项目管理的公开和透明,"阳光"操作,接受各方面的监督。

"阳光工程"的重点是职业技能培训,2009 年以后加强了服务于新农村建设的培训。同时也进行涵盖基本权益保护、法律法规、城市生活常识、寻找就业岗位、安全生产和卫生防疫等方面的内容的引导性培训。"阳光工程"项目实行订单培训和定向培训。培训机构以市场需求为导向,在实践中探索出了有效的"校企联合"、"校校联合"、"校乡联合"等具体形式。

"阳光工程"培训经费实行政府和农民个人共同分担的投入机制。国家设立了"农村劳动力转移培训财政补助资金",由中央财政和地方财政共同承担。中央在东、中、西部地区实行了差别性的平均补助标准。培训补助资金以农民直接受益为原则,主要以培训券或现金等形式直接补贴给参训农民,或通过降低收费标准的方式补贴给培训机构。在 2004~2010 年实施期间,中央财政共投入了 53.6 亿元"阳光工程"培训补助资金,而地方财政共投入了 30 亿元。累计对 2000 多万劳动力开展了职业技能培训,经过"阳光工程"职业技能培训后,实现转移就业的人数达 1400 多万①。

"阳光工程"的实施取得了明显成效,对提高农村劳动力的就业技能和外出适应能力,加快农民转移就业,促进地方劳务经济发展和农民增收发挥了积极作用。同时,在项目实施过程中形成了一大批知名劳务品牌,发挥了农村劳动力转移培训的示范带动作用,促进形成社会各方对农民进城务工公平对待的环境,并推动了城乡统筹协调发展,为中国的新农村建设提供了有力支撑。

"阳光工程"推动了中国巨大规模农村劳动力的转移,引起了国际关注,联合国教科文组织(UNESCO)认为这是"中国政府从教育上对农民支持的做法",是"中国政府主导的一个成功培训项目",而"总结中国农民工转移培训的经验,对其他发展中国家甚至全世界,都具有重要的借鉴价值"②。

资料来源:北京师范大学科学发展观与经济可持续发展研究基地教育促进农村可持续发展课题组、联合国教科文组织国际农村教育研究与培训中心中国农村教育与农民培训课题组:《中国"阳光工程——世界最大规模的农村劳动力转移培训》,中国对外翻译出版公司 2012 年版。

---

① 数据来源:中国农业部科技教育司提供。
② 摘自 2011 年 8 月 7~8 日联合国教科文组织(UNESCO)成都会议闭幕词。

高等教育持续快速发展。从 20 世纪 80 年代初以来,以高等学校为主体,形成了学科门类齐全的学位教育体系,建立了较完善的学位管理制度和教育质量保证体系。尤其从 1999 年高等教育扩招以来,高等教育规模开始快速增长,2010 年全国普通高等学校在校学生数已经达到 2231 万人[①],数量规模居世界首位。近年来国家实施"211 工程"(面向 21 世纪建设 100 所左右一流大学)和"985"工程(世界一流大学和高水平大学建设项目)等教育工程项目,推进了高水平大学和重点学科的建设,使得其人才培养能力显著增强,科学研究水平与社会服务能力明显提高,为现代化建设提供了较为有力的人才支持和知识贡献。

继续教育与终身学习稳步发展。2010 年,全国高等教育各类非学历教育注册生为 332.9 万人次,当年结业生 712.6 万人次;在各类中等学校接受非学历教育培训的注册生 5292 万人次,当年结业生 5986 万人次[②]。实行政府统筹,整合各种学校教育资源与社会教育资源,大力发展现代远程教育,探索开放式继续教育新模式,进行社区教育和创建学习型组织。农村继续推行"绿色证书"教育,促进基础教育、职业教育和成人教育的统筹。这些都提供了终身学习的良好平台,促进了全社会终身学习居民的形成和发展。

3. 教育投入水平逐年提高

《教育法》规定我国实行以财政拨款为主,其他多种渠道筹措为辅的教育财政体制。各级各类公办学校的经费主要来源于政府的财政拨款。表 11-2 显示了 1992～2009 年全国教育经费的投入情况。

表 11-2　1992～2009 年全国教育经费投入情况

年份	教育经费总投入		其中:财政性教育经费		
	亿元	比上年增长(%)	亿元	比上年增长(%)	占总投入(%)
1992	867.05	18.5	728.75	18.0	84.0

① 中华人民共和国教育部编:《中国教育统计年鉴 2010》,人民教育出版社 2011 年版,第 3 页。

② 中华人民共和国教育部编:《中国教育统计年鉴 2010》,人民教育出版社 2011 年版,第 4 页。

续表

年份	教育经费总投入		其中:财政性教育经费		
	亿元	比上年增长 (%)	亿元	比上年增长 (%)	占总投入 (%)
1995	1877.95	26.1	1411.52	20.2	75.2
2000	3849.08	14.9	2562.61	12.0	66.6
2005	8418.84	16.2	5161.08	15.6	61.3
2009	16502.71	13.8	12231.09	17.1	74.1
1992~2009 平均		19.1		18.2	

数据来源:中华人民共和国国家统计局:《中国统计年鉴2011》,中国统计出版社2011年版,或根据其中的数据计算而得。

由上表可知,从1992年到2009年,年教育经费总投入从867.05亿元增加到16502.71亿元,年均增长19.1%,其中财政性教育经费(包括各级财政对教育的拨款、教育费附加、企业办中小学支出及校办产业减免税等)年均增长18.2%。2009财政性教育经费为12231.09亿元,占当年教育经费总投入的74.1%。我国教育经费总投入和财政教育经费投入的年均增长率远高于同期的经济增长率,为教育的持续发展奠定了良好基础。

为解决农村和贫困地区义务教育经费严重不足的问题,1995年以来,从中央到地方实施了多项重大的义务教育工程,并投入大量资金,重点发展农村地区的义务教育。如1995年开始实施"国家贫困地区义务教育工程",先后两期实施期间,中央和地方共投入了115亿余元,用于新建和改扩建中小学、培训中小学校长和教师、购置设备设施和图书资料、免费提供教科书、配备信息技术教育和远程教育接收设备等。从2001年开始实施"两免一补"政策,国家向农村义务教育阶段(小学和初中)的贫困家庭学生免费提供教科书、免除杂费,并给予寄宿生补助一定生活费,2005年以后逐步扩大受益范围,2007年以后实现了全国免除学杂费。

4.加大了促进教育公平的努力

政府和社会对贫困地区和弱势群体的教育给予大力支持。20世纪90年代以来,除了"国家贫困地区义务教育工程"和"两免一补"政策外,还实施了"农村中小学现代远程教育工程"和"农村寄宿制学校建设工程"等,促进城乡优质教育资源共享,进一步扩大中西部地区的义务教育规模,提高农村教育质量和效益。各级政府还实施对口支援的政策,社会各界纷纷配合开展扶贫救困活动,如"希望工程"和"春蕾计划"等,收到了显著成效。采取措施缩小城乡差距,农民子女初中完成率从 20 世纪 90 年代初期的 30% 提高到目前的75% 以上[①],越来越多的农村青年有机会接受高中教育和高等教育。鼓励女性受教育,2010 年,我国普通小学、初中、高中和职业高中的女生分别占在校生的46.2%、47.2%、48.6% 和47%,与当年女性人口占全国总人口48.7%的比例大体相当。普通本专科学生和研究生中,女学生所占比例分别达到50.9% 和47.9%,与同等收入的发展中国家比较,比例较高。[②] 贫困人群和弱势人群受教育程度的提高,对整个社会的可持续发展发挥了促进作用。

专栏 11-3　"希望工程"点亮贫困儿童的教育之光

"希望工程"是中国青基会于 1989 年发起实施的一项社会公益事业。其宗旨是:广泛动员海内外财力资源,建立"希望工程基金",资助贫困地区的失学儿童维持学业,改善贫困地区的办学条件,促进贫困地区基础教育事业的发展。其主要做法包括:

1. 设立助学金,为农村贫困地区因家庭贫困未能上学,已经失学或就学困难的学龄儿童提供书本费,资助其完成小学学业;

2. 设立希望小学建设发展基金,资助农村贫困地区乡村小学校改造危旧校舍,并资助贫困地区没有小学的乡村新建学校;

3. 向贫困地区农村小学捐赠"希望书库"、"希望图书室"、文体器材和教学设备;

4. 设立希望工程教师培训基金,带动希望小学教师提高综合素质;

5. 设立希望工程园丁奖奖励基金。

"希望工程"自实施以来的 20 年间,共接受海内外捐赠款 56.7 亿元,资助贫困学生 346 万余人,援建希望小学 15940 多所,捐赠希望书库、希望图书室 1.4 万多个,培训乡村教师 5.6 万余名。"希望工程"成为点亮贫困失学儿

---

① 张力、康宁主编:《教育与可持续发展》,科学出版社 2007 年版,第 49 页。

② 中华人民共和国国家统计局:《中国统计年鉴 2011》,中国统计出版社 2011 年版。

童的教育之光。

资料来源:《中华人民共和国可持续发展国家报告》,中国环境出版社 2002 年版;中国青少年发展基金会网站,见 http://www.cydf.org.cn。

国家高度重视少数民族教育事业,注重加大对民族教育的财政投入,对于少数民族的平等教育权利予以特殊保护。扶持和发展残疾人教育事业,为残疾人平等地参与社会生活创造条件,促使特殊教育稳步发展,残疾学龄人口受教育范围进一步扩大。关注流动人口及其子女教育问题,采取多项政策措施解决进城农民工子女义务教育问题。这些政策措施有助于提高全社会的教育公平,为经济社会的可持续发展注入动力和活力。

(二)可持续发展教育的推行取得了有益效果

中国积极实施可持续发展教育,通过多样化的可持续发展教育项目等形式,促进形成可持续发展的科学知识、价值观念与生活方式,帮助广大青少年做好为推动国家与全球可持续发展所需要的素质准备,动员青少年和全社会成员积极参与,促进社会、经济、环境与文化的可持续发展。

1. 中国可持续发展教育的倡导与发展历程

中国的可持续发展教育是从环境教育逐步演化而来的。早在 1978 年,国务院就提出明确要求,普通中学要增加环境保护的教学内容。1990 年以后,国家教委要求普通中学开设环境教育选修课,出版了《环境保护》教材,并且将环境教育内容写入义务教育课程计划与学科教学大纲之中。

1996 年开始,"中国中小学绿色教育行动"等一系列可持续发展教育项目或活动,拉开了中国可持续发展教育的序幕。

在高等教育领域,自 1992 年以来,一大批高等院校开始了有关环境保护的学科、系和学院,环境类专业门类日趋齐全,形成了覆盖环境工程、环境科学、环境规划与管理、生态学等既有交叉又有综合等研究领域;部分综合大学和师范院校相继建立的资源环境系或环境教育研究机构陆续进行了有关环境教育的专题理论研究;同时,许多高校为本科生开设了环境教育类的公共必修课,并积极面向社会开展环境教育培训班和成人教育等。

2. 中国"EPD/ESD 教育"项目的实施对可持续发展发挥了重要作用

中国环境、人口与可持续发展教育项目简称中国"EPD 教育"项目。EPD

教育项目是联合国为了落实 20 世纪 90 年代环境与发展会议精神,推动全球可持续发展进程的需要而倡导实施的。

1998 年,中国联合国教科文组织全委会委托北京教育科学研究院主持在全国范围内实施中国"EPD 教育"项目。2003 年 8 月,由于中国 EPD 教育项目在海内外产生了积极的影响,温家宝同志作出重要批示,"对广大公民特别是青少年进行环境、健康与可持续发展教育很有必要,要把这项教育同公民道德教育和学生素质教育结合起来,使之经常化、制度化"。

2005 年 12 月,在全球推进《DESD 实施计划》的新形势下,中国联合国教科文组织全国委员会正式批准将中国"EPD 教育"项目更名为"中国可持续发展教育项目"(简称"ESD 项目")。目前,全国 14 个省、市、自治区的 1000 多所中小学校参与了这一项目。在总结发扬 EPD 教育原有经验,注意结合中国国情,重点关注环境、人口与健康等专题教育基础上,又进一步扩展教育内容,将社会领域的公民责任与权利、和谐社会、两性平等专题,文化领域的优秀传统文化、世界先进文化、民族精神、国际理解等专题,经济领域的循环经济、节能减排、新农村建设、城市发展、绿色消费、企业责任等专题,以及环境领域的资源与能源、环境污染与防治、气候变化、生物多样性、灾害预防与救治等专题,充实到教育内容中,在更新的广度和深度上推进了可持续发展教育。

中国 EPD/ESD 教育项目通过定期召开国家讲习班、国际论坛、杂志和网站等形式,搭建了传播可持续发展理念和信息的平台,广泛宣传有关环境、人口、健康与经济社会可持续发展的科学知识和思想,增强了广大青少年学生参与保护环境、维护健康、节约资源等促进可持续发展社会活动的能力。通过组建国家、地方与学校三级 EPD/ESD 教育组织结构(前两级为工作委员会,后一级为研究指导小组),积极促进各级教育、环保、卫生、科委等政府部门关注可持续发展教育。将联合国可持续发展教育理念与中国教育实践紧密结合,与中国政府建设环境友好型与资源节约型社会的发展目标加以整合,探索出适于在我国基础教育系统推进可持续发展教育的理论框架,积极推进生态—节约型学校建设,促进了学校与社会的联系,产生了良好的社会影响。同时在学校、家庭和社区合作开展可持续发展教育的过程中,关注公民环境教育和健康教育,积极促进公民环境意识、健康意识与可持续发展意识。

中国 EPD/ESD 教育是联合国教科文组织 ESD 项目的组成部分,是国际

ESD 项目理念与中国国情相结合、本土化推进的成功实践。鉴于其在国内外产生的积极影响,UNESCO 将中国 EPD 教育项目评价为可持续发展教育的"旗舰"项目。

3. 其他丰富多样的可持续发展教育项目的实施同样促进了可持续发展

"中国中小学绿色教育行动"、"中国绿色学校项目"、"绿色大学项目"等,都是可持续发展教育在中国的成功实践,对中国经济社会的可持续发展发挥了有益作用。

"中国中小学绿色教育行动(The Environmental Educations Initiative for China,EEI)"由世界自然基金会(WWF)、中国教育部和英国石油公司(BP)于 1997 年 7 月联合发起,是中国政府与国际非政府组织和国际知名企业在教育领域的首次合作。这一行动致力于将环境教育和可持续发展教育融入中国正规教育体系,提高中国环境教育的质量及普及性。通过组建实施网络、开展不同层次的培训、开展理论研究、参与政策制定等行动方式和途径,该项目成功地促进了中国环境教育向可持续发展教育的转向与定位,在能力建设、资源开发、政策影响和网络建设等方面取得了卓有成效的进展。"中国中小学绿色教育行动"最先将可持续发展教育概念引入中国,在中国建立起一个持续开展环境教育和可持续发展教育的工作机制,是在中国推进可持续发展教育的一次成功探索,使中国一代又一代青少年收益,并将积极的影响辐射到社区进而全社会。

1996 年由国家环保局、中宣部、国家教委联合颁发的《全国环境宣传教育行动纲要(1996～2010 年)》提出创建绿色学校活动,揭开了建设"中国绿色学校项目(China Green School Program,CGSP)"的序幕。绿色学校于 20 世纪 80 年代后期在西方国家首先兴起,欧洲称之为"生态学校"。"中国绿色学校项目"通过搭建促进绿色学校信息交流平台、与港台地区和世界各国开展交流,编发活动指导文件、组织全国性活动、举办国际研讨会和环境论坛、表彰先进绿色学校等手段,绿色学校创建成为推动学校开展环境教育的有效形式和主要载体,大大提高了青少年的环境意识和环境保护能力。而从学校向社会—社区—家庭延伸,形成绿色学校、绿色社区、绿色家庭三者之间的相互促进和良性互动,提高了社区居民保护环境的自觉性和积极性,带动了社区环境规划与建设,为城市环境保护与经济社会的可持续发展作出了贡献。

"绿色大学"是从西方引进的一个概念,在国内,清华大学首次使用这个概念并于1998年提出创建绿色大学。国家环保局、教育部对这一行动充分肯定,批准创建"绿色大学项目"。2001年清华大学成为首家国家环保局正式命名的"绿色大学"。"绿色大学"的创建主要是从绿色教育、绿色科技、绿色校园三个方面进行的。绿色教育就是全方位的环境保护和可持续发展意识教育;绿色科技体现在将环境保护和可持续发展的意识贯穿到科技工作的各个方面;绿色校园建设就是将环境保护和可持续发展思想贯穿到生态校园的建设中。通过绿色大学建设,将有益于社会绿色意识的形成,实现绿色人才的培养,同时也是大学全面实施可持续发展的最佳途径。

此外,中国青联从1994年开始在农村中学生中建立了与职业资格证书、绿色证书制度相衔接的"绿色预备证书制度"。中国企业中的青年组织在企业青年工人中开展了"岗位培训、技术比武"活动,鼓励青年工人进行各种节约资源、降低能源消耗、减少污染的技术发明,促进了技术进步和清洁生产。1992年联合国环发大会以来,拥有1亿3千万人的中国少先队把环境意识教育纳入计划,开展了"跨世纪中国少年雏鹰行动",设立了环保奖章及"环保小卫士"的光荣称号,极大地调动了少年儿童投入环境保护活动的积极性,同时,这项活动通过少年影响家庭,通过家庭影响社会,这对促进整个中国的可持续发展具有深远的意义。

中国开展可持续发展教育的实践证明,在小学、中学、大学和成人教育及社会教育中进行相互衔接、多种形式的可持续发展教育,有利于形成落实可持续发展战略的优质人力资源基础,促进经济社会的可持续发展。

二、中国教育在促进可持续发展中存在的问题

中国教育的发展还面临着许多问题与挑战,使得其在促进可持续发展的能力上受到了诸多限制。

(一)教育投入不足限制了人力资本的积累

一国每年实际用于教育的经费数量是从教育投入的角度对整个国家教育规模的反映,GDP代表了一国的经济规模,因此总教育经费占GDP的相对比重就反映了一国相对于经济规模的教育投入规模。图11-2分别显示了中国的年度总教育经费和财政性教育经费占年度GDP的比重在1991年到2009

年期间的变化状况。

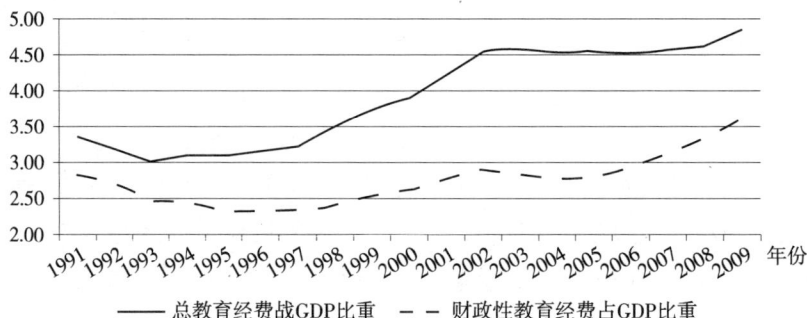

图 11-2 1991~2009 年间中国总教育经费和财政性
教育经费相对于 GDP 的规模

数据来源:根据 2001 年和 2011 年《中国统计年鉴》的相关数据计算所得。

由上图可以看到:十几年间,总教育经费占 GDP 的比重处于 3% ~4.8%
之间,而财政性教育经费占 GDP 的比重基本上在 2.3% ~3.6% 之间。如果结
合国际比较,就能够看出我国目前的教育总体投入水平还较低。

UNESCO 和 OECD 等国际组织,一般采用"公共教育支出"(public
education expenditure)一词来定义各级政府机构用于教育方面的支出,强调了
公共教育支出是各级政府的教育支出,区别于其他私人来源的教育支出。表
11-3 中给出部分国家或地区 2005 年公共教育支出占 GDP 的比重,其中包括
中国,中国的数据所采用的是"财政性教育经费占 GDP 的比重"。

表 11-3 2005 年部分国家或地区的公共教育经费支出占 GDP 比重 (%)

国家或地区	世界	高收入国家	中等收入国家	南非	巴西	俄罗斯	印度	中国
公共教育支出占 GDP 比值	4.6	4.93	4.44	5.35	4.53	3.77	3.23	2.79
国家或地区	法国	英国	美国	加拿大	澳大利亚	德国	韩国	日本
公共教育支出占 GDP 比值	5.67	5.54	5.34	4.93	4.84	4.54	4.43	3.52

数据来源:中国的数据根据《中国统计年鉴 2011》相关数据计算所得,其他国家或地区的数据来自国家
统计局网站"国际统计数据 2009"。

可以看到,2005 年我国的公共教育经费支出在国民经济中的比重只有 2.79%,不但远低于表中所列的一些发达国家的水平(如不到法国水平的一半,也是美国的将近一半水平),而且低于"金砖国家"的公共教育经费支出比重,同时低于世界平均水平将近 40%。所以就国际比较来判断,我国的公共教育经费还有待很大的提高。虽然 2009 年这一比重提高到 3.59%,但仍低于表中的绝大部分国家。由于教育的公共产品属性,大部分国家的情况都是,政府对于教育的投入是教育经费的主要来源,因此加大公共教育经费支出是保证我国总体教育水平的必要措施。教育发展资金短缺,致使教育与培训供给能力偏小,严重制约了人力资本的有效积累,从而妨碍了可持续发展的能力与进程。

(二)城乡间和地区间教育发展不平衡制约了经济社会可持续发展

我国城乡人口教育水平存在十分明显的差距,农村教育发展严重滞后。2000 年,我国农村 15 岁及以上人口平均受教育年限为 6.85 年,与城市平均 9.80 年的水平相差近 3 年①。地区人口文化素质存在"东高西低"的梯度差异。表 11-4 中给出 2010 年我国各省(区、市)人口不同受教育程度状况的数据。

表 11-4　2010 年各省(区、市)人口受教育程度状况 　　(%)

地区	小学	初中	高中和中专	大专及以上	地区	小学	初中	高中和中专	大专及以上
全国	88.5	61.8	23.0	8.9	河南	86.2	62.1	19.6	6.4
北京	94.1	84.1	52.7	31.5	湖北	88.6	65.8	26.1	9.5
天津	93.3	76.3	38.1	17.5	湖南	89.3	62.5	23.0	7.6
河北	89.1	64.4	20.0	7.3	广东	91.2	68.2	25.3	8.2
山西	91.4	69.6	24.5	8.7	广西	87.5	55.8	17.0	6.0
内蒙古	90.0	64.6	25.3	10.2	海南	86.9	64.2	22.4	7.8
辽宁	93.5	72.1	26.8	12.0	重庆	88.6	54.8	21.9	8.6
吉林	92.9	68.8	26.8	9.9	四川	87.4	52.8	17.9	6.7
黑龙江	93.2	69.1	24.1	9.1	贵州	81.7	42.4	12.6	5.3
上海	92.9	79.4	42.9	22.0	云南	85.0	41.6	14.2	5.8

---

① 根据国家统计局网站:第五次人口普查数据(2000)中表 4-1a 和表 4-1c 的数据计算而得。

续表

地区	小学	初中	高中和中专	大专及以上	地区	小学	初中	高中和中专	大专及以上
江苏	89.8	65.6	27.0	10.8	西藏	59.3	22.7	9.9	5.5
浙江	88.4	59.6	22.9	9.3	陕西	89.9	66.5	26.3	10.6
安徽	83.4	55.5	17.5	6.7	甘肃	83.9	51.4	20.2	7.5
福建	89.9	60.1	22.2	8.4	青海	79.7	44.4	19.0	8.6
江西	87.0	57.0	19.2	6.8	宁夏	85.1	55.3	21.6	9.2
山东	87.7	62.8	22.6	8.7	新疆	88.4	58.3	22.2	10.6

数据来源:根据《中国统计年鉴2011》的相关数据计算所得。

由上表可知,不同省(区、市)的人口在各级教育水平上的差别都很大,如在包括北京、辽宁等在内的9个省(区、市),具有小学及以上教育程度的人口比例已达到90%以上,而青海、西藏的这一比例还不到80%,尤其是西藏,具有小学及以上教育程度的人口还不到该地区全部人口的60%。北京市52.7%的人口都受过了高中和中专或以上教育,而包括西藏、贵州、云南等9个省(区、市),受过高中和中专或以上教育的人口还不到20%。

全国3/4以上的文盲、半文盲集中在西部农村、少数民族地区和国家级贫困县。图11-3显示了2010年中国各省(区、市)的文盲率差异较大的情况,北京、吉林等地区的文盲率已经不到2%,而最高的西藏地区的文盲率仍高达24%。

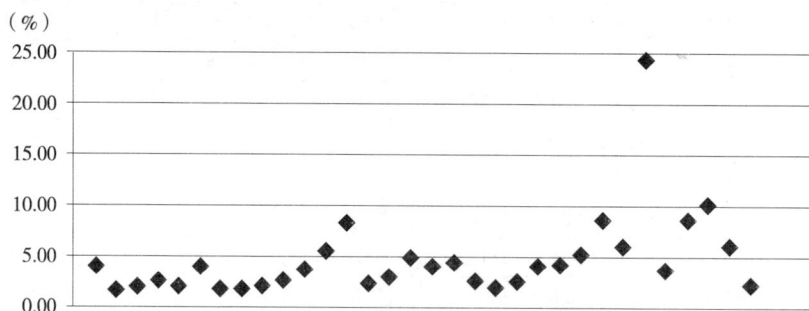

图11-3　2010年中国各省(区、市)的文盲率

数据来源:《中国统计年鉴2011》。

我国城乡间和地区间教育发展不平衡状况仍较为严重,表明不利人群接受教育存在诸多困难,教育机会不公平现象仍然存在。这不但制约了特定地

区的可持续发展,也对整个国家的可持续发展构成严重挑战,大大不利于经济社会的可持续发展。

(三)我国可持续发展教育实践与理论研究仍有待长足发展

从总体上看,我国有关可持续发展教育实践与理论研究尚处于起步发展阶段,存在许多薄弱环节,具体表现是:从事可持续发展教育理论研究的专门人员数量不足;高校尚未解决环境学科教学与研究同普及性环境教育两张皮的问题;在基础教育课程教材改革中体现可持续发展教育不够全面系统;职业教育、社区教育中忽视对广大职工与居民进行可持续发展教育等。

我国教育在为可持续发展服务方面存在着较大差距和问题,主要表现在:教育为促进可持续发展服务的方向尚不够明确;以尊重环境、尊重资源、培养可持续行为习惯与生活方式为核心内容的价值观还没有成为实施素质教育的重点内容;部分教育内容滞后于甚至有悖于可持续发展价值观的要求;有关可持续发展科学知识与科学思想教育未系统纳入学校课程体系,也未成为公民道德教育和干部教育的必要组成部分;相当一批学校毕业生特别是中高级专业人员或管理干部未能做好促进社会、环境与经济可持续发展进程所需要的知识、思想和能力的准备等。

第三节　教育促进可持续发展的国际经验及启示

联合国启动"可持续发展教育十年(2005～2014)实施计划"至今已过了大半时间,许多国家和地区根据本国或本地区的政治、经济、文化发展的特点,为落实这一计划做了大量的工作,也取得了相当的实效,对中国提升教育促进可持续发展提供了启示借鉴。

一、各地区教育促进可持续发展情况的比较

欧洲、美洲、亚太地区、非洲四个地区的政府和人民在教育促进可持续发展方面做出了巨大的努力并取得了很多进展,但各地区"可持续发展教育"又体现了不同特点,进展程度也各不相同。

欧洲的可持续发展教育已越来越被视为一种广泛的社会学习过程。这种学习不仅由正规部门提供,其他社会部门也参与其中。政府集中精力管理,支

持鼓励自下而上的学习活动和非传统的教育观点,从市场营销、对话、高等教育与职业培训、学习组织机构、知识管理等诸多方面着手应用。教育界积极吸收新的教学方法,向"校外"开放,校内外都参与到与可持续发展相结合的新的学习过程,教育从孤立学习走向综合学习,使学生有能力、有权利以公民身份参与可持续发展实践并具备首创精神和参与精神。英国等一些国家将可持续发展教育本身作为起点,荷兰和匈牙利等国则是将环境教育重新定位。总的说来,欧洲将可持续发展教育作为学习过程的理念取得了良好的收效①。

美洲南方和北方有各自的社会和文化历史,这使得两个地区可持续发展教育思想有着各自不同的特色。北美,主要是美国和加拿大,政府的政策倾向于将环境问题与社会问题分割开来,环境教育越来越关注"自然",将社会不平等问题挡在研究领域之外,而关于环境教育的研究又过分强调技术补救措施和知识经验的数字化;全国课程或立法都没有要求有环境教育,只有州和地区一级才有命令中小学课程设置中环境因素的考虑程度。而南美地区则是将环境教育与社会、经济政策问题联合起来分析;许多国家政府都在法律上对中小学提出了环境教育的要求,1985 年的第一届拉丁美洲和加勒比海地区大学和环境国际会议就将环境纳入了高等教育,并提出跨学科的主题和方法,使人们超越了早期的多学科的主题和方法②。

亚太地区各国教育促进可持续发展主要是通过环境教育来实现,许多国家已经能够针对阻碍本国可持续发展的困难和出路提出相应的教育体系。比如中国的 EPD 教育计划和日本的中小学综合性学习课程③。但仍存在很多问题:加强环境教育的举措只有小部分是由教育部门提出的,大多数是由环境部门、农业部门或自然资源部门提出的,而环境部门、农业部门或自然资源部门仅仅关注具体的环境问题,而不是像政府那样对国家的可持续发展负责;多数国家缺少一套完整的长远的可持续发展教育计划;环境教育和可持续发展

①   弗里茨·赫塞里恩克:《通过学习过程实现欧洲可持续发展》,《教育展望》(中文版)2001 年第 1 期。
②   比阿特丽丝·爱德华兹:《美洲的教育改革与可持续发展》,《教育展望》(中文版)2001 年第 1 期。
③   约翰·法因·阿部秋、比什努·班达里:《通过教育创造亚太地区可持续发展的未来》,《教育展望》(中文版)2001 年第 1 期。

教育仍然被排在主流的教育政策之外,在统考的科目中无足轻重,环境教育在教学方法上的革新也与传统的教学文化相冲突;实施者缺少基本的环境教育意识和对环境教育的支持。

在非洲地区,全民教育仍然是该地区可持续发展教育的一个重要内容。1990年非洲国家签署的《关于非洲人口与发展教育的达喀尔宣言》和《拉各斯环境行动计划》为非洲各国制订环境与人口教育计划奠定了基础。但是,该地区教育权尚未引入各国宪法;各国分别实施着各种环境与人口教育计划,国与国之间缺少团结协作;大多数国家的环境教育计划与人口教育计划分权于不同的部门,前者由环境部或环保部门负责,后者则由教育部负责。这种缺乏合作的局面为环境与人口教育计划的实施带来了很大的阻力①。

二、各地区教育促进可持续发展的实际案例

国外许多地区不仅积极参与国际可持续发展宣言的制定和发布,同时还积极推动并实践可持续发展,在所在地区和学校内开展与可持续发展有关的活动,从改善和保护身边的环境做起,取得了值得介绍的成绩。

表11-5　世界主要国家教育促进可持续发展的实施情况

国家	教育促进可持续发展实施情况
英国	早在20世纪70年代,环境教育就融入到英国初、高级中学教学实践中。《1988年教育改革法》颁布之后,环境教育正式成为英国国家课程规定的5门跨学科课程之一,在学校获得了合法的稳定地位;1990年,英国政府颁布《国家课程指南7:环境教育》;1992年,提出可持续发展教育,英国环境、发展、教育与训练组织发表《保护地球:为了可持续发展未来的教育、训练和意识》;1994年成立"可持续发展工作组",为政府提供可持续发展的建议;1998年成立"可持续发展教育工作组",每年向副首相、教育与就业大臣提交报告,并为教育和环境部等相关部门提供建议;2005年以来英国教育与技能部推出"未来教育战略"(SFE)、建立可持续学校(Sustainable Schools)和可持续学校自我评估系统等学校推进可持续发展的新策略②。

---

① 纳塔丽·巴尔博扎:《面向可持续未来的教育:非洲在行动》,《教育展望》(中文版)2001年第1期。

② 胡晓松、钱丽霞:《可持续发展教育:英国政府角色与学校推进策略》,《比较教育研究》2007年第12期。

续表

国家	教育促进可持续发展实施情况
加拿大	加拿大没有联邦教育部或类似的教育机构,根据加拿大宪法,制定教育制度由各省政府负责,为了实现可持续发展的社会目标,加拿大政府非常重视教育的作用,把教育纳入国家可持续发展的政策框架中,并把在高等院校中进行可持续发展教育作为实现加拿大社会可持续发展目标的重要途径。2004年加拿大批准了一项全国性的十年战略,确定政府在这可持续发展十年可给予的支持。加拿大教育厅长联会(简称EC)、联合国教科文组织加拿大委员会联合实施教育促进可持续发展在加拿大的各项工作,并且从2006年起向联合国欧洲经济委员会(UNECE)和联合国教科文组织提交年度教育促进可持续发展的研究成果。加拿大环境部、加拿大曼尼托巴省和可持续发展未来研究会(LSF)联合成立了加拿大全国教育促进可持续发展专家委员会(NESDEC),该组织鼓励全国范围内正式和非正式高等教育机构开展可持续发展项目的推广、研究、交流和合作工作。截至2008年7月,加拿大的10个省和3个区都积极参与到教育促进可持续发展工作中,制定了具体的行动方案,涉及小学、中学、大学、职业教育、特殊教育等领域①。
日本	在联合国教科文组织尚未发表国际实施计划(IIS)的一段时间里,日本政府对于制订国内实施计划并不热心。直到2005年10月国际实施计划获得通过以后,日本政府才加快了本国计划的制订步伐。2006年2月,日本政府发表国内实施计划方案,征求社会公众意见,然后根据反馈的意见进行完善后公开实施。这个实施计划是以政府文件的形式公之于众的,其主要内容包括教育的内容和学习方法教授方法两大方面②。
新西兰	新西兰是世界上最早提倡并积极发展环境教育的国家之一。1993年新西兰政府正式颁布学校教学与评价的基本政策《新西兰课程框架》,其中规定的七个基本学习领域和技能都包含了与环境教育直接相关的知识与技能。1995年新西兰环境部颁布了《2010年环境战略》,提出新西兰在未来十年里要解决的11个环境问题。1998年新西兰环境部颁布了具有划时代意义的《学会关爱我们的环境:环境教育的国家策略》,以意识、知识、态度、技能和参与为环境教育目标,将环境教育纳入学校课程体系;促进商业教育与培训中的环境教育;提高公众保护环境的意识,环境教育被公认为是提高公民环境道德意识,实现可持续发展的重要途径③。

①　刘瑾玉:《高等教育促进可持续发展:加拿大安大略省的调查分析》,《前沿》2009年第5期。

②　杜海清:《"可持续发展教育"及其在日本的实践》,《外国中小学教育》2012年第2期。

③　翟俊卿、吴瑛:《新西兰环境教育的特征及启示》,《当代亚太》2006年第4期。

续表

国家	教育促进可持续发展实施情况
澳大利亚	20 世纪 90 年代澳大利亚确立了可持续发展教育基本方向。90 年代末,《阿德莱德宣言》提出环境教育目标:"学校应全面、充分地发展所有学生的智慧和能力,当学生离开学校后,能关注和理解他们赖以生存的自然环境,并形成有利于实现可持续发展的知识和技能。"2005 年 7 月,即"联合国教育促进可持续发展十年(2005～2014)国际实施计划"的第一年,澳大利亚颁布了《为了可持续未来的教育——澳大利亚学校环境教育国家声明》,为学校环境教育提供了前景、目标和实施框架①。

三、对我国教育促进可持续发展的启示

根据世界各国教育促进可持续发展的状况和经验,从我国实际出发,走人口、资源、环境、经济可持续发展之路是一种明智的选择,我国需要进一步提高对教育促进可持续发展重要意义的认识,充分发挥教育在可持续发展战略中的作用。

首先,教育对经济社会可持续发展的先行作用,只有在教育能够不断地适应变化着的世界的需要时才能实现,而教育只有通过自身的制度创新,才能发挥适应和促进经济社会发展的作用。可持续发展教育的实施需要所有教育领域的共同努力,可持续发展教育包括终身学习、非正式和正式学习,早期教育到成人教育、职业教育、教师培训、高等教育等,每一个领域都有不可替代的地位和价值。从经济、社会与环境可持续发展的长远目标出发,迫切需要以可持续发展为导向,对各级各类教育政策、价值观、内容与评价标准进行重新定位,尤其要更加关注可持续发展价值观和可持续发展生活方式教育,以便为可持续发展先行做好理论、知识和人才准备。

其次,要提升教育对中国可持续发展的促进作用,需要更进一步做好人力资本的储备和积累,因此需要进一步提高整个中华民族的科学文化素质。为此,在逐步增加对教育投入的基础上,全面实施九年制义务教育;积极发展多形式、多层次的职业技术教育和成人教育,使城乡新增劳动力上岗前都能得到必需的职业技术培训,使广大从业人员的文化素质、职业技能和职业道德得到

---

① 祝怀新、李玉静:《可持续学校:澳大利亚环境教育的新发展》,《外国教育研究》2006 年第 2 期。

普遍提高；以提高教育质量和办学效益为重点发展高等教育，注重培养广大农村、中小企业以及乡镇企业所需要的人才。

此外，需要进一步提高对可持续发展教育重要意义的认识，加强可持续发展的能力建设。尽快建立可持续发展教育的组织协调机构（建立国家、地方各级可持续发展教育工作委员会），审核可持续发展教育理论的研究，充实可持续发展教育理论的内容，加强可持续发展教育的学科与队伍建设，扩大可持续发展教育的范围，总结可持续发展教育的成功经验。提高公众可持续发展意识，使公众自觉地保护环境，节约资源，改变不可持续的生产与消费方式。开展各种形式的可持续发展的宣传、教育和培训工作，充分调动民间组织的广泛参与，不断增进广大公众和社会各界对可持续发展战略思想的理解和认识，使教育促进可持续发展成为公众熟知并大力支持和践行的理念，最终促进经济社会可持续发展的实现。

参考文献

联合国新闻部信息技术科:《21 世纪议程》,http://www. un. org/chinese/events/wssd/agenda21. htm。

钱丽霞主编:《教育促进可持续发展——国际研究与实践的趋势》,教育科学出版社 2005 年版。

史根东主编:《可持续发展教育报告 2003 年卷:中国 EPD 教育概论》,教育科学出版社 2004 年版。

王民:《可持续发展教育研究项目与国际动态》,地质出版社 2005 年版。

王民:《可持续发展教育实践》,地质出版社 2006 年版。

张力、康宁主编:《教育与可持续发展》,科学出版社 2007 年版。

章新胜主编:《以科学发展观为指导推动可持续发展教育:关于中国可持续发展教育项目》,教育科学出版社 2006 年版。

中华人民共和国国家统计局:《中国统计年鉴 2001》,中国统计出版社 2001 年版。

《中华人民共和国可持续发展国家报告》,中国环境出版社 2002 年版。

约翰·法因·阿部秋、比什努·班达里:《通过教育创造亚太地区可持续发展的未来》,《教育展望》(中文版)2001 年第 1 期。

纳塔丽·巴尔博扎:《面向可持续未来的教育:非洲在行动》,《教育展望》(中文版)2001 年第 1 期。

卡洛琳·德莱昂:《可持续发展教育的框架:维度、内容与价值观》,《世界教育信息》2011 年第 2 期。

杜海清:《"可持续发展教育"及其在日本的实践》,《外国中小学教育》2012 年第 2 期。

比阿特丽丝·爱德华兹:《美洲的教育改革与可持续发展》,《教育展望》(中文版)2001 年第 1 期。

弗里茨·赫塞里恩克:《通过学习过程实现欧洲可持续发展》,《教育展望》(中文版)2001 年第 1 期。

和震:《联合国教科文组织"朝向可持续性的职业教育教师教育:可持续发展

教育国际会议"综述》,《职教通讯》2007 年第 11 期。

胡晓松、钱丽霞:《可持续发展教育:英国政府角色与学校推进策略》,《比较教育研究》2007 年第 12 期。

刘瑾玉:《高等教育促进可持续发展:加拿大安大略省的调查分析》,《前沿》2009 年第 5 期。

刘晓楠:《可持续发展教育:全球教育发展的新取向》,《全球教育展望》2003年第 6 期。

卢越、赵崴:《可持续发展教育的国际发展导论》,《理论观察》2009 年第 1 期。

钱丽霞:《联合国可持续发展教育十年的推进战略与实施建议》,《全球教育展望》2005 年第 11 期。

钱丽霞:《可持续发展教育的历史演进与价值分析》,《上海教育科研》2006 年第 2 期。

史根东:《可持续发展教育的理论研究与实践探索》,《教育研究》2003 年第 12 期。

田道勇、赵承福:《关于可持续发展教育概念的解析》,《教育研究》2009 年第 3 期。

田道勇:《可持续学习概念初探》,《中国成人教育》2010 年第 24 期。

王津、陈南、王伟彤:《国外高校的可持续发展教育实践案例》,《环境教育》2005 年第 7 期。

王巧玲、李元平:《中国可持续发展教育的理论特征与实践意义》,《教育理论与实践》2011 年第 31 期。

应方淦:《可持续发展与成人教育——基于"联合国教育促进可持续发展十年"的分析》,《河北大学成人教育学院学报》2007 年第 6 期。

翟俊卿、吴瑛:《新西兰环境教育的特征及启示》,《当代亚太》2006 年第 4 期。

赵崴、卢越:《国际可持续发展教育的检视与启示》,《环境教育》2009 年第 2 期。

中国教育与人力资源问题报告课题组:《从人口大国迈向人力资源强国——〈中国教育与人力资源问题报告〉辑要》,《高等教育研究》2003 年第 24 卷第 3 期。

中华人民共和国国家统计局:《中国统计年鉴 2011》,中国统计出版社 2011

年版。

中华人民共和国教育部编:《中国教育统计年鉴 2010》,人民教育出版社 2011
年版。

祝怀新、李玉静:《可持续学校:澳大利亚环境教育的新发展》,《外国教育研
究》2006 年第 2 期。

International Union for Conservation of Nature and Natural Resources and United
Nations Educational, Scientific, and Cultural Organization: *International Working
Meeting on Environmental Education in the School Curriculum, Final
Report*, 1970.

The World Commission on Environment and Development: *Report of the World
Commission on Environment and Development: Our Common Future*, 1987.

第十二章 健全基层医疗卫生服务体系与居民健康的可持续发展

王 诺 刘 杨

2009 年,中国政府开始了医药卫生体制的全面改革,明确提出了"把基本医疗卫生制度作为公共产品向全民提供,实现人人享有的基本医疗卫生服务"的目标,并制定了相应的行动方案,即在 2009～2011 年间,建立健全基本医疗保障制度、基本药物制度、城乡基层医疗服务卫生体系、基本公共卫生服务以及公立医院改革 5 项基本医疗服务的内容。城乡基层医疗卫生服务是建立基本医疗制度的基础和保障,而基层服务医疗体系则是提供基本医疗服务和公共卫生服务的重要载体。2012 年,是总结 3 年的改革成果,审视改革的成效以及提出未来方向的时候。

本部分从健全城乡基层医疗卫生服务体系出发,围绕四个方面进行讨论:

首先,讨论什么是基本医疗服务?什么是基层医疗卫生服务体系以及构成基层医疗卫生服务体系的内容?基层医疗服务的改进是如何促进居民健康水平的持续提高?其次,从城乡基层医疗卫生机构和基层卫生人员两个角度,通过大量数据来描述我国基层医疗服务的现状。再次,围绕 2009～2011 年新医改的目标,特别是健全完善基层医疗服务体系的角度,从基层医疗卫生机构建设、队伍建设、机构补偿机制和运行机制四个方面,对比改革初期的目标及具体的落实状况。最后,提出当前我国基层医疗卫生服务体系面临的问题和可行性的政策建议,主要从基本药物制度实施、基层医疗人员队伍建设和基层医疗资源均衡配置等几个方面重点讨论。

第一节　基本医疗服务中的基层医疗
服务体系及居民健康水平

"新医改"将基本医疗卫生服务的"人人享有"作为我国医疗体制改革的最终目标,表明了国家对医疗卫生服务从体制到理念的转变,真正做到"以人为本",以城乡居民的健康为核心,从最关键的基本医疗服务出发,完善基层医疗服务体系,权衡公平和效率的关系,最终实现居民健康的可持续发展。

一、基层医疗服务体系保证基本医疗服务的人人享有

基本医疗服务是为了满足居民健康的基本医疗需求而实施的消除疾病、维护健康的常规诊疗行为。一般具有公益性、公平性和可及性等特点,主要为了保障国民健康、促进经济和社会的发展。需要明确的是,基本医疗服务并不意味着为患者提供级别低、服务能力差和服务成本小的医疗服务①。

基本医疗服务的载体是基本医疗体制,主要由公共卫生服务体系、医疗服务体系、医疗保障体系和药品供应保障体系四大部分构成,其中,城乡基层医疗服务体系是医疗服务体系的关键和基础。

基层医疗卫生机构贴近居民、熟悉社区和村镇情况,具备一定的卫生服务能力,主要以预防为主、防治结合,服务成本比较低,能够满足居民日常基本的健康医疗需求。以城市社区卫生服务中心为主体的城市社区卫生服务网络,是维护社区居民健康的中心,是未来成熟的社区卫生服务模式和城市居民健康的"守门人";以县级医院、乡镇卫生院和村卫生室为主体的三级基层医疗服务体系,是农村医疗服务网络的根本保障。另外,公共卫生服务的功能,也部分依托城乡基层医疗卫生服务网络来发挥作用。

二、基层医疗服务体系促进居民健康水平的提高

基层医疗服务体系以家庭为单位,在社区范围内,提供以人为核心的全面

---

① 付强等:《新医改政策背景下基本医疗服务及其补偿界定》,《中华医院管理杂志》2009年第25卷第7期,第445~447页。

健康服务,主要满足预防、医疗、保健、康复、健康教育和计划生育等基本医疗需求。基层医疗卫生机构主要通过开展健康教育、传染病防治、慢性病管理、妇幼保健等卫生服务,使居民增加医疗卫生知识,提高自我保健水平;同时,采取适宜医疗技术和基本药物为农村和社区居民提供基本医疗服务,广泛开展常见病、多发病和诊断明确的慢性病的诊疗服务,方便群众就近医疗。

基层医疗服务体系主要从医疗服务供给、居民对医疗服务需求以及基层医疗服务质量三个方面,来影响居民最终的健康状况。

(一)基层医疗服务供给与居民健康

基层医疗服务机构和人员数量的增加、服务质量的提高,能够不断满足人们对医疗卫生资源的需求,提升居民所获医疗服务的质量,改善全社会的健康状况。

基层医疗卫生机构总量大幅度增加,2010 年与 2005 年相比增加 5.22 万个,增长率达 6.15%。同时,基层医疗服务人员数量也显著增加,每千人口基层医疗服务人员数从 2007 年 1.307 人,增至 2010 年 2.449 人;2010 年,城市每千人口执业(助理)医师较 2005 年增幅达 20.7%;每千人口注册护士增幅则达 47.14%;农村每千人口执业(助理)医师数与 2005 年相比,增幅达 4.76%,每千人口注册护士增幅达 36.9%。

基层医疗卫生机构和人员的总量和人均水平的大幅提高,不仅提高了我国基层医疗服务供给水平,而且促进了居民健康水平的整体提高。我国平均预期寿命由 1982 年 67.8 岁提高到 2005 年 73.0 岁,高于 2011 年世界平均期望寿命 69 岁。

健康指标的好转趋势,与基层社区卫生服务站、卫生院和村卫生室数量的增加保持了一致。社区卫生服务站由 2005 年的 1.7 亿个,增加到 2010 年的 3.3 亿个,增幅达 94.1%;而卫生院的数量基本持平,其中街道卫生院机构数量稍许增加,由 2005 年 787 万增至 2010 年 929 万,乡镇卫生院机构数量则有所减少,从 2005 年 4.1 亿下降至 2010 年 3.7 亿,这与近年来我国行政规划——撤乡并镇有很大关系;村卫生室从 5.8 亿个增加到 6.5 亿个,增幅为 12.1%。与此同时,婴儿死亡率由 2005 年 19‰下降到 13.1‰,孕妇死亡率 (1/10 万)也由 47.7‰降至 30‰,降幅达 37.1%(见图 12-1)。

从基层医疗机构人员与每百万人均基层医疗人员情况看,也显示出与健

基层医疗机构数量

死亡率

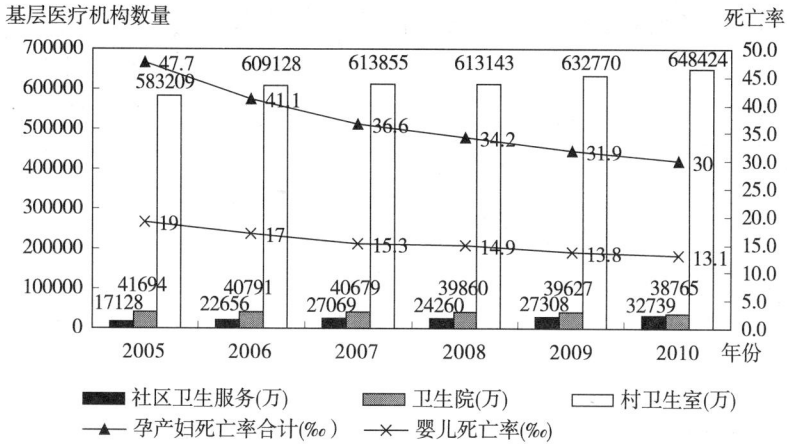

图 12-1　中国基层医疗机构数量供给与居民健康

数据来源:根据 2011 年卫生统计年鉴所制。

康水平改善同样的趋势(见图 12-2)。

基层医疗服务人员数量

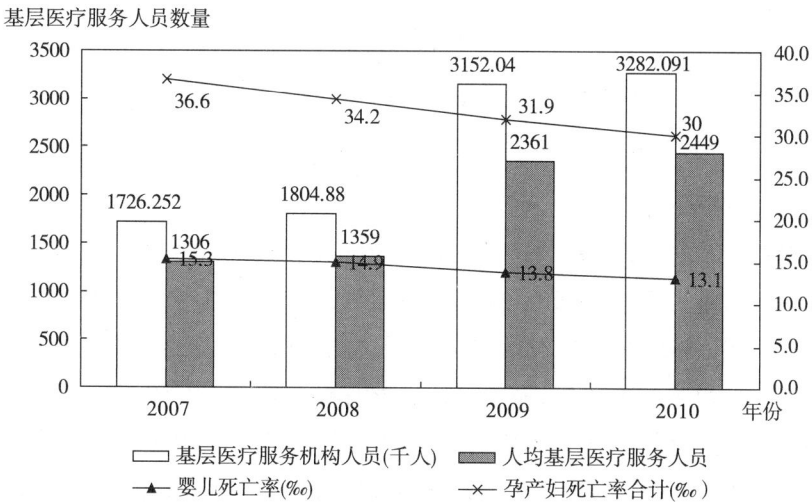

图 12-2　基层医疗服务机构人员数与居民健康

数据来源:根据 2011 年卫生统计年鉴所制。

(二)居民对基层医疗服务的需求与健康

随着收入水平及教育程度的提高,人们有能力也有意识地更加关注自身的健康状况,因此对医疗服务的需求大大提高,特别是对基层医疗服务需求持续的增加。各类基层医疗卫生机构的诊疗人数和入院人数的增加,表明了居民对基层医疗服务的巨大需求。2010 年,基层医疗卫生机构的诊疗人次由2005 年25.9 亿升至36.1 亿,其中,城市卫生机构诊疗人次从19.1 亿升至25.3 亿,农村卫生机构诊疗人次也从14.2 亿升至51.2 亿。入院人数由2005年1675 万升至3949 万(见图12-3)。

诊疗人次(万次)

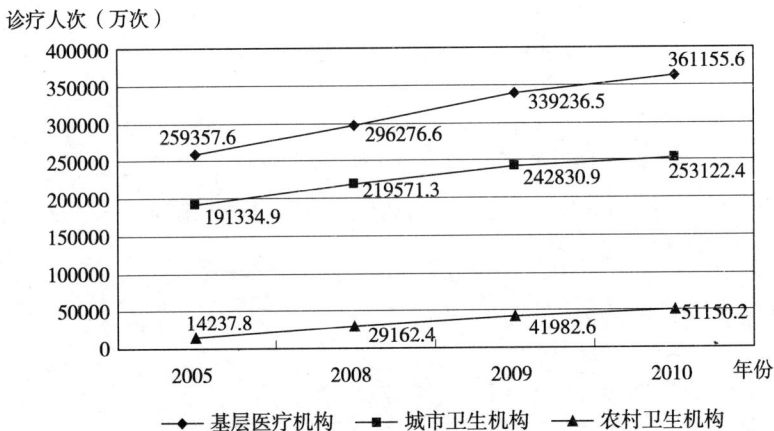

图 12-3　居民对基层医疗服务的需求

数据来源:根据 2011 年卫生统计年鉴所制。

1. 城乡居民对医疗服务的消费

随着收入水平的提高,城镇居民对医疗健康的消费急剧增加。我国城镇居民的人均年收入从 1990 年的 1522.8 元,增加到 2010 年的 21033.4 元,增幅为 12.8 倍,年均增幅 1.3 倍。同时,居民医疗保健支出占消费性支出的比重也在不断增加。1990 年,城镇居民医疗保健支出仅占消费性支出 2%,至2010 年则上升至 6.5%,而农村居民的支出比例也从 1990 年 5.1% 升至7.4%(见表 12-1)。城乡居民因此获得数量更多、质量更高的医疗服务,极大地提升了整体的健康水平。

表 12-1　城镇居民人均消费支出及医疗保健支出状况

年份	城镇居民			农村居民		
	人均年消费支出（元）	人均医疗保健支出（元）	医疗保健支出占消费性支出%	人均年生活消费支出（元）	人均医疗保健支出（元）	医疗保健支出占消费性支出
1990	1278.9	25.7	2.0	374.7	19.0	5.1
1995	3537.6	110.1	3.1	859.4	42.5	4.9
2000	4998.0	318.1	6.4	1670.1	87.6	5.2
2005	7942.9	600.9	7.6	2555.4	168.1	6.6
2006	8696.6	620.5	7.1	2829.0	191.5	6.8
2007	9997.5	699.1	7.0	3223.9	210.2	6.5
2008	11242.9	786.2	7.0	3660.7	246.0	——
2009	12264.6	856.4	7.0	3993.5	287.5	7.2
2010	13471.5	871.8	6.5	4381.8	326.0	7.4

数据来源:2011 年卫生统计年鉴。

2. 政府加大对医疗卫生的投入

城乡居民基本医疗保障制度的建立和完善,通过政府及全社会来负担个人部分医疗费用的方式,分散了大众的经济风险。特别是"新医改"中,政府公共财政对医疗卫生的投入大大增加,促使更多的人享有公平的基本医疗服务。2005 年,政府的卫生费用支出为 1552.5 亿元,占财政支出的 4.58%,卫生总费用的 17.93% 和 GDP 的 0.84%;而到 2010 年,政府共投入 5688.6 亿元支持医疗卫生,占当年财政支出的 6.35%,卫生总费用的 28.56% 和 GDP 的 1.43%。

3. 建立和完善基本医疗保障制度

与此同时,国家建立并完善了城镇居民基本医疗保障制度和新型农村合作医疗制度,期望实现"保障每个公民都能享受到平等、公平的卫生医疗产品和服务"的目标。城镇居民和职工基本医疗保险参保人数不断上升,2009 年城镇居民参保人数达 4 亿,占城镇人口约 30%,而 2007 年参保人数仅达 2.2 亿(见表 12-2)。

表12-2　城镇居民基本医疗保险和职工基本医疗保险情况

年份	参保人数（万人）				
	合计	城镇居民基本医保	城镇职工基本医保	在职职工	退休人员
2005			13783	10022	3761
2006			15732	11580	4152
2007	22311	4291	18020	13420	4600
2008	31822	11826	19996	14988	5008
2009	40147	18210	21937	16411	5527

数据来源：2011年卫生统计年鉴。

同时，新型农村合作医疗的覆盖面也不断扩大，参合率从2005年的75.7%，上升到2010年的96%。补偿受益人数不断增加，受益人次由2005年1.22亿人次升至2010年10.87亿人次（见表12-3）。

表12-3　新型农村合作医疗情况

年份	开展新农合县（市、区）（个）	参加新农合人数（亿人）	参合率（%）	当年基金支出（亿元）	补偿受益人次（亿人次）
2005	678.00	1.79	75.66	61.75	1.22
2006	1451.00	4.10	80.66	155.81	2.72
2007	2451.00	7.26	86.20	346.63	4.53
2008	2729.00	8.15	91.53	662.31	5.85
2009	2716.00	8.33	94.19	922.92	7.59
2010	2678.00	8.36	96.00	1187.84	10.87

数据来源：2011年卫生统计年鉴。

（三）基层医疗服务质量与健康

基层医疗服务对居民健康水平的促进作用，不仅通过数量的增加，而且还通过服务质量的提高来体现。基层医疗机构和人员的服务能力，主要表现在其工作量的持续增加、服务质量和效率的逐步提高。基层医疗服务机构的作用是预防为主、防治结合，因此在病情发展初期能够使疾病得到一定程度的抑制，并向病人提供良好的咨询服务，帮助病人及时较快的发现、治疗疾病，改善健康状况。

　　2010年,基层医疗服务机构的病人治愈率较2004年都有不同程度的提高,社区卫生服务中心(站)的治愈率从48.46%上升至69.5%,期间最高水平至74.4%,病死率则由3.22%降至0.5%,降幅达84.5%,说明基层医疗的服务质量有了较为显著的提高(见图12-4)。因此,基层医疗机构已能够应对居民日常、普通的病症,在一定程度上能够有效缓解百姓的病痛。

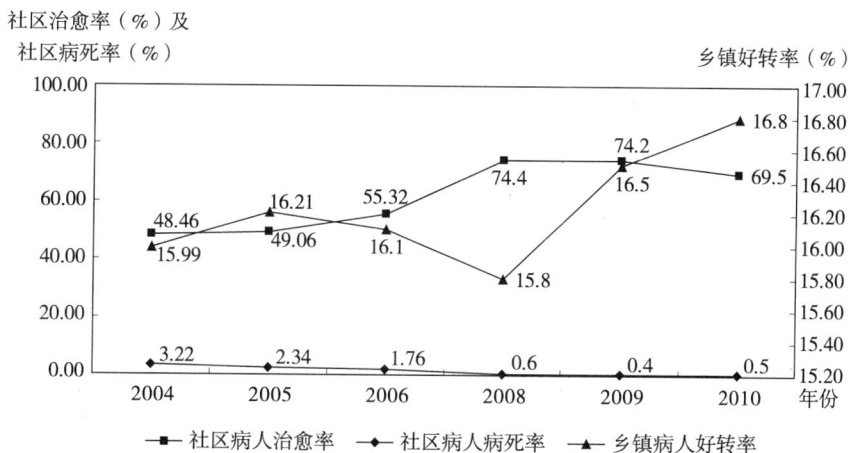

社区治愈率(%)及
社区病死率(%)

乡镇好转率(%)

图 12-4　基层医疗服务质量

数据来源:根据2011年卫生统计年鉴所制。

　　农村基层医疗服务的状况不断改善。乡镇卫生院的入院人数逐年增加,由2005年1622万人次增加到2010年3630万人次,病床周转次数也从25.8升至38.4,病床使用率从37.7%升至59%,医疗服务能力大大提升,同时医疗卫生服务的可及性也相应提高。很大程度上促进了乡镇居民的健康水平的提高(见图12-5)。

　　基层医疗服务的供给水平,有效的医疗服务需求以及质优的医疗服务,对于居民健康都能起到积极促进作用,同时也为中国未来的卫生事业发展起着方向指引性作用。因此,继续大力建设基层医疗卫生体系,促进居民健康水平提高,是明确的方向和目标。

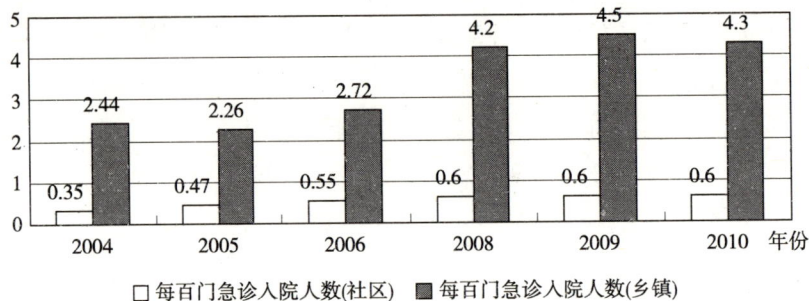

图 12-5 基层医疗机构每门急诊入院人数

数据来源:根据 2011 年卫生统计年鉴所制。

第二节 我国基层医疗服务体系的现状

考察基层医疗服务体系状况,主要从城乡基层医疗卫生机构、卫生服务人员的情况,以及基层医疗卫生机构的补偿制度与运行机制等几个方面来进行分析。

一、城乡基层医疗卫生机构状况

(一)城市基层医疗卫生服务机构情况

快速的城镇化进程,对城市基层医务卫生服务提出了新的要求,以居民的卫生服务需求为导向、以人的健康为目的、以社区为范围,加强社区卫生服务中心和社区卫生服务站的建设,形成覆盖面广的城市基层医疗卫生服务体系成为解决城市基层医疗需求的重要途径。

社区卫生服务中心数量从 2006 年的 2077 个达到 2010 年的 6903 个,社区卫生服务站的数量也从 2006 年的 20579 个增加到 2010 年的 25836 个,城市基层医疗服务覆盖面扩张速度相当可观。同时,社区卫生服务中心(站)床位总数从 2006 年的 4.12 万张增加到 2010 年的 16.88 万张,年平均增速达到 44.25%,相当程度地填补了城市基层医疗服务系统中病床供给量不足的缺口,缓解了大中型医院的用床紧张的局面(见表 12-4)。

表 12-4　社区卫生服务体系建设

年份	2006	2007	2008	2009	2010
社区卫生服务中心(个)	2077	3106	4036	5216	6903
社区卫生服务站(个)	20579	23909	20224	22092	25836
社区卫生服务中心总人数(万人)/平均人数(人)	—	10.6/33.58	15.0/37.05	20.6/39	28.3/41
社区卫生服务站总人数(万人)/平均人数(人)	—	7.06/2.95	6.94/3.43	8.9/4	10.7/4
社区卫生服务中心(站)床位总数(万张)	4.12	7.66	9.8	13.13	16.88

数据来源:2011 年中国卫生统计年鉴,其中社区卫生服务中心(站)平均人数通过计算得出;2007 年与
2008 年间社区卫生服务站减少的原因是江苏五千余家农村社区卫生服务站重新更名为村
卫生室。

社区卫生服务中心(站)的年诊疗量增幅明显,其中服务中心的诊疗量从
2006 年的 0.82 亿人次快速增至 2010 年的 3.47 亿人次,原因在于社区卫生服
务中心建设、投入运行的速度迅猛,同时大量城市基层医疗需求从医院流向更
为方面、经济的服务中心;服务站的诊疗量增幅较小,从 2006 年的 0.94 亿人
次增至 2010 年的 1.37 亿人次。

值得关注的是,尽管 2006～2010 年社区卫生服务中心(站)的建设、投入
运行的速度很快,数量得到很大的提高,但是社区卫生服务中心的年平均诊疗
量依然从 2006 年的 3.99 万人次增至 2010 年的 5.1 万人次,社区卫生服务站
的年平均诊疗量从 2006 年的 4558 人次增至 5419 人次,说明城市基层医疗服
务尚不能满足城市基层医疗需求(见表 12-5)。

表 12-5　社区医疗服务

年份	2006	2007	2008	2009	2010
社区卫生服务中心年诊疗量(亿人次)	0.82	1.27	1.72	2.61	3.47

年份	2006	2007	2008	2009	2010
社区卫生服务站年诊疗量(亿人次)	0.94	0.99	0.84	1.16	1.37
社区卫生服务中心医师日均诊疗人次	13.00	13.10	12.90	14.00	13.60
社区卫生服务站医师日均诊疗人次	13.10	14.60	12.50	13.70	13.60
社区卫生服务中心平均诊疗量(万人次/年)	3.99	4.09	4.27	5.00	5.10
社区卫生服务站平均诊疗量(人次/年)	4558	4130	4165	5259	5419
社区卫生服务中心病床使用率	57.9%	59.6%	58.7%	59.8%	56.1%
社区卫生服务中心平均住院日	15.5	13.1	13.4	10.6	10.4
社区卫生服务站医师日均担负住院床日	0.8	0.8	0.8	0.7	0.7

注:社区卫生服务中心平均诊疗量和社区卫生服务站平均诊疗量计算得出。

从表12-6可以看出,社区卫生服务中心门诊病人次均医药费用以及住院病人人均医药费用从2007年至2010年呈平稳趋势,并且有小幅度下调,表明社区医疗服务体系提供的基本药物能够满足一般的基层医疗需求,基层群众获得廉价的医疗服务,减轻了来自物价上涨的经济负担。

表12-6　社区病人医药费用

年份	2007	2008	2009	2010
社区卫生服务中心门诊病人次均医药费用(元)	86.9	87.2	84.0	82.8
社区卫生服务中心住院病人人均医药费用(元)	2454.7	2514.2	2317.4	2357.6

数据来源:2009年我国卫生事业发展统计公报和2010年我国卫生事业发展统计公报。

(二)农村三级医疗卫生服务网络

新医改明确要求建立以县级医院龙头,以乡镇卫生院为骨干,以村卫生室为基础的三级医疗辐射网络。县级(县级市)医院规模的扩大、设备的更新、人才的培养,不仅为广大基层群众提供便利、经济、廉价的医疗服务,同时也缓解了大中型医院的压力。

表12-7显示,全国县级(县级市)医院个数从2006年的8747个平稳增长到2010年的9621个;同时,诊疗量增长较为迅速,从2006年的4.97亿人次增长到2010年的6.85亿人次,较好地满足了基层医疗需求。2008年至

2010 年,县级(县级市)医院占全国医院总数的平均比例是 45.50% ,并且呈逐年提高趋势,诊疗量占全国医院总诊疗量的平均比例是 33.46% ,住院人数占全国医院住院总人数的平均比例是 45.90% 。

表 12-7 县级(县级市)医院情况

年份	2006	2007	2008	2009	2010
县级(县级市)医院(个)	8747	8961	8874	9238	9621
全国医院总数	—	—	19712	20291	20918
比例	—	—	45.02%	45.51%	45.99%
县级(县级市)医院入院人数(万)	2494	2901	3353	3919	4396
全国医院入院人数(万人)	—	—	7392	8488	9524
比例	—	—	45.36%	46.17%	46.16%
县级(县级市)医院诊疗人次(亿人次)	4.97	5.43	5.90	6.46	6.85
全国医院诊疗量(亿人次)	—	—	17.8	19.2	20.4
比例	—	—	33.15%	33.65%	33.58%
县级(县级市)医院病床使用率	63.3%	69.7%	76.2%	80.6%	82.9%
县级(县级市)医院人员数(万人)	128.0	131.6	137.8	146.8	156.7
县级(县级市)医院床位数(万张)	98.78	101.57	110.53	121.26	132.90

数据来源:县级(县级市)医院病床使用率数据来源于 2006、2007、2008、2009、2010 我国卫生事业发展统计公报。

整体上讲,乡镇卫生院发展较为缓慢,2006 年至 2010 年,乡镇卫生院数量一直呈下降趋势,从 2006 年 39975 个降为 2010 年 37836 个。虽然乡镇卫生院床位数增幅明显,年均增加床位 7.45 万张,但病床使用率增长较缓慢。以 2010 年为例,乡镇医师日均负担诊疗人次为 8.2 人次,高于全国医院医师的日均负担诊疗人次 6.5 人次,说明乡镇卫生院人才、资金短缺相对严重(见表 12-8)。

表 12-8 乡镇卫生院情况

年份	2006	2007	2008	2009	2010
乡镇卫生院(个)	39975	39876	39080	38475	37836
乡镇卫生院人员数(万人)	100.0	103.2	107.4	113.1	115.1

续表

年份	2006	2007	2008	2009	2010
乡镇卫生院床位数(万张)	69.62	74.72	84.69	93.34	99.43
乡镇卫生院诊疗人次(亿人次)	7.01	7.59	8.27	8.77	8.74
乡镇卫生院入院人数(万人)	1836	2662	3313	3808	3630
乡镇卫生院病床使用率	39.4%	48.4%	55.8%	60.7%	59%
乡镇卫生院病人平均住院日(日)	—	4.8	4.4	4.8	5.2
乡镇医师日均负担诊疗人次/住院床日	—	7.7/0.9	8.2/1.1	8.3/1.3	8.2/1.3
每千农业人口乡镇卫生院床位(张)	0.8	0.85	0.96	1.05	1.12
每千农业人口乡镇卫生院人员(人)	—	1.18	1.22	1.28	1.30

数据来源:《中国卫生统计年鉴2011》,2006~2010我国卫生事业发展统计公报,其中村卫生室人员数通过计算得出。

村卫生室覆盖面广,为广大农业人口提供最便捷的医疗服务,因此决定了村卫生室规模小、数量多、诊疗量大的特点。村卫生室的数量,从2006年的60.万个,增加到2010年的64.8万个;平均诊疗人次,从2006年得44.6亿人次,增加到2010年得58.4亿人次,5年间的年平均诊疗量达到了同年全国医疗机构诊疗量的28.86%(见表12-9)。

表12-9　村卫生室情况

年份	2006	2007	2008	2009	2010
村卫生室(个)	609128	613855	613143	632770	648424
村卫生室诊疗人次(亿人次)	13.5	13.9	13.7	15.5	16.6
全国医疗结构总诊疗人次(亿人次)	44.6	47.2	49.0	54.9	58.4
比例	30.3%	29.4%	28.0%	28.2%	28.4%

数据来源:《中国卫生统计年鉴2011》,2006~2010我国卫生事业发展统计公报,其中村卫生室人员数通过计算得出。

二、基层医疗卫生服务人员状况
(一)城市基层医疗服务卫生人员情况

2007 年至 2010 年社区卫生服务中心总人数每年平均增长 5.9 万人，社区卫生服务站总人数平均每年增加 1.21 万人。2007～2009 年社区卫生服务中心卫生技术人员年均增加 5 万人，其中执业(助理)医师(万人)所占比例维持在 36% 左右(见表 12-10)。

表 12-10　社区卫生服务中心(服务站)情况

年份	2007	2008	2009	2010
社区卫生服务中心总人数(万人)/平均人数(人)	10.6/33.58	15.0/37.05	20.6/39	28.3/41
社区卫生服务站总人数(万人)/平均人数(人)	7.06/2.95	6.94/3.43	8.9/4	10.7/4
社区卫生服务中心卫生技术人员(万人)	8.7	12.4	17.1	23.7
社区卫生服务中心执业(助理)医师(万人)	3.9	5.4	7.5	10.3
服务中心执业(助理)医师占总人数的比例(%)	36.8	36.0	36.4	36.4
社区卫生服务站卫生技术人员(万人)		6.2	7.9	9.4
社区卫生服务站执业(助理)医师(万人)	2.77	2.82	3.5	4.1

数据来源:《中国卫生统计年鉴 2011》,2006～2010 我国卫生事业发展统计公报,其中村卫生室人员数通过计算得出。

从表 12-11 可以看出,2005 年社区卫生服务中心执业(助理)医师年龄在 25～54 岁占 88.1%,社区卫生服务队伍在精力和体力上能够较好地胜任社区医疗工作,到 2010 年处于年龄段 25～54 岁的占 83.8%,其中 25～44 岁的中青年卫生技术人员人数所占比例明显提升,而 45～54 岁的人数下降比例较大,说明社区卫生服务队伍将逐渐呈现年轻化趋势;2005 年社区卫生服务中心执业(助理)医师的学历以大专和中专为主,占到 70.2%,大学本科学历只占 21.7%,而到 2010 年,大专和中专学历比例下降到 64.4%,大学本科学历提升到 30.8%,并且研究生学历所占比例有小的增幅,社区卫生服务队伍的执业能力和执业素养稳步提升,对提高城市基层医疗服务质量意义重大。

表 12-11 2005 年和 2010 年社区卫生服务中心卫生技术人员构成

		2005 年	2010 年
		执业(助理)医师	执业(助理)医师
按年龄分(%)	25 岁以下	3.0	0.4
	25~34 岁	29.7	31.6
	35~44 岁	20.9	32.3
	45~54 岁	37.5	19.9
	55~59 岁	6.4	10.1
	60 岁及以上	2.5	5.6
按学历分(%)	研究生	0.2	1.3
	大学本科	21.7	30.8
	大专	38.6	41.3
	中专	31.6	23.1
	高中及以下	7.9	3.5

数据来源:2011 年卫生统计年鉴。

(二)农村医疗卫生服务卫生人员情况

乡镇卫生院的人数从 2006 年的 100 万,增加到 2010 年的 115.1 万,同时,每千农业人口的乡镇卫生人员,也增加到 1.30 人,但仍然低于全国每千人口执业(助理)医师 1.79 人。村卫生室人员由执业医师、注册护士、乡村医生和卫生员组成。2006 年至 2010 年间,从村卫生室人员的绝对数,还是平均每村数和每千人口数,都有不同程度的增长(见表 12-12)。

表 12-12 乡镇卫生院和村卫生室人员情况

年份	2006	2007	2008	2009	2010
乡镇卫生院人员数(万人)	100.0	103.2	107.4	113.1	115.1
每千农业人口乡镇卫生院人员(人)	—	1.18	1.22	1.28	1.30
村卫生室人员数(万人)	106.1	104.2	105.8	123.3	129.2
平均每村乡村医生和卫生员	1.53	1.52	1.55	1.75	1.68

年份	2006	2007	2008	2009	2010
平均每千人农业人口村卫生室人员数	1.11	1.06	1.06	1.39	1.46

数据来源:《中国卫生统计年鉴2011》,2006～2010我国卫生事业发展统计公报,其中村卫生室人员数通过计算得出。

2005年乡镇卫生院卫生技术人员年龄居于25～54岁的占88.3%,其中中青年比例达71.8%,到2010年年龄段位于25～54岁的站85.7%,其中中青年比例保持在70.4%,整体年龄结构与2005年相差不大;2005年乡镇卫生院卫生技术人员拥有大专和中专学历的占79.0%,高中及以下学历的占18.7%,本科学历只占2.2%,充分说明乡镇卫生院技术人才的缺乏,侧面反映出乡镇卫生院资金、待遇、设备条件有待改善,到2010年大专和中专学历所占比例达到86.1%,高中及以下学历比例降至8.3%,本科学历所占比例有所上升达到5.6%,说明乡镇卫生院的学历结构改善不大,所能提供的医疗服务提升能力有限(见表12-13)。

表12-13　2005年和2010年乡镇卫生院卫生技术人员构成

		2005年	2010年
		执业(助理)医师	执业(助理)医师
按年龄分(%)	25岁以下	2.7	0.5
	25～34岁	42.3	33.5
	35～44岁	28.0	39.6
	45～54岁	18.6	16.8
	55～59岁	6.6	7.1
	60岁及以上	1.9	2.6
按学历分(%)	研究生	0.0	0.1
	大学本科	3.9	9.1
	大专	28.8	41.4
	中专	54.2	43.9
	高中及以下	13.1	5.5

数据来源:2011年卫生统计年鉴。

第三节 健全完善基层医疗卫生服务
体系的目标及进展情况

2009～2011年,"新医改"提出的五项具体改革中,明确将"健全基层医疗卫生服务体系"作为一项工作,并规划了清晰的建设框架和可操作性的目标。从基层医疗卫生机构建设、队伍建设、机构补偿机制和运行机制等四个方面,做出了具体的目标和行动方案。

根据《中共中央国务院关于深化医药卫生体制改革的意见》和《医药卫生体制改革近期重点实施方案2009～2011年》,我国将"加快农村三级医疗卫生服务网络和城市社区卫生服务机构建设,实现基层医疗卫生服务网络的全面覆盖;加强基层医疗卫生人才队伍建设,特别是全科医生的培养培训;着力提高基层医疗卫生机构服务水平和质量,转变基层医疗卫生机构运行机制和服务模式;完善投入补偿机制,逐步建立分级诊疗和双向转诊制度,为群众提供便捷、低成本的基本医疗卫生服务。"这是我国加强基层医疗卫生服务体系建设的几个方面。

一、加强基层医疗卫生机构的基础设施建设

2009年以来,中央投入400亿元,支持1877所县级医院、5169所中心乡镇卫生院、2382所城市社区卫生服务中心和1.1万所边远地区村卫生室建设(见表14),财政部投入130多亿元用于县乡村三级医疗卫生机构的设备购置[1]。对比"医改"初期制定的目标,即新建和改造3700所城市社区卫生服务中心和1.1万个社区卫生服务站,支持2000所左右的县医院,再扩建改建5000所中心乡镇卫生院的目标相比,完成或者基本完成了目标。

---

① 陈竺:《深化医改 逐步缓解群众看病就医问》,2011年2月21日,见 http://www.moh.gov.cn/publicfiles/business/htmlfiles/mohbgt/s6717/201102/50722.htm。

表 12-14　国家支持基层医疗卫生机构建设计划目标及完成情况

具体项目	计划(所)	完成(所)	完成比例
县级医院(含中医院)的建设	2000 所	1877 所	93.9%
镇卫生院的改造扩建	5000 所	5169 所	103.4%
城市社区卫生服务中心	3700 所	2382 所	64.4%

数据来源:IUD 领导决策数据分析中心,领导决策信息,2010 年第 31 期,第 28 页。

　　2009 和 2010 年,各省和地区在中央财政的支持下建设县级医院、城市社区卫生服务中心和中心乡镇卫生院,完工率超过 50%[①]。

表 12-15　2009~2011 年部分地区新建和改造的基层医疗卫生机构数量

省份	县级医院(含中医院)	乡镇卫生院	城市社区卫生服务中心
山西	100 所左右	220 所左右	190 所
黑龙江	67 所	164 所	171 所
浙江	每县(市)至少一所"二级甲等医院"	350 所	11000 个(包含村卫生室)
吉林	39 所	98 所	124 所
陕西	39 所	57 所	49 所
海南	102 所	285 所	296 所
甘肃	106 所	500 所	110 所
江西	92 所	280 所	124 所
安徽	80 所	220 所	125 所

数据来源:IUD 领导决策数据分析中心,领导决策信息,2010 年第 31 期,第 28 页。

　　截至 2011 年 3 月底,全国 70% 以上的地区拥有了达标的县级医院、乡镇卫生院和社区卫生服务机构。形成了以县级医院为龙头、乡镇卫生院和村卫生室为基础的农村医疗卫生服务网络和城市社区卫生服务中心机构为重心城市社区卫生服务体系。

---

　　①　梁鸿、贺小林:《我国基层医疗卫生服务体系建设的目标、成效与改进路径》,《中国医疗保险》,2011 年第 12 期,第 11 页。

二、基层医疗卫生队伍建设

新医改方案中,提出免费为农村定向培养全科医生和招聘执业医师计划。2009~2011年,为乡镇卫生院、社区卫生服务机构和村卫生室培训医疗卫生人员36万人次、16万、137万人次。城市医院对口支援农村,每所城市三级医院要与3所左右县级医院(有条件的乡镇卫生院)建立长期对口协作关系。继续实施"万名医师支援农村卫生工程"。鼓励去农村服务的政策,晋升中高级职称前,到农村服务一年以上。鼓励高校医学毕业生到基层医疗机构工作。2009年前,高校毕业生去中西部地区乡镇卫生院工作三年,国家代偿学费和助学贷款。同时,采取到城市大医院进修、参加住院医师规范化培训等方式,提高县级医院医生水平。

实施三年间,支持乡镇卫生院招聘执业医师累计2万余名。在岗培训乡镇卫生院、村卫生室和社区卫生服务机构工作人员377万人次①。2011年招收农村免费医学生5000名。

表12-16　2009~2011年部分地区基层医疗卫生人员培训目标

地区	乡镇卫生院	城市社区卫生服务机构	村卫生室
黑龙江	1万名以上学科带头人		1万名以上中专学历医务人员
四川	4.5万人次	1.3万人次	13万人次
吉林	1.86万人次	7700人次	1.92万人次
新疆	17000余名		
山东	4500人次	6200人次	5.6万人次
青海	1220人次	850人次	
湖北	1.2万人次	5000人次	4万人次
贵州	1.9万人次		2.8万人次

数据来源:IUD领导决策数据分析中心,领导决策信息,2010年第31期,第29页。

河北招聘"大学生村医"2000余名。与此同时,各地也制定了具体的培训目标,例如,四川省计划培训乡镇卫生院、城市社区区卫生服务机构和村卫生室医疗卫生人员4.5万人次、1.3万人次和13万人次,黑龙江省计划为村卫

---

① 梁鸿、贺小林:《我国基层医疗卫生服务体系建设的目标、成效与改进路径》,《中国医疗保险》,2011年第12期,第13页。

生室培养 1 万名以上中专学历的医务人员,为乡镇卫生院培养 1 万名以上技术万名以上技术骨干,为县级医疗卫生机构培养 1 万名以上学科带头人。

2010 年 3 月 3 月,国家六部委联合印发了《以全科医生为重点的基层医疗卫生队伍建设规划》,提出三年内培养 6 万名全科医生,基本实现城市每万名居民有,1～2 名全科医生。农村每个乡镇卫生院有 1 名全科医生的目标。同时为了培养基础卫生人才,2011 年国家启动了基层医疗卫生机构全科医生转岗培训等基层人才培养工作,率先在北京、上海等地推行家庭医生服务。

三、基本药物制度是改革基层医疗卫生机构补偿机制的重点

基层医疗卫生机构运行通过服务收费和政府补助来补偿其运行成本。其中,基本医疗服务主要通过医疗保障付费和个人付费补偿;基本公共卫生服务通过政府建立的城乡基本公共卫生服务经费保障机制补偿;经常性收支差额由政府按照"核定任务、核定收支、绩效考核补助"的办法补助。

政府举办的乡镇卫生院、城市社区卫生服务中心和服务站,要严格界定服务功能,明确规定使用适宜技术、适宜设备和基本药物,为广大群众提供低成本服务,维护公益性质。由国家核定的基本建设、设备购置、人员经费和所承担公共卫生服务的业务经费,按定额定项和购买服务等方式补助。

2009 年 8 月开始实施国家基本药物制度,实行药品零差价销售。截至 2010 年底,60% 的政府办基层医疗卫生机构全面实施了基本药物制度。安徽、江西等地初步实现基层全覆盖。零差率销售后的基本药物价格平均下降 30% 左右[1]。基层医疗卫生机构普遍呈现出门诊次均费用下降、住院日均费用下降、门诊人次上升的情况。

药品零差价销售,使得基层医疗卫生机构出现较大的收支缺口,为此鼓励将增加收入和建设机制结合起来,进一步完善原有机制。例如,24 个省份调整基层医疗卫生机构收费标准,将基层现有的挂号费、诊查费、注射费及药事服务成本合并为一般诊疗费,多数省份基层医疗卫生机构每人次一般诊疗费

---

① 周婷玉:《迈向"病有所医"新时代——我国深化医改进展盘点》,2011 年 3 月 9 日,见 http://www. moh. gov. cn/publicfiles/business/htmlfiles/mohbgt/s6717/201103/50875. htm。

收费标准在 8～10 元,个人自付部分均在 1～2.5 元①。

同时,财政也加大对基层医疗机构的投入与补偿力度,对东中西部地区按照不同比例给予补助,特别加强了对中部困难地区的支持。例如,从 2010 年起,中央对中部 6 省 243 个县按照西部标准进行补助。各地区将城市社区卫生服务机构的人员经费、药品采购纳入财政承担的范围。2011 年中央财政通过卫生部安排的医改资金达 1517 亿元,比 2010 年增加 564 亿元,增长 59%;三年总计达到 3186 亿元,年均增幅 45.6%。中央财政新增的基层医疗卫生机构债务化解专项补助资金、乡村医生补助资金。

专栏 12-1　安徽省加大补助力度,推进基本医疗制度

2010 年 9 月 1 日起,在全省 108 个县(市、区)政府举办的 1263 个乡镇卫生院、605 个社区卫生服务中心,实施基本药物和省补充药品的零差率销售,药品价格比改革前平均下降 48%,比国家零售指导价平均下降 528%。为了补偿由此带来的收入下降,不足部分由政府财政补助。对行政村卫生室承担的基本公共卫生服务和实行药品零差率,按户籍人口数每 1200 人每年 8000元的标准给予补助,补助资金由省财政统一安排到县,由县政府负责落实到村卫生室。这不仅在全国是首创,对安徽这样一个欠发达省份来说,补助力度也非常之大,甚至超过了多数发达省市。

四、转变基层医疗卫生机构运行机制

基层医疗卫生机构的定位,是为城乡居民提供安全有效和低成本的服务,乡镇卫生院要转变服务方式,组织医务人员在乡村开展巡回医疗;城市社区卫生服务中心和服务站的服务内容和方式都有所变化,从被动服务到主动服务。有些地区组建全科医生团队或家庭保健员,丰富了基层医疗卫生机构服务内涵。建立城市医院与社区卫生服务机构的分工协作机制,引导一般诊疗下沉到基层,逐步实现社区首诊、分级医疗和双向转诊。

---

① 吕诺:《卫生部:基本药物价格平均下降约四分之一》,2011 年 10 月 2 日,见 http://news. xinhuanet. com/politics/2011-10/12/c_122149660. htm。

截至 2011 年,全国有 1200 所三级医院实行预约诊疗和分时段就诊,增加门诊量 8000 万人次;在 4964 所医院开展优质护理服务,21 个省在辖区内所有三级医院开展优质护理服务;在 1300 多家医院开展 110 种疾病的临床路径试点;在 22 个省(区市)近 100 家医院开展电子病历试点。试点城市 70% 以上的市区建立了医疗质量安全控制评价体系和监测体系,53% 的医院实行同级检查互认,普遍推行医疗纠纷第三方调解和医疗责任保险制度①。

(一)首诊制度试点

随着社区卫生服务机构的完善,更多的患者开始在社区卫生服务机构接受相应的服务,这为首诊制的推行提供了良好的机构基础。2006 年 3 月,深圳市在宝安区公明街道进行了全国首个试点;南京、青岛、贵阳、黑龙江、北京等地陆续出台了相关的政策和试点探索社区首诊制的具体措施。对医疗质量的要求是实现社区首诊制不可回避的重要内容,以全科医生为主体的社区卫生技术人员的技术水平是实现医疗安全的关键。

(二)双向转诊制度

根据卫生部及部分学者所进行的各项调查显示:2002 年年底,全国 358 个城市(占城市总数的 54%)开展的社区卫生服务工作调查表明,87.3% 的社区居民知道社区卫生服务,82.3% 的社区居民利用过社区卫生服务,其中 84.3% 的社区居民对社区卫生服务感到满意。

社区卫生机构工作的大力发展,也为开展双向转诊工作打下了基础。但是:对医院的转诊行为还没有真正的制约或激励机制,以单向转诊为主;无统一的双向转诊管理规范;目前我国社区卫生服务网络不健全;对社区卫生服务机构承担的公共卫生服务的补偿政策不到位;城市医疗服务供大于求,政策配套不全,"双向转诊"很难实现"大病上医院,小病进社区"的目标。随着中央政府不断重视双向转诊工作,各地政府也纷纷继续加强构建双向转诊工作,充分发挥大医院的作用。

---

① 卫生部:《卫生部相关负责人就 2011 年公立医院改革试点工作安排答记者问》,2011 年 3 月 8 日,见 http://www.moh.gov.cn/publicfiles/business/htmlfiles/mohylfwjgs/s3586/201103/50873.htm.．。

第四节 基层医疗卫生服务体系
面临的挑战和未来发展

我国基层医疗卫生服务体系已经有了很大的进步。但是,随着经济发展和人口老龄化进程的加速,未来面临的健康形势更加严峻。基层医疗卫生服务体系中,一些长期存在的体制性、机制性和结构性矛盾,依然是影响群众看病就医的深层原因。

一、基层医疗卫生服务体系面临的挑战

(一)基本药物制度的实施,增加了基层医疗卫生机构的负担

2009年实施基本药物制度以来,实行药品零差价销售,大幅度地减轻了群众的就医负担,给群众带来了实惠。

但由于购药渠道单一及单纯追求高质量药品,以省为单位的基本药物集中采购价格较高,增加了基层医疗机构负担;政府对基层医疗机构财政补偿办法、补偿渠道不明晰,资金投入不到位,使实行药品"零差率"销售后的基层医疗卫生机构出现较大收支缺口,目前全国只有14个省(区、市)出台了新的补偿机制文件;由于基本药物品种限制,不能满足基层医疗机构用药需求,导致部分患者享受不到药品零差价优惠。

(二)基层医疗机构的卫生人才队伍建设滞后

我国卫生人才队伍建设及资源配置存在四个突出问题:(1)总量不足。与欧美等发达国家相比,我国每千人口执业医师数、注册护士数还有较大差距,仅与中等收入国家接近。(2)素质和能力有待提高。2010年,农村卫生技术人员中,具有本科及以上学历的人员仅占14.3%,具有高级专业技术职称的人员仅占3.9%,在许多乡镇卫生院,可胜任医疗卫生服务工作的人员严重缺乏,许多正常业务工作不能得以开展,所配置的一些医疗设备也不能充分发挥效能。(3)结构和分布尚不合理,人员分布的城乡、区域差别明显。(4)基层医疗人力资源配置、管理不合理,基层医疗机构服务功能减弱。

在实行新医疗改革过程中,"以药养医"的利益链被切断后,部分基层医疗机构医务人员收入减少,出现工作积极性降低,人员流失等现象,基层医疗

机构服务质量下降。此外,在乡镇、农村,大多数基层医务人员普遍没有很好的保障措施,包括职称晋升、学习培训、养老保障、社会身份等,他们的工作积极性普遍受到影响。

(三)基层医疗机构资源分布的不均衡

我国基层医疗机构资源分布不均衡主要体现在,不同区域、层级的医疗机构间人力、物力资源分布不均衡及政府财力投入不均衡。

目前,我国70%左右的卫生资源集中在城市的大医院,农村和城市社区卫生服务能力十分薄弱[①]。医疗资源分布不均导致了"结构性"的看病难问题。2009年全国卫生总费用投入城市占67.2%,农村占32.8%;人均卫生费用城市是农村的3.87倍;乡镇卫生技术人员仅占全国16.5%[②]。

此外,我国新医改方案中明确提出,新增政府卫生投入要重点用于支持公共卫生、农村卫生、城市社区卫生和基本医疗保障[③]。但在农村实际操作中,由于受经济利益驱动及干部任期限制,本应由公共财政承担的公共卫生服务职能,在多数县乡等基层政府并没有落实到位,这又严重削弱了基层卫生机构为民众提供公共卫生服务的热情与积极性。并且,虽然有不少地方乡镇卫生院、村卫生所得以新建、改造,硬件条件有所改善,但基层医疗卫生机构开展医疗服务的管理制度、软件支撑与城市大医院相差甚远。

专栏12-2　摩根银行、世界卫生组织、美国国际战略研究中心陆续发布中国医疗改革评估报告

中国医改,世界瞩目。2011年10月,摩根银行发布《中国医改的进展与未来》报告;11月,世界卫生组织完成《帮助中国建立公平可持续的卫生体系》独立评估报告;12月,世界著名的国际政策研究所美国国际战略研究中心

---

① 梁鸿、贺小林:《我国基层医疗卫生服务体系建设的目标、成效与改进路径》,《中国医疗保险》,2011年第12期,第13页;

② 卫生部:《2010年我国卫生事业发展统计公报》,2011年5月6日,见 http://www.moh.gov.cn/publicfiles/business/htmlfiles/mohwsbwstjxzx/s7967/201104/51512.htm.。

③ 卫生部,《2010年我国卫生事业发展统计公报》,2011年5月6日,见 http://www.moh.gov.cn/publicfiles/business/htmlfiles/mohwsbwstjxzx/s7967/201104/51512.htm.。

发布《中国践行卫生改革政策:挑战和机遇》报告。三个报告从不同视角对中国医改取得的重要进展和阶段性成果给予了积极评价。

1.三个报告均认为基本实现阶段性目标

中国卫生体制经历了两个截然相反的发展阶段,从政府提供服务模式到明显的利益驱动提供服务模式。现阶段,中国医改在整体上非常正确地把居民的需要作为优先重点,强调政府保障人民福利的责任;城市与农村之间医疗卫生服务差距逐渐缩小,基本实现医改目标;医改五项重点工作的主题将引领中国卫生体系朝着正确的方向前进。

2.重点领域取得不同程度进展

基本医保覆盖面大幅提高。中国全民医保覆盖人数、服务范围和自付比例取得了不同程度的成效。中国正在以历史上罕见的速度和方式推进基本医保的广泛覆盖,城乡居民参保人数超过12亿,提前达到90%覆盖率的目标,支付体系也逐步由按项目付费向打包付费过渡。新医改以来,新农合的作用已经被广泛认可和利用,受益人口增加了85%,覆盖了96%的农村人口。

基本药物制度实施取得明显成效。中国实施基本药物制度改革目标明确,成绩斐然,基本药物的质量得到保证和提高;基本药物零差率政策的实施,使这些药物的零售价格大幅下降;采购制度的改革对改变药品供应链历史问题造成影响。中国实施地区基本药物价格平均下降25%—50%,居民获得实惠。实施基本药物制度是中国对药品生产、使用、管理的重大举措,基本药物价格的下降,以及药品生产流通企业的整合,将推动这些企业的效率提高和规范化管理。

基层医疗卫生服务体系重建力度加大。中国在提高农村地区基层医疗卫生服务方面的措施包括加强基础设施建设、增加专业卫生人员的数量、合理配置医务人员,尤其是增加农村地区的医生。中国政府对农村和城市基层医疗卫生机构设施建设的投入是前所未有的,8500亿元的一半用于加强公共卫生服务,更新农村和城市的基层卫生设施,并培训全科医生。本次医改中央政府关注的一个重点,即减少城乡之间医疗卫生服务的不平衡,中央政府的资金分配给更加需要的地区和社会经济群体,给予农村卫生体系更多的关注。

3.改革获得社会各界广泛支持

在医改方案的制定和推动过程中,中国政府展现出高水平的领导能力,积极、开放地与民众和国际社会联系在一起,并始终给予巨大的财政支持,三年政府投入超出承诺的预算目标。民意调查表明,民众普遍支持医改。在 25 个省份开展的全国居民满意度调查结果显示,78.6% 的城镇和农村居民对过去两年的医改表示满意。另外一项调查显示,新基本药物制度受到公众的欢迎,80% 的被访居民支持基本药物零差率政策。从更广的层次考虑,医改可以被看做是一项促进消费、扩大国内需求的机制。一项调查结果显示,农村地区患者对医疗卫生服务的满意度比城市和郊区患者更高;随着医疗卫生服务可利用性的提高和基础设施的完善,可以预料,农村居民的预期也将逐步提高。

　　另外,三个报告还指出,推进医药卫生体制改革本来就很复杂,加之中国这个世界上人口最多的国家正处于经济社会转型的关键时期,医改实施的环境不断变化,医改任务依然十分艰巨,中国医改还面临着巨大的挑战。

资料来源:1.见世界卫生组织网站,http://www.who.int/zh/。
　　　　2.见美国摩根大通银行网站,http://www.jpmorgan.com/pages/jpmorgan。
　　　　3.见美国国际战略研究中心网站,http://csis.org/。
　　　　4.见搜狐新闻,http://news.sohu.com/20120121/n332816032.shtml。

二、基层医疗服务体系的未来发展是居民健康水平持续发展的保证

　　解决基层医疗服务体系面临的问题,关注未来的发展,是我国居民健康可持续发展的保障之一。基层医疗服务是基本医疗的核心内容,而基层医疗服务体系是基本医疗得以运转的载体之一。从基本医疗服务的公益性、公平性和可及性出发,贴近城乡居民,从社区和村镇做起,关注需要关注医疗服务的资源分配,缓解医患矛盾,真正将医疗服务作为基本的公共服务产品提供给纳税人。

(一)国家基本药物制度的进一步完善

　　完善招标机制,降低药品采购价格,完善基本药物招标采购机制,按照量价挂钩、单一货源、双信封制度,组织新一轮政府办基层医疗卫生机构基本药物集中采购工作,进一步降低基本药物价格。

　　建立健全政府补偿机制。我国基本药物补偿方式主要有收支两条线管理,多种渠道、多头补偿,以奖代补,政府全额补贴四种补偿方式。无论采取哪种方式,都需要建立长期有效的补偿机制,逐步弱化药品收益对基层医疗机构

的补偿作用,保证基层医疗机构的药品差价补偿到位。

增补非基本药物纳入基本药物管理。国家基本药物目录在保持数量相对稳定的基础上,实行动态管理。同时各省要根据实际需要,组织开展对心脑血管类、解热镇痛类、感冒用药及专科用药的增补工作,尤其是民族地区,应将常用的民族用药增补进去[①]。

(二)基层医疗服务机构的人才建设是长期的任务和过程

基层医疗服务机构的人才队伍的建设、培养和提升是一个长期的过程。社区医务人员待遇较低、职业发展前景不被看好等因素,导致医学生和医务人员基层执业意愿较弱。新医改方案中,着重进行大规模的基层医疗服务人员的培养和教育,提升基层卫生工作人员的素质和专业技能,这固然十分重要,但更为重要的是未来如何将真正优秀的医疗服务人员留在基层,留在农村。为此,需要对长期在农村和基层医疗卫生机构服务的卫生技术人员,在职称晋升、聘任、业务培养、待遇等方面给予适当倾斜;同时通过建立岗位津贴制等手段吸引和聘用业务水平较高的在职或退休卫生技术人员到农村和基层社区卫生服务机构工作。

除此之外,需要进一步加强对医务人员的保障,在法律法规或者政策体制的大框架内,将基层医务人员纳入统一的编制体系,乡村医生、社区全科医师的引入、培养和身份保障都要有着明确的门槛、细致的考核、统筹的安排,确保基层医务人员能够安心提高医疗技术,真正实现医疗资源的可持续健康发展。

(三)关注基层医疗资源的均衡有效配置

政府要继续加强基层医疗卫生服务体系的建设,深化对边远农村以及贫困城市社区卫生服务能力的建设,但目前我国实际上仅靠行政化的手段并不足以解决基层医疗力量不足以及分布不均的问题。当前均衡医疗资源主要靠强力的行政改革来推动,而按照市场的规律和惯性,新增医疗资源仍会向大城市、大医院集中。因此,需要更多的系列政策予以配合,引导公平地配置

同时政府要充分发挥在建设基层医疗机构中的主导作用,在财政投入、政策保障、后续发展方面开辟绿色通道,确保医疗资源迅速进入。在投资保障

---

① 于娣、马月丹、张抒、姜潮、于润吉:《国家基本药物制度实施过程中出现的问题和解决对策》,《中国卫生经济》第30卷第12期,2011年12月,第13页。

上,建议各级政府不仅要确保卫生投入在历年财政投入比例中的增长,更要合理安排投入基层医疗机构的资金比例,还要注重投入的医疗设备对提高疾病诊断水平的有效性。对于国家实施基本公共卫生服务、实施基本药物制度后给基层医疗机构带来的新任务,需要各级政府拿出资金予以保障的部分,要严格标准,实行目标管理制度,确保合理到位

参考文献

《中共中央、国务院关于深化医药卫生体制改革的意见》。

《医药卫生体制改革近期重点实施方案》(2009—2011 年)。

《卫生统计年鉴》(2008～2011)。

付强等:《新医改政策背景下基本医疗服务及其补偿界定?》,《中华医院管理杂志》2009 年第 25 卷 07 期。

梁鸿、贺小林:《我国基层医疗卫生服务体系建设的目标、成效与改进路径》,《中国医疗保险》2011 年第 12 期。

于娣、马月丹、张抒、姜潮、于润吉:《国家基本药物制度实施过程中出现的问题和解决对策》,《中国卫生经济》第 30 卷第 12 期,2011 年 12 月。

杨文怡:《新医改背景下基本医疗服务和基层医疗卫生机构关系探讨》,《中外医学研究》2011 年 1 月第 9 卷第 2 期。

Barbara Starfield, Leiyu Shi, James Macinko, "Contribution of primary care to health systems and health ", *The Milbank Quarterly*, Vol. 83, No. 3, 2005.

陈竺:《深化医改 逐步缓解群众看病就医问》,2011 年 2 月 21 日,见 http://www. moh. gov. cn/publicfiles/business/htmlfiles/mohbgt/s6717/201102/50722. htm。

吕诺,《卫生部相关负责人就 2011 年公立医院改革试点工作安排答记者问》,2011 年 3 月 8 日,见 http://www. moh. gov. cn/publicfiles/business/htmlfiles/mohylfwjgs/s3586/201103/50873. htm。

卫生部,《2010 年我国卫生事业发展统计公报》,2011 年 5 月 6 日,见 http://www. moh. gov. cn/publicfiles/business/htmlfiles/mohwsbwstjxxzx/s7967/201104/51512. htm. 。

周婷玉,《迈向"病有所医"新时代——我国深化医改进展盘点》,2011 年 3 月 9 日,见 http://www. moh. gov. cn/publicfiles/business/htmlfiles/mohbgt/s6717/201103/50875. htm。

第十三章 区域可持续发展

郑艳婷 徐利刚

改革开放三十多年来,我国的经济规模显著扩大,GDP 增加了约 20 倍。"十五"和"十一五"期间,我国更实现了超高速的经济增长,经济建设取得了辉煌成就。但与此同时,可持续发展面临的形势也日益严峻。高消耗、高污染、低附加值的发展模式造成了资源的大量浪费和环境严重污染等问题,使我国水土资源供需矛盾和环境压力日益加大。我国是人口大国,地域辽阔,国家可持续发展的目标,必须建立在各地区能否实现可持续发展的基础之上。本章首先概述区域可持续发展的内容及其影响因素,并分别评述四大地区及分省区的区域可持续发展状况,并据此提出区域可持续发展的对策。

第一节 区域可持续发展的内容及其影响因素

区域可持续发展是指在一定时空尺度范围内,人类通过主动地控制自然—经济—社会构成的复合系统,在不断提高人类的生活质量、又不超越资源环境承载能力的条件下,既满足当代人和本区域发展的需求、又不对后代人和其他区域满足其需求的能力构成危害的发展[1]。区域可持续发展的覆盖范围在空间上分为四个层次:全球范畴、跨国家范畴、国家范畴、地区范畴。

一、区域发展—协调—持续的辩证统一

区域可持续发展的基本内涵为:协调好区域内人口、资源、环境与发展之间的关系,使区域保持和谐、高效、有序、长期的发展能力。区域可持续发展的

---

[1] 陆大道等:《中国区域发展的理论与实践》,科学出版社 2003 年版。

内涵可分述如下:(1)发展。发展是基础,是改善和保护自然生态环境的物质保障,是持续的动力;发展同时也是人类生产与生活所追求的共同目标,它更是人类的基本权利。没有发展就无所谓持续,因为缺少持续的动力。因此,保持高质量的经济增长是实现区域发展的基石。(2)协调。区域可持续发展的核心问题就是实现人类社会、经济活动与区域或全球范围内的生态系统脆弱性和恢复能力相协调。在发展过程中,必须着重考虑经济增长与资源存量、生态环境与社会水平相互协调。(3)持续。毋庸置疑,区域可持续发展所追求的目标是持续,要求区域的资源存量与现有的经济发展方式与速度之间不存在导致发展停滞的矛盾,要求要有足够的动力支撑区域经济与社会的长期发展1。

　　区域可持续发展是区域发展的深化和延伸。"区域发展"奉行的是"以人为本",满足人的物质和精神需要是一切发展的主旨。"区域发展"注重的是"发展",而且一般指当代人的发展。而"区域可持续发展"倡导的是"人地和谐",除了满足人类的需要之外,还关注人类生存的自然空间,实现人与自然的和谐共生。"区域可持续发展"更强调发展的可持续性,即后代人的发展能力。"区域发展"的目标是使地区的经济发展更加完善。区域发展的任务是在宏观地域背景下确定优先发展地区和优先发展领域,并据此制定相应的区域政策和措施。"区域可持续发展"的目标是以最小的资源成本、社会成本和生态环境成本,实现地区社会经济发展的不断优化。"区域可持续发展"的任务主要是评价区域人地关系现状,预测未来发展潜力和趋势,找寻最适宜人地关系和谐发展的战略途径。"区域发展"研究的是国家和地区社会经济进步的问题。如区位理论、产业结构、国际贸易与区际分工、区域政策、空间结构、经济增长机制和区域竞争优势等。"区域可持续发展"研究的是区域发展"可持续"的可能性、可行性和可操作性。注重区域中人口、资源、经济、生态等各子系统之间的协调状况和发展趋势,另外评价系统也是趋于可持续发展研究的重要组成部分。

二、区域可持续发展受多因素共同影响

(一)自然因素

　　自然环境所提供的自然资源、地理区位条件和生态环境是影响区域可持续发展的基础性因素。人类可以发挥主观能动性,在一定程度上去改变或改造现有的自然条件,但更多的时候,人类需要适应环境。自然因素可从资源条

件、地理位置与生态环境三方面对区域可持续发展产生影响。资源是区域可持续发展的必要组成,其储量大小、经济效益转化能力、消耗速度及恢复速度等均制约着区域的物质生产能力与可持续年限。地理位置是区域可持续发展的静态影响因素,也是动态影响因素。人类文明的发祥地往往在大江大河两岸,从根源上说明了地理位置的重要性。随着经济社会的发展,地理位置的内涵也不断扩展,不仅仅包括所在物理位置,也包括经济区位、交通区位等。生态环境因子包罗万象,包括区域的气候、水文、土壤、光热、植被等基础要素,生态环境的可持续发展是区域可持续发展的重要内容。

(二)经济因素

经济发展是区域可持续发展的核心。随着全球化的不断深入,经济增长的途径不断丰富,经济增长途径的差异导致区域可持续发展水平的差异。对于区内经济增长方式而言,根据资源—效益可以分为粗放增长与集约增长;根据产业的技术含量分为传统技术产业与高新技术产业,根据工艺流程类别分为污染工序与非污染工序等。经济增长的不同方式选择对资源的消耗量和生态环境的破坏程度有很大差别。另外,通过影响区域与外界的沟通能力,可以影响到区域可持续发展的潜力系统。系统内绝大部分要素具有流动性,因而区域间物质与能力的交换可以调节一个地区的可持续发展水平与能力。因此,无论从区内经济增长方式还是从区外要素流动来看,区域的经济因素均是影响区域可持续发展的基础性条件。

(三)社会因素

社会可持续发展是区域可持续发展中的最高级阶段,也是实现难度最大的一步。反过来,社会因素对于区域可持续发展而言,亦是一种潜在性较强的影响因子,它可通过观念来影响人们的行为,并进而影响人类对自然界的态度、对经济条件的管理等,从而得到相应的反馈。其中,最重要的社会因素是人们的思想观念和文化素养,二者的先进与否在一定程度上决定了区域可持续发展的难易。思想观念是一个地区长期的文化传统,对其生活方式有着潜在的影响,进而影响区域发展的方向和质量。文化素养的高低对人们认识自然界客观规律的水平和生产的技术结构具有很大的影响。

(四)政治因素

虽然区域的发展主要受制于一些客观条件,但作为一种发展模式的选择,其权利与执行力度很大程度上取决于领导的意愿与倾向,政治力量在其中的作用越来越强,甚至在某些地域某个时段成为决定性因素。另外,政治力量也是区域可持续发展调控系统中的一支重要力量,它是各项具体战略措施和执行手段得以顺利实现的根本保障。

第二节　我国各区域可持续发展的现状

我国疆域辽阔,地区之间的自然条件与经济基础存在很大差异,区域可持续发展水平也相去甚远。我国30多年经济奇迹的同时,各地区能源消耗、环境污染也随之加剧,中国的人口、资源、环境和经济的协调、可持续发展的压力日益加大。区域的可持续发展水平和能力能够体现一国整体的可持续发展状况,本节将从区域角度分析我国的可持续发展的现状和特征。

一、区域可持续发展水平差距较大

经济发展水平、发展质量、环境质量和资源禀赋等可持续发展条件在我国不同区域的表现各不相同,我国的区域发展呈现出明显的差异性,不同区域的可持续发展现状和能力有很大的差距。

在经济发展水平方面,东部人均 GDP 明显高于全国其他地区。如图13-1,2010 年除河北、海南外,东部其他 8 个省市的人均 GDP 都高于 4 万元,北京、天津、上海三个直辖市超过了 7 万元/人,居全国前列;东北三省人均GDP 差异较大,辽宁为 4.2 万元,吉林 3.2 万元,而黑龙江则为 2.7 万元;中部地区人均 GDP 在 2~3 万元之间,其中湖北最高,为 2.8 万元/人;西部的贵州、云南、西藏甘肃仍小于 2 万元,其余西部省区均已超过 2 万元,内蒙古的人均 GDP 甚至达到 4.7 万元。总之,中西部地区经济较东部和东北地区落后,我国区域经济发展水平差距明显,呈东高西低、南好北差的特征。

从经济发展质量来看,东部除了河北和山东外,其他省市的单位 GDP 能耗都在 1 吨标准煤/万元以下;中部地区除了江西、安徽以外,其他省份的万元单位 GDP 能耗都在 1 吨标准煤/万元以上,且山西的万元 GDP 能耗高达 2.24吨标准煤,仅次于全国最高的宁夏的 3.31 吨;西部地区的万元 GDP 能耗都在1 吨标准煤以上,且青海、宁夏等地能源在 3 吨左右;东北地区辽宁、吉林、黑

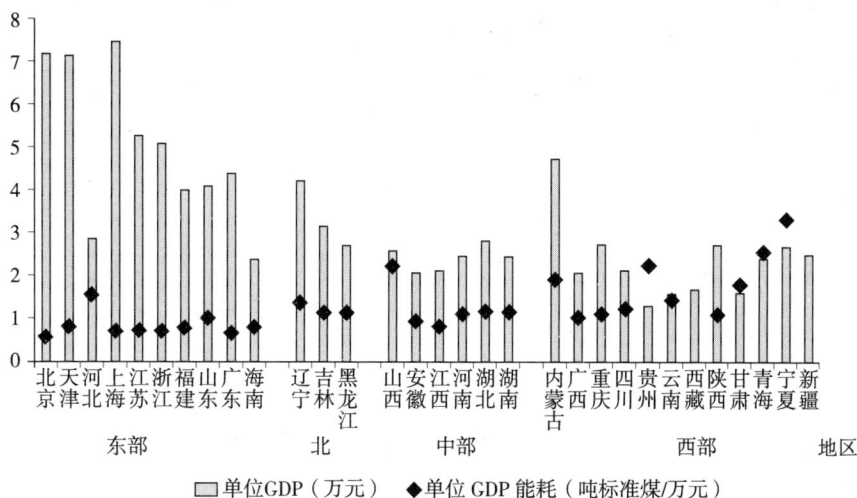

图 13-1　2010 年中国各省、市、区人均 GDP 与单位 GDP 能耗对比

数据来源:《2011 中国统计年鉴》整理。

龙江的万元 GDP 能耗分别为 1.38、1.15 和 1.16 吨标准煤,能耗强度仅次于东部地区。由此可以看出,经济最为发达的我国东部地区,经济耗能强度全国最低;东北地区经济增长的耗能强度也低于中西部地区;而欠发达的省份,尤其是资源省份的能耗强度最高,如山西、贵州、云南、甘肃。总之,我国区域可持续发展水平空间上呈现东部最好、东北部次之、中西部落后的分布状况,与经济发展水平分布基本一致。

二、东部地区资源稀缺、环境压力大,可持续发展堪忧

我国东部地区人地矛盾最为突出。如图 13-2 所示,东部地区人口密度为 553 人/平方公里,是全国平均水平的 4 倍。人均土地资源稀缺将极大约束东部地区的可持续发展。

人多地少的现实决定了东部地区人均资源短缺。东部特别是京津冀鲁等几个地区水资源严重短缺,人均水资源拥有量极低,为全国最缺水的地方之一;东部广东、海南、福建、浙江等地森林覆盖率高于全国平均水平,但人均森林面积较低,其他省市更是如此。人均资源匮乏是东部地区可持续发展的最大障碍之一。

东部地区经济的高速发展带来了环境污染和生态破坏。2010 年东部地区(除天津、山东、海南外)环境突发事件除天津外为 246 次,占全国总数的

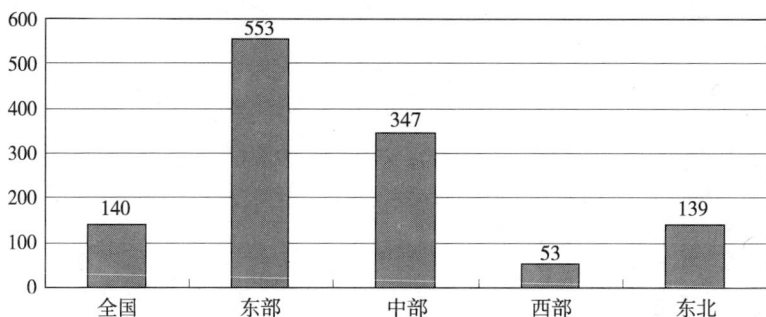

图 13-2   2010 年各地区每平方公里人数

数据来源:数据来源:《2011 中国统计年鉴》整理。

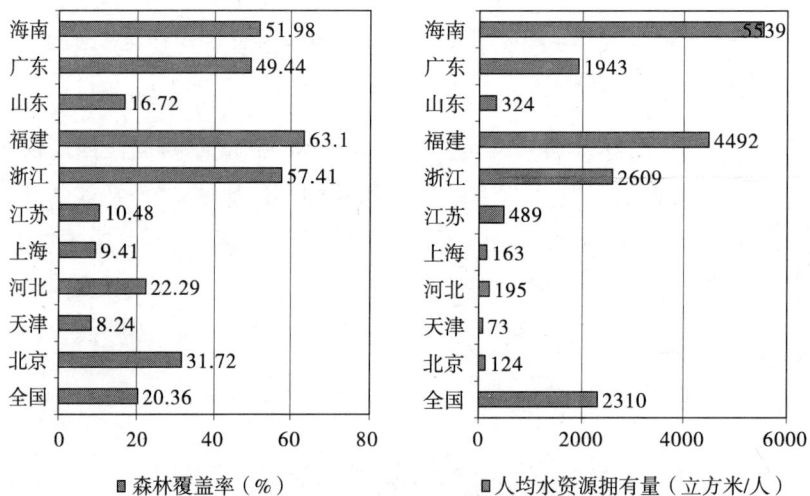

■森林覆盖率（%）   ■人均水资源拥有量（立方米/人）

图 13-3   2010 年东部地区人均水资源和人均森林面积

数据来源:《2011 中国统计年鉴》。

58.57%;其中,经济发达的上海竟达到 161 次,为全国最高。东部经济发展的同时付出了沉重的环境代价,环境压力是东部实现可持续发展的重要问题。

三、中部地区资源稀缺、环境差异大,可持续水平低

我国中部地区人口密度为 347 人/平方公里,远远高于全国的平均水平 140 人/平方公里。中部六省中,河南、山西、安徽的人均水资源拥有量低于全

国平均水平,但江西、湖南人均水资源高于全国平均水平;山西、河南森林覆盖率低于全国平均水平,更低于中部其他四省,中部六省资源禀赋差异较大。受资源束缚,山西、河南、安徽可持续发展压力较大,湖南、湖北可持续发展能力居中,江西可持续发展前景好于全国平均水平。

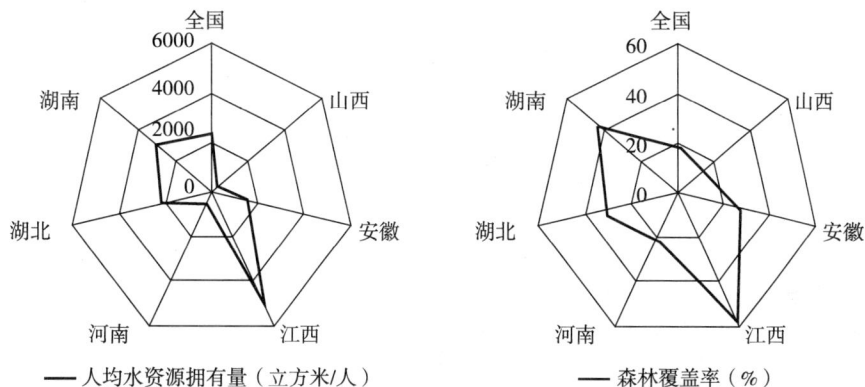

图13-4　2010年中部地区人均水资源和人均森林面积

数据来源:《2011中国统计年鉴》。

由于中部是我国农业的主产地之一,其粗放式经济增长方式和产业结构不合理对环境造成巨大压力,不利于农业可持续发展。中部六省环境状况的整体特征是南方较好,北方污染严重。以地区湿地面积占国土面积的比重为例,山西仅为3.19%,见下图,属中部最低,在全国处于下游水平;而江西为5.99%,属中部最高,在全国处于上游水平。

自然资源禀赋的不同使得中部的区域可持续发展能力表现也不同,总体来讲,南方可持续发展能力强于北方。

四、西部资源禀赋好、生态环境脆弱但持续改善

我国西部地区地广人稀,人口密度仅为53人/平方公里,为全国最低。广袤的国土蕴育着大量的矿产、石油、煤炭、有色金属等资源,西部是我国的主要河流发源地,也是我国煤炭、石油、天然气等主要能源和铁、铜等主要金属的主要产地。

西部地区良好的资源禀赋并不能使其可持续发展能力有所提升,原因在

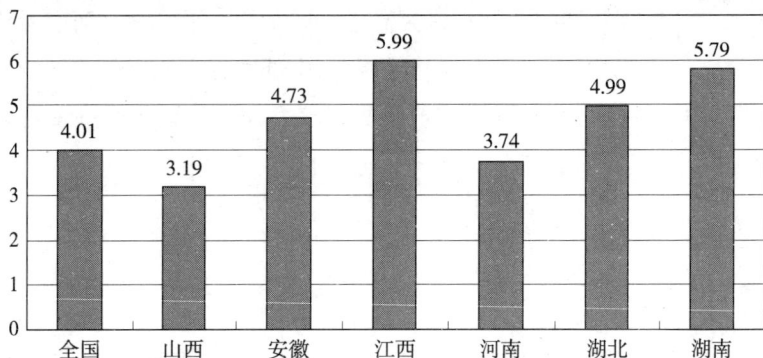

图 13-5 中部各省湿地面积占国土面积比重(%)

数据来源:《2010 中国统计年鉴》。

于其脆弱的生态环境。西部地区的湿地面积占国土面积的比重全国最低,见下图,干旱半干旱的气候和戈壁、荒漠、高原广布的地貌使西部的生态环境极其脆弱。西部地区的开发和可持续发展,必须处理好生态保护和资源利用之间的关系。

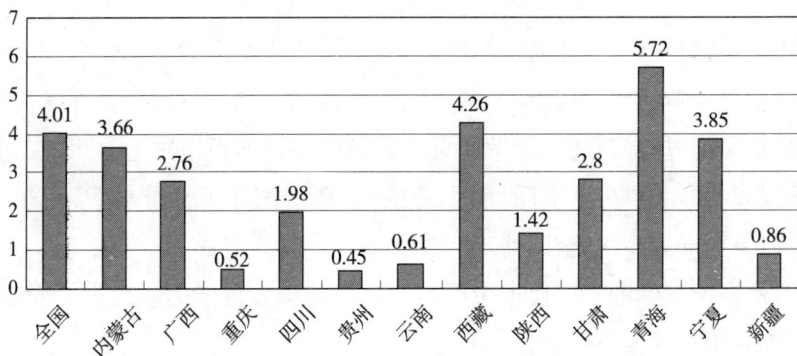

图 13-6 2010 年西部地区湿地面积占国土面积比重(%)

数据来源:《2011 中国统计年鉴》。

可喜的是,"十一五"期间西部地区重点生态综合治理取得积极进展,草原生态持续恶化势头得到遏制,水土流失面积大幅减少。

五、东北资源禀赋居全国平均水平、环境状况亦较好

与经济发展水平一样,东北地区的资源、环境状况居全国平均水平。东北

地区有着丰富的自然资源,2010 年三省人均水资源分别为 1392、2503 和 2229
立方米,人均森林面积分别为 0.15、0.317 和 0.57 公顷,自然资源较为丰富,
为该地区可持续发展提供了良好的基础。

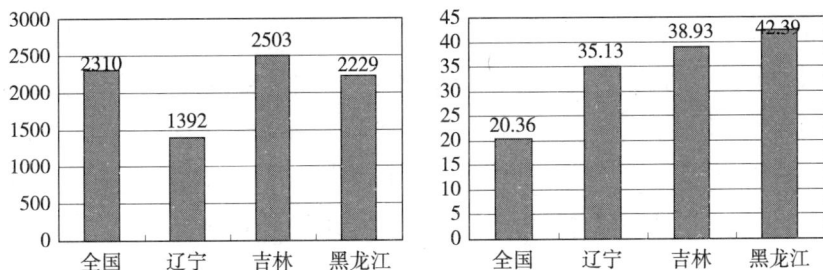

图 13-7　2010 年东北地区人均水资源和人均森林面积

数据来源:《2011 中国统计年鉴》。

　　东北地区的湿地面积较多,占国土面积的 6% 以上,东三省湿地面积占国
土面积比重都高于全国平均水平,生态相对稳定。良好的环境为东北的可持
续发展提供了保障。东北地区可持续发展的最大障碍是经济体制和产业结构
问题,生态和资源的可持续力较好。

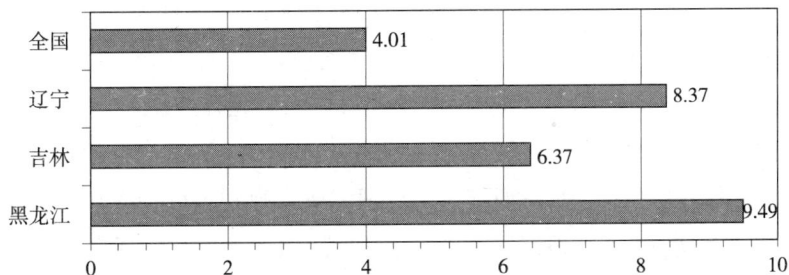

图 13-8　2010 年湿地面积占国土面积比重(%)

数据来源:《2011 中国统计年鉴》。

　　综上所述,我国区域的可持续发展现状为:(1)东部地区经济发展能力最
好,但资源承载和环境恶化束缚了东部的可持续发展;(2)中部经济可持续力
不足,内部资源和环境差异大,整体上南方好于北方;(3)西部资源禀赋好,经
济落后,环境脆弱但持续改善,可持续发展能力较弱;(4)东北地区资源和环
境条件好,可持续发展的最大障碍是产业结构和经济体制。

第三节　我国各省区的区域可持续发展

我国省、市、区级的可持续发展问题深受学术界关注。经济学、社会学、环境、生态学等不同学科的学者从 20 世纪 90 年代开始越来越多地考察和研究我国各地区的可持续发展问题,用不同方法、不同指标、从不同侧面、在不同程度上评价了我国不同地区的可持续发展现状,做出了很多有意义的研究成果。本部分将从我国的省、市、自治区角度分析我国的区域可持续发展状况,并根据其可持续发展特征将各省市区分类,对比中国各省区域可持续发展的差异。

一、我国各省区可持续发展的综合评价

学者们研究我国区域的可持续发展一般有两种方法。一种是通过分析资源、环境、人口等基础数据,用区域可持续发展理论来考察中国的可持续发展状况;另一种是建立区域可持续发展指标体系,用模型的方法测算各省的可持续发展水平。因为指标法比一般定性分析更加全面、准确,所以本部分重点从指标角度来综述中国的区域可持续发展。

一些学者从经济、社会、资源环境和科技教育等方面建立起了指标体系,运用欧氏聚类分析原理,将我国各地区的可持续发展分为八类;北京为一类地区,是中国政治、文化和经济中心,在教育、科技、文化体育卫生事业和人口素质等方面体现出了强劲的可持续发展的能力;科技、经济实力优势促使上海和广东分别为二类、三类地区;浙江、江苏、河北等反映中国可持续发展的平均水平,属第四类地区,这类地区具有水资源优势,但工业污染严重①。另外一些学者也通过建立指标体系,计算出了我国各地区经济、社会、资源等方面的可持续得分,并将之聚类为十一种可持续发展模式,包括强均衡—强可持续模式(北京、天津)、弱均衡—中强可持续模式(河北、山东、河南、湖北、湖南、辽宁、吉林)等,不同模式呈现不同特征;中国各个区域之间可持续发展路径、水平表现为多元化趋势;多数区域可持续发展是高消耗、低效率;从全国范围来看,

---

① 欧阳建国,欧晓万:《我国区域可持续发展的特征》,《统计观察》2006 年第 5 期,第 75 ~ 77 页。

我国区域可持续发展总效率仍然是低效、低水平、粗放性的发展模式；我国区域之间可持续发展过程中，统一协调力度不够①。

不同学者在建立区域可持续发展指标的基础上，测算出了我国各地区的可持续发展水平，并进行了排名，见下表。

表 13-1　中国各地区可持续发展水平

排序	张军涛②	季丽等③	刘玉等④	廖志杰等⑤	贾若祥等⑥	杨多贵等⑦	北京师范大学⑧
1	上海	上海	北京	上海	上海	上海	北京
2	北京	北京	上海	北京	北京	广东	上海
3	天津	天津	天津	广东	天津	北京	青海
4	广东	辽宁	广东	天津	广东	江苏	天津
5	浙江	浙江	浙江	西藏	浙江	浙江	海南
6	福建	江苏	山东	新疆	福建	福建	浙江
7	江苏	西藏	江苏	福建	黑龙江	天津	云南
8	山东	福建	福建	海南	辽宁	山东	福建
9	辽宁	广东	内蒙古	辽宁	江苏	辽宁	江苏
10	黑龙江	陕西	安徽	内蒙古	吉林	湖北	广东
11	河北	重庆	海南	浙江	山东	湖南	内蒙古

①　江海潮、邹定斌：《中国区域可持续发展聚类模式》，《株洲工学院学报》2003 年第 7 期，第 75 ~ 78 页。

②　张军涛：《我国区域可持续发展状态的综合测度》，《地域研究与开发》2003 年第 8 期，第 6 ~ 8 页。

③　季丽、孙春梅：《中国可持续发展水平的地区比较研究》，《吉林工商学院学报》2009 年第 11 期，第 10 ~ 13 页。

④　刘玉、刘毅：《中国区域可持续发展评价指标体系及态势分析》，《中国软科学》2003 年第 7 期，第 113 ~ 118 页。

⑤　廖志杰、刘岳：《中国区域可持续发展水平及其空间分布特征》，《地理学报》2000 年第 3 期，第 139 ~ 148 页。

⑥　贾若祥、刘毅：《中国区域可持续发展状态及类型划分》，《地理研究》2003 年第 9 期，第 609 ~ 617 页。

⑦　杨多贵、牛文元、劲锋、王海燕：《中国区域可持续发展综合优势能力评价》，《科学管理研究》2000 年第 10 期，第 70 ~ 78 页。

⑧　北京师范大学科学发展观与经济可持续发展研究院等：《2011 中国绿色发展指数报告—区域比较》，北京师范大学出版社 2011 年版。

排序	张军涛	季丽等	刘玉等	廖志杰等	贾若祥等	杨多贵等	北京师范大学
12	河南	湖北	甘肃	吉林	云南	河北	山东
13	吉林	四川	江西	山西	重庆	黑龙江	贵州
14	湖南	山东	陕西	江苏	内蒙古	吉林	陕西
15	新疆	湖南	湖南	青海	湖北	海南	黑龙江
16	山西	黑龙江	吉林	黑龙江	广西	安徽	新疆
17	湖北	安徽	湖北	云南	山西	河南	江西
18	内蒙	宁夏	河南	河北	新疆	江西	河北
19	海南	海南	云南	山东	湖南	广西	四川
20	宁夏	广西	辽宁	广西	海南	新疆	安徽
21	陕西	河北	河北	甘肃	四川	四川	重庆
22	甘肃	贵州	广西	江西	青海	陕西	湖北
23	云南	吉林	宁夏	河南	河北	重庆	吉林
24	江西	青海	贵州	湖南	宁夏	云南	广西
25	四川	江西	黑龙江	宁夏	甘肃	山西	辽宁
26	重庆	云南	四川	陕西	安徽	西藏	湖南
27	青海	甘肃	山西	湖北	河南	内蒙古	宁夏
28	安徽	新疆	新疆	安徽	陕西	青海	山西
29	广西	河南	青海	贵州	江西	宁夏	甘肃
30	西藏	内蒙古	西藏	四川	西藏	甘肃	河南
31	贵州	山西	重庆		贵州		

二、中国省区可持续发展类型区的划分及其特征

从表13-1可以看出,我国不同区域可持续发展水平10多年来用不同的研究方法在全国的排名状况比较一致。综合借鉴以上排名和各地区的经济、资源、环境特征,本部分对不同省区的可持续发展水平进行了类型划分,共四类,见下图:

(一)良好状态类型区

良好状态类型区包括北京、上海和天津三个直辖市。这一类型区的总体特征为区域发展的自然、人文基础较好;经济与社会发展相对成熟,区域可持续发展的基础和潜力较好,但共同面临的问题是:经济快速发展过程中的资源消耗较快,剧烈的人类活动对生态环境的破坏很大,人地关系紧张。这三个直

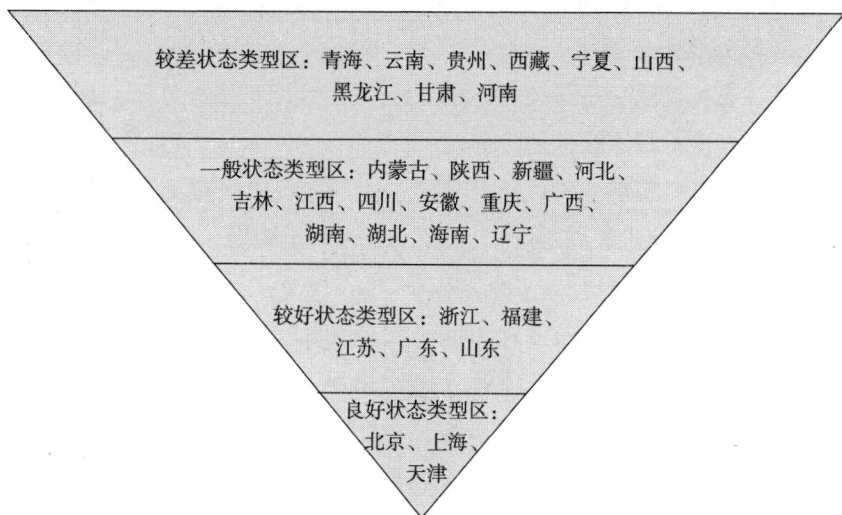

图13-9 中国区域可持续发展类型分类

辖市资本、人才、科技等要素十分集中,管理先进,区域可持续发展总体呈现良好状态,可持续发展能力较强。

京沪津要保持其相对优秀的可持续发展状态就需要继续强化其人力资源、产业结构、商业模式等优势,提高资源的利用效率,以降低经济增长过程中的资源消耗总量和环境压力,走绿色、低碳发展道路。

有研究运用城市可持续发展研究方法,研究了20世纪90年代到21世纪初北京市的可持续发展状况。结果显示,北京城市可持续发展状况出现改善和提高的态势;1990～1997年北京经济、环境的协调性不足,城市扩张迅速,农业用地急剧萎缩,环境破坏严重;1998年以来随着北京市政府环境整治力度的加强、科技的发展及服务业的崛起,北京的可持续发展状态得到改善。北京是我国的政治、经济、文化中心,基础设施完善,社会服务健全,经济发展迅速,这使北京经济和社会逐步实现协调发展。北京高度密集的人力、资本和科技资源从根本上支撑了北京的全面发展,使北京具有了较强的持续发展动力①。

与北京类似,天津和上海也在区域范围内聚集了密集的人力、科技和资本

---

① 张卫民:《北京城市可持续发展综合评价研究》,北京工业大学博士学位论文,2002年。

等资源,为城市区域的可持续发展提供了源源不断的动力。

(二)较好状态类型区

较好状态类型区包括粤浙鲁苏闽五省,均位于东部沿海地区,改革开放以来该类型区经济取得了快速的发展。

该类型区自然环境条件优越,经济发展水平较高,区位交通便利,对外开放程度较深;城市化水平高,地区发展活力充沛。但资源消耗过度,污染严重,经济面临进一步增长乏力、产业结构亟须升级、以及社会分化等诸多问题。

根据一项江苏经济增长的动力的研究,发现能源投入和资本投入对江苏经济增长的贡献最大;"九五"计划后,能源投入超越了资本投入成为江苏经济高速发展的主要动力,江苏经济增长对能源消费的依赖性较大;到了"十五"期间,固定资产投资和全要素投入成为江苏经济增长的最大动力;2006 ~ 2010 年,江苏固定资产投资增长率呈递减趋势,全要素生产率增长率呈波浪变动,全要素已经是其经济增长的主要因素①。

我国能源消费主要是原油和煤炭,江苏经济发展过度使用了传统能源,工业废气、废水、固体废弃物排放较多。但江苏的产业结构从 20 世纪 90 年代末开始迅速优化升级,由第一产业向第二、三产业调整,尤其是进入 21 世纪后江苏的经济结构调整加速;从 2006 年开始,第三产业吸纳劳动力比例已经超过了第二产业。江苏经济基础的变化促使可其可持续发展状态发生变化。

"十一五"期间,江苏的单位 GDP 能耗开始下降,工业废气排放强度在 2001 年达到顶点后开始下降,工业废水排放强度从 2006 年开始下降,工业固体废物排放强度在 2007 年达到最低点,但之后出现上升趋势。总体来说,进入 21 世纪尤其是"十一五"以来,江苏经济增长对环境的压力呈现缓解的征兆。江苏的可持续发展状态有改善迹象。

江苏省是较好类型区可持续发展状态的代表之一,其经济发展水平领先,然而要继续发展,必须转变经济增长方式,实现经济、资源、环境的可持续发展。

这个类型区可持续发展的建议是促进经济与社会、经济与环境的协调发

---

① 陈春华:《江苏省经济、能源与环境系统(3E)协调与可持续发展研究》,江苏大学博士学位论文,2009 年。

展,加快产业升级,增强科技、人力资源对经济发展的贡献,缓解经济增长对经济环境的压力。

专栏 13-1　广东经济与环境可持续发展实践

作为我国改革开放的排头兵,广东的经济发展水平、产业结构、城市化、国际化都走在全国前列,其可持续发展实践为其他地区提供了一个借鉴。

广东经济近年来出现如下几个特征:(1)第二产业结构优化,广东工业正从纺织、服装、建材等传统行业转向电子信息、电器、机械、汽车等现代行业,新能源汽车、半导体产业等新兴战略型产业也正在崛起,广东省产业趋向高级化。(2)服务业发展强劲,对经济增长的支持逐步增强;而且广东的现代服务业(包括现代物流、金融、商务会展、文化娱乐等)正在成为经济新的亮点和增长点,2009 年现代服务业增加值已占到服务业增加值的 57.2%。(3)经济增长质量不断提高,2009 年广东省单位工业增加值能耗为 0.89 吨标准煤/万元,全国最低水平;单位 GDP 电耗 1002 千瓦时/万元,处于全国领先水平。(4)城市化水平达到 60% 以上,城镇化发展吸纳了大量人口就业,广东省非农就业人口就业目前已达到 75% 以上。

但是一个区域的可持续发展能力是综合考量经济、环境、资源、社会的总体发展状况,广东省的资源、环境现状的特征如下:(1)资源禀赋较差、人口承载力弱。2010 年广东人均耕地面积不足 0.5 亩,为全国平均水平的三分之一,低于联合国粮农组织划定的人均耕地面积 0.8 亩的警戒线;能源匮乏,广东石油、煤炭等传统能源可开采储量只有 25.7 亿吨标准煤,人均资源占有量仅仅 33 吨标准煤;矿产丰富但开采过度,铜、钨、锡等多种矿物几近枯竭。(2)环境污染严重,环境治理投入大。广东还存在大量能耗大、污染严重的产业,2009 年广东单位地区生产总值工业固体废弃物排放量为 4.44 吨/亿元,广东是我国"三废"排放最多的区域之一,生态破坏严重;1997 年广东环保投资占 GDP 的 0.37%,2008 年达到 3%,环保投资力度持续扩大。(3)广东的教育、科技资源居全国前列,但仍面临贫富差距较大、社会分化严重、人口规模过大等诸多社会问题。

从以上分析可知,广东的经济结构正在改善,经济持续发展力呈积极性转变；然而广东资源禀赋差且过去的经济增长消耗资源过度，环境污染严重，水、空气、土地等质量趋于恶化，环境可持续改善能力较弱；为了改善环境质量和改善生态，广东省环保投资连年走高，取得一些成效，但形式依然严峻；广东贫富悬殊、二极分化严重，不利于社会的和谐、可持续发展。

增强自主创新、促进产业结构升级、转变经济发展方式、降低经济增长对环境的依赖，健全社会保障体系、改革收入分配制度、促进社会公平是广东省实现区域可持续发展的对策。

资料来源：见广东省统计局网站 http://www.gdstats.gov.cn/；刘青：《广东经济可持续发展调控体系研究》，暨南大学博士学位论文，2010 年。

（三）一般状态类型区

一般状态类型区主要包括内蒙古、陕西、新疆、河北、吉林、辽宁、江西、四川、安徽、重庆、广西、湖南、湖北、海南十四个省市区。该类型区的可持续发展能力为全国平均水平。该类型区的特征为产业结构不合理、人才聚集不足、缺乏创新力、经济增长能耗大、环保力度不足。辽宁、吉林等老工业基地，重工业比重大，污染严重，资源利用效率较低；陕西、内蒙、新疆等地经济发展过于依赖资源；湖南、湖北、四川、重庆等地一二产业比重大，环境破坏严重。这个类型区的可持续发展状态不如东部发达省份，可持续发展潜力不如青海、贵州等地。这个地区的可持续发展建议是引进人才、自主创新、提升产业结构，加大环保力度，改善环境。

专栏 13-2 《西部大开发"十二五"规划》有关可持续发展的规划

1 重点生态工程

退耕还林：新增退耕地造林任务，配套实施宜林荒山荒地造林、封山育林。重点安排在江河源头、湖库周围及石漠化严重等生态地位重要区域，并向山洪地质灾害易发区和国家扶贫开发工作重点县倾斜。

退牧还草：重点安排划区轮牧和季节性休牧围栏建设任务 5 亿亩，退化草原补播改良任务 1.5 亿亩，配套建设一定规模人工饲草地和舍饲棚圈，适当扩大岩溶地区草地治理试点范围。

石漠化治理:逐步扩大石漠化综合治理试点县规模,通过加强林草植被保护和建设、合理开发利用草地资源等措施,加大石漠化治理力度。

京津风沙源治理:继续实施并完成一期规划剩余任务,着手编制二期工程规划并启动实施,对沙尘源区与路径加强区进行有效治理。

天然林资源保护二期:长江上游、黄河中上游地区继续停止天然林商品性采伐,内蒙古重点国有林区进一步调减木材产量,对森林进行有效管护,加强公益林建设和森林经营。

防护林体系建设:开展"三北"防护林体系建设五期和长江、珠江流域及沿海等防护林建设,增加林草植被,形成生态屏障。

水土流失综合治理:在长江中上游、黄河中上游和珠江上游水土流失严重地区,积极开展坡耕地水土流失治理、淤地坝建设、小流域综合治理和水土保持生态修复,新增水土流失治理面积 14.48 万平方公里。

生态移民:对生活在生态条件恶劣、不适宜人类生存地区的农村人口实施搬迁,达到保护自然生态、改善生产生活的双重目标。其中,安排巩固退耕还林成果专项资金生态移民任务约 74 万人。积极支持宁夏中南部地区生态移民。

2　环境保护区

继续推进重点流域和区域水污染防治,加快黄河中上游、珠江、南水北调中线水源区、三峡库区及上游以及云南滇池水环境保护和综合治理,对青海湖、博斯腾湖、艾比湖、洱海、抚仙湖、草海等湖泊采取预防性保护措施,进一步加强澜沧江中上游、东川小江、塔里木河、黑河、石羊河、疏勒河、渭河、乌梁素海等流域综合治理。严格饮用水水源地保护,提高饮用水水质达标率,确保饮用水安全。加大地下水污染防治力度。建立健全工业污染防控体系,加强造纸、印染、化工、制革、食品等行业及重金属排放企业污染治理,推进固体废弃物综合利用及污染防治。加强化学品环境管理。积极推进排污权有偿使用和交易试点。支持乌鲁木齐、兰州、呼和浩特、成渝城市群等重点城市大气污染治理。大力推进农村环境综合整治,加强农业面源污染治理,推进农村有机废弃物处理利用和无机废弃物收集转运。

3　循环经济和低碳试点

循环经济试点地区:积极推进甘肃循环经济示范区和重庆(三峡库区)、

贵阳、榆林、石嘴山、石河子循环经济试点建设,建立城市循环经济发展的基本模式。开展六盘水、包头、鄂尔多斯、乌海、长寿、金昌、白银等资源型城市试点,建设一批循环经济示范城市。

循环经济试点行业:在钢铁、有色、煤炭、电力、化工、建材、轻工、机械制造、农产品加工等重点行业开展循环经济试点。

循环经济试点园区:建设四川西部化工城、内蒙古蒙西高新技术工业园区、青海柴达木循环经济试验区、青海西宁经济技术开发区、陕西杨凌农业高新技术产业示范区、重庆长寿化工产业园区、重庆永川开发区、广西贺州循环经济产业示范区、云南昆明循环经济园、宁夏石嘴山经济技术开发区、宁夏宁东能源化工基地、新疆库尔勒经济开发区等循环经济产业园区。

低碳省区和低碳城市试点:积极推进陕西、云南、重庆和贵阳开展低碳试点建设,建设一批低碳产业示范园区,探索促进低碳产业发展的体制机制,推进低碳技术研发、示范和产业化。

资料来源:《西部大开发"十二五"规划》,见国家发展和改革委员会网站,http://www.sdpc.gov.cn。

(四)较差状态类型区

较差状态类型区又分为两类,一类是以青海、云南、贵州、西藏、宁夏、甘肃等为代表的环境脆弱、开发程度低、经济落后的地区,另一类是以山西、黑龙江、河南等为代表的环境污染严重、过度开发、经济相对较好的地区。

第一类的特征是区域人均资源拥有量较多,人类经济和社会活动对生态的破坏相对东部发达省份较小,水、空气、土地、森林等污染较小、自然环境保护较好;然而云贵青藏等地区都地处中国内陆,交通不便,虽为边疆,但对外开放程度较低、国际国内贸易不如发达省份活跃;经济落后,开发程度较低,产业发育不成熟且结构不合理;科学教育卫生等事业发展不完善,人力和智力资源流失;社会不稳定因素较多,民族、宗教等状况复杂。这个类型区域发展水平较低,但发展潜力大。

晋、黑、豫、内蒙等区域特征为经济增长动力或单一或不足,山西、黑龙江的发展过于依赖自然资源的开发和投入,环境污染和生态破坏严重,地区可持续发展能力很差;宁夏、甘肃属于经济落后、自然环境恶劣地区,缺乏支持经济增长的支柱性环保产业,可持续发展前景堪忧;河南地处中原,农业、工业占经济比重大,工农业污染严重,且人口众多、人均资源少,可持续发展的基础薄弱。

这个类型区可持续发展的建议是其经济发展不能以破坏生态为代价,贯彻落实可持续发展观,走绿色发展之路;降低农业产业和农业人口比重,培育新的产业和经济增长点;加大政策和财政支持力度,发展风能、太阳能等新能源产业。

第三节　我国区域可持续发展的对策

区域可持续发展是由自然、经济、社会三大子系统组成的复杂系统,其研究内容涉及地理学、生态学、环境科学、人口学、系统工程、经济学、社会学等许多相关领域。要达到区域可持续发展这一复杂的系统目标,单纯运用某种手段往往达不到预期的目的,而必须从系统的角度进行调控。系统调控的目的在于使区域的经济、社会、资源环境以及可持续发展能力之间达到一种理想的优化组合状态,以便在时空、整体效应等方面使区域的能流、物流、人流、信息流合理流动和分配,从而提高区域持续发展的能力。

一、区域可持续发展的多维调控战略

(一)人口战略

在人口方面,一个区域的可持续发展首先需要将区域内部人口数量控制在自然环境所能承载的范围之内;其次,需要增加人们对协调经济发展和环境保护之间关系的认识;第三,要不断提高人们利用自然资源和保护生态环境的技术水平。

(二)资源战略

从资源的角度,区域可持续发展需要以资源价值化为导向,认清区内的资源形势;尽可能的开发资源替代产品;适时调整资源利用结构,提高资源利用效率。

(三)环境战略

环境方面,区域可持续发展要求区域建立环境评价、环境预警制度和环境

规划方案;把环境保护纳入人类活动的各项发展计划之中。

(四)经济增长战略

区域可持续发展的经济增长战略要求转变传统的经济增长观念,拓展成本的概念,把外部不经济性内部化。

(五)社会发展战略

区域可持续发展要以满足人的需要为宗旨,强化人的发展权利与社会公平性。

二、区域可持续发展的多手段综合调控

(一)经济手段

为达致区域可持续发展,在市场机制的作用下,通过财税、金融、投资、价格等政策手段来调整生产成本、供需关系、投资领域和物资分配。

(二)技术手段

区域可持续发展也可以通过技术进步来改造传统的、粗放型的经济生产过程并开创新的生态产业领域。具体包括,提高资源、能源的利用率的技术;环境污染治理和生态修复技术;提供劳动生产率的技术;开发新型工艺流程的技术;加强区域间信息交流的技术等。

(三)政治手段

区域可持续发展也可以通过政府机构制定的各项政策与行政法规来进行调控。

(四)法律手段

某种程度上,区域可持续发展的实现必须由法律手段进行保障,如资源法、环境法、人口法、经济法等。

三、区域可持续发展的对策

(一)控制人口数量,提高人口素质,开发人力资源,促进人口合理流动

保持适度人口规模是促进区域可持续发展的首要前提。人口规模的适度应该是既能满足区域社会经济发展对劳动力的需求,又不超出目前技术经济条件下资源的承载能力的规模。因此,区域持续发展的决策过程中,应首先预测人口的发展趋势,制定出控制人口规模的对策与措施,以期取得区域人口与

经济、资源、环境的协调发展。

作为生产者的人，其素质的高低直接影响到创造能力的大小。因此，在区域持续发展决策中，应将提高人口素质与控制人口数量同时作为一个战略性对策来对待。提高人口素质的根本措施在于加强基础教育，提高全民族的文化素质。

充分合理地利用不同层次各类劳动力，开发人力资源潜力，是促进区域可持续发展的另一战略性对策。随着工业化、城镇化进程加快，人口迁移流动将更趋活跃，准确把握流动人口发展规律，做好流动人口管理和服务，实现人口有序流动和合理分布，将有利于促进人口与经济、社会、资源和环境的协调可持续发展。

（二）建立依赖于资源永续利用的国民经济体系

资源开发利用是区域发展的基础。持续发展必须以节约利用资源、低度消耗资源的物质生产体系作为支撑。具体对策包括：建立以节地、节水为中心的集约化农业生产体系；建立以节能、节材为中心的技术型工业生产体系；建立以节省运力为中心的综合性运输体系；建立以节地为主的城乡聚落结构；建立为节约性生产体系服务的科学技术结构；建立适度的社会消费体系。积极发展化纤与混合纺织业，以化纤产品和混纺纺织品部分取代棉、丝纺织品，以减轻耕地压力。同时适度发展高技术含量的棉、丝纺织品加工业。提倡公寓式住宅；发展城市集中供热、供气；发展以公共电、汽车和地铁为主的城市交通。

（三）保护与整治环境，实现环境质量与发展速度、规模的统一

在区域发展中，坚持资源开发、经济发展、城镇建设、环境整治与保护同步规划、同步实施、同步发展的原则，以期取得区域发展中的经济效益、社会效益与生态环境效益相得益彰、协调发展之效果。在区域工业、农业与其他产业的发展中，坚持将自然资源和生态环境作为区域持续发展的关键影响环节，积极推行有利于保护环境和自然资源利用的经济技术政策，大力发展清洁生产和生态农业。在区域发展中，坚持开发、利用、整治与保护并重的方针，坚持以保护为主、防治结合和谁污染谁治理、谁开发谁保护的政策，并不断完善区域环境保护的法律与法规建设，逐步使区域发展中的环境管理走向制度化、标准化与规模化。

（四）全面实施主体功能区规划，提高区域可持续发展能力

2010 年底，国务院印发了《全国主体功能区规划》。实施主体功能区规划，推进主体功能区建设，对推动科学发展、加快转变经济发展方式具有重要意义。全国主体功能区规划根据不同区域的资源环境承载能力、现有开发密度和发展潜力，统筹谋划未来人口分布、经济布局、国土利用和城镇化格局，将国土空间划分为优化开发、重点开发、限制开发和禁止开发四类，确定主体功能定位，明确开发方向，控制开发强度，规范开发秩序，完善开发政策，逐步形成人口、经济、资源环境相协调的空间开发格局。通过功能区的划分，将有利于统筹区域协调和可持续发展，最终提升国家的可持续发展能力。

（五）建立和完善资源补偿体制，促进区域可持续发展

资源与环境是人类生存和发展的必要条件之一，稀缺的资源决定了市场对资源追逐的必然性。由于经济发达地区对自然资源的巨大需求，加之资源补偿机制的缺失，丰富的自然资源在长期的开发、开采和输出过程没有获取相应的经济利益，我国大部分地区资源基础大大削弱。所以，在资源开采过程中，遵循市场规律，采取法律、经济和必要的行政措施，引导和规范各类市场主体合理开发资源，承担资源补偿、生态环境保护与修复等方面的责任和义务。要按照"谁开发、谁保护，谁受益、谁补偿，谁污染、谁治理，谁破坏、谁修复"的原则，明确企业是资源补偿、生态环境保护与修复的责任主体。对资源已经或濒临枯竭的城市和原中央所属矿业、森工企业，国家给予必要的资金和政策支持，帮助解决历史遗留问题，补偿社会保障、生态、人居环境和基础设施建设等方面的欠账。

参考文献

北京师范大学科学发展观与经济可持续发展研究院等:《2011 中国绿色发展指数报告—区域比较》,北京师范大学出版社 2011 年版。

陈春华:《江苏省经济、能源与环境系统(3E)协调与可持续发展研究》,江苏大学博士学位论文,2009 年。

陈烈、赵波:《论区域可持续发展战略》,《经济地理》2005 年第 4 期,第 538～541 页。

广东省统计局网站,http://www.gdstats.gov.cn/。

吉林统计信息网网站:《吉林省 2011 年国民经济和社会发展统计公报》,http://tjj.jl.gov.cn/tjgb/ndgb/201202/t20120229_1155879.html。

季丽、孙春梅:《中国可持续发展水平的地区比较研究》,《吉林工商学院学报》2009 年第 11 期,第 10～13 页。

贾若祥、刘毅:《中国区域可持续发展状态及类型划分》,《地理研究》2003 年第 9 期,第 609～617 页。

江海潮、邹定斌:《中国区域可持续发展聚类模式》,《株洲工学院学报》2003 年第 7 期,第 75～78 页。

李利锋、郑度:《区域可持续发展评价:进展与展望.地理科学进展》2001 年第 2 期,第 237～248 页。

廖志杰、刘岳:《中国区域可持续发展水平及其空间分布特征》,《地理学报》2000 年第 3 期,第 139～148 页。

刘青:《广东经济可持续发展调控体系研究》,暨南大学博士学论文,2010 年。

刘青:《广东经济可持续发展调控体系研究》,暨南大学博士学论文,2010 年。

刘玉、刘毅:《中国区域可持续发展评价指标体系及态势分析》,《中国软科学》2003 年第 7 期,第 113～118 页。

陆大道等:《中国区域发展的理论与实践》,科学出版社 2003 年版。

欧阳建国、欧晓万:《我国区域可持续发展的特征》,《统计观察》2006 年第 5 期,第 75～77 页。

杨多贵、牛文元、劲锋、王海燕:《中国区域可持续发展综合优势能力评价》,

《科学管理研究》2000 年第 10 期,第 70~78 页。

张军涛:《我国区域可持续发展状态的综合测度》,《地域研究与开发》2003 年
　第 8 期,第 6~8 页。

张卫民:《北京城市可持续发展综合评价研究》,北京工业大学博士学位论文,
　2002 年。

第十四章　城镇化与可持续发展

赵　峥

城镇化是我国经济社会持续发展的主要动力,作为世界上人口最多的发展中国家,过去的一段时间,我国经历了人类历史上最大规模的城市化加速过程,有力地支撑了我国经济增长的奇迹。当前,城镇化对于经济方式转变和结构调整更具有十分重要的战略意义。我国城镇化的发展不仅可扩大投资,而且能促进消费,是我国扩大内需的最大潜力。[①] 积极稳妥的推进城镇化进程,提升城镇化的质量和水平,是我国"十二五"时期国民经济社会发展的重要战略。从目前的情况看,我国城镇化水平总体已经超过 50%,已经进入了城镇常住人口超过农村人口的战略转折区间。在城市人口数量剧增和城市规模的不断扩大、资源与环境压力不断加大的情况下,迫切需要我们加快转变城镇化发展方式,实现城镇化可持续发展。

第一节　城镇化可持续发展的基本内涵

城镇化是一个复杂的动态、多维系统,是人口、产业、空间综合转化过程。同样,城镇化可持续发展强调城镇化发展的可持续理念,是一种注重长远和均衡的发展模式。城镇化可持续发展是人口、产业、空间资源配置效率不断得到改善和提高的过程,既包括人口、产业、空间单一部分的可持续发展,需要实现"局部均衡",更包括人口、产业、空间相互联动、全面协调可持续发展,强调"整体均衡",是一个"局部均衡"与"整体均衡"统一的过程。

[①]　李克强:《在改革开放进程中深入实施扩大内需战略》,《求是》2012 年第 4 期。

一、城镇化进程中的人口可持续发展是城镇化可持续发展的核心要义

城镇化是人口在比较经济利益的驱动下向较高收入的地区或部门流动的理性经济行为。[①] 但城镇化不仅是一个农业人口转化为非农业人口的数量概念,更是广大转移人口融入城市社会,分享城市文明成果的过程,要求农村人口在经济、社会、价值观和行为等各方面从传统农业社会向现代城市社会过渡和转换,使转移人口思想方法和行为模式逐渐贴近现代城市规范。[②] 城镇化进程中的人口可持续发展关注人口迁移与转换的持续统一,强调人口的空间结构变迁、城市人口的有序增加和农村人口的有序减少,更关注农村人口迁入城市后其自身及后代知识水平、技术水平、财富水平、能力水平和观念水平的培养和提升,更注重就业、教育、医疗、住房和社保等方面福利待遇的公平与分享,更强调人口在空间转化过程中身份转换和发展权利保障,要求实现人口数量与质量的长期均衡发展。

二、城镇化进程中的产业可持续发展是城镇化可持续发展的主要动力

城镇化在经济领域最突出的表现就是产业结构的演变与升级。从世界城镇化发展历史上看,城市的出现并不等于城镇化历史的开始,只有工业革命以后,源于对生产和规模化效益的追求,引发了资本、劳动力和其他多种物质生产要素的空间加速集聚,城镇化才得以真正进入快速发展期,大多数国家的城镇化也都经历了一个生产要素从农业向非农产业转换、第二和第三产业快速发展、国家或地区的经济活动从以农业生产为主转向以工业和服务业为主的过程。城镇化进程中的产业可持续发展强调通过保持产业结构的合理性和先进性实现产业发展的持续性,其根本着眼点和最终目的是要实现产业结构与人口结构的协调和匹配。

三、城镇化进程中的空间可持续发展是城镇化可持续发展的必然要求

"城市本身表明了人口、生产、工具、资本、享乐和需求的集中;而在乡村

---

① Todaro M. A. "Model of Labor Migration and Urban Unemployment in Less Developing Countries". *American Economic Review*, 1969, 59, 1, pp. 138-148.

② L. Wirth, "Urbanism As a Way of Life", *The American Journal of Sociology*, 1938, 44, 1, pp. 1-24.

所看到的却是完全相反的情况,孤立和分散"。[①] 城镇化在很大程度上是个地理概念,空间集中是城镇化最鲜明的特点之一。按照新经济地理学的研究思路,空间集中效果主要取决于各类人口、产业等资源在地理空间上的整合程度,整合程度高,经济上相互联系的经济主体或经济活动就可以由于在空间上的相互接近性而带来成本的节约和规模经济,反之则会引起的经济活动逐步扩散或区域集聚效应减弱,会带来原有空间集聚形式的调整或产生新的空间集聚形式。[②] 而要实现城镇化进程中的空间可持续发展,也就是要促进劳动力、资本、技术等生产要素和生产、交换、分配等经济活动在城市空间的集聚,充分注重城市空间的资源和环境承载力,实现集聚与承载的和谐统一。

城镇化进程中的人口、产业、空间的可持续发展共同构成了城镇化可持续发展的基本框架,三者均系城镇化可持续发展的基本内涵,其各自可持续发展的"局部均衡"是城镇化可持续发展的必要条件,而它们之间紧密相关、不可分割的内在联系则共同构成了城镇化可持续发展"整体均衡"的逻辑基础。首先,城镇化中的产业可持续发展与人口可持续发展之间存在高度关联性。具体来看,产业可持续发展是人口可持续发展的基础和发展动力。城镇化可持续发展不是简单的人口集聚过程,而是资源、企业、资金、技术、人才等生产要素不断集聚、创造出越来越多的非农产业价值并不断实现非农产业价值提升的过程。具体到三次产业来看,第一产业发展给城镇化进程中的人口可持续发展提供生存和发展的物质基础和原始动力,第二产业是城镇化进程中的人口可持续发展的吸纳主体和核心动力,第三产业发展给城镇化进程中的人口可持续发展的持续推进以后续动力。三次产业发展水平决定着城市的人口规模和人口质量,影响着人口的迁移转换程度。城镇化进程中人口可持续发展则是产业可持续发展的表现形式和内在需要。如果城镇化没有人口可持续发展做依托,产业可持续发展发展会大受限制。因为从总需求角度看,消费需求会决定产品需求进而影响产业结构。在市场经济条件下,产业结构基本上取决于需求结构,需求结构变化会导致相应产业部门的扩张或缩小,也会引起

---

① 《马克思恩格斯选集》(第 3 卷),人民出版社 1972 年版,第 56 页。

② Krugman,Paul. "Increasing Returns and Economic Geography", *The Journal of Political Economy*, 1991, 99, 3, pp. 483–499.

新产业部门的产生和旧产业部门的衰落。在城镇化过程中,人口迁移和转换带来了大量对基本生活、社会交往、生存安全和休闲消费等方面的需要,各种从业者之间的相互依赖与需求形成的规模经济和范围经济,为产业可持续发展发展提供了广阔的需求空间,促进了由产业聚集形成的规模经济,影响着城市产业可持续发展发展的水平和方向。

其次,城镇化进程中人口可持续发展与空间可持续发展之间存在着密切的内在联系性。一方面,城镇化进程中人口可持续发展不能脱离空间可持续发展单独完成。人口的迁移和转换在不同的空间上进行,最终会在空间上形成集聚,空间可持续发展是人口可持续发展的地理载体和存在条件,空间规模的大小直接影响着人口迁移转换的效率和结果,而空间价值的实现最终会体现为人口福利水平的提升。另一方面,城镇化进程中人口的集聚是空间可持续发展的核心内容。在空间可持续发展进程中,往往要求达到最小规模经济点,而人口的聚集则是满足城市形成与发展的基本条件。更重要的是,人口的集聚不仅意味着人口向某一特定空间的集中,更意味着人口质量的提高和人力资本水平的提升,是一个人口结构不断变化的过程。以转移人口能力的提升为本质的人口可持续发展,会使社会分工迅速发展、市场经济不断繁荣、城市文明不断进步,会对提升空间价值发挥巨大作用。此外,大量具有较强迁移和转换能力人口的聚集,也会促进先进知识的流动与传播,不断产生知识的溢出效应,而知识溢出则是集聚经济增长的最根本动力,更会显著加快空间集聚速度,提升空间化可持续发展能力。

最后,城镇化进程中产业可持续发展与空间可持续发展之间同样存在着紧密相关,不可分割的内在联系性。一方面,城镇化进程中产业可持续发展的关键在于产业结构的优化,而产业在空间范围的集聚是产业结构优化的重要条件。产业在空间上的集聚能够将产业发展所需要的资源、要素和技术整合起来,能够形成几乎是最高的产业效率,这非常符合产业发展和空间选址的要求。另一方面,城镇化进程中产业可持续发展是促进空间价值实现的主要动力。进入工业化社会以来,从某种程度上讲,产业发展和竞争的收益已经构成城市经济收益的主要部分,城市产业增加值的总体规模、增长速度、效益及其可持续程度都影响并决定着城市空间的创富能力和收益水平。产业可持续发展促进了产业结构合理化和高级化,推动了产业结构的不断优化升级,而产业结构的不断优化升级可以达到较高的专业化分工程度,形成一个将相关产业、上下游产业整合起来的产业网络,会使城市空间自然成为一个独特的、多层的、系统性产业集聚区,这将有助于实现产业规模扩大和产业效率提升,有助于全面提高整个城市空间的劳动生产率,会显著提高空间产出,促进空间价值的实现。

第二节　我国城镇化可持续发展面临的“失衡”问题

城镇化既是国家经济社会发展的重要表现形式,更是国家经济社会发展的核心内容,已经成为决定国家经济增长、政治稳定、民生进步和环境可持续发展的关键所在。当前中国正处于经济与社会结构转型、发展方式转变的关键时期,城镇化不仅是这一转型过程的一部分,而且也将是应对转型过程中诸多挑战的重要手段。但是,从目前的情况来看,中国城镇化进程更多地表现在规模和数量的扩张上,进一步推进中国城镇化可持续发展还面临许多必须应对诸多“失衡”问题。

一、城镇化可持续发展面临人口迁转失衡问题

城镇化的本质是人的现代化和文明化。在城镇化进程中,要实现人口可持续发展,不能片面强调人口数量的城镇化,并不是让农村人口都聚集在城市就是城镇化,也并非简单通过单纯户籍制度改革,从形式上让农民变市民就实现了城镇化。而应该是以人为本、有质量的城镇化,是充分保障转移人口生存和发展权利的城镇化。但是,从目前的情况看,我国城镇化进程中的人口可持续发展还面临着较为严重的迁转失衡问题。

一方面,“半城镇化”现象仍然严重。从历史发展轨迹看,1978 年到 2011 年,我国城镇人口从 1.72 亿人增加到 6.9 亿人,人口城镇化率从 17.92% 提升到 51.27%,统计意义上的人口城镇化化水平不断提升。

表 14-1　中国人口城镇化率变化情况　　　　（单位:%）

年度	城镇人口比重	年度	城镇人口比重
1978	17.92	1995	29.04

年度	城镇人口比重	年度	城镇人口比重
1979	18.55	1996	30.48
1980	19.39	1997	31.91
1981	20.32	1998	33.35
1982	21.34	1999	34.78
1983	22.57	2000	36.22
1984	23.24	2001	37.66
1985	23.71	2002	39.09
1986	24.52	2003	40.53
1987	25.32	2004	41.76
1988	25.81	2005	42.99
1989	26.21	2006	43.9
1990	26.41	2007	44.94
1991	26.94	2008	45.68
1992	27.46	2009	46.59
1993	27.99	2010	49.68
1994	28.51	2011	51.27

数据来源：国家统计局：《中国统计年鉴》，中国统计出版社1978～2011年版。

  但是，目前我国大量的城镇人口相当一部分并没有成为真正的市民，还没有从根本上实现从较低生存水平向较高生活水平和文明程度的转化，转移人口的"迁而不转"和"转而不迁"现象同时存在。在实践中，一部分农民的土地被征用后成为市民，但是他们失地后的就业问题没有解决，在其他生活条件和思维观念上的都没有任何的变化，仅仅是"被"城镇化，而大量的农民工虽然到城市里就业了，但他们的身份、生活、社保、住房都没有发生根本性的变化，并没有分享到城市发展的成果。城乡劳动者同工不同酬，劳动用工管理不规范，农民工超时劳动，劳动安全条件差，职业病和工伤事故较多的现象普遍存在。

  另一方面，支持人口迁移转换的长效机制还不健全。目前，我国的公共服务和社会福利体系仍然是与相应的户籍绑在一起的，导致城乡和不同地区户籍"含金量"存在明显差别。目前，虽然全国很多省份宣布实现城乡统一登记的居民户口制度,许多地方也都把推进农业转移人口转为城市居民,把符合落户条件的农业转移人口逐步转为城市居民作为推进城镇化的重要任务。但是附着在户籍制度上的公共服务和福利制度并没有发生实质改变,原城乡人口在最低生活保障、经济适用房(廉租房)住房保障、社会保险、征兵、退伍兵安置、优抚对象的抚恤优待甚至交通事故赔偿上的待遇差别问题,均没有得到根本解决。各试点地区在政策设计上,原则上规定具有稳定就业、稳定收入和稳定住所及一定工作、居住年限的转移人口,可以在城市落户并享有与当地城市居民同等的权益,但实际上落户的前置条件还很多,转移人口难以真正在城市落户。特别是进入设区市,获得户口往往必须与放弃土地挂钩,这让转移人口很难接受。户籍制度抬高了农村人口进城的门槛,使城镇化处于僵持状态,成为转移人口谋求机会公平、待遇平等、权益保障的障碍,还直接影响到了代际公平。尽管生于城市、长于城市,很多转移人口子女仍然被排斥在城市主流教育系统之外,被城市劳动力市场边缘化,当代的不公平延续为后代的不公平,陷入身份的累积因果循环中,对社会长期稳定和经济健康发展造成了巨大隐患。

专栏 14-1 当前农民工市民化面临六大问题

为使研究对促进农民工市民化的政策设计更有针对性和更具操作性,国务院发展研究中心课题组对重庆、武汉、合肥、郑州、东莞、嘉兴 6 个城市和全国 20 多个小城镇进行了调研,对全国 7 个省市 7000 名农民工进行了问卷调查,收回有效问卷 6232 份,在此基础上分析了农民工市民化存在的主要问题。

(一)城乡平等的就业和收入分配制度还未形成。问卷调查表明,工资待遇问题成为农民工最关心的问题。2009 年农民工月工资平均为 1719.83 元,平均工作时间为 9.86 月/年。62.5% 的人月工资在 1000~2000 元之间。农民工家庭人均纯收入比城镇居民家庭人均可支配收入低 61.5%,仅比城镇居民家庭 10% 的最低收入户高 1363.5 元,比城镇居民家庭 10% 的低收入户低 1545.4 元,位于按收入五等份排列的城镇居民家庭收入最低的 20% 组。特别是农民工每天工作时间平均 9.19 小时,每个月的加班时间平均 4.79 天,上述工资主要是通过加班加点才获得的。

(二)农民工各项社会保障参保的比例还不高。问卷调查表明,社会保障问题已列农民工最不满意的公共服务项目第三位,并成为农民工希望政府解决的仅次于工资收入的第二位问题,近40%的农民工希望政府改善社会保险。现行城镇职工基本社会保险制度在制度层面并不排斥正规就业的农民工,但目前农民工参加养老保险的比例很低,大多数农民工还没有参加城镇医疗保险。其中,既有农民工就业状态不稳定而难参保等客观存在的问题,也有用人单位怕参保增加人工成本、地方政府担心推进农民工参保会影响本地投资环境等主观方面的问题,还有现行制度不适合农民工方面的问题。

(三)覆盖农民工的城镇住房保障体系还没有建立。问卷调查表明,农民工居住条件总体上难以令人满意,居住在有厨房和卫生间的成套单元房的农民工仅占1/5强,八成以上的农民工居住在设施不完善的各类简易住房中。从居住方式看,在用工单位提供的住房中,约3/4(74.3%)的人和工友同住,这种方式适用于单身年轻外出时间短的农民工或部分行业如建筑业农民工,且个人不用支付成本或支付成本低,但集中居住(平均5.6人/间,而出租屋为2.9人/间)带来的心理健康问题需要关注。同时,调查表明,2010年农民工的租房成本为420.8元/月,相当于其月收入的约1/4(24.5%)。由于出租屋位置较远,距离上班地点平均5.1公里,也给城市公共交通发展提出了挑战。

(四)义务教育质量有待提高,农民工子女高中阶段就学问题突出。多数民办农民工子弟学校得不到政府的扶持,其义务教育经费没有列入财政预算,只是靠向农民工收费维持运转,影响教育质量,加重农民工负担。我国高中教育还没有纳入免费义务教育范围,农民工家庭高中阶段教育负担较重。根据对53个国家公立普通高中学费情况的分析,只有7个国家收费,我国年均学费1139元,是7个国家中收费最高的。义务教育和高中教育的衔接成为农民工子女能否在城市顺利就业的关键,非本省籍农民工子女的中高考问题日益突出。由于负担重,农民工子女初中毕业后弃读高中的现象比较普遍。

(五)农民工城市社会参与程度总体很低。例如,在遇到侵权问题时,排遣或解决的渠道不够通畅。82.4%的人表示没有主动向劳动、工会、妇联等部门反映过遇到的权益侵犯问题,83.7%的人表示没有向信访部门反映过工作中的问题,77%的人表示没有向媒体提供新闻线索反映过身边的不平,只有

20%左右的人会自觉运用正规渠道反映问题,其中只有5%左右的人会经常运用正规渠道解决问题。长此以往,必然造成矛盾的爆发,形成危机事件。

(六)户籍制度改革实质性进展不大。以户籍制度改革推进农民工福利均等化属于一步到位的改革,一次性支付成本高,许多地方特别是外地户籍农民工流入多的城市受人财物的限制难以在短期内做到。很多地方的户籍改革主要是针对本辖区(往往是本县或最多是地级市)的非农户口,但对跨行政区的流动人口户籍基本没有放开。除跨区流动人口户籍改革进展缓慢之外,特大、大型乃至一些中等城市的户籍改革也基本没有放开。

资料来源:国务院发展研究中心课题组:《农民工市民化进程的总体态势与战略取向》,《改革》2011年第5期。经整理。

二、城镇化可持续发展面临产业结构失衡问题

城镇化进程中产业可持续发展要求产业结构不断优化升级,但我国城镇化可持续发展还存在产业结构失衡问题。从目前城市经济发展的现实情况来看,地方政府与房地产企业的双赢发展是本轮城镇化过程中的显著特征之一,这一特征推动了城镇化快速发展,同时也弱化了城镇化发展的产业动力。目前,我国城镇化发展的房地产依赖现象仍然非常明显,城市经济房地产化现象在有些地区非常严重。单纯依赖房地产业支撑经济增长,忽视其他产业培育与壮大,造成产业发展的"空心化",是许多城市发展所面临的现实问题。而城市经济的房地产化不仅直接影响到了城市经济发展的可持续性,也更容易形成政府与开发商的利益捆绑,造成广大公众在城镇化进程中的集体失语或利益受损,极大的影响了城镇化的健康发展。同时,我国三次产业自身也面临着许多亟待解决的问题。现代农业是城镇化发展的基础和粮食安全的保障,以资本高投入为基础,以工业化生产手段和先进科学技术为支撑,以达到产量多、质量好、收入高、生态优为目标,是高产、优质、高效、生态、环境友好的新型农业生产体系。但我国农业发展整体上还没有达到现代农业水平,传统农业特征仍然明显,农业生产和经营缺乏现代科学技术和管理方法的支撑,"完全以农民世代使用的各种生产要素为基础的农业"[1]还在许多地方存在,农业产

---

[1]　西奥多·W·舒尔茨著:《改造传统农业》,梁小民译,商务印书馆1987年版,第4页。

业化水平低。我国制造业业发展集中于低附加值、低盈利率的加工组装环节,相当多数量的企业还在采用传统乃至陈旧落后的生产模式,对引进技术的消化、吸收和创新效果较差,技术进步、产品开发和产业升级的速度较为缓慢,整体研发水平并不高,缺乏具有自主知识产权的核心技术和自主研发能力,在成本和技术装备水平等方面与国际先进水平存在较大差距。而我国服务业发展的整体水平也同样有待提升,从世界各国的情况看,当今世界大部分发达国家服务业所占比重均超过了 60% ,基本上实现了国民经济的服务化,现代服务业已经成为其经济发展的中坚力量。

表 14-2　主要发达资本主义国家 20 世纪 90 年代以后第三产业所占比重

(单位:%)

年份	美国	德国	法国	英国	意大利	日本
1990	70.1	61.2	69.5	63.0	64.4	57.8
1991	71.5	62.0	69.9	65.1	65.3	58.3
1992	72.3	63.2	70.2	66.3	66.0	59.5
1993	72.5	65.6	71.8	66.9	66.6	61.2
1994	72.1	65.9	71.8	66.6	66.6	62.6
1995	72.1	66.6	71.8	66.3	66.4	63.6
1996	72.4	67.4	72.6	66.6	67.0	63.8
1997	72.9	67.7	73.3	67.8	67.3	64.2
1998	74.1	67.8	73.5	69.4	67.5	64.8
1999	74.5	68.5	73.9	70.5	68.3	65.3
2000	74.6	68.5	74.3	70.7	68.8	65.8
2001	75.8	69.0	74.7	71.9	69.2	67.3
2002	76.6	69.7	75.5	73.2	69.7	67.9
2003	76.8	70.1	76.3	74.4	70.4	68.0
2004	76.5	69.9	76.6	75.0	70.5	67.9
2005	76.0	69.7	77.0	74.8	71.2	68.6
2006	n.a.	69.1	77.2	75.0	71.4	n.a.

资料来源:国家统计局中国经济景气监测中心:《中国景气月报增刊——改革开放 30 年统计资料汇编》,中国统计出版社 2008 年版。

从上图可知,到 1990 年,美国第三产业所占比重开始超过 70% ,2005 年达到 76%，法国从 1992 年起第三产业的比重超过了 70%，英国从 1999 年开始第三产业的比重超过了 70%，意大利从 2003 年开始第三产业比重超过了 70%，日本、德国目前的第三产业比重也接近 70%。而我国服务业增加值占 GDP 的比重仍低于世界平均水平，更低于发达国家 70~80% 的水平。[①] 不仅如此，我国服务业中具有高附加值和高竞争力的生产性服务业发展相对滞后，生产性服务业对制造业的支撑和服务功能相对不足，而传统服务业发展和转型升级的步伐较慢，都直接影响到了城镇化进程中的产业可持续发展。

三、城镇化可持续发展面临空间承载失衡问题

城镇化进程中的空间可持续发展强调空间上布局的经济合理性和投入产出的合意比例，本身具有降低资源消耗、实现可持续发展的内在要求。但目前，我国城镇化发展所面临的空间承载失衡问题依然突出。一方面，城镇化发展的资源环境压力正在不断增大。我国自然资源绝对数量可观，但人均拥有量则明显不足，大大低于世界水平。然而，我国空间城镇化发展的高耗能、高污染、粗放式特征还比较突出，城市规模的不断扩张，常住人口和流动人口的增加、机动车大量使用，能源消耗十分巨大，同时还伴随着大量污染物排放，已经形成了沉重的资源环境负担。同时，一些地方政府在"经营城市"的理念下，通过土地批租和土地担保等手段拓宽城市建设融资渠道，尽管客观上加快了城市建设步伐，使得城市建成区面积迅速扩大，拓展了城市发展的空间和人口容纳能力，但也造成了大量资源的浪费和消耗，使有限的自然供给能力日渐困窘，加之气候变化和资源环境的压力的不断增大，城镇化空间扩张与能源消耗和环境污染的矛盾也愈加明显。另一方面，我国城镇化发展中资源和能源的大量消费并没有换得等量的城市功能的增进和改善。一些城市重表轻里、重外轻内、重上轻下的现象仍然十分严重，城市功能很难满足城镇化快速发展的需要。现实中，我国一些地方的城镇化片面追求城镇发展的速度，过多地依靠扩大投资规模和增加物质投入，甚至不惜破坏城市原有历史文脉和自然风貌，单纯追求城市华丽的外表和国际化形象，但在公共基础设施、城市管理、社

---

① 国家统计局中国经济景气监测中心：《中国景气月报增刊——改革开放 30 年统计资料汇编》，中国统计出版社 2008 年版。

会文化等方面长期投入不足,致使城市拥挤现象严重,排水、供电、供水、学校和医院以及住房紧张的问题十分突出,而且容易导致城市传统文化的断裂,往往不仅不能提供给当代人应有的公共服务和有质量的城市生活,还直接透支了未来城市发展的资源和环境,严重弱化了城镇发展的可持续性。

第三节 我国城镇化可持续发展的"均衡"路径

中国长期发展必须依靠城镇化。而不可持续的城镇化不仅不会促进国民经济和社会进步,还会抑制经济增长的动力,激化社会矛盾,影响国家长期健康发展。因此,我们必须积极解决城镇化可持续发展所面临的诸多失衡问题,以均衡发展为主线,促进人口迁移和转换并举,促进产业优化升级,促进空间积聚和功能完善,实现城镇化可持续发展。

一、以迁转均衡为重点促进人口可持续发展

城镇化进程中人口可持续发展是人口迁移和转换的统一过程。促进人口的迁转均衡应把人放在一切发展活动的中心,尊重人、依靠人、为了人,推动从物本位向人本位转变,既要着力解决"进入"问题,也着力解决"融入"问题,促进人口的迁移和身份转换一体化,为所有城市居民和移民提供基本的医疗和教育机会,合理的住房和交通条件,适宜的人居和休闲环境以及创业和就业机会。第一,要进一步探索福利与户籍脱离的人口社会管理制度,加快落实稳定居住为依据的城市户籍准入制度。要将有稳定就业岗位的农民工和因城市建设征地失去承包地的农民转变为市民为重点,把有稳定劳动关系并在城市居住一定年限的农民工及其家属逐步转为城市居民。第二,实现城市户籍准入与农民土地权利分离。充分尊重农民在进城或留乡问题上的自主选择权,切实保护农民承包地、宅基地等合法权益,同步完善征地和土地流转制度,支持农村生产要素和资源参与市场平等交换的权利主张,建立和实行土地征用与经济补偿、社会保障、就业服务同步进行的征地安置制度,令农民留乡有地有收益,离开土地也有保障,从根本上消除农村转移人口的土地障碍,客观上避免和减少城镇化快速发展时期的土地矛盾问题,同时也为我国城镇化发展留下缓冲空间。第三,加快推进劳动就业、义务教育、公共住房、社会保障等制度

的改革,促进人口城镇化发展的过程共治和成果共享,尊重与重视转移人口表达意愿和参与公共事务的权利,逐步形成转移人口与城市居民身份统一、权利一致、地位平等的公共服务制度体系,健全普惠的覆盖转移人口的公共服务体系,实现国民教育、医疗卫生、公共住房、社会安全、社会救济和社会保障等各个方面公共服务均等化,促进转移人口积极融入现代城市。同时特别要保证转移人口随迁子女平等接受义务教育的权利,并做好与高中阶段教育的衔接,避免代际发展机会的缺失。

二、以结构均衡为重点促进产业可持续发展

城镇化进程中的产业可持续发展是产业结构不断演变升级的过程。而要实现结构均衡,关键要不断增强产业结构的合理性和先进性,实现产业结构、人口结构、空间结构的统一与协调,促进我国以农业为基础、高新技术产业为先导、基础产业和制造业为支撑、服务业全面发展的一、二、三产业协调发展格局的形成与完善,使得城镇化发展始终建立在稳固的产业基础之上。就我国而言,一方面要注重城市产业的战略转型,加强对房地产业的宏观调控,从注重房地产业的经济功能转向注重社会功能,避免房地产业的畸形发展,努力去除城市经济房地产化。同时要立足全球产业链,创造条件,激励诱导,运用现代科学技术、新型商业模式及新型经营形态改造改造传统农业和制造业产业,加快发展科技含量高、节能环保好、成长性强、带动性大的创新型、战略性新兴产业,为产业城镇化可持续发展提供持之不竭的前进动力;另一方面要着力避免陷入"拉美陷阱",积极推进产业与就业协调增长,特别重视服务业发展,拓展服务业的领域和层次,既要发展与工业规模和结构相适应的金融、科技服务、信息服务、广告、设计、营销、管理咨询等现代生产性服务业,又要促进商业、贸易、餐饮、交通运输等吸纳就业力强的消费性服务业协调发展,尤其要加大对一些吸纳就业能力强、从业人员投资能力弱的中小型服务企业的支持力度,充分发挥服务业的就业"蓄水池"作用,形成支撑人口迁移与转换的强势支柱产业和现代产业体系,为转移人口提供丰富的就业机会和广阔的发展空间。

三、以承载均衡为重点促进空间可持续发展

城镇化进程中的空间可持续发展的关键在于在有限的空间内实现资源环境与人口的协调发展,既节约又发展,尊重人和自然,实现人居和自然环境发展的统一。城镇化进程中的空间可持续发展需要特别重视承载均衡,促进国土空间布局优化,有效发挥城镇化空间集聚、辐射和带动效应,引导生产要素在广袤的国土空间上合理流动,实现国家空间功能和资源利用效率的有机统一。第一,以城市群为核心完善国家城镇空间战略格局。目前,集聚化、网络化发展已经成为中国城镇空间格局变化的重要特征。未来应按照统筹规划、合理布局、完善功能、以大带小的原则,遵循城市发展客观规律,深化不同规模城市的分工协作,推进城市群落从发展趋同走向协同发展,以大城市为依托,以中小城市为重点,逐步形成辐射作用大的城市群,促进大中小城市和小城市协调发展。第二,完善城市功能。注重体现人本理念,切实以保障改善民生为根本,让人民群众共享城市文明成果,实现由偏重数量、规模和粗放发展向注重提升质量内涵、集约高效发展转变,着力提升城市品质,完善城市功能,不断提升城市科学规划、科学建设、科学管理水平,统筹地上地下市政公用设施建设,全面提升交通、通信、供电、供热、供气、供排水、污水垃圾处理等基础设施水平,扩大城市绿化面积和公共活动空间,增强城市综合承载能力,提升服务功能。同时扩大城市绿化面积和公共活动空间,加快面向大众的城市公共文化、体育设施建设,增强城市生产生活功能。第三,注重城市绿色发展。"绿色发展是世界潮流,是保护环境与经济增长相协调的可持续发展战略,是保障中国人民乃至世界人民世代幸福的发展方式"。[①] 城市绿色发展的核心是要在保证城市经济效率和生活质量的前提下,使能源和其他自然资源的消费和污染最小化,使其既能满足当代城市发展的现实需要,又能满足城市未来发展的需要。

[①] 北京师范大学科学发展观与可持续发展研究基地、西南财经大学绿色经济与可持续发展研究基地、国家统计局中国经济景气监测中心:《2010 中国绿色发展指数年度报告—省际比较》,北京师范大学出版社 2010 年版,第 2 页。

专栏 14-2　纽约 2030 规划：一个更绿色更伟大的纽约

纽约，1624 年建城，是整个美国的金融经济中心、最大城市、港口和人口最多的城市，同时也是世界最大的城市。在取得辉煌城市建设成就的同时，纽约也面临着人口急剧增长、交通拥堵、空气恶化等一系列问题。为此，纽约市制定了一项长期城市发展规划，即纽约 2030 规划。在该规划中，纽约的城市目标定位为 21 世纪的模范城市：一个更绿色更伟大的纽约（A greener, greater New York）。规划经政府部门、公民机构、专业学者、社区、咨询界、劳工组织和私营部门代表、选区代表和数万纽约市民广泛的合作和讨论，涉及住宅、水、交通、能源、空气质量、气候等六个方面的目标。

在住宅方面，纽约认为应使纽约的住房价格更加合理，使人口的增长向公交覆盖的地区发展，给至少 100 万在纽约工作和生活的人，提供经济上可承受、环境上节能低碳的住区和住宅，并积极建造公园和开放空间让，所有纽约人最多步行 10 分钟就可以到达一个公园；在水资源保护方面，纽约将着力保障饮用水的清洁可靠和保障纽约周围水道的清洁性和可用性，通过保留自然水域和减少水污染来开放我们 90% 的水道作为市民的游憩场所，为老化的供水网络提供急需的备用系统以确保长期的可靠运行。在交通方面，纽约主要通过为居民、游客、工作者增加数百万客运能力来改善出行时间，使多模式的交通系统有很高的可靠性和优良的服务品质，并鼓励绿色交通出行模式，形成有利于人居的交通体系；在能源方面，规划希望通过升级能源基础设施来为每一个纽约人提供更清洁更可靠的电力；在空气质量方面，纽约认为应把纽约市的 75% 的固体废物进行有效回收再利用而不是直接填埋，努力把纽约市的空气质量提升到美国大城市里的最好；在应对全球气候变化上，纽约重视城市对气候变化的适应与改善，并努力到 2030 年把纽约的温室气体排放总量相对于 2005 年减少 30%。

围绕绿色城市发展目标，纽约对交通问题、住宅问题、社区改善、给排水、公园和开放空间、水道、能源、空气质量、废物处理、应对全球气候变化等问题进行了综合考虑和详细部署，为城市的绿色发展提供支撑，试图在一个可持续和公平的框架下，来提高城市居民的生活品质，确保城市竞争力，不仅为自身城市发展提供了良好的基础和保障，也为世界其他城市提供了借鉴与参考。

资料来源：见 http://www.nyc.gov/html/planyc2030/html/theplan/the-plan.shtml。

就我国而言,要实现城镇化可持续发展,就要在城市空间发展模式上,避免发达国家走过的先污染后治理、先蔓延后整治的弯路,坚持以人为本、节地节能、生态环保的原则,合理确定城市开发边界,规范新城新区建设,节约、集约用地,严格控制高耗能、高污染行业在城市的布局,鼓励发展低碳经济、循环经济,保护自然生态环境,推行绿色交通、绿色能源、绿色建筑、绿色生产、绿色消费,最大限度的节能、节地、节水、节材,保护环境、减少污染,实现由主要依靠资源能源消耗、经济粗放增长,向资源节约型、环境友好型城市发展模式转变,努力构建注重节约能源资源和保护生态环境,人与自然和谐发展的城镇可持续发展新格局。

参考文献

北京师范大学科学发展观与可持续发展研究基地、西南财经大学绿色经济与可持续发展研究基地、国家统计局中国经济景气监测中心:《2010 中国绿色发展指数年度报告—省际比较》,北京师范大学出版社 2010 年版。

国务院发展研究中心课题组:《农民工市民化进程的总体态势与战略取向》,《改革》2011 年第 5 期。

国家统计局中国经济景气监测中心:《中国景气月报增刊——改革开放 30 年统计资料汇编》,中国统计出版社 2008 年版。

李克强:《在改革开放进程中深入实施扩大内需战略》,《求是》2012 年第 4 期。

《马克思恩格斯选集》(第 3 卷),人民出版社 1972 年版。

西奥多·W·舒尔茨著:《改造传统农业》,梁小民译,商务印书馆 1987 年版。

赵峥:《中国城市化与金融支持》,商务印书馆 2011 年版。

赵峥:《当前我国城镇化发展的特征问题及政策建议》,《中国国情国力》2012 年第 2 期。

赵峥:《对我国空间城市化发展模式的思考》,《城市》2012 年第 2 期。

Krugman, Paul. "Increasing Returns and Economic Geography", *The Journal of Political Economy*, 1991, 99, 3, pp. 483–499.

L. Wirth, "Urbanism As a Way of Life", *The American Journal of Sociology*, 1938, 44, 1, pp. 1–24.

Todaro M. A. "Model of Labor Migration and Urban Unemployment in Less Developing Countries". *American Economic Review*, 1969, 59, 1, pp. 138–148.

第十五章　政府政策与可持续发展

林永生　李　卓

21 世纪第一个十年刚刚过去,席卷全球的抗议浪潮持续涌现,从中东、北非地区的茉莉花革命、阿拉伯之春,到西班牙的"愤怒者"、伦敦骚乱和华尔街的"占领者",尽管抗议的原因和目的迥异,有的追求所谓的自由和民主,有的是呼吁政府对市场加强管制、抑制收入分配差距,但最后的结果都是年轻人走上街头,表达对一系列不合理的政府政策的强烈不满。从这个意义上而言,政府政策对一个国家的经济、社会可持续发展至关重要,接下来本章将重点剖析这个问题,主要包括三大部分:一是政策促进可持续发展的理论分析;二是中国政府对可持续发展影响的政策效应分析;三是促进持续发展的政府管理。

第一节　政策促进可持续发展的理论分析

可持续发展通常被广泛定义为经济增长的同时注重资源节约与环境保护,也就是经济增长的数量和质量并重。因此,可持续发展至少包括两个层面的含义,一是经济增长,二是资源节约与环境保护。进而从理论上分析政策促进可持续发展的传导机制,就必须回答为何政策能够促进经济增长,为何政策能够促进资源节约与环境保护。

市场经济中,政府存在的根本原因或者使命之一就是对市场在配置资源过程中的失灵状况进行纠偏,比如外部性、信息失灵、公共产品、垄断、要素不能够自由流动等都是市场失灵的情形。很多高能耗、高污染的产品市场就出现了市场失灵,凸显为产品价格为没有充分反映和包括资源的稀缺成本以及污染成本,也就是边际社会成本高于边际私人成本,从而出现了负的外部性,因此,政策促进可持续发展的关键在于消除或降低这种负外部性。

专栏 15-1 泰国虾类养殖的外部性

理论上讲有三种消除负外部性的途径：政府直接管制、污染者付费（庇古税或环境税）、排污权交易，但若政府直接管制，要求政府进行直接干预微观生产消费环节，处理大量市场信息，增加了政府的管理和交易成本，而且还可能会扭曲市场信号，降低资源配置效率。征收环境税、推进排污权交易成为政府促进资源节约与环境保护的主要手段，日益受到各国重视。英国已故的著名经济学家庇古在《福利经济学》中首次提出污染的外部性问题，他提出并区分了人类经济活动中的边际社会成本和边际私人成本，并将二者的差额称之为外部成本或说外部性。为了最优配置经济资源，使外部成本内部化，他建议国家征收环境税或实施财政补贴；20 世纪中后期，美国著名经济学家科斯提出与庇古迥异的政策理念：只要产权界定明晰化，政府不需要再对市场进行干预，单纯依靠市场交易就可有效解决污染的外部性问题。他认为，只要明确界定涉及外部效应的商品的产权（在污染的问题中，这种商品就是环境）——无论谁拥有了产权——行为人都能从其初始禀赋出发，通过交易达到帕累托有效配置；戴尔斯（Dales）于 1968 年首次提出排污权交易的概念，进一步拓展了科斯的产权理论，他认为，环境资源是一种商品，政府是其所有者，可咨询或委托专家，将环境污染物分割成一些标准单位、即排污权，污染者必须出钱购买这种权力，纯粹市场机制下的供求均衡点便实现了环境资源的最优配置状态[1]。

显然，无论是庇古税、还是基于科斯产权理论上的排污权交易，都需要合理的政策设计。前者要求政府制定实施科学的环境税政策，后者要求政府对污染权和排放指标进行合理地界定、分配，并出台政策法规规范排污权交易。世界银行汉密尔顿等将实施可持续发展战略的政策手段列成一个矩阵，如表 1 所示。

---

[1] 林永生、王雪磊：《碳金融市场：理论基础、国际经验与中国实践》，《河北经贸大学学报》2012 年第 1 期。

表 15-1　政策矩阵:可持续发展的政策与手段

利用市场	创建市场	行政手段	信息公开和公众参与
减少补贴 环境税 使用费 补偿金/保证金 押金一返还制度 专项补贴	产权(环境权、资源权、排放权等确立) 权力下放/私营化 可交易的许可证/权利 国际补偿制度	标准 禁令 许可证/配额	公众参与 信息公开

资料来源:引自 K. 汉密尔顿,J. 狄克逊,谢剑和 A. 昆特:《里约后五年:环境政策的创新》,中国环境科学出版社 1998 年版。

第二节　中国政府对可持续发展影响的政策效应分析

新世纪以来,全球掀起绿色浪潮,发达国家纷纷以气候变暖为由向发展中国家施压、要求削减碳排放。与此同时,来自新兴市场的需求拉高了全球大宗商品的价格,国内经济增长过程中的资源与环境约束凸显,内外形势要求中国传统的经济增长模式亟待转型,走可持续发展之路。中国政府提出科学发展观,连续颁布实施多项政策旨在贯彻落实科学发展观,实现经济发展方式的转变,走可持续发展之路。但从对可持续发展影响的政策效应来看,有些政策促进了可持续发展,而有些政策可能不利于可持续发展。

一、正面影响的政策效应分析

理论上讲,所有利于促进经济增长、资源节约与环境保护的政策都是对可持续发展产生正面影响的政策,或说促进可持续发展的政策。促进经济增长的政策在理论以及包括中国在内的各国实践中非常普遍,这里重点阐述中国政府颁布、实施的利于促进资源节约与环境保护的政策,即中国的绿色新政。

(一)绿色财政政策

1. 谨慎推进资源税制改革、由从量向从价计征

中国的资源税制改革,将税收由多年前设立的"从量计征"方式改为"从价计征"方式。前者通常意味着赋税偏低,而后者意味着税赋会随着大宗商品的价格浮动。新税制 2011 年已经针对石油和天然气实施,预计将延伸到煤

炭和其他大宗商品。资源税实质上是为了保护和促进国有自然资源的合理开发与利用,适当调节资源级差收入而征收的一种税收。目前,中国资源税的征税范围主要包括石油、煤炭、天然气、金属类矿产、非金属类矿产以及盐等,计征方式主要是从量计征。2010 年 6 月 1 日,资源税改革以新疆先行的方式拉开大幕,2010 年 12 月 1 日,试点扩大到内蒙古、甘肃、四川、青海、贵州、宁夏等 12 个西部省区。2011 年 10 月 10 日,国务院公布了修改后的《中华人民共和国资源税暂行条例》,在现有资源税从量定额计征基础上增加从价定率的计征办法,调整原油、天然气等品目资源税税率,最低税率为石油和天然气销售额的 5% 。按当前价格计算,这相当于对原油增税 10 至 20 倍。该条例已从 11 月 1 日起全面施行。表 2 给出了中国资源税的改革历程,见表 2:

表 15-2 资源税改革历程

年份	改革内容
1984	创立资源税税种,对原油、天然气、煤炭、铁矿石征税
1994	对矿产资源全面征收资源税
2004	调整煤炭、原油、天然气、锰矿石等部分品目的资源税税额标准
2006	取消有色金属矿产资源税减征 30% 的优惠政策,恢复全额征收;调整铁矿石资源税的减征政策等
2007	调高焦煤资源税税额,调整盐资源税税收政策
2010	新疆原油、天然气资源税改革若干问题的规定,至今,资源税从价计征推向全国

注:引自中国税务网"资源税改革专题",见 http://www.ctax.org.cn/news/rdzt/zys/,最后访问时间:2012 年 4 月 16 日。

但政府对于资源税改革采取了"谨慎推进"的态度,以确保这项改革不会对中国石油企业产生的实质性影响,因为政府为了冲抵增税,另外还调整了"暴利税"(即"石油特别收益金")的起征点,所谓"暴利税",即石油特别收益金,是指在国内原油销售价格超过一定水平时,国家按一定比例从石油开采企业销售国产原油所获得的超额收入中征收的特别收入。起征点提高意味着石油公司将向政府少交税。目前我国石油特别收益金的起征点为 40 美元。该规定自 2006 年 3 月 26 日实施,按 5 级超额累进从价定率的方式,缴纳石油特别收益金,征收比率为 20% 至 40% 。征收的初衷是希望通过对上游征税补贴下游行业和弱势消费群体。

2. 财政部已同意适时开征环境税

2010 年 8 月 4 日,国家环保部环境规划院表示,环境税研究已取得阶段性成果,财政部、国家税务总局和环保部将向国务院提交环境税开征及试点的请示。初步确定 2013 年开征环境税,并提出了分三个阶段推进。第一阶段,用 3 ~ 5 年时间,完善资源税、消费税、车船税等其他与环境相关的税种。尽快开征独立环境税,二氧化硫、氮氧化合物、二氧化碳和废水排放都将是环境税税目的可能选择。第二阶段,用 2 ~ 4 年时间,进一步完善其他与环境相关的税种和税收政策。扩大环境税的征收范围。如果环境税没有在第一阶段开征,需要在此阶段开征。第三阶段,用 3 ~ 4 年时间,继续扩大环境税的征收范围。结合环境税税制改革情况,进行整体优化,从而构建起成熟和完善的环境税制。[①]

长期以来,我国环境保护制度虽然对遏制日益严重的环境污染起到了一定的作用,但总体效果并不理想。曾有全国人大代表建议制定专门的环境税法,发挥环境税对减少环境污染、改善自然生态、提高资源利用率、实现社会和谐和国民经济持续发展的宏观调控作用。2011 年年底,国家财政部及相关部门赞同代表提出的适时开征环境税的建议,全国人大财经委员会建议财政部、国家税务总局、环保部等部门研究开征环境税方案的同时,根据税收法定的原则,抓紧环境税法的论证评估工作,适时提出立法建议。据悉,环境税锁定的范围是二氧化硫、废水和固体废物在内的三种污染物和二氧化碳。当然,随着环境税征收范围的扩大及税率的提高,国家将会采取降低企业所得税、营业税等措施来减少环境税给企业带来的影响,从而实现环境保护和促进经济健康发展相协调。

（二）绿色金融政策

1. 金融支持节能减排

"十一五"期间,国务院出台一系列旨在抑制产能过剩、重复建设,从而促进节能减排、实现持续发展的政策,比如《国务院关于进一步加强淘汰落后产

---

① 章轲:《三部委酝酿开征环境税 湖北等四省有望试点》,2010 年 8 月 5 日,见新浪财经,http://finace.sina.com.cn/g/20100805/02038424811.shtml,最后访问时间 2010 年 10 月 20 日。

能工作的通知》(国发〔2010〕7 号)、《国务院关于抑制部分行业产能过剩和重复建设引导产业健康发展若干意见的通知》(国发〔2009〕38 号)、《国务院关于进一步加大工作力度确保实现"十一五"节能减排目标的通知》(国发〔2010〕12 号)及"国务院节能减排电视电话会议"精神等。我国金融机构也出台了相关政策,主要在信贷方面积极支持节能减排工作、促进结构调整和产业转型升级。银监会要求银行业金融机构严格落实国家产业政策和环保政策的市场准入要求,严格控制对"两高一剩"行业的新增授信。鼓励银行业金融机构采用"名单式"管理方式,以及差别化风险定价、经济资本占用系数、专项拨备等方法,继续严格管理"两高一剩"行业授信。督促银行业金融机构加大对"两高一剩"行业的信贷退出和不良贷款控制力度①。

2010 年 5 月 28 日,中国人民银行会同中国银行业监督管理委员会出台《关于进一步做好支持节能减排和淘汰落后产能金融服务工作的意见》(银发〔2010〕170 号)②,明确提出:一是要把金融支持节能减排和淘汰落后产能工作摆在更加突出的位置,切实抓好政策贯彻落实;二是加强信贷政策指导和督导检查力度,坚决打好金融支持节能减排和淘汰落后产能攻坚战;三是进一步加强和改进信贷管理,从严把好支持节能减排和淘汰落后产能信贷关;四是多方面改进和完善金融服务,积极建立健全银行业支持节能减排和淘汰落后产能的长效机制;五是密切跟踪监测并有效防范加大节能减排和淘汰落后产能力度可能引发的信贷风险六、加强多部门政策协调配合,扎实做好政策实施效果动态监测和评估工作。

2. 金融支持环境保护

在政策促进环境保护方面,2007 年 7 月 12 日,国家环保总局、中国人民银行、中国银监会共同发布了《关于落实环境保护政策法规防范信贷风险的意见》,以遏制"两高一资"企业的盲目扩张。环保总局与金融部门相互合作,一方面用严格的信贷管理来支持环境的保护,确保了经济发展中的绿色,另一方面强化了环境监管,促进了信贷安全,降低了经济发展存在的环境风险。企

---

① 《中国银行业监督管理委员会 2010 年报》。

② 引自中国人民银行官方网站"2010 年中国货币政策大事记",见 http://www.pbc.gov.cn/publish/zhengcehuobisi/359/index.html,最后访问时间 2012 年 1 月 17 日 9:45。

业的环保意识也会因此而提高,有利于实现节能减排,加速产业结构的绿色升级。① 从 2008 年 4 月开始,中国人民银行和环保总局将企业环保信息纳入全国信用信息基础数据库,将企业的环保行为分为绿色、蓝色、黄色、红色和黑色五级。环保好的企业在融资上将更加方便,而环保差的企业将受到限制。此外,国家环保总局为了引导上市公司积极履行保护环境的社会责任,促进上市公司持续改进环境表现,争做资源节约型和环境友好型的表率,于 2008 年 2 月 22 日出台了《关于加强上市公司环境保护监督管理工作的指导意见》(环发 2008[24]号),明确提出:一要进一步完善和加强上市公司环保核查制度;二要积极探索建立上市公司环境信息披露机制;三是开展上市公司环境绩效评估研究与试点;四是加大对上市公司遵守环保法规的监督检查力度。

(三)绿色法律体系及相关制度建设

1.法律体系建设

2002 年全国人大通过了《清洁生产促进法》,提高资源利用效率,减少和避免污染物的产生,保护和改善环境,保障人体健康,促进经济与社会可持续发展;2009 年 1 月《循环经济促进法》开始正式实施,有力地促进中国循环经济发展,提高资源利用效率,保护和改善环境,实现可持续发展;2010 年 4 月 1 日新修订的《新可再生能源法》明确了中国将设立可再生能源发展基金、实行对可再生能源发电的全额保障性收购,为可再生能源的发展构筑"绿色通道"。

2.绿色交易制度建设

解决环境的外部性问题除了征收庇古税以外,还可以设计合理的制度,建立排污权市场来明确外部性双方的权责,并通过货币交换的方式相互调剂排污量,从而达到减少排污量、保护环境的目的。这种制度设计可以使企业为了自身利益而提高治污的积极性,将政府强制的行政行为变为企业自觉的市场行为,对实现节能减排具有一定现实意义。中国在这方面已经进行了诸多尝试。2008 年 8 月 5 日,在北京和上海分别成立了北京环境交易所和上海环境能源交易所,2008 年 10 月 6 日又在天津成立了天津排放权交易所。经过两

---

① 潘岳:《环保总局首度联手人民银行银监会 以绿色信贷遏制高耗能高污染行业扩张》,《中国环境报》2007 年 7 月 30 日。

三年的发展,这些交易所都取得了一定的成果,这些交易所的成交规模和资金持续攀升。截至 2010 年 7 月底,仅上海环境能源交易所一家累计成交金额已近 60 亿元人民币,同时带动了上百亿元的相关产业发展,初步建成全国性的环境能源类交易市场平台。[①]

为贯彻落实"十二五"规划关于逐步建立国内碳排放交易市场的要求,推动运用市场机制以较低成本实现 2020 年我国控制温室气体排放行动目标,2011 年 10 月 29 日,国家发改委正式同意北京市、天津市、上海市、重庆市、湖北省、广东省及深圳市开展碳排放权交易试点[②],要求各试点地区高度重视碳排放权交易试点工作,切实加强组织领导,建立专职工作队伍,安排试点工作专项资金,抓紧组织编制碳排放权交易试点实施方案,明确总体思路、工作目标、主要任务、保障措施及进度安排,报发改委审核后实施。同时,各试点地区要着手研究制定碳排放权交易试点管理办法,明确试点的基本规则,测算并确定本地区温室气体排放总量控制目标,研究制定温室气体排放指标分配方案,建立本地区碳排放权交易监管体系和登记注册系统,培育和建设交易平台,做好碳排放权交易试点支撑体系建设,保障试点工作的顺利进行。

二、负面影响的政策效应分析

对可持续发展产生负面影响的政策,主要是指那些尽管主观动机是好的,但客观上易造成经济增长不可持续、资源浪费、环境污染加剧的政策。在我国转变经济发展方式、促进可持续发展的过程中,可能会产生负面效应的政策凸显为,我国要素、尤其是能源价格形成机制的改革滞后,会引致资源浪费与环境污染。

在纪念我国改革开放三十周年之际,社会各界从不同视角解读了中国经济奇迹背后的驱动因素:有人认为是地方政府间的恶性竞争或说地方政府公司主义促成了中国经济 30 多年的持续高速增长;也有人认为是"威权主

---

① 李荣:《首家环境能源交易所累计成交近 60 亿元》,2010 年 8 月 6 日,见 http://finance. sina. com. cn/g/20100806/13368436369. shtml,最后访问时间 2010 年 10 月 20 日。

② 《国家发展改革委办公厅关于开展碳排放权交易试点工作的通知》(发改办气候[2011] 2601 号),见国家发改委官方网站,http://www. ndrc. gov. cn/zcfb/zcfbtz/2011tz/t20120113_456506. htm,最后访问时间:2012 月 1 月 16 日。

义+自由市场"的中国模式在确保政治稳定的前提下激发了体制机制活力；还有人认为中国经济的奇迹根源于政府刻意压低要素价格、分享要素红利进而依仗廉价产品出口及大型项目投资。实际上，很难评判这些观点孰对孰错，各有一定道理。从可持续发展的角度来看，要素价格形成机制改革滞后、尤其是刻意压低能源价格固然会降低企业和部分居民的生产、生活成本，促成产品廉价优势，扩大出口，拉动经济增长，但会引致巨大的资源浪费与环境污染，不利于可持续发展。

生产要素主要包括劳动力、资源、资本和土地等。长期以来，中国要素市场的市场化进程远远滞后于产品市场，是一种低要素价格水平下的经济增长模式，凸显为低工资、刻意压低的能源资源和土地价格（如工业用水、电、土地价格优惠），几乎所有生产要素的价格都可由政府控制，工资水平是由谈判力量不对等的劳资双方决定，能源资源价格基本没有反映资源稀缺性和环境成本，土地价格是基于政府对城乡迥异的二元土地政策形成，农村集体土地只能由政府征收、然后出让才能进入流通市场，城镇土地均归国有，通过形同虚设的招、拍、挂等方式进入流通市场。

值得强调的是，政府刻意压低能源价格会引致严重的能源浪费与环境污染，原因有二：一是能源价格远未考虑稀缺性。能源消费的主体是相对富裕群体，他们购车往往仅考虑一次性购置成本，很少考虑汽油的可获得性及其价格，结果就是汽车耗油量越来越高、电视越来越大……；二能源价格远未包括环境成本。秦晖教授曾指出，中国产品在国际上的竞争力，主要来源于低成本的人权优势以及低成本的环境优势。更糟糕的是，权力和资本在通过掠夺环境攫取财富后，有更多的资源可以去享受优质的生活（包括移民），需要承担这种环境代价的是那些弱势者。所以在中国，会发现这样一个很普遍的现象：脆弱的环境伤害和弱势群体的伤害往往是连带性的。由此带来的群体抗争愈来愈成为中国社会不稳定之源，山西、内蒙这样的资源大省，发生的群体性事件就呈现出愈演愈烈的趋势。统计显示，目前起由环境维权的群体事件，仅次于土地维权事件①。

---

① 张广昭：《吁求"新中国模式"》，2011 年 12 月 9 日，见新加坡联合早报网，http://www.zaobao.com/special/china/cnpol/pages5/cnpol111209a.shtml，最后访问时间：2012 年 1 月 17 日。

专栏15-2 住房过度商品化暗含三大风险

所谓住房过度商品化,是指将住房作为一种纯粹的商品,企业和居民作为供需双方通过市场上的租售买卖来交易住房,政府保障服务缺失或力度明显不够。当前仍有很多人认为房地产是支柱产业、可带动经济发展。在这种错误观念的指引下,中国房地产市场已存在过度商品化的风险。中国住房商品化改革只是一种临时性举措,不能固化为长期策略。从我国发展房地产业的初衷来看,并非因为它是支柱产业才发展,而是把其作为一种刺激消费、应对1998年国内严峻经济形势的临时性举措。1998年,国内发生严重的洪涝灾害,GDP保8形势严峻,为了积极扩大内需,刺激消费,政府接连推出并深化住房商品化、教育产业化、医疗卫生市场化三项主要改革,方向是产业化运行。迄今,教育和医疗卫生领域改革已进行重新反思。

住房过度商品化至少有三大风险:一是容易激发群体性事件,增加政府维稳工作难度。近年来,我国社会中无论城市,还是农村的群体性事件频发,其主要原因还是在于暴力拆迁房屋、强行征用土地、补偿标准过低,住房过度商品化就使得政府、企业以及城乡居民都把房屋和土地视为珍宝,矛盾自然由此而起。2004年万州事件、汉源事件等都标志着群体性社会冲突已经具有明显的"无直接利益冲突"特征,可能这是一种社会积怨的凸显;二是容易强化收入再分配效应,使得居民收入和财产分布差距进一步扩大。恶性通货膨胀的危害主要是增加交易成本、强化群体间的收入再分配效应,而后者极易造成社会不稳定,因为它使债务人受益而债权人及领取固定货币收益的群体受损。同样,住房过度商品化的中国,强势群体舆论误导促成了房价飙升。不妨假设收入同等水平的群体之间分为A、B两个群体,其中A群体家庭富裕先买房,B群体家庭相对贫穷后买房或仍未买房,显然会仅仅因为市场的炒作、房价暴涨使得A、B两个群体间的收入和财产分布差距严重扩大,值得强调的是,这并非群体之间投资决策英明程度的差异;三是容易扭曲社会价值体系,注重个人利益而淡化集体意识。住房过度商品化,意味着政府对住房服务的保障缺失或力度严重不足,为了立锥之居而挣扎奋斗的年轻人仍占多数,当住房这种基本的需求都无法满足的时候,年轻人传统的价值体系容易扭曲,注重个人利益而基本忘却集体主义。早先人们认为,个人与集体是一致的,集体所做的都是为了自己,彼此间不用把账算得过于清楚,现在许多人才发现,原来自己付出太多,自己的权利并没有得到集体充分的保障,于是开始格外注重自我利益,社会氛围因此发生了微妙的变化。而我们则突然发现,无论是政府、企业、还是高校,百姓、员工和下属,似乎突然变得不那么听话了。

没有谁会相信,一个国家或地区仅仅通过简单的买卖土地和房子就可以实现经济腾飞。大到一个国家,小到一个地区、城市,如果经济发展速度很快,就业和创业机会很多,才会增强这个地区或城市竞争力,进而凝聚更广范围内的资金、技术和人才,房地产市场才会因此繁荣,换句话说,房地产繁荣是经济发展的结果而非原因,中国亦不例外。

资料来源:林永生:《住房过度商品化暗含三大风险》,搜狐财经[DB/OL],http://business. sohu. com/20100728/n273820593. shtml,最后访问:2012 年 4 月 16 日。

第三节　促进可持续发展的政府管理[①]

政府管理是个内涵和外延极为广泛的概念,但从促进可持续发展角度而言,当前最为紧迫的并不是通过政策去"保增长",而是适度慢下来,"调结构",转变经济发展方式,降低资源消耗与环境污染。十六届三中全会《关于完善社会主义市场经济的决定》,提出了"五个统筹":即统筹城乡发展、统筹区域发展、统筹经济社会发展、统筹人与自然和谐发展、统筹国内发展和对外开放的要求,其中,统筹经济与社会发展,统筹人与自然和谐发展,是可持续发展的大思路,为此,我们提出以下 8 方面政策思路:

一、建立和完善可持续发展的制度

要建立可持续发展的体制和制度保证,包括:资源公平有效分配的制度;健全经济政策,利用税收手段、环境认证、许可证交易等鼓励企业清洁生产,提高资源利用率,处理三废,从事生态建设等;完善政绩考核制度,不能使各级政府只关心短期效益,没有长远发展的安排;当前的一个关键问题,是在城市扩

---

① 李晓西:《科学发展观》,中国经济出版社 2008 年版,第 258~260 页。

大和土地资源的再配置中,保护好可供长远发展的土地资源。

专栏15-3　中国楼市调控面临深层博弈

楼市限购带来的楼市冷清已经让很多地方政府紧张起来。今年春节刚过,就有几个城市相继出台各种各样的措施,试图打破限购带来的市场低迷。但在中央持续释放出加强和巩固房地产调控信号的背景下,地方政府的自救措施显然有悖于国家控制房地产市场过快投资和投机性需求的政策方向,很多地方政府的自救措施被中央迅速叫停,从这个意义上而言,未来相当长的时期内,中国楼市调控面临深层博弈。

2012年2月9日,芜湖市政府发出《关于进一步加强住房保障改善居民住房条件的若干意见》。从文件名称上看,这似乎是一个有关住房保障的文件,然而,仔细阅读其内容,却有着太多刺激楼市的措施。在这份文件的第四部分"引导合理住房需求,改善居民居住条件"中,芜湖市政府设计了一个2012年在芜湖买房的财政补贴方案:2012年1月1日至12月31日期间,在芜湖市区购买自住普通商品住房(含二手住房,二手房政策自本意见发布之日起执行),在办理产权登记时,财政部门给予所纳契税100%的补助。对购买新建自住商品住房面积在90平方米及以下、70平方米以上的,财政部门再给予50元/平方米购房补贴;对购买新建自住商品住房70平方米及以下的,财政部门再给予150元/平方米购房补贴。不仅如此,专业人才购房还有进一步的补贴。外地人在芜湖市区购买面积超过45平方米及以上的新建商品房,还可以将本人、配偶、未婚子女的户口迁入。这个方案一出就迅速吸引了各地的目光,被称为芜湖市新年救市的大手笔。尽管芜湖市政府否认这是政府救市的举措,但在这个文件发布3天之后,2月12日,该市政府又发出一个文件,宣布对《关于进一步加强住房保障改善居民住房条件的若干意见》暂缓执行。

不仅芜湖,全国范围内,北京、上海、杭州、重庆、成都、厦门、武汉、合肥、南京、常州、吉林、中山、长春、芜湖、广州从化等十几个城市陆陆续续出台了不同措施,刺激楼市交易。2011年10月,广东省佛山市就试图放松限购政策,但政策不到一天就被叫停;同年11月,成都市放松购房者资格审查,一周后这项政策也被叫停;从去年 11 月开始,北京陆续出台促进楼市交易措施,比如定向安置房"按照经济适用住房产权管理",交易时间不受 5 年限制。税费方面,则是对普通住房价格标准进行了调整,使得更多购房人享受到契税减半优惠;2011 年 10 月份以来,杭州市先后提出了土地松绑、购房补贴政策微调方式,重提购房退税,强调对首次置业补贴。

还有城市对普通住房标准做出调整。2012 年 2 月 14 日,南昌市宣布将一类地段价格认定标准从 2010 年的低于 5500 元/平方米,调整为低于 8500 元/平方米;2012 年 2 月 16 日,上海市住房保障和房屋管理局发布"关于调整本市普通住房标准的通知"。自 3 月 1 日起,上海普通住房标准调整为"坐落于内环线以内的低于 330 万元/套,内环线与外环线之间的低于 200 万元/套,外环线以外的低于 160 万元/套"。同时,"单套建筑面积应在 140 平方米以下"。而在 2008 年,这个标准为内环 245 万元/套、内外环间 140 万元/套,外环外 98 万元/套,对住房标准的上调,带来的是契税、营业税、所得税等税收上的减少。

资料来源:李松涛:地方放松调控冲动不断楼市调控面临深层次博弈,《中国青年报》2012 年 2 月 23 日。有删改。

二、完善可持续发展的法制

这方面内容很多,我们认为当前重要的是:节约能源要有一定强制性;环境污染要征税;利用和开发自然资源和环境资源要受监督,过程要透明;等等。

三、要利用市场机制力量搞好环保

现在一种错觉,似乎可持续发展只能是政府全背起来,不要利用市场机制。这不对。我们认为,要把环保中相当部分,由公益性转入国家经济性产业,"谁治理谁受益",把需要变供给,把支出化为收益,发展环境产业;同时,可实行"谁污染谁付费",治理污染要计入成本,这样才能形成对企业行为的市场约束机制。

四、要动员受害的民众成为环保的先锋

现在环保工作,经常表现为有关政府部门在与破坏环境的企业斗争。政

府当先锋,由于管理力量有限,因此,往往达不到目的。因此,一定要形成环保的群众基础。要把政府环保行为扩展为公众的环保行为,要让相关利益群体成为环保先锋,政府部门才可能成为有权威的裁判员。与此同时,要重视非政府组织的作用,成立各类非政府的环保组织,通过民众的力量,来实现生态和环境资产的保护和增值。

五、利用全成本概念,进行系统化的可持续发展组织工作

就是说,要统筹解决可持续发展问题。如优化广泛的资产组合,协调好自然资产、社会资产、人造资产和人力资产的配套;解决好环保部门与各部门在可持续发展中的协作关系;解决好综合效益与单项效益的关系等等。

六、通过自然资源管理资产化,做好成本分析的基础工作

即对自然资源要有合理定价,实现资产使用和交易有成本、有价格的制度,这要求国家强化自然资源的产权管理,并制定使自然资源高效利用的制度和法规。

七、通过经济运行循环化,降低发展成本,提高经济效益

具体讲,就是要将"环境"问题纳入经济内部,将环境变为生产力要素,在一定制度框架下,形成经济和环境的良性循环。这一方面是成本的节约,一方面体现为收益的增加。

八、做好可持续发展的中长期投资规划

我国正在进入老龄化社会,目前是以较小成本过渡到可持续发展规律轨道的一次机会。因为人口增长趋于稳定,随着人口结构变化和赡养率下降储蓄潜力逐步增加,投资潜力因而也较大等等,因此,在本世纪初要抓住最后的机遇,做到为可持续发展投资。

参考文献

李晓西:《科学发展观》,中国经济出版社 2008 年版。

K. 汉密尔顿,J. 迪克逊,谢剑和 A. 昆特:《里约后五年:环境政策的创新》,张庆丰等译,中国环境科学出版社 1998 年版。

林永生、王雪磊:《碳金融市场:理论基础、国际经验与中国实践》,《河北经贸大学学报》2012 年第 1 期。

潘岳:《环保总局首度联手人民银行银监会 以绿色信贷遏制高耗能高污染行业扩张》,《中国环境报》2007 年 7 月 30 日。

张广昭:《吁求"新中国模式"》,《新加坡联合早报》2011 年 12 月 9 日。

关键词索引

责任编辑:郭　倩
封面设计:肖　辉

图书在版编目(CIP)数据

中国:绿色经济与可持续发展/李晓西　胡必亮 等　著.
　-北京:人民出版社,2012.12
ISBN 978-7-01-011589-4

Ⅰ.①中…　Ⅱ.①李…　Ⅲ.①绿色经济-可持续发展-研究-中国
Ⅳ.①F124.5

中国版本图书馆 CIP 数据核字(2012)第 310669 号

中国:绿色经济与可持续发展
ZHONGGUO:LÜSE JINGJI YU KE CHIXU FAZHAN

李晓西　胡必亮 等　著

人 民 出 版 社 出版发行
(100706　北京市东城区隆福寺街 99 号)

北京市文林印务有限公司印刷　新华书店经销

2012 年 12 月第 1 版　2012 年 12 月北京第 1 次印刷
开本:710 毫米×1000 毫米 1/16　印张:24.5
字数:400 千字　印数:0,001-4,000 册

ISBN 978-7-01-011589-4　定价:53.00 元

邮购地址 100706　北京市东城区隆福寺街 99 号
人民东方图书销售中心　电话 (010)65250042　65289539